Erika und Theodor Beltle

Für Dich will ich leben

Erika und Theodor Beltle

Für Dich will ich leben

Ein Briefwechsel aus dem Zweiten Weltkrieg

Verlag Freies Geistesleben

Dies ist eine erweiterte Ausgabe des 1998 im Fouqué Verlag, Egelsbach unter dem Pseudonym Anja Kern erschienen und als «Briefroman einer Entwicklung 1940 – 1945» bezeichneten Briefwechsels mit dem Titel *Weil ich dich liebe*.

Von Erika Beltle sind im Verlag Urachhaus erschienen:
Was die Sprache versteckt hält
Vom Zauber ihrer Kunstelemente.
Gesammelte Schriften zur Ästhetik

Gesammelte Gedichte

im Verlag Freies Geistesleben:

Pfiffikus' Schelmennuss
148 leichte und schwierige Rätsel

Rückwärts schlüpft er aus dem Ei
100 knifflige Rätsel

Der Anfang spricht sogleich vom Ende
99 neue Rätsel für kluge Köpfe

Der erste Bruder wird gebunden
101 einfallsreiche Rätsel

Die halbe Mutter geht voraus
95 Rätsel für philosophische Querdenker

1. Auflage 2009

Verlag Freies Geistesleben
Landhausstraße 82, 70190 Stuttgart
Internet: www.geistesleben.com

ISBN 978-3-7725-1940-6

© 2009 Verlag Freies Geistesleben
& Urachhaus GmbH, Stuttgart
Layout & Satz: Bianca Bonfert
Druck und Bindung: DZA Druckerei zu Altenburg GmbH

Vorwort

Die beiden Schreiber dieser Kriegsbriefe lernten sich beim Tanztee am 1. Mai 1940 kennen. Theo Beltle war Soldat in einer Flak-Batterie, die im Schwarzwald stationiert war. Ich arbeitete im Büro der Gerling-Konzern Versicherung, als «unabkömmlich» festgehalten bis zum Kriegsende 1945.

Anfangs konnten wir uns noch einige Male sehen, dann begann der Briefwechsel, über Jahre hin, mit der Auseinandersetzung über weltanschauliche Fragen, insbesondere der Anthroposophie, wozu das Kriegsgeschehen in Stuttgart und an den verschiedenen Fronten die Färbung gab. Darüber möge die Lektüre der Briefe selbst informieren. Erwähnt sei, daß die Anthroposophische Gesellschaft, und selbstverständlich auch ihre Bücher, im Jahr 1938 durch das NS-Regime verboten wurden. Die Schreiber der Briefe mußten daher vorsichtig sein: Den Namen Anthroposophie bezeichneten sie nur mit A. Man wußte ja nie, ob Briefe geöffnet wurden.

Als mein Mann im Oktober 1989 starb, war ich lange damit beschäftigt, seinen schriftlichen Nachlaß zu sichten. Zuletzt nahm ich unsere Feldpostbriefe vom Zweiten Weltkrieg aus dem Schrank, in dem sie über 40 Jahre unberührt verschlossen gelegen hatten. Ich wollte sie lesen und dann vernichten. Der Papierkorb stand neben mir. In diesen wanderten die ersten Briefe, aber dann mußte ich feststellen, daß sie Dinge enthielten, die ich längst vergessen hatte, und sie begannen mich immer stärker zu interessieren. Schließlich war ich viele Tage, ja Wochen damit beschäftigt, sie chronologisch zu ordnen und wortgetreu abzuschreiben.

Freunde, die davon wußten, baten mich, sie lesen zu dürfen. Sie taten es teilweise gespannt halbe Nächte lang und drängten mich, sie zu veröffentlichen. Es dauerte acht Jahre, bis ich mich entschloß, sie 1998 unter Pseudonym herauszugeben. Die sehr persönlichen Briefe der damals jungen Menschen nun nach weiteren zehn Jahren unter ihrem eigenen Namen erscheinen zu lassen, bedurfte einer starken Überwindung. Ohne die freundliche, aber nachdrückliche Forderung seitens des Verlages durch Jean-Claude Lin wäre es wohl nicht so weit gekommen. Viele Jahrzehnte sind seit diesem Briefwechsel vergangen. Wie sich diese für beide Persönlichkeiten gestaltet haben, ist in den Kurzbiographien am Ende des Buches geschildert.

Stuttgart, im Herbst 2008   *Erika Beltle*

Liebe Erika!   28.6.1940

Leider habe ich Dir nicht nach Nesselwang schreiben können. Ich war bei dem Durchbruch durch die Maginot-Linie dabei. Wir brachen bei Colmar durch und rollten die Linie bis Belfort auf. Es war ganz interessant. Die Franzosen leisteten keinen großen Widerstand mehr. Jetzt bin ich nach Norddeutschland zum Industrieschutz gekommen. Was gibt es Neues in Stuttgart? Bitte schreibe bald und erzähle mir, was Du alles im Urlaub erlebt hast. Hast Du auch nette Freunde gefunden? Hast Du große Touren unternommen?
Wie kommt es eigentlich, daß Deine Eltern ein so junges Küken wie Dich allein in der Welt herumfahren lassen? Sonst gehen doch junge Mädchen mit ihren Eltern in Urlaub!
Bitte, Erika, schreib mir recht bald wieder.

Lieber Theo!   Stuttgart, 9.7.1940

Für Deinen Brief danke ich Dir herzlich. Den Urlaub habe ich sehr genossen, obwohl das Wetter nicht immer das beste war. Große Touren haben meine Freundin und ich daher nicht unternommen, aber wir sind viel in der Gegend umhergestreift. Außerdem sind wir durch Moore gewatet, die es da überall gibt. Während wir von einem Graspolster zum anderen hüpften, schwankte der Boden so schauerlich, daß uns sämtliche Moorgeschichten einfielen. Rechts der See, links, vorn und hinten nur Schilf, nirgends eine Menschenseele, widerliche Insekten und brennende Sonne auf dem Rücken – was tun? Manchmal versanken wir bis übers Knie.
Mit einigem Mut und vielen Schweißtropfen erreichten wir dann schließlich wieder festes Land unter den Füßen. Aber schön war es doch! Eine bekannte Dame wollte dann später denselben Weg machen, sie kam mit zerschundenen Füßen und ohne Schuhe nach Hause.
Du siehst, was alles passieren kann, wenn man Küken allein in Urlaub

fahren läßt. Sie können im Moor versinken, in falsche Züge steigen usw. Aber meine Mutter vertraut mir völlig. Im übrigen ist das Küken bereits 19 Jahre alt!

Du möchtest wissen, ob ich auch nette Freunde gefunden habe? Einige sehr lustige, nette Seppels waren dort, mit welchen wir Walzer getanzt haben. Freunde? Ich zähle nur wenige zu meinen Freunden. Daß Du in Frankreich mit dabei warst, ist ja aufregend!

2.9.1940

Liebe Erika!

Herzlichen Dank für Deinen Brief.
... Nun gleich zu unserem anthroposophischen «Krieg». Warum stehst Du eigentlich auf dem Kriegsfuß mit mir? Wir können unsere «gelehrten Haarspaltereien» ruhig auf friedliche Art und Weise darlegen. Allerdings ist es so, daß hier im Raum ein wahnsinniger Krach ist. Ich kann mich unmöglich konzentrieren. Deshalb lese ich hier in der Bude auch nie, sondern nur in meinem Wagen, wenn ich allein bin.

Meine allgemeinen Eindrücke kann ich Dir aber sagen. Deine zwei Hefte habe ich gelesen, und ich scheine schon eher zu begreifen, was Rudolf Steiner meint. Es sind allerdings etliche Ausführungen darin, mit denen ich nicht einverstanden bin, es ist mir aber nicht möglich, diese jetzt herauszusuchen. Mit dessen Erziehungsprinzipien bin ich durchaus einverstanden.

Was mir wiederum nicht gefallen hat, das sind die teils bissigen oder mindestens sarkastischen Bemerkungen über die Naturwissenschaftler. Dr. Steiner sagt zwar immer wieder, daß er die Ergebnisse der Wissenschaften schätze etc. etc., aber immer wieder kommen die Anspielungen. Warum nur? Der Mann braucht doch das gar nicht. Die echten Wissenschaftler sind nicht so, wie sie Dr. Steiner hinstellt.
Wie ich schon sagte, ist es mir mit einiger Mühe möglich, Dr. Steiner in den Heften zu verstehen, aber was ich z.b. ganz einfach ausdrücken würde, beschreibt er mit abstrakten Begriffen, die der normale

Mensch erst nach minutenlangem Studieren eventuell – manchmal auch nicht – versteht.
Weißt Du, wenn ich die Sachen von Dr. Steiner lese, dann ist es mir zumute, als ob er über das, was ich sonst ganz leicht und unbefangen betrachte, einen Nebelschleier zieht. Ich habe also genau das entgegengesetzte Empfinden wie Du!
Es ist schon so, wir müssen eben einmal etwas zusammen lesen!

Lieber Theo!
11.9.1940

… nun zu Deinem Brief. Ich bin nach seinem Empfang nun endgültig zu der Meinung gekommen, daß wir uns nicht mehr brieflich über solche Themen auseinandersetzen! Auch bin ich ganz Deiner Auffassung, daß wir nicht mehr immer so aneinander vorbeireden, sondern uns verstehen werden, wenn wir uns erst einmal wieder mündlich aussprechen können. Also verlegen wir in Zukunft alle Auseinandersetzungen auf Deinen baldigen Urlaub!
Jetzt müßte die Antwort auf den ganz «privaten Brief» kommen, für den ich Dir besonders danke! Aber eigentlich ist in mir die private und die philosophische Seite nicht getrennt. Das mag vielleicht auch die Antwort auf Deine Frage sein, warum ich mich mit so schwerer Literatur beschäftige. Ich weiß nicht, wie ich die anders beantworten könnte. Ich hab einfach das starke Bedürfnis, mich mit geistigen Fragen zu beschäftigen. Ich möchte «hinter die Dinge kommen».
Noch ein Wort von Christian Morgenstern, das ich heute entdeckt habe: «Alle Geheimnisse liegen in vollkommener Offenheit vor uns. Nur wir stufen uns gegen sie ab, vom Stein bis zum Seher. Es gibt kein Geheimnis an sich, es gibt nur Uneingeweihte aller Grade.»
Was meinst du dazu?
Und nun, lieber Theo, komm recht bald in Urlaub! Denk daran, daß die Bäume beim «Eisenbähnchen» von Tag zu Tag farbiger werden …

Liebe kleine Erika!

4.10.1940

Vielen herzlichen Dank für Deinen Brief und das Päckchen. Beides erreichte mich auf der Autobahn zwischen Hamm und Berlin. Da staunste, wat? Ick sitze jetzt janz jross in Berlin! Ich befürchte, Erika, daß ich die schön gefärbten Blätter am «Eisenbähnchen» nicht mit Dir ansehen kann. Bis ich mal wieder Urlaub bekomme, sind sie sicher alle abgefallen. Schade! Trotzdem bin ich in Gedanken bei Dir. Ich kann mir gut vorstellen, wie wir beide am Geländer stehen und wie die untergehende Sonne den Herbstwald mit ihren Strahlen in leuchtendes Gold verwandelt. O Erika, so gerne möchte ich dort sein!

Jetzt will ich auf Deinen Brief eingehen. Ich bin ganz damit einverstanden, daß wir uns nicht mehr streiten. Es kommt alles nur von unrichtigen Ausdrücken her. Ich weiß auch, daß Du im Grunde Deines Herzens die gleiche Meinung hast wie ich.

Du beschäftigst Dich mit geistigen Dingen, weil Dir das Suchen nach den Hintergründen Freude bereitet. Derselbe Satz gilt bei mir, auch für das Studieren der Chemie beispielsweise. Soweit ist alles klar. Ich stoße mich bei Dir nur einzig und allein an dem Umstand, daß Du Dich ausschließlich mit Anthroposophie beschäftigst. Du bist noch viel zu jung – auch ich bin es –, um Dir über diese Dinge ein eigenes Urteil zu bilden. Bei einseitiger Literatur aber bleibt Dein Denkvermögen nicht mehr objektiv. Ich sage mir immer wieder: Kein Mensch kann den Anspruch erheben, die Hintergründe des Daseins zu erkennen oder zu verstehen. Ich habe festgestellt, daß Dr. Steiner ein großer Goethe-Verehrer und -Forscher war. Ob aber seine Auslegungen der Werke Goethes richtig sind, ganz richtig – da steigen aus meinem tiefsten Innern, ohne daß ich sie genau formulieren könnte, Zweifel auf. Ich will Dir einmal an einem kleinen Beispiel zeigen, wie Dr. Steiners Gedanken – nicht alle, aber die, die ich als undurchsichtig bezeichne – auf mich wirken. Er sagt z.B. in dem mir vorliegenden Buch, daß das menschliche Auge deshalb gebildet sei, weil es Licht gibt, weil es eine Sonne gibt, und es sei falsch zu behaupten, daß das Licht

deshalb da sei, weil der Mensch Augen besitzt. Dem stimme ich auch unbedingt bei. Aber er formuliert es so: «Das Auge ist durch das Licht am Lichte für das Licht gebildet.» Dieser Satz geht wieder über mein Begriffsvermögen, darum sage ich, die Gedanken Dr. Steiners kann man nicht verstehen, höchstens erfühlen. Wie wenn ein Schleier vor die Wirklichkeit gezogen wäre. Ich würde sagen: Das Auge ist durch das Licht für das Licht gebildet. Aber was ist das Licht am Lichte?? Was ist das? Da hast Du etwas, um Dein Denken zu üben ...
Die Menschen haben den Drang in sich, zu suchen und zu forschen. Immer neue Gesetze werden gefunden. Aber der letzte Nenner, der hinter allem steht, wird nie gefunden werden durch Menschengeist. Trotzdem wäre es schön, wenn man nur auch ein winziges Stück zu dem Weg beitragen könnte, den die Menschheit zu dem großen unbekannten Ziel geht.
Liebe Erika, ich denke viel an Dich.

7.10.1940
Lieber Theo!

Recht herzlichen Dank für Deinen Brief! Leider, leider bist Du nun doch wieder mit der Anthroposophie gekommen, obwohl ich in meinem letzten Brief bat, daß wir uns lieber nicht mehr davon schreiben, denn es scheint zu keinem Ziele führen zu können, wie ich auch heute leider wieder feststellen muß. Ich fürchte, Theo, daß wir auf diesem Gebiet überhaupt nie einig werden können, nicht schriftlich und wohl auch nicht mündlich. Oder glaubst Du? – Ich hatte zwar in letzter Zeit etwas Hoffnung gefaßt, aber nun ist sie wieder auf ein Mindestmaß herabgesunken. Vielleicht bin ich auch zu anspruchsvoll. Das aber ist mir klar, daß wir uns nie ganz verstehen, bevor Du nicht Anthroposophie wirklich kennst! Denn das Wenige, das Du darüber gelesen und vielleicht von mir gehört hast, ist ganz minimal und nicht ausreichend zu einem wirklichen Verständnis der Anthroposophie.
Du bist sicher der Meinung, daß Du nun schon recht viel darüber weißt. Dennoch ist es nicht so, das kannst Du mir glauben. Du hast

bisher nur einige Vorträge gelesen, während Du die wesentlichen Bücher von Rudolf Steiner gar nicht kennst.

Es ist ein großer Fehler, daß nur ich allein Dich von der Anthroposophie überzeugen soll, zumal ich selbst darin noch viel zu unwissend und erst im Begriff bin, sie kennenzulernen.

Dich stört also wieder einmal ein Satz: «Das Auge ist durch das Licht am Lichte für das Licht gebildet.» Das erscheint allerdings verrückt. Ich erinnere mich ganz genau, daß ich diesen Satz auch zweimal gelesen habe. Schau nun bitte nach, ob nicht zwischen dem Wort «Licht» und dem Wörtchen «am» ein Komma steht? Meiner Ansicht nach müßte eines dort stehen, dann wäre der Satz verständlich. Kann das nicht ein Fehler der Druckerei sein, die das Komma zu setzen vergaß? Anders kann ich mir das auch nicht erklären.

Ich glaube wirklich, wir müssen unsere Auseinandersetzungen auf Deinen Urlaub, in dem Du Bücher von R. Steiner lesen mußt, aufsparen. Hoffentlich findet er statt, bevor alle Blätter von den Bäumen gefallen sind!

Ich weiß natürlich recht gut, lieber Theo, daß Du für mein Seelenheil fürchtest – um nicht zu sagen, für meinen Verstand. Leider kann ich Deinen Irrtum nicht im Augenblick, sondern wohl erst im Laufe vieler Jahre entkräften. Früh mit dem Studium der Anthroposophie zu beginnen, scheint mir nur gut und notwendig. Ob es richtig oder verkehrt war, wird sich zeigen.

18.10.1940

Lieber Theo!

... Du meinst, daß die Ideen einer Persönlichkeit richtig sind, wenn sie die Menschen so anfachen, daß sie dadurch Energie und Freude bekommen, an Neuem mitzuarbeiten. Das ist aber doch durchaus nicht ausschlaggebend für die Richtigkeit einer Sache! Es beweist höchstens, daß diese Persönlichkeit die Begabung hat, die Menschen für etwas zu begeistern; das kann aber auch eine recht schlechte Sache sein. Also, für die Richtigkeit einer Idee, einer Sache ist das nicht maßgebend.

Ein Satz in Deinem Brief hat mich belustigt: «Übrigens sind doch die Ideen Adolf Hitlers auch aus dem Geist entsprungen. Was meinst Du, wie lange der Mann über diese Dinge nachgedacht und gegrübelt hat?» Aus diesem Satz ersehe ich, daß Deine Vorstellungen von «Geist», «Gedanken», «Seele» usw. noch sehr verwaschen sind ... Daß Rudolf Steiners Mitteilungen heute noch als verrückt angesehen werden, ist nicht verwunderlich. Ich tröste mich da mit dem Beispiel Kepler. Was er sagte von der Umdrehung der Erde wurde als Irrlehre, als Versündigung gegen Gott, kurz als verrückt bezeichnet. Und heute? Heute ist es eine Selbstverständlichkeit. Ein Spruch (von Jensen) fällt mir dabei ein: «Wer etwas allen vorgedacht, wird jahrelang erst ausgelacht; begreift man die Entdeckung endlich, so nennt sie jeder – selbstverständlich!» Ich schicke Dir viele liebe Gedanken und tausend herzliche Grüße!

Lieber Mephisto!

29.10.1940

Ja, es ist wirklich gut, daß es noch Briefpapier gibt, was würde der Dickkopf sonst auch anfangen, wenn er nicht sofort widersprechen könnte! Was aber macht man, wenn in Berlin derselbe Dickkopf sitzt? Man muß eben weiter dickkopfen! Hast Du Hoffnung, lieber Mephisto, daß sich das bei uns einmal ändern wird? Lasse Dir diesen Namen übrigens ruhig einmal gefallen! Der Mephisto ist eine Gestalt, die mich interessiert – insofern hätte er mit Dir Verwandtschaft! Als Faust ihn fragt, wer er sei, bekommt er die Antwort: «Ein Teil von jener Kraft, die stets das Böse will und stets das Gute schafft.» Ist das bei Dir vielleicht ähnlich ...?
Menschliches allzu Menschliches hast Du Dir also von Nietzsche gekauft?
Ein bestimmtes Buch (*Die Geheimwissenschaft im Umriß*), das etwas wie ein Grundstein der Anthroposophie ist, solltest Du schon lange gelesen haben ... Ich kann es Dir, Theo, leider nicht schicken. Du wirst es aber im Urlaub unter allen Umständen lesen müssen, wenn

Du eine Anschauung über die Anthroposophie bekommen willst. Leider aber ist es ziemlich dick.
Und nun komm bald in Urlaub!

17.11.1940

Liebe kleine Erika!

Recht herzlichen Dank für Dein liebes Briefchen, ich habe mich heute früh sehr darüber gefreut, es war ein sehr netter Sonntagsgruß. Übrigens hatte ich von Dir geträumt, aber was es genau war, kann ich Dir leider nicht mehr sagen. Ich wußte nur noch, daß Du da warst. Es muß sehr schön gewesen sein, und ich weiß positiv, daß wir uns nicht gestritten haben.

Neulich bei dem Großangriff haben unsere «Schwaben-Batterien» zwei Flugzeuge abgeschossen. Die ganze Abteilung bekam einen dienstfreien Nachmittag. Ein Flugzeug stürzte in der Nähe unserer Stellungen ab. Am frühen Morgen mußte ich hinfahren. Es sah wüst aus. Die vier Mann waren natürlich sofort tot und schrecklich verstümmelt.

Die Urlaubsgeschichte will einfach nicht klappen. Es lief wieder ein U.K.-Antrag für mich, aber er wurde abgelehnt. Ich werde versuchen, ob ich vor Weihnachten noch fünf oder sechs Tage wegkommen kann.

Halte den Daumen, Erika, daß es klappt. Würdest Du mich vom Bahnhof abholen?

18.11.1940

Lieber Theo!

... Du sagst, daß Du nur das begreifen kannst, was Du erlebst oder erlebt hast. Zu diesem Thema las ich vor kurzem bei Dr. Steiner folgendes: «Und wenn jemand sagt: Wie kann ich dasjenige auf Treu und Glauben hinnehmen, was die Geistesforscher sagen, da ich es

doch nicht selbst sehen kann?, so ist dies völlig unbegründet. Denn es ist durchaus möglich, aus dem bloßen Nachdenken heraus die sichere Überzeugung zu erhalten: das Mitgeteilte ist wahr. Und wenn diese Überzeugung sich jemand durch Nachdenken nicht bilden kann, so rührt das nicht davon her, weil man unmöglich an etwas ‹glauben› könne, was man nicht sieht, sondern lediglich davon, daß man sein Nachdenken noch nicht vorurteilslos, umfassend, gründlich genug angewendet hat. Um in diesem Punkte Klarheit zu haben, muß man bedenken, daß das menschliche Denken, wenn es energisch sich innerlich aufrafft, mehr begreifen kann, als es in der Regel wähnt. In den Gedanken liegt nämlich eine innere Wesenheit, welche im Zusammenhang steht mit der übersinnlichen Welt. Die Seele ist sich gewöhnlich dieses Zusammenhanges nicht bewußt, weil sie gewöhnt ist, die Gedankenfähigkeit nur an der Sinnenwelt heranzuerziehen. Sie hält deshalb für unbegreiflich, was ihr aus der übersinnlichen Welt mitgeteilt wird. Dies ist aber nicht nur begreiflich für ein durch Geistesschulung erzogenes Denken, sondern für jedes Denken, das sich seiner vollen Kraft bewußt ist und sich derselben bedienen will.»
Was meinst Du dazu?
Über *Die Philosophie der Freiheit* bist Du sozusagen «entsetzt». Du verstehst sie nicht? Dieses Buch habe ich übrigens auch noch nicht gelesen.
Was steht uns noch alles an Lektüre bevor!

21.11.1940

Liebe kleine Erika!

Recht herzlichen Dank für Deinen lieben Brief, Du bist doch ein goldiges Mädchen! So eine kleine Versöhnung nach dem Kampf ist was Feines, was? Ich bin aber durchaus dafür, daß der Kampf keine gehässigen Formen annimmt, aber – wie Du ganz richtig sagst –, man läßt sich leicht anstecken. Und ich habe mich von Deinem letzten Brief anstecken lassen

Nun zur Herden-Menschheit. Ich z.B. lebe zur Zeit unter Menschen, die man zur sogenannten Herde zählen könnte. Ich stellte aber fest, daß jeder einzelne sich Gedanken macht und daß diese zum Teil gar nicht so unrichtig sind. Aber die Leute sind eben zu wenig gebildet, man kann sich nur über die gröbsten Dinge unterhalten. Auf jeden Fall kannst Du die Meinung der Masse nicht ablehnen, denn sie hat keine ... Eigentlich kann ich mich auch zur Masse zählen, denn auch ich habe noch keine feste Meinung ... Das, was Du mir von Dr. Steiner schreibst, ist ganz schön. Aber ich habe über das nachgedacht, was er sagt, und bin nicht zu dem Schluß gekommen, daß es wahr ist, sondern höchstens, daß es evtl. möglich sein könnte, obwohl es mir nicht so erscheint. Ich kann es nicht widerlegen, ich kann es auch nicht glauben ...
Erika, ich bin immer bestrebt, Deinen Brief so schnell als möglich zu beantworten, weil ich selbst nämlich sehr auf Deinen Brief warte. Aber die zwei bis drei Stunden, die ich dazu brauche, habe ich eben oft nicht zur Verfügung.

Mein lieber Theo!

24.11.1940

Für Deinen – nun wieder lieben – Brief danke ich Dir recht herzlich! Ja, es ist ganz schön, solch eine kleine Versöhnung nach dem Streit. Du gebrauchst in Deinem letzten Brief wieder das Wort «Geist», wo «Denken» stehen müßte. Was ich zum Ausdruck bringen wollte, ist sehr schön von Lhotzky so gesagt: «Gedanken sind Kräfte, denn es sind Geistesäußerungen. Wir verbinden uns durch unser Denken entweder mit Mächten der Finsternis oder des Lichts.» Also: Gedanken brauchen durchaus nicht nur deshalb gut und richtig zu sein, weil sie aus dem «Geiste» kommen! Ich weiß nicht, ob Du begreifen kannst, daß ich immer mehr mit Anthroposophie verwurzle, wie sehr sie mir eine Lebensnotwendigkeit ist. Vielleicht steigt nun wieder die Angst um mein «Seelenheil» in Dir auf? Das wird aber nur so lange geschehen, bis Du selbst erkannt hast, daß Anthroposophie heute wirklich der einzige Weg ist, die Menschheit weiterzubringen. Ich glaube, daß es einen der schönsten Augenblicke in meinem Leben sein müßte, wenn Du mit voller Überzeugung zu mir sagen könntest: ich fühle, daß es Wahrheit ist, was Dr. Steiner sagt!

Liebe Erika! 26.11.1940

Die Urlaubssache ist noch nicht völlig geklärt. Ich hoffe aber stark, daß ich vor Weihnachten noch ein paar Tage heimfahren kann. Zur Zeit habe ich viel zu tun, ich bin für einige Tage auf dem Flughafen Tempelhof, um Vermessungen auszuführen.

Die Flugalarme werden hier immer weniger, trotzdem sieht es so aus, als ob der Krieg noch lange nicht zu Ende sei. Augenblicklich wird wieder von Stellungswechsel gesprochen.

Nun wollen wir eben hoffen, daß der Urlaub klappt, ich werde Dir gleich schreiben, wenn es soweit ist. Auf Wiedersehen, kleine Erika ...

Liebe kleine Erika! 27.11.1940

Heute bin ich nun wieder von Tempelhof zurückgekommen und habe gleich wieder einen Brief von Dir erhalten, auch ein «Zwischenbriefchen». Vielen herzlichen Dank! Allerdings habe ich erst gestern an Dich geschrieben, aber heute habe ich besonders schön Zeit, weil ich Wache habe. Ich bin heute auch nicht «nüchtern» aufgelegt, so müßte also mein heutiger Brief verhältnismäßig «genußreich» für Dich werden.

Wollen wir gleich mit der Urlaubsfrage anfangen. Es steht noch nichts fest, doch hoffe ich, im Lauf der nächsten Woche einige Tage Urlaub zu bekommen. Es hat allerdings keinen Zweck, wenn Du Deine vier Tage auch zu dieser Zeit nimmst, da ich tagsüber ohnehin im Geschäft sein muß. Ich werde leider nur abends für Dich Zeit haben. Es wäre höchstens möglich, daß ich im Februar, wenn ich längeren Urlaub bekomme, einige Tage ganz Dir zur Verfügung stellen könnte. Wäre das nicht herrlich? Wenn wir uns ein paar Tage lang ununterbrochen herumzanken könnten? ... Ich selbst lasse die «letzten Geheimnisse» offen und grüble nicht darüber nach. Ich will auch kurz sagen, was ich darunter verstehe. Das ist einmal der Ursprung alles physischen und geistigen Seins. Der Ursprung des Weltalls, der Erde, der Pflanzen, der Tiere, der Menschen. Woher kommt all dies – und wohin geht es? Auch diese Frage lasse ich offen. Die Denkkraft des Menschen läßt auf diese Fragen keine Erklärung zu. – Mich interessiert einzig und allein, was zwischen diesen Fragen liegt. Und dazwischen liegt das «Sein». Ich bin ..., und das genügt mir. Es lohnt sich wohl, über den Zweck unseres Seins nachzudenken, und das will ich auch versuchen. Dies ist also die Grundansicht, die ich mir im Verlauf meines bisherigen Lebens gebildet habe.

Da taucht in Deinem Brief ein höchst interessanter neuer Punkt auf, von dem ich noch nie hörte. Du sagst, daß man nach dem Tod das ganze Leben nochmals durchlebt, nur in umgekehrter Reihenfolge. Das ist wieder eine phantastische Sache! Es ist das also genau daßelbe wie die Hölle der Christen. Die Menschen sollen aus Furcht vor Strafe gut sein! Ich bin der Ansicht, daß nur der Mensch etwas taugt, der freiwillig gut und anständig ist, ohne Zwang!!

Liebe kleine Erika!

2.12.1940

Schon wieder kommt ein Zwischenbrief, diesmal aber kein erfreulicher. Aus dem Urlaub ist leider nichts geworden, ich hatte mich schon so sehr darauf gefreut! Morgen abend sollte ich wegfahren ... Ja, wir kommen weg von hier, wohin, weiß ich noch nicht, vielleicht zu sonnigeren Gestaden. Alles Hals über Kopf. Eigentlich soll ich dies nicht schreiben, Du darfst es auch keinem Menschen sagen, aber ich wollte Dir wenigstens noch ein Lebenszeichen geben. Vermutlich wirst Du eine ganze Weile nichts mehr von mir hören. Ich schicke Dir die beiden Bücher zurück, vorläufig kann ich keinen Ballast brauchen. Hoffentlich dauert es nicht allzu lange, bis ich wieder schreiben kann. Deine Briefe werden mir sehr fehlen! Ich denke jetzt recht lieb an Dich und will es jeden Tag tun ...

Mein lieber Theo! 5.12.1940

Gestern kam Dein Brief! Was ich beim Lesen empfand, will ich gar nicht in Worte zu kleiden versuchen ... Nun habe ich keine Ahnung, wann Du diesen Brief lesen wirst, noch wo! Es ist, als wenn ich dem Sturmwind einen Zettel anvertraute, wann und wo er landet, das wird er bestimmen. Und was ist mit unseren Streitfragen? Allein für diese wäre ein Urlaub dringend nötig gewesen! In Liebe die herzlichsten Grüße.

Am 2. Advent 1940

Es ist Nacht,
und mein Herz kommt zu dir,
hält's nicht aus,
hält's nicht aus mehr bei mir.

Legt sich dir auf die Brust
wie ein Stein,
sinkt hinein,
zu dem deinen hinein.

Dort erst,
dort erst kommt es zur Ruh,
liegt am Grund
seines ewigen Du.

(Christian Morgenstern)

Deine Erika

Liebe Erika!

8.12.1940

Recht herzlichen Dank für Deine Briefe! Inzwischen hat sich hier die Situation wieder geändert, voraussichtlich bin ich noch einige Zeit hier. – Erika, es erscheint mir nicht als wahrscheinlich, daß es nach dem Tod «aus» ist. Ich glaube auch, daß die Seele des Menschen in irgendeiner Form weiterlebt. Über das «Wie» will ich mir aber nicht den Kopf zerbrechen; ich glaube auch nicht, daß dies irgendein Mensch weiß oder erfahren kann. – Wie stellst Du Dir eigentlich eine geistige Welt vor?

Liebe Erika!

12.12.1940

Nun ist der Zettel, den Du dem Sturmwind anvertrautest, doch noch angekommen, recht herzlichen Dank! Ich bin also immer noch hier. Es ist zermürbend, dieses Herumsitzen und Warten, was kommt. Ich sende Dir heute ein kleines Weihnachtsgeschenk, hoffentlich wird es Dir gefallen. Das Täschchen müßte eigentlich gut zu Deinen Kleidern passen.
Vielleicht wirst Du nun doch längere Zeit nichts mehr hören von mir, darüber darfst Du Dich aber nicht beunruhigen.
Nun, Dir, liebe Erika, ein fröhliches Weihnachtsfest! In der Neujahrsnacht wirst Du meine Augen am Polarstern finden, Punkt 24 Uhr. Bitte denk daran!

Liebe kleine Erika!

25.12.1940, Weihnachten

Endlich komme ich wieder dazu, Dir zu schreiben. Vor mir habe ich noch das liebe Gedicht, das Du mir geschickt hast. Ich kann es gut brauchen heute, denn ein solch oberflächliches Weihnachten wie diesmal habe ich noch nie gefeiert. Vorläufig ist alles noch sehr primitiv hier, und Zeit habe ich auch noch keine. Wegen Mangel an Tischen liege ich auf meinem Bett, um Dir zu schreiben. Hoffentlich kannst Du meine Hieroglyphen entziffern. Ich bin nach einer langen und anstrengenden Reise in einer ganz tollen Gegend gelandet. Auf der Reise habe ich mich allerdings ziemlich erkältet. Aber das geht wieder vorüber. Auf jeden Fall ist es in diesem Winkel Rumäniens sehr interessant. Wenn ich mehr Zeit habe, werde ich Dir ausführliche Berichte schicken. Ein tolles Volk ist das hier. Es wird gestohlen und betrogen, wo es geht. Man muß sehr aufpassen, daß man nicht übers Ohr gehauen wird. Es ist scheußlich kalt, und Schnee hat es in großen Mengen. Zu erleben gibt es hier sehr viel. Kürzlich habe ich eine geschlossene Bahnschranke zerstört. Eigene Verluste: 1 Scheinwerfer und etliche Beulen. Der Zug kam erst drei Minuten später – das war Glück! Sonst ist hier alles sehr schmutzig. Wenn ich wiederkomme, bin ich ein halber Zigeuner und habe sicherlich Läuse. Die Mädchen sind hier sehr hübsch, allerdings nicht sehr appetitlich. Leider ist es völlig unmöglich, von dieser verteufelten Sprache etwas zu verstehen. Das ist alles für heute, Erika, bald – vielleicht morgen – schreibe ich mehr. Die Post wird wohl sehr lange brauchen. Ich schicke Dir viele liebe Grüße

30.12.1940

Liebe kleine Erika!

Herzlichen Dank für Deine Briefe.
Du hast mich jetzt allmählich sehr neugierig auf das «dicke Buch» gemacht.[*] Es ist nur schade, daß ich es in absehbarer Zeit nicht lesen kann. Wenn ich mir alle unsere Diskussionen noch mal so durchdenke, dann ist es meine Überzeugung, daß dieser «Gordische

---

* Wahrscheinlich *Die Geheimwissenschaft im Umriß*.

Knoten» nur dadurch gelöst werden kann, daß wir ein Buch zusammen lesen und die einzelnen Fragen gleich aushandeln.

Jeder von uns bleibt eben bei seinen Ansichten, und fast alle Fragen, die wir angeschnitten haben, blieben ungelöst. Trotzdem glaube ich immer noch, daß wir auf einen gemeinsamen Nenner kommen. Es ist wirklich gar nicht anders möglich. Und, Erika, es liegt mir mehr daran, als Du denkst, daß wir uns auf diesem Gebiet verstehen! Jetzt will ich Dir von hier noch etwas erzählen. Es ist eine sehr interessante Gegend. Ich kann Dir natürlich nicht genau sagen, wo ich bin; es ist eine ganz entlegene Ecke. Schon jetzt, obwohl es etwa 20° Kälte hat, gehen die Wanzen zum Angriff über. Stell Dir vor, wie es wird, wenn es erst einmal warm ist! Schön ist es, daß man so ziemlich noch alles bekommt. Wie würde Dir z.B. Mokka mit Schlagsahne passen? Vor allem ist das Essen auch verhältnismäßig billig. Die rumänische Sprache ist leider sehr kompliziert, man braucht sehr viel Zeichensprache zu einer Verständigung. Dabei gibt es natürlich auch sehr viel komische Situationen. Vor allen Dingen muß man aufpassen, daß man z.b. vom Kellner beim Bezahlen nicht zu wenig Geld heraus bekommt. Diese Gauner sind mit allen Wassern gewaschen.

Ich bin hier in einer kleinen Stadt. In der Mitte ist ein großer, runder Platz, gleichzeitig befinden sich an diesem Platz die besten Läden. So um 6 Uhr abends beginnen die Einwohner sich dort einzufinden, dann laufen alle rundherum und schauen sich gegenseitig an. Wie bei uns im Theater. Frauen gehen nicht allein in ein Lokal, vielleicht haben sie zu wenig Geld dazu. Die Sittlichkeit steht auf sehr tiefem Niveau hier. Wenn es dunkel ist, wird man direkt von den Frauen angehalten. Im Lokal wirft man alles, auch Zigaretten, auf den Boden. Man kann auch ausspucken. Auch die rumänische Musik ist furchtbar primitiv und für unsere Ohren sehr langweilig. Es gibt zwei Kinos hier, es werden vor allem amerikanische und nur wenige deutsche Filme gezeigt. Man versteht aber kein Wort während der Vorstellung, weil dabei hemmungslos geschwatzt und gelacht wird.

Bis ich wieder einmal nach Hause komme, kannst Du einen richtigen Zigeuner erwarten, Du wirst entsetzt sein! Geistig komme ich hier

sicher auch ganz auf den Hund. Du hast also jede Berechtigung, für
meine Zukunft «schwarz» zu sehen.

Nun, Erika, wünsche ich Dir viel Glück für das neue Jahr, ich werde
morgen nacht an Dich denken ...

Lieber Theo! Ende Dezember 1940

Heute erhielt ich Deinen Brief vom 25.12. als lieben Silvestergruß, er
hat mich sehr gefreut, herzlichen Dank.
Weihnachten habe ich still und ganz nach meinem Sinn gefeiert. Am
zweiten Feiertag war ich allerdings am Nachmittag einmal wieder beim
Tanz auf dem «Weißenhof». Das Tanzverbot ist augenblicklich aufgehoben, und da war plötzlich in mir wieder eine mächtige Tanzlust
erwacht. So mußte es vielen ergangen sein, denn es war unglaublich
voll. Seit dem 1. Mai 1940 – weißt Du noch? – war ich nicht mehr oben
gewesen. Wann wir wohl einmal wieder zusammen tanzen werden?
Ich habe einige anthroposophische «Funde» gemacht und bin eifrig
dabei, sie zu lesen. Damit habe ich aber einige Wochen zu tun! Was
machen bei Dir die philosophischen Studien?

Liebe Erika! 1.1.1941

An diesem ersten Tag des neuen Jahres sollst Du noch einen Gruß
bekommen. Wie war es heute Nacht? Hast Du den Polarstern gefunden? Ich habe einige Minuten hinaufgeschaut zum herrlichen
Sternhimmel. Aber es war wieder nicht der richtige Augenblick.
Weißt Du, bei uns waren alle sehr ausgelassen. Um 23 Uhr fanden
wir uns in der Kantine ein, da wurden viele Lieder gesungen, und der
herrliche rumänische Rotwein schmeckte «ganz groß».
Wie war Neujahr bei Dir? Warst Du aus? Jetzt gibt es bei Euch ja
wieder Tanz, nicht wahr?

Hier war es sehr interessant. Die kleinen zerlumpten Burschen knallten dauernd mit langen Peitschen. Andere sangen auf der Straße Weihnachtslieder. Wieder andere liefen in rumänischen Trachten herum, maskiert. Ich wurde mit Weizen beworfen, das soll Glück bringen. Ein anderer schleppte ein Lämmlein mit sich, dessen Berührung Glück bringt – und natürlich auch etwas kostet. Auch sechs prächtige weiße Ochsen vor einem kleinen Pflug wurden durch die Straßen geführt – es war ein exotisches Silvester.

Lieber Theo!
5.1.1941

... Deine Briefe damals waren mir recht kalt erschienen – um nicht das Wort «nüchtern» zu gebrauchen. Wir müssen aufpassen, daß sich zwischen uns nicht plötzlich eine «Gletscherspalte» auftut.

Ich glaube, daß zum Lösen des «Gordischen Knotens» noch mehr nötig ist als das Lesen nur eines Buches! Die Anthroposophie ist einfach zu umfassend, um mit ein paar Worten umrissen zu sein. Weißt Du übrigens noch, wie der «Gordische Knoten» gelöst wurde? Man hat ihn bekanntlich gar nicht «gelöst», sondern mit einem Schwert durchschnitten!

... Noch etwas, Theo. Ich bat Dich einmal, Deinem Bruder[*] gegenüber nichts von mir zu erwähnen, und zwar wegen W.[**] Ich hatte nun Gelegenheit festzustellen, daß Du Wort gehalten hast. W. ist zur Zeit in Urlaub hier, und da hab ich gestern mit ihm und Deinem Bruder zusammen eine Tasse Kaffee getrunken. Ich konnte ein leises Lächeln kaum unterdrücken, denn ich wurde immerzu an Dich erinnert, Dein Bruder hatte sich gewundert, daß ich ihn nach über einem Jahr gleich wiedererkannte.

Bei uns schneit es seit acht Tagen ununterbrochen. Sogar mitten in der Stadt, auf der Königsstraße, liegt so hoch Schnee, daß man sie nur

---

[*] Robert.
[**]Walter Eisele.

an bestimmten gebahnten Stellen überqueren kann. An den Dächern hängen riesige Wächten, und auf allen Straßen sieht man Skifahrer, alte und junge. Morgens, wenn ich in der Dämmerung ins Geschäft gehe, sieht die Welt aus wie im Märchen.

Liebe Erika! 9.1.1941

Die Bücher, die Du ausgewählt hast, sind bestimmt sehr schön, ich werde Dir bald darüber berichten. Allerdings bin ich mir noch nicht ganz im klaren darüber, was ich nachher mit dem «Ballast» anfange. Ich darf nur 100 g schwere Päckchen schicken, und es geht doch beim besten Willen nicht, daß ich sie in so kleine Stücke zerteile. Dabei habe ich mindestens sechs Bücher bekommen.
Ein Satz in Deinem Brief enthält übrigens wieder eine kleine Boshaftigkeit von Dir ... Warte nur, Du kleines Teufelchen in Engelsgestalt, Dir werden bestimmt noch kleine Hörnchen aus Deinem reizenden, sinnverwirrenden Köpfchen wachsen! Oder hoffst Du auf Flügel?
Ich führe zur Zeit die tollsten Gespräche, verhandle mit Händen und Füßen, spreche rumänische, deutsche, französische und englische Worte, was mir gerade einfällt, und dann kommt wieder ein herzhaftes «Du Allmachtsrindviech!», worauf mich der betreffende Geschäftsmann freundlich anlächelt in der Annahme, ich hätte eine besondere Liebenswürdigkeit gesagt.
Ja, das Leben ist schön, noch schöner wäre aber doch ein Besuch bei Dir!

Lieber Theo! 9.1.1941

Heute erhielt ich Deinen Brief vom 1. Januar, recht herzlichen Dank! Er hat wieder länger gebraucht, vielleicht ist der Postwagen im Schnee steckengeblieben? Bei uns sind die Schneeberge so angewachsen, daß

die Bevölkerung mit Lautsprecherwagen aufgefordert wurde, Gehwege und Straßen zu säubern. Als ich abends heimfuhr, war die Stadt bevölkert von Menschen mit Schippen, Besen und Schaufeln.
Wie ich Silvester gefeiert habe? Still für mich. Eine Einladung schlug ich aus, weil um 21 Uhr schon Polizeistunde war. Punkt 24 Uhr hab' ich an Dich gedacht. Der Polarstern war nicht zu sehen, es schneite.
Bitte berichte mir möglichst viel aus Deinem derzeitigen Leben.

Meine liebe kleine Erika!

13.1.1941

Vielen herzlichen Dank für Deinen Brief. Die Postverbindung klappt jetzt wirklich ganz gut, er reiste nur fünf Tage.
Ich habe jetzt vorübergehend zwei Schreinereien unter mir und mit einem von unseren Architekten den ganzen Barackenbau. Ich werde aber aufpassen, daß inzwischen nicht ein anderer meinen Mercedes bekommt, denn wenn es wärmer wird, dann kommt man mit einem Wagen doch weiter herum und auch gelegentlich nach Bukarest.
Übrigens soll hier der Frühling schon Mitte Februar kommen. Das Klima wird so heiß, daß sogar Malariagefahr besteht. Zunächst hat die Donau aber noch starken Eisgang. Wenn Du einen großen Atlas hast, suche einmal nach Giurgiu, es ist immerhin eine kleine Stadt.
Ich hatte also doch recht mit meinem Gefühl, daß Du mir ernstlich böse warst.
Ist die «Gletscherspalte» wieder geschlossen? Du mußt aber doch wissen, Erika, daß bei mir eine solche nie existiert hat. Auf jeden Fall wollen wir jedes Mißverständnis – und immer wird es ein solches wieder geben – gleich klären; einverstanden? Es darf in unser Verhältnis sich kein Gift einschleichen!
Ich bin selbst darauf gespannt, ob die «Schwärze» bei mir eindringt und unabwaschbar ist. – Übrigens ist Seife hier nicht modern, die Menschen sehen danach aus. Die schönen Mädchen (wirklich schön) sind zum großen Teil krank, was leider manche schon am eigenen Leib verspüren mußten, zum Glück von unserer Batterie noch keiner.

Theodor Beltle – Winter in Giurgiu/Rumänien.

Fahrt durch Ungarn bei 20° Kälte.

Es würde mich ja interessieren, was Du bei einem solchen Lärm, wie er hier herrscht, zustande bringen würdest!

Lieber Theo! 15.1.1941

Zur Zeit fühle ich mich ganz zerflattert. Ich stricke wie wild Pullover, nähe verschiedene Kleider selbständig (ich möchte das lernen) und gehe außerdem häufig ins Kino, nachdem ich zwei Monate lang keines betreten hatte. Heute Nacht werde ich vor dem Einschlafen sehr fest an Dich denken, damit Du wieder einmal von mir träumst ...

Liebe kleine Erika! 22.1.1941

Gestern war die Stadt wie elektrisch geladen. Es geht schon einige Tage so, die Rumänen haben unter sich Krach. Wir durften abends nicht mehr ausgehen, da es auch zu Schießereien kam. Gestern Nacht wurde noch ein großes Ereignis erwartet, das aber Gott sei Dank nicht eintrat, sonst hätten einige Hundert das Leben verloren. Bei uns war also auch alles aufgeregt, wie Du Dir denken kannst. Da geschah folgendes. Neben unserer Stube liegt das Wachlokal. Plötzlich gibt es einen lauten Knall, wir fahren auf und denken, es geht los ... Nun war es aber so, daß einer von den Posten sein Gewehr lud und durch eine Unachtsamkeit ein Schuß losging. Zwei Meter neben mir kam die Kugel durch den Boden und fuhr in einen dort stehenden Rucksack, worin sie stecken blieb ... Alles war noch mal gut abgegangen. Auch in der Stadt ist es wieder ruhig.

Du bist also zum «Weißenhof» zum Tanz gegangen? Na, na! Bist Du wohl wieder auf Raub aus gewesen wie damals am 1. Mai? Ich glaube, ich muß in Stuttgart doch einmal nach dem Rechten sehen – aber der Urlaubshimmel ist völlig verdüstert! Die Tanzmöglichkeiten

sind übrigens hier für uns alle gesperrt, die Lokale werden dauernd kontrolliert.
Ich glaube, Erika, wir müssen doch darauf übergehen, *noch* mehr zu schreiben.

Liebe Erika! 28.1.1941

Bitte entschuldige heute meine schlechte Schrift, ich habe Wache und bin gerade von 20 – 23 Uhr draußen gestanden bei 15 Grad Kälte. Von hier gibt es nicht viel Neues zu berichten. Die kleine Revolution, die in den letzten Tagen stattfand, ist erledigt. Aber es hatten sich zum Teil schreckliche Szenen abgespielt.
Unzählige Male habe ich es schon versucht, mir Dein Gesicht vorzustellen. Wenn ich nämlich Deine Photographie ansehe, so nützt das nicht viel. Das ergibt kein lebendiges Bild. Am besten ist es mir immer gelungen, wenn ich mir vorstellte, am Königsbau zwischen den Säulen zu stehen; als ich mich umwendete, kamst Du mir entgegen … Da sehe ich Dich ganz deutlich, ja ich höre sogar Deine Stimme.
Jetzt ist es 1 Uhr. Ich bin müde, aber bald schreibe ich Dir wieder. Von Dir habe ich noch nicht geträumt Vielleicht denkst Du nicht mehr stark genug an mich?

Liebe Erika! 31.1.1941

Habe ich Dir noch nicht davon geschrieben? Ich fahre seit Berlin den Batteriechef und den Adjutanten. Augenblicklich jedoch steht mein Wagen leer da; ich leite zwei Schreinereien und mache den Einkauf für das gesamte Baumaterial, das von uns benötigt wird. Das ist ganz interessant, da ich mit vielen Geschäftsleuten zusammenkomme. Kürzlich war in meinem Büro ein Zweikampf. Zwei Rumänen fingen wegen eines fehlenden Geldbetrages Streit an. Der eine erhielt fünf bis sechs gewaltige Schläge mitten ins Gesicht, bis er blutend zusammenbrach. Das sind rumänische Geschäftsmethoden.

Du wirst staunen, es gibt bei uns Urlaub, aber zuerst kommen die Verheirateten an die Reihe, dann die mit der längsten Dienstzeit, und ich natürlich erst, wenn der Urlaub wieder gesperrt wird. Der Schnee schmilzt jetzt wieder. Alles kommt aus den Hütten und treibt sich auf der Straße herum. Dort kann man alles kaufen, von der Gans bis zum Salatöl, Zuckerwaren, Eier, Kopftücher, Fische, Sandalen, kurz alles. Man kann sein ganzes Essen auf der Straße zusammenstellen. Bei jedem Einkauf wird natürlich endlos heruntergehandelt. Es gefällt mir wirklich gut hier! So, Du bist in Frühlingsstimmung, ganz ohne mich?? Das finde ich sehr verdächtig! Und gar nicht schön von Dir!

Lieber Theo!
6.2.1941

Zur «Willensfreiheit im Lichte der Erblehre» (ein Zeitungsausschnitt): Folgender Satz aus dem Artikel klingt ja ganz schön: «Willensfrei ist also, wer imstande ist, zu tun, was er soll, nicht was ihm seine Triebe und Neigungen gebieten, wer also will, was er soll.» Aber Dr. Steiners Begriff von der Freiheit ist doch noch ein anderer. Ich will Dir ein paar Sätze abschreiben, die ich darüber gerade gefunden habe: «Mit dem Begriffe des Wollens ist der des Motivs unzertrennlich verknüpft. Ohne ein bestimmendes Motiv ist der Wille ein leeres Vermögen: erst durch das Motiv wird er tätig und reell. Es ist also ganz richtig, daß der menschliche Wille insofern nicht ‹frei› ist, als seine Richtung immer durch das stärkste der Motive bestimmt ist. Aber es muß andererseits zugegeben werden, daß es absurd ist, dieser ‹Unfreiheit› gegenüber von einer denkbaren ‹Freiheit› des Willens zu reden, welche dahin ginge, wollen zu können, was man nicht will.» (Letzteres vertritt R. Hammerling.) «Wenn ein Motiv auf mich wirkt und ich gezwungen bin, ihm zu folgen, weil es sich als das ‹stärkste› unter seinesgleichen erweist, dann hört der Gedanke an Freiheit auf, einen Sinn zu haben. Wie soll es für mich eine Bedeutung haben, ob ich etwas tun kann oder nicht, wenn ich von dem Motiv gezwungen werde, es zu tun? Nicht darauf kommt es zunächst an: ob ich dann, wenn das Motiv auf mich gewirkt hat, etwas tun kann oder nicht, sondern ob es nur solche Motive gibt, die mit zwingenden Notwendigkeiten wirken ... Nicht darauf kommt es an, ob ich einen gefaßten Entschluß zur Ausführung bringen kann, sondern wie der Entschluß in mir entsteht ... Frei sein heißt, die dem Handeln zugrunde liegenden Vorstellungen (Beweggründe) durch die moralische Phantasie von sich aus bestimmen können. Freiheit ist unmöglich, wenn etwas außer mir meine moralischen Vorstellungen bestimmt. Ich bin also nur dann frei, wenn ich selbst diese Vorstellung produziere; nicht, wenn ich die Beweggründe, die ein anderes Wesen in mich gesetzt hat, ausführen kann. Ein freies Wesen ist dasjenige, welches wollen kann, was es selbst für richtig hält» (Dr. Steiner).

Nun sind wir doch wieder ins Philosophieren gekommen! Ob es von jetzt ab auf friedlichere Weise geschehen kann?

Liebe Erika!   10.2.1941

Zu Deinem Geburtstag gratuliere ich Dir recht herzlich! Möge das neue Lebensjahr Dir wieder einen Wunsch erfüllen. Du hast sicher noch einige auf Lager. Ich schicke heute ein paar Päckchen ab. Hoffentlich gefallen Dir die Sachen ... Den Tee, es ist chinesischer – er schmeckt einfach göttlich – mußt Du in einer stillen Stunde sorgfältig zubereiten. Wirst Du dann besonders lieb an mich denken, so wie ich es jetzt tue? Ja, nun möchte der in fernem Lande weilende Ritter gerne wieder einmal auf seine heimatliche Burg ziehen, um dort nach der einsamen (??) Prinzessin zu sehen, nach der es ihn so sehr verlangt. Heute Nacht, als ich über den Straßen mit den fremden Häusern und über den orientalischen Kirchtürmen den unwahrscheinlich hell glänzenden Mond sah, ließ ich mich von diesem Zauber ganz gefangennehmen. Mit allen Fasern spürte ich den großen, großen

Unterschied zur Heimat. Diese ist doch ganz anders! Sie ist herber, aber dennoch lieblicher: und vor allem kerngesund. Hier ist alles weicher, verschwommener und süßer. Wenn der Krieg noch lange dauert, dann fürchte ich, daß es mich später in Stuttgart sehr in die Ferne ziehen wird ... Wie schön ist doch die Welt, und wie wenig kennen wir von ihr!
Ich möchte Dich heute hier haben und mich mit Dir ganz dem Zauber der Mondnacht hingeben!
Mein liebes Teufelchen, Dir viele tausend Geburtstagsküsse. Das nächste Mal will ich die Hörnchen wieder sehen!!

Mein lieber Theo!
12.2.1941

Wenn ich abends manchmal nicht gleich einschlafe, «schreibe» ich Dir zuweilen Briefe, so auch gestern, aber wenn ich das dann am nächsten Tag wirklich zu Papier bringen will, geht es nicht; so auch heute ...
Ich schickte Dir doch jenes Gedichtchen «Es ist Nacht ...»; in ihm liegt alles ausgedrückt, was ich empfand und auch heute empfinde. Schöner und treffender könnte es gar nicht gesagt werden. Aber dabei empfinde ich mich irgendwie im Gegensatz zu dem, was Du in Worte bringst, als ständen wir auf zwei verschiedenen Ebenen ...
Eigentlich kann man das ja alles nicht schildern, was ich meine, höchstens im Bilde.
So kam ich zu der Frage, ob Du genau so für mich empfinden würdest, wenn ich – ein körperloses Geistchen wäre? Das ist es nämlich, was ich mir wünschen würde. Das ist aber eine Frage, die Du nicht mir, sondern allein Dir selber beantworten sollst! Selbstverständlich kann es sich niemals darum handeln, sich nur einseitig *einer* Ebene zuzuwenden, das dürfte doch klar sein. Wenn man solche Dinge berührt, läuft man leider immer Gefahr, mißverstanden zu werden oder die gewissen «zarten Fäden» zu zerreißen ...

Mein lieber Ritter!   18.2.1941

Gestern erhielt ich Deinen so lieben Brief vom 10.2. und die Paketchen! Den ganzen Morgen war ich stark und hab sie nicht geöffnet, ich wollte die Freude bis morgen aufsparen. Aber leider war es so, daß meine Freundin später als erwartet kam, da hatte ich einige Zeit nichts zu tun. Du hättest sehen sollen, wie ich immer wieder ein Paketchen zur Hand nahm, ein paar Klammern löste, bis schließlich an jedem nur noch drei waren. Und meine Freundin kam immer noch nicht! Da packte ich eines aus – und zum Vorschein kamen die beiden Tücher! Theo, ich kann wirklich nicht mit Worten meine Freude zum Ausdruck bringen! Sie sind bezaubernd schön, und ich mußte an die Frau denken, die sie so wunderbar bestickt hat! Die anderen Päckchen öffne ich aber wirklich erst morgen! Für heute meinen ganzen Herzensdank, du lieber Ritter!

Liebes Geistchen!   18.2.1941

Das ist ein guter Name, den Du Dir da selbst gegeben hast, der ist wirklich stilecht. Für mich bist Du von jetzt ab nur noch das «Geistchen»! Ja?

Recht herzlichen Dank auch für Deinen Brief, den ich gestern bekam. Heute habe ich wieder Wache und endlich genügend Zeit, Deine Briefe zu beantworten.

Du bist also auch der Ansicht, daß man durch bloßes Reden (und auch Schreiben) die feinen Fäden zerreißen kann, die schützend um manche Dinge gesponnen sind. Trotzdem bist Du wirklich sehr eifrig mit dem Zerreißen! Wie kommt das? Aber es ist ja möglich, daß durch das Zerreißen der Fäden eine größere Klarheit über die Gedanken des andern entsteht.

So, das neugierige Geistchen möchte also wissen, wohin sich mein leiblicher Körper in nächster Zeit begeben wird? Erstens darf ich

das dem Geistchen gar nicht verraten, und zweitens sollte so ein Geistchen gar keine so törichten Gedanken haben. Was kann das Geistchen schon mein Körper interessieren? Und mein Geist ist ja nicht ortsgebunden, sondern steht dem Geistchen an jedem Platz gleicherweise zur Verfügung.
Leider wird es heute ohne Zerreißen von weiteren Fäden nicht abgehen!
Nun zu den «Ebenen», Erika. Es fällt mir schwer, darauf zu antworten, und doch muß es sein.
Klar ausgedrückt steht die Sache so: Du hast Dich mit mir angefreundet aus einer geistigen Sympathie heraus, weil Dein Geist mit meinem verwandt schien bzw. harmonierte. Dein Ziel war und ist wohl noch die Ergründung meines Geistes bzw. die Freude gemeinsamen Fühlens und Denkens über eine bestimmte Sache. Um zu diesem Ziel zu gelangen, bist Du auch geneigt, Dich einmal auf meine «Ebene» zu begeben.
Ich dagegen habe mich Dir genähert mit dem Ziel, sinnliche Freuden mit Dir zu erleben. Und um zu diesem Ziel zu gelangen, bin ich geneigt, mit Dir auch gezwungenermaßen über Philosophie und andere geistige Probleme zu reden.
Das ist also Deine Meinung über mich. Ganz klar wird es, wenn Du mir vorschlägst, ich soll mir Dich als körperloses Geistchen vorstellen. Es heißt eigentlich so viel, daß ich in Dir nur die Frau sehe und versuche, sie mit jedem Mittel zu gewinnen.
Ich bin sehr traurig über diese Sache und kann ihre Tragweite noch gar nicht erfassen. Es kommt mir erst eben beim Schreiben zum Bewußtsein. Denn dies läßt sich nie mehr einrenken. Die Fäden scheinen hoffnungslos zerrissen.
Ich wundere mich, daß Du in der zweiten Hälfte Deines Briefes so lustig weitererzählst. Das müßte also beweisen, daß Du diese Meinung schon immer über mich hattest; ich bin einfach erschüttert!
Es ist mir nicht mehr möglich, auf Deine restlichen Fragen zu antworten. –
Soeben habe ich Deinen und meinen Brief nochmals durchgelesen, weil ich es einfach nicht glauben konnte, daß Du mir verlorengehen

könntest. Ich kann mir die Tage, Wochen und Monate ohne Deine Briefe gar nicht mehr vorstellen. Noch hoffe ich auf ein Wunder ...

Mein lieber Theo! 19.2.1941

Jetzt ist der Schwarm der Gäste gegangen, die eingetretene Stille tut mir wohl. Schade, daß Du heute nicht auch hier sein konntest, aber alles kann man eben nicht haben! Es kam mir so viel Liebes entgegen, daß es mich ganz gerührt hat. In solchen Augenblicken merkt man eigentlich erst, wie nahe Freude und Schmerz (oder Wehmut) beieinander wohnen.
Übrigens ist nun der Himmel plötzlich klar geworden, und ich sehe Jupiter vom Fenster aus. Um 21 Uhr wird er eine heimliche Brücke zwischen uns sein, gelt?
Und heute bin ich zwanzig Jahre alt geworden!

Liebe Erika! 21.2.1941

Ich muß Dir heute wieder schreiben. Es ist ganz undenkbar, daß wir uns trennen können. Seitdem ich vorgestern an Dich schrieb, finde ich keine Ruhe mehr.
Ich denke eben immer noch, daß durch die Schreiberei ein Mißverständnis eingetreten ist. Aber wenn dies nicht der Fall wäre: Sagtest Du nicht einmal, ein schneller Tod sei weniger schmerzvoll als ein langsamer?

25.2.1941

Lieber Theo!

Als ich heute Deinen Brief vom 18. d.M. zu Ende gelesen hatte, war mir zumute, als sei ich von einem Turm gestürzt, läge am Boden und müßte mir erst wieder ins Gedächtnis rufen, was eigentlich geschehen ist.

Theo, ist es denn möglich, daß Du zu solchen Schlüssen kommst, daß Du Dir solche Gedanken über meine Meinung von Dir bilden kannst? Glaubst Du denn wirklich allen Ernstes, daß ich Dir jemals auch nur eine Zeile geschrieben hätte, wenn ich Dich so eingeschätzt hätte? Ich weiß wirklich nicht, wer dem andern am meisten Unrecht tut!

Als ich jenen Brief abgeschickt hatte, fürchtete ich zwar, daß er nicht so verstanden werden könnte, wie er von mir gemeint war; daß er aber eine solche Auslegung finden würde, daran dachte ich wahrhaftig nicht! Nun bist Du es, der die Fäden zerrissen hat!

Wie soll ich mich jetzt rechtfertigen? Es sträubt sich in mir etwas, diesen Versuch zu machen.

Ist es nicht paradox, was Du schreibst: Ich hätte mich mit Dir nur deshalb angefreundet, weil wir geistig zu harmonieren scheinen und um Deinen Geist zu ergründen. Dabei konnten wir die ganze Zeit nur feststellen, daß wir geistig nicht harmonierten, daß Du eine völlig andere Weltauffassung hast als ich! Nun muß wohl auch ich ganz offen sein. Ich hatte mir (und Dir zur Überlegung) jene Frage gestellt, weil ich Dir so zugetan bin, daß ich mir nichts sehnlicher wünsche, als Dir auf geistiger Ebene in einer Liebe zu begegnen, die nur dort möglich ist. Dabei sollte es doch klar sein, daß auf Erden beide Lebensebenen ihr Recht fordern!

Lieber Ritter, trotz allem muß ich Dich so nennen: Ich kann es mir einfach nicht anders vorstellen, als daß wir diese Gletscherspalte zusammen überspringen werden!

26.2.1941

Liebe Erika!

Vielen Dank für Deinen Brief. Es freut mich, daß Dir die Sachen zum Geburtstag gefallen haben. Ich habe aus Deiner hübschen Beschreibung, wie Du die Päckchen geöffnet hast, gut herausgefühlt, wie groß Deine Freude war.

Nun wirst Du wohl über meinen letzten Brief sehr erschrocken sein. Weißt Du, je mehr ich über die Sache nachdenke, desto mehr komme ich zu der Überzeugung, daß wirklich ein Irrtum vorliegen muß. Hoffentlich erreicht mich Deine Antwort noch hier, ich warte so sehr darauf! Bei uns herrscht einmal wieder großes Reisefieber. Wenn Du also eine Zeitlang nichts von mir hörst, dann weißt Du ja Bescheid.

Ich sehe es kommen, daß der Krieg noch weitere zwei Jahre dauern wird. Ich bin zur Zeit sehr pessimistisch. Das mag wohl auch zum Teil auf die «Gletscherspalte» zurückzuführen sein.

Dein Zwischenbriefchen ist auch angekommen. Es berührt mich seltsam, so liebe Briefe von Dir zu erhalten. Fast flattert das kleine Briefchen in die Spalte. Doch nein, es flattert darüber und bleibt am äußersten Rand hängen. Ein Windhauch könnte es hinunterwerfen. Hoffen wir also, daß es windstill bleibt …

27.2.1941

Lieber Theo!

Über Deinen Brief vom 21.2., der heute kam, bin ich sehr froh, recht herzlichen Dank! Er hat mir die innere Spannung ein wenig genommen. Wenigstens schreibst Du selbst, daß es sich um ein Mißverständnis handeln muß. Wenn nur mein Brief, den ich Dir vorgestern geschrieben habe, schneller bei Dir einträfe! Ich möchte manchmal die Schreiberei verfluchen, die immer wieder diese Schwierigkeiten heraufbeschwört.

Im übrigen denke ich, daß augenblicklich für den Ritter und für die in seiner Burg gefangene Prinzessin die «erste Prüfung» zu bestehen ist, die ja in allen Märchen vorkommt. Sollten sie gleich an der ersten «Probe» scheitern? Noch etwas anderes: Ich habe vom 6. bis 20. April Urlaub und will in dieser Zeit mit meiner Freundin Elli nach Sonthofen fahren. Meine einzige Sorge ist nun nur, daß Dein Urlaub nicht in diese Zeit falle, wo ich von Stuttgart abwesend bin! Hoffentlich kommst Du später; ich habe nochmals 14 Tage Urlaub.

Liebstes Prinzeßchen!
6.3.1941

Heute kam Dein lang erwarteter Brief an. Endlich kann ich wieder aufatmen! Erika, es fällt mir ein sehr großer Stein vom Herzen, der die ganze Zeit schwer darauf gelegen hat. Ich verstehe schon gar nicht mehr, wie es zu diesem Mißverständnis kommen konnte. Das muß ein ganz böser «Schreibgeist» gewesen sein, der die Dinge so durcheinander warf.

Ja, liebes Geistchen, ich verstehe jetzt Deinen Brief von damals viel besser. Um Verzeihung bitten kann ich Dich aber nicht, denn ich möchte nie etwas tun, wofür ich Deine Verzeihung erbitten müßte. Aber hilft es etwas, wenn ich Dir sage, daß ich Dich liebe? Daß Du meinem Herzen am nächsten bist, ja, daß Du fast schon ein Stück von meinem Herzen bist? Haben wir uns jetzt auf Deiner «Ebene» getroffen? Erika, es fiel mir schwer, das zu schreiben, aber ich hatte das starke Bedürfnis, Dir das zu sagen, obwohl Du das eigentlich schon längst wissen müßtest. Aus dem gleichen Grund habe ich damals auf Dein Gedicht nichts geschrieben. Was sollte ich auch sagen? Worte sind da unzureichend. Ich habe es nur wie ein kostbares Geschenk angenommen – schweigend!

Laß uns nun meinen Brief vergessen, ja? Und die wesentlichen Fäden sind ja gar nicht zerrissen! Die stellen nämlich das gegenseitige Vertrauen dar, und zwar in jeder Beziehung. Und weißt Du, was ich glaube? Daß sich diese Fäden schon in ganz beachtliche Seile verwandelt haben.

Nun zu etwas anderem. Ich bin nach wie vor der Ansicht, daß es gar nicht notwendig ist zu wissen, daß man später einmal in anderer Gestalt wiedergeboren wird. Wenn man das weiß, dann arbeitet man nur deswegen an sich selbst, um es im späteren Leben besser zu haben, also um eines persönlichen Vorteils willen, und das ist meiner Ansicht nach falsch. Das ist genau so, wie wenn die Kirche sagt: Lebe anständig und tue Gutes, sonst kommst du in die Hölle! Und es ist nicht einerlei, ob man aus Furcht oder aus freiem Willen anständig lebt. Das ist meine feste Überzeugung.

Übrigens wollte ich Dir noch sagen, daß die Bulgaren ein sittlich sehr hochstehendes Volk sind. Ein krasser Gegensatz zu den Rumänen. Primitiv sind sie auch, aber moralisch und sittlich scheinen sie hochstehender als wir selbst.

Gestern war es wieder Mittwoch, und um 21 Uhr dachte ich sehr stark an Dich. Ich glaubte zu fühlen, daß auch Du an mich gedacht hast. Es war eine dunkle, laue Nacht, und 50 m von mir entfernt rollten die Wellen des Schwarzen Meeres an den Strand in unaufhörlichem Kommen und Gehen. Der Zauber des Meeres nahm mich wieder ganz in seinen Bann.

8.3.1941
Lieber Theo!

Obwohl ich Deinen Brief vom 26.2. schon vor einigen Tagen erhielt, kann ich Dir erst heute antworten. Ich habe zwar viel an Dich gedacht, konnte aber aus irgendwelchen Gründen nicht schreiben. Was die «Gletscherspalte» betrifft, so hoffe ich, daß sie in der Zwischenzeit überbrückbar wurde. Auch nehme ich an, daß es «windstill» geblieben ist und meine verschiedenen Briefe nicht rettungslos in die Spalte geblasen wurden. Sie könnten da bestimmt nicht mehr herausgeholt werden.

Wenn nichts dazwischen kommt (ich bin plötzlich auch pessimistisch), bin ich, wie Du weißt, vom 5. bis 20. April in Sonnenalp über Sonthofen/Allgäu. Schreibe mir in dieser Zeit aber bitte nur dann

Hafen von Varna.

Varna am Schwarzen Meer.

an obige Adresse, wenn Du bestimmt weißt, daß mich die Post dort erreicht; sonst adressiere an zu Hause.
Heute will kein ordentlicher Brief gelingen, Du merkst es.

Liebe Erika!

11.3.1941

Ich bin soeben von einem Mondscheinspaziergang zurückgekommen. Es ist unfaßbar schön hier – hell und klar. Der Mondschein ist auch viel intensiver als bei uns zu Hause. Ich ging mit einem Kameraden an der Steilküste entlang durch Gärten, in denen hübsche weiße Sommerhäuser stehen. Die Mandelbäume blühen jetzt, die Blüten leuchten zauberhaft vor dem Hintergrund des schwarzen Sternhimmels. Etwa dreißig Meter unter uns rollte das Schwarze Meer gegen die Küste in gleichmäßig sanftem Rhythmus. Weit hinaus erstreckte sich die silberglänzende Fläche des Meeres. In der Bucht lag die Stadt mit den vielen Lichtern; ein Leuchtturm blinkte herüber, einzelne rote Positionslichter der Schiffe gaben auch hier Farbe zu dem Bild. Es war einfach zauberhaft!
Den ganzen Tag über war das Wetter schön. Das bunte Straßenbild hier ist kaum zu beschreiben. Da geht ein Türke vorüber mit einer roten Schärpe um den Bauch, einem blauen Turban und dem roten Türkenkäppchen; oder eine Mohammedanerin mit ihrem Blumenkorb und einem schreiend gelben Kopftuch. Sie trägt lange, faltige Hosen aus buntem Kleiderstoff, die an den Knöcheln zugebunden werden. Dazu sind die Bulgaren alle so freundlich, es ist wirklich wohltuend.
Ach, Prinzeßchen, das Leben ist schön! Was meinst Du, wenn wir zwei ganz allein in Ferien hier wären!?

13.3.1941

Liebe Erika!

Gestern war ich vom früheren Rektor der Handelshochschule hier eingeladen. Es war ein ganz herrlicher Abend. Ich will Dir mal beschreiben, wie ich dazu kam.

Vor drei Tagen stand ich mittags am Strand und photographierte. Da kam eine sehr alte Frau mit schneeweißen Haaren vorbei und redete mich auf deutsch an. Ich kam mit ihr ins Gespräch und erfuhr, daß ihr Mann Professor a.D. ist und ein echter Bulgare. Sie selbst ist geborene Russin. Sie muß früher sehr schön gewesen sein. Sie hat große schwarze Augen und ein schönes vergeistigtes Gesicht.

Ich fühlte, daß in dieser Frau eine große Lebensweisheit stecken müsse. Wir kamen also ins Gespräch, und am Ende lud sie mich ein, sie und ihren Mann zu besuchen. So war ich mit meinem Kameraden, der Architekt ist, gestern dort. Wir sprachen über viele Dinge, von 18 – 21 Uhr ohne Pause. Die beiden Alten haben viel von der Welt gesehen. Fünf Jahre lebten sie in Amerika, kennen Rußland und den ganzen Balkan; auch Deutschland haben sie siebenmal besucht. Sie haben dort eine Tochter, die mit einem Deutschen verheiratet ist. Es ist einfach erstaunlich, wie sich diese Menschen zu uns stellen. Einmal sagte die alte Frau schlicht: «Schon bevor die deutschen Truppen hierher gekommen sind, betete ich jeden Abend, daß Deutschland in diesem Krieg siegen möge.» Darauf stockte die Unterhaltung für einige Sekunden. Wir waren zu ergriffen, um darauf etwas zu sagen.

Heute war ich im türkischen Bad und ließ mich von einem Türken durchkneten, ein Erlebnis! Es ist ein uraltes Bad, ganz in Marmor. Die Bodenplatten sind stark geheizt. Nach dem Massieren wurde ich von dem Türken abgeseift, bekam dann einige eiskalte Güsse und wurde anschließend in schneeweiße Frottiertücher eingepackt und auf ein Bett gelegt, worauf ich eine Stunde schlief. Es war herrlich! Du siehst, ich nütze den Aufenthalt hier!

Einschiffung nach Bulgarien.

Einmarsch nach Varna.

Aufbruch nach Varna – Mai 1941.

Varna

13.3.1941
Mein lieber Ritter!

Heute kam Dein Brief vom 6.3., auf den ich ebenso brennend gewartet hatte wie Du auf meinen ... Die Steine, die uns so sehr gedrückt haben, sind also nun – hoffentlich für immer – in der «Gletscherspalte» verschwunden. Kein Sonnenstrahl soll sie mehr treffen! – Langsam drängen die Hörnchen nun wieder ans Tageslicht, Gott sei Dank!
Theo, ich hätte gerne einen kleinen Talisman von Dir für einen Ring aus Afrika, der ein verstecktes «Kästchen» hat. Ich denke an Sand vom Schwarzen Meer oder an Mandelblütchen. Willst Du mir das schicken? –
Übrigens haben wir uns seit dem 8. August 1940 nicht mehr gesehen! Weißt Du das?

17.3.1941
Liebe Erika!

Du fragst, ob der Stellungswechsel strapaziös war. Er war es nicht. Was soll man auch in einem gut gefederten Personenwagen Schlimmes erleben? Die Straßen waren zwar katastrophal und bestanden in der Hauptsache aus Löchern, die mit brauner Brühe angefüllt waren. Am schlimmsten hatten es die Motorradfahrer, die mit Schmutz überzogen wurden. Auch mein Wagen hatte eine dicke Kruste. Jetzt ist er aber wieder blitzblank. In den letzten Tagen hatten wir prächtiges Wetter, und denk Dir, die Mandelbäume beginnen zu blühen! Die Blüten haben ein ganz zartes Rosa; wenn man sie vor dem Hintergrund des blauen Meeres sieht, ist es ein überirdisch schöner Anblick.
Bulgarien ist eigentlich ein armes Land, aber trotzdem sind die Bewohner stolz und stehen auf einer hohen Kulturstufe. Die Menschen sind freundlich, offen und ehrlich.
Dann gibt es hier aber auch ein «Türkenviertel» und ein «Zigeunerviertel». Neulich bin ich da einmal mit dem Wagen durchgefahren. Ähnliche schmutzige, elende Behausungen habe ich wirklich noch nie

gesehen. Die Menschen leben zum Teil in Felshöhlen und Erdlöchern! Arbeiten tun sie überhaupt nicht. Sie «leben» wohl in der Hauptsache von Diebstahl. Kinder haben sie aber in großen Mengen. Es läuft mir eine Gänsehaut über den Rücken, wenn ich mir vorstelle, daß ja auch ich in einer solchen Hütte hätte geboren werden können!

Die Sache mit dem Urlaub ist wirklich schwierig. An und für sich würde ich im nächsten Monat an die Reihe kommen, aber ich glaube es nicht. Nachdem Du da gerade Urlaub nimmst, werde ich bestimmt nicht fahren. Auf jeden Fall bitte ich Dich, die restlichen 14 Tage aufzuheben bis ich komme. Einmal muß das doch Wirklichkeit werden! Ein gemeinsamer Urlaub wäre mit Worten nicht zu beschreiben.

18.3.1941

Lieber Theo!

Kommst Du Dir in Deinem hellen, unverdunkelten Frühlingsland nicht vor wie im Paradies? Es muß märchenhaft sein! Eines nehme ich mir schon heute vor: Am ersten Tag, an dem nicht mehr verdunkelt wird, werde ich sämtliche Lichter anknipsen, alle Fenster aufsperren und in die Stadt gehen, um mir alle hellerleuchteten Schaufenster anzuschauen!

Gerne möchtest Du wissen, was bei mir «drunter und drüber» ging? Vor allem Unangenehmen möchtest Du mich beschützen? Wie ist das schön, sich beschützen zu lassen; und Du hast es schon getan, mein lieber Ritter, ohne es zu wissen! Das ist nun aber überstanden, darum will ich Dir auch nichts mehr davon schreiben. Und so wichtig war es auch gar nicht.

Wie gut kann ich mir die beiden gebildeten Alten vorstellen, bei denen Du eingeladen gewesen bist. Ich mag solche alten Leute! Sie wirken ja im allgemeinen gar nicht «alt». Andere dagegen sind es schon mit dreißig Jahren. – Ich möchte übrigens auch einmal eine gütige, lebensweise alte Dame werden. Fast freue ich mich schon darauf! Ich stelle sie mir vor in schneeweißen Haaren und in rauschendem Taftkleid ... Nein, so kann ich mir mich doch noch nicht vorstellen!

21.3.1941
Liebe Erika!

Vorgestern um 21 Uhr habe ich an Dich gedacht. Ich war gerade mit einem Kameraden im Städtchen.
Zu dem Talisman: Du hast also einen Ring mit einem kleinen «Kästchen» aus Afrika? Wie kommt denn das? Inwiefern hast Du nach dort Beziehungen?? Ich werde mir also einmal überlegen, was ich da tun kann.
Übrigens brauchst Du Dir keine Gedanken zu machen, ob ich im April in Urlaub komme, er ist schon wieder hinfällig!

23.3.1941
Lieber Theo!

Heute morgen braute ich mir von Deinem chinesischen Tee zum Frühstück, und als ich ihn genießerisch schlurfte, brachte die Post Deinen Brief vom 17.3., also hatte ich doppelten Genuß!
Leider aber habe ich einen Kummer, meine Mutter hat eine sehr schwere Gallenkolik, schon seit einigen Tagen, und es ging knapp an einer Operation vorbei. Gott sei Dank kam wenigstens der Arzt bald, was heute eine Seltenheit ist, und gab ihr eine Spritze. Nun bin ich natürlich den ganzen Tag über eingespannt. Und morgen soll ich wieder ins Geschäft; wie das geht, weiß ich noch nicht.
So werden zur Zeit dem Teufelchen die Hörner gestutzt! Und dazu lese ich in Deinem Brief, daß Du nun im nächsten Monat bestimmt nicht kommst, weil ich da in Urlaub fahren würde! Sag mal, hast Du denn gar nicht an die Möglichkeit gedacht, daß ich ja auch den Urlaub verschieben könnte??

25.3.1941

Liebe Erika!

Ich warte jeden Tag auf einen Brief von Dir, aber leider vergebens. Wir bekommen ohnehin nur alle zwei Tage Post, und natürlich ist es dann eine Katastrophe, wenn kein Brief von Dir kommt.

Schon seit drei Tagen will ich Dir schreiben, aber ich bringe es einfach nicht fertig. Ich bin auch die ganzen Tage deprimiert und pessimistisch, so sehr, daß es mir selbst auffällt. Was ist da nur die Ursache? Bist Du es etwa? Aber ich denke doch, unsere Differenzen sind geklärt?

Ich habe den Krieg einmal wieder übersatt. Das ist doch kein Leben mehr, nur ein Existieren. Man ist nur eine Nummer und muß sich von Idioten schlimmster Art Vorschriften machen lassen. Punkt 22 Uhr muß man im Bett liegen, wenn man auch nicht schlafen kann oder gern einen Brief zu Ende schreiben möchte. Zu all diesem Jammer muß man in der Zeitung ein Gefasel von «Freiheit» lesen.

Ich suche nach einem freundlichen Gedanken, kann aber keinen finden. Da siehst Du, mit welchen Problemen ich mich innerlich immer wieder herumschlagen muß.

Übrigens werde ich das nächste Mal, wenn ich wieder auf Reisen gehe, das Datum meines Briefes unterstreichen. Wenn Du das siehst, mußt Du die Anfangsbuchstaben der Worte des ersten Abschnittes ablesen, dann wirst Du den Ort finden, wo ich bin. Das würde also so aussehen: «Vor allem rechne nicht allzuviel» (= Varna). Das macht natürlich nicht viel Sinn, aber ich finde die Idee nicht übel.

Das Wetter ist immer noch unbeständig. Es wäre mir sehr recht, wenn ich bald in wärmere Gegenden kommen würde.

28.3.1941

Lieber Theo!

Vielen Dank für Deinen Brief vom 21.3. Was hat Dich denn geärgert an meinen Briefen, weil die Antwort so spitz ist? Du gehst kaum

auf sie ein, nur eines erwähnst Du, den Talisman für den Ring aus Afrika. Ist er vielleicht – durch falsche Kombinationen – an Deiner Verstimmung schuld? Ich habe den Ring im Laden erstanden, weil er mir so gut gefallen hat. Man mußte nicht einmal Silber dafür abgeben. Bist Du nun in dieser Angelegenheit beruhigt? In Deinem Brief habe ich übrigens bereits nach Mandelblütchen gesucht …
Meiner Mutter geht es langsam besser. Ich werde also am 6. April in Urlaub fahren können.

29.3.1941

Liebe Erika!

Gestern kam Dein Brief vom 18.3., recht herzlichen Dank. Es ist schrecklich, wenn ich heute etwas frage, bekomme ich in drei Wochen erst Antwort! – Die Sache mit dem «Beschützer ohne es zu wissen» ist mir nicht ganz geheuer. Ich habe mir jedenfalls eine kleine Kombination ausgedacht (nach wenigen Anhaltspunkten, ganz wie im Kriminalroman). Ich denke schon, daß sie stimmen könnte!! Du bist eben anscheinend doch ein ganz schlimmes Mädchen! Wenn ich augenblicklich nicht so phlegmatisch wäre, könnte ich jetzt eifersüchtig werden.
Auf Wiedersehen bis zum nächsten Mal, Du sooo unschuldiges Teufelchen!!

1.4.1941

Liebe kleine Erika!

Heute müßte ich eigentlich einen Aprilscherz machen, ich müßte schreiben, daß ich morgen in Urlaub fahre, aber das kann ich mit dem besten Willen nicht verantworten. Es wäre bestimmt ein Anlaß für eine neue Gletscherspalte.
Deinen Brief vom 23.3. habe ich heute abend erhalten, hab vielen Dank. Hoffentlich geht es Deiner Mutter wieder besser, bis Du diesen Brief erhältst. Bitte grüße sie – wenn auch unbekannterweise – von mir.
Kürzlich habe ich eine kleine Erzählung von Adalbert Stifter gelesen,

«Der Hagestolz». Trotz der etwas seltsam anmutenden Sprache hat sie mir sehr gut gefallen. Die einzelnen Charaktere sind wunderbar lebensnah gezeichnet.
Von hier ist sonst nicht viel Neues zu berichten. Den Talisman habe ich noch nicht gefunden.
Hoffentlich konntest Du Deinen Urlaub antreten! Erhole Dich gut ...

6. April 1941
Mein liebes Geistchen!

Nun, was sagst Du zu den neuesten Ereignissen? Endlich ist wieder etwas los! Man sieht wieder einen Fortschritt. Uns berührt das vorläufig noch nicht. Wir bleiben wohl hier, um den Öl-Umschlaghafen zu schützen, aber ich bezweifle, daß wir hier einen Engländer vor die Rohre bekommen. Ich denke, es wird wohl schnell gehen in Griechenland. – Du wirst wohl jetzt im Allgäu sein und Deine freien Tage genießen. Hoffentlich hast Du schönes Wetter!
Obwohl ich die Absicht hatte, heute einen «Problembrief» loszulassen, verschiebe ich dies aufs nächste Mal. Ich bin heute nicht für Probleme aufgelegt, denn erstens steht Ostern vor der Tür, zweitens bist Du in Urlaub und drittens ist der Frühling da. Die Sonne scheint jeden Tag, die Bäume beginnen zu blühen, der Himmel ist ein makellos blaues Gewölbe, und das Meer leuchtet ebenfalls tief blau und manchmal grün herauf – es ist einfach bezaubernd! Sehr schlimm ist es nur, daß Du so weit weg bist.
Gestern habe ich zum ersten Mal im Schwarzen Meer gebadet. Es war wohl noch ein wenig kühl, aber draußen herrscht eine Hitze, wie sie bei uns im Juli oder August auftritt.
Heute war am Hafen wieder ein sehr lebhafter Betrieb. Ein deutscher, italienischer, russischer und bulgarischer Dampfer waren eingetroffen, und viele Waren wurden ausgeladen: Getreide, Holz, Maschinen, Baumwolle, Kupfer, Tabak, Rosinen etc. etc. Die Menge der Träger, die Ballen auf ihrem Rücken schleppen, und die Eselsgespanne, die hin- und herfahren, geben ein bunt bewegtes Bild.

Geistchen, ich schicke Dir in Gedanken ein Riesen-Osterei mit vielen guten Wünschen und Grüßen angefüllt!

7.4.1941, Sonthofen

Lieber Theo!

Gestern, am Palmsonntag, sind wir also nun glücklich hier angekommen, nachdem wir einen ganzen Tag auf der Bahn verbrachten. Angetroffen haben wir auch hier Regen, der sich heute in nassen Schnee verwandelt hat.
Hier empfing uns natürlich gleich die Nachricht, daß erste Stukas Jugoslawien und Griechenland angegriffen haben. Das beeinträchtigt schon etwas die Urlaubsstimmung. Man ist allgemein davon überzeugt, daß wir siegen werden, aber gleichzeitig wünscht jeder das Ende des Krieges herbei.

10. 4.1941

Gestern abend haben wir bereits ein wenig die ersten Siege gefeiert. An unserem Tisch sitzt noch ein sehr nettes junges Ehepaar. Sonst sind meist ältere Menschen hier, die die Bäder genießen wollen. Vor allem bei dem augenblicklichen Wetter sind diese sehr besucht.
Trotz Schnee machen wir ausgedehnte Spaziergänge und kommen mit einem Riesenhunger zurück. Wenn das Wetter morgen besser ist, wollen wir nach Oberstdorf marschieren. Einmal wollen wir auch aufs Nebelhorn. Draußen kommen die Berge nun immer mehr heraus. Der frische Schnee leuchtet an den Hängen, und die Tannen sehen noch schwärzer aus. Gerade vor unserem Fenster liegt ein Moor mit kleinen Tannen und weißen Birkenstämmen. Scharen von Krähen fliegen darüber hin. Ich mag diese schwarzen Gesellen und schaue ihnen gerne zu.
Soeben fällt ein Sonnenstrahl auf dieses Blatt, hurra!

11.4.1941

Liebe Erika!

Einen ganz kurzen Brief heute. Ich habe nur noch eine halbe Stunde Zeit. Leider habe ich schon einige Tage nichts von Dir gehört. Du hast wohl so viel zu erleben und zu sehen in Deinen Ferien, daß Du nicht zum Schreiben kommst? Oder sind die Briefe unterwegs hängengeblieben?
Endlich hört man wieder Sondermeldungen! Es ist doch prächtig, wenn es so vorwärts geht. Leider sind wir immer noch hier und sehen von Ferne zu. Ich möchte einmal wieder weiterwandern!
Heute ist ja eigentlich Karfreitag, aber hier in Bulgarien ist Ostern acht Tage später.
Morgen und übermorgen habe ich Hausarrest, stell Dir das vor! Ich bin sehr böse. Es ist darum, weil an meinem Gewehr einige Stellen nicht hundertprozentig sauber waren. –
Ich schicke Dir vom Schwarzen Meer schwarze Grüße und schwarze Gedanken.

18.4.1941

Liebes Geistchen!

In den letzten zehn Tagen hatte ich wohl meine negative Periode. Ich war kaum imstande, mein Tagebuch ordentlich zu führen. Woher kommt das wohl?
Den Talisman füge ich heute bei. Es sind Sandkörnchen vom berühmten «goldenen Sand» – ein Badestrand von Varna – und einige ganz winzige Muscheln. Vielleicht bringst Du eine solche in dem Ring unter?
Gestern hatte ich mir vorgenommen, Dir einen langen Brief zu schreiben, aber da kamen einige Kameraden, mit denen ich mich gut verstehe, und da begannen wir über Wirtschaftsprobleme zu sprechen, dann kamen wir zur Politik, zu Weltanschauungen und Religion etc., und wieder mußte ich feststellen, daß es zu jeder Sache zwei Betrachtungsweisen gibt. Man darf gar keinen festen Standpunkt haben, das ist falsch!

Am Ostersonntag bin ich bei einer bulgarischen Familie zu Tisch eingeladen. Ist das nicht nett von diesen Leuten? Außerdem ist da noch ein sehr hübsches Mädchen, das sogar deutsch spricht. Paß auf, wenn ich heimkomme, bringe ich eine bulgarische Frau mit! Was meinst Du dazu?
Wenn ich noch Zeit hätte, würde ich weiterschreiben, aber es ist immer daßelbe Übel …

21. 4.1941

Lieber Theo!

Deinen Brief vom 6.4. habe ich noch auf der Sonnenalp – nach zwölftägiger Reise – erhalten. Wir kamen gerade müde von Oberjoch. Er hat mich seltsam berührt. Du schriebst zwar, daß Du eigentlich einen Problembrief schreiben wolltest, aber dann doch dazu keine Lust gehabt hättest. Ich bin der Meinung, daß es doch ein Problembrief geworden ist, mindestens in der Wirkung auf mich.
Kennst Du eigentlich das Allgäu näher? Wir haben diesmal alle erreichbaren Ortschaften – aber auch viele Café – aufgesucht. (Überall gibt es noch herrlichen Kuchen!) – Im übrigen hatte ich durchaus nicht das Bedürfnis, «Eroberungsfeldzüge» zu unternehmen. Wenn ich das wollte, gäbe es dazu auch in Stuttgart Gelegenheit.
Am Ostersonntag war ich nach dem Nachtessen noch ein wenig spazieren gegangen. Die Berge leuchteten weiß in der tiefen Dämmerung, und die ersten Sterne standen funkelnd am Himmel. Es war die rechte Stimmung, um viele Gedankenfäden zu spinnen – unzählige.
Lieber Theo, bei meinen letzten Briefen hatte ich ein unbefriedigtes Gefühl, es fehlte ihnen etwas. Und bei Deinen Briefen erging es mir ähnlich … Ich brachte aber keine besseren zustande. Hoffentlich gelingt es einmal wieder!

26.4.1941

Lieber Theo!

Vielen Dank für Deinen Brief vom 18.4. mit dem «goldenen Sand» nebst Muscheln (einen Teil davon habe ich in meinem Ring untergebracht) und ganz besonders für den reizenden Inhalt Deiner lieben Päckchen.

Zu Deinem Brief vom 18.4. muß ich allerdings sagen, daß dazu das «Geistchen» in der Anrede nicht recht passen will. Du hast es vielleicht «gedacht», aber nicht «gefühlt».

Daß Du an Ostern bei einer bulgarischen Familie eingeladen warst, ist ja sehr schön, aber daß dort außerdem noch ein sehr hübsches Mädchen war, das sogar deutsch spricht, das macht mich natürlich weißglühend vor Eifersucht! Und was ich dazu sagen würde, wenn Du eine bulgarische Frau mitbringst? Da müßte ich Dich einfach bitten, mir das vorher bekanntzugeben, damit ich die restlichen vierzehn Urlaubstage für Dich nicht aufhebe, sondern mich gleich nach einem entsprechenden Ersatz umsehe!

Theo, ich glaube, wir müssen uns doch bemühen, wieder vernünftige Themen in unsere Briefe zu bekommen!

27.4.1941

Meine liebe Erika!

Hab vielen Dank für Dein Kärtchen vom Nebelhorn. Es steht wohl darauf, daß Du auf dem Gipfel warst – aber ob Du wohl per Drahtseilbahn gefahren bist? Ich möchte es fast annehmen, da ich ja Deine Faulheit kenne ...

In den letzten Tagen habe ich «Don Quixote» von Cervantes gelesen. Es ist ganz wunderbar, wie er gleichnishaft die Schwächen der Menschen zutage bringt und wie er all diese verhöhnt, die sogenannte Besserwisser sind, und die, die glauben, alles verurteilen zu müssen, das sich mit ihren Anschauungen nicht deckt. So läßt er den Quixote endlich ausrufen: «Wer seid Ihr, die Ihr mich einen Narren

schelten dürft!? Allzufrüh begrabt Ihr die Königreiche Eurer Jugend und nennt's die Welt verstehen und vernünftig sein!»
Was meinst Du zu diesem Satz?
Seit einiger Zeit habe ich etliche Zeitungsausschnitte in meiner Briefmappe liegen, die ich Dir jetzt schicken will. «Kausalität»: Dieser Artikel zeigt ganz deutlich, wie sehr sich die Wissenschaft darum bemüht, auf das Geheimnis der Dinge zu kommen, die übrigens hier als «Kraft» bezeichnet werden. Außerdem zeigt es sich, wie völlig ungeklärt das Problem ist, das heißt unter ehrlichen Wissenschaftlern.
«Das Lied der Probleme»: Es ist sehr geschickt, den Geist mit der Sonne, das Problem mit dem Schatten zu vergleichen. Sonst ist der Artikel reichlich unklar. Stelle Dir aber einmal vor, Erika, daß es auf der Erde keinen Schatten mehr gebe. Die ganze wunderschöne Welt würde verschwinden, und es wäre nur noch ein heller Fleck da! Und so wenig der Schatten verschwindet, so wenig werden die Probleme verschwinden, Gott sei Dank!
Kürzlich habe ich auch einmal darüber nachgedacht, ob meine vorläufige Zielsetzung richtig oder falsch sei. Denn ich war an einem Punkt angelangt, wo ich keinen Sinn mehr im Leben der Menschen entdecken konnte. – Nach einer langen Gedankenkette kam ich auf die Frage, ob der Fortschritt so, wie wir ihn heute kennen, für die Menschen wertvoll ist oder nicht. Unter Fortschritt verstehe ich Entwicklung der Technik und der Wissenschaften sowie die Anwendung deren Ergebnisse auf unsere Lebensgestaltung. Ich mußte die Frage für mich doch bejahen. Ein solcher Fortschritt erlaubt mir, mich mit Dingen zu beschäftigen, die ich als schön empfinde oder die mich begeistern.
Nehmen wir ganz einfache Beispiele: Es ist wunderbar, wenn ich es mir leisten kann, Ski zu fahren, Auto zu fahren oder zu segeln. Momentan wünsche ich mir, einmal ein Flugzeug zu besitzen, um durch die Himmel zu fliegen. Und das wird mir der weitere Fortschritt geben, gerade so, wie dem Arbeiter das Auto. Und Du darfst nun nicht sagen, dies sei alles nebensächlich. Denn all das, woran ich Freude habe, ist es nicht.
Genau so hoffe ich, daß ich es mir in absehbarer Zeit leisten kann, for-

schend tätig zu sein, denn auch dies macht mir Freude. Und wie steht es mit der Kunst? Wenn ich es mir leisten kann, ein schönes Buch zu kaufen und mir dazu die Zeit gegeben wird, es zu lesen, dann ist doch dies die wichtigste Sache der Welt. Ebenso, wenn ich es mir leisten kann, ein Konzert oder ein Theater zu besuchen. Noch schöner wäre es, wenn mir so viel Zeit zur Verfügung stünde, daß ich selbst Malerei ausüben könnte. Auch schriftstellerisch möchte ich mich einmal betätigen. Mein vorläufiges Ziel ist deshalb, daran mitzuhelfen, den Lebensstandard der Menschen zu heben!

Nun habe ich die Religion ganz vergessen. Aber wie Du wohl weißt, steht diese für mich ganz am Rande. Es ist meine feste Überzeugung, daß die Menschen nicht dadurch besser gemacht werden, wenn man ihnen etwas predigt, sondern wenn man ihnen etwas zu tun gibt. Was meinst Du dazu?

5.5.1941
Liebe Erika!

Immer noch bin ich am selben Fleck – leider! Es wäre zu wünschen, daß sich unsere «Reisegesellschaft» bald weiterbewegen würde. Meinen herzlichen Glückwunsch zur «Direktions-Sekretärin»! Das ist ein ungemein kleidsamer Titel. Welches ist jetzt die nächste Stufe in Deiner Karriere? Es ist dann oft so, daß die Sekretärin den Direktor heiratet, nicht wahr?

Du hast also mit Gebirgsjägern philosophiert? – Es ist eigentlich schade, daß ich Dich jetzt nicht ein wenig auf die Schippe nehmen kann – schade deshalb, weil ich es doch nicht tun darf, denn Dein Brief ist wieder so sehr ernst. Ich müßte befürchten, daß wieder eine Gletscherspalte entstehen würde.

Warum sind Deine Briefe so ernst geworden, Erika? Wenn ich einmal geschrieben habe, daß der Krieg seinem Wesen nach böse ist, so habe ich nur meine Beobachtungen notiert, habe aber weder Dich noch mich gemeint. Ganz abgesehen davon steht es ja fest, daß auch Du und ich von den Auswirkungen des Krieges beeinflußt werden. Daß ich mich mit diesen Erscheinungen beschäftige und auseinandersetze, ist doch begreiflich; daß meine Gedanken in unser Verhältnis Mißtrauen bringen sollen, beabsichtige ich natürlich nicht.

In der Bude, in der ich schlafe, sind Kameraden, darunter zwei verheiratete mit Kindern. In der letzten Woche zum Beispiel waren diese fünf *jeden* Abend mit einem anderen (käuflichen) Mädchen zusammen. Und das geht gerade so weiter. Stolz berichten sie von ihren Erlebnissen. Geistiger Austausch kommt ja kaum in Frage wegen der Sprachschwierigkeiten. Die Taxe für dieses Vergnügen beträgt sechzig Pfennig oder eine Mark. Ab und zu wird ein Unvorsichtiger im Revier eingeliefert mit einer Geschlechtskrankheit.

Ja, Erika, so sieht es aus. Und dabei sind diese Leute felsenfest davon überzeugt, daß sie anständige Menschen sind und sich richtig verhalten. Und natürlich wundern sie sich über mich.

Am 1. Mai habe ich recht oft an Dich gedacht. Es erscheint fast unglaublich, daß wir uns «erst» ein Jahr kennen. Dabei bin ich beinahe ein Jahr nicht in Urlaub gewesen. – Weißt Du noch, als wir uns zum ersten Mal sahen, saßest Du am Tisch und hattest ein roséfarbenes Kleid an… Und ich erinnere mich noch, daß Du sehr unnahbar warst! – Und wieviel haben wir uns in diesem einen Jahr schon geschrieben! Bald muß ich für Deine Briefe einen Extra-Koffer anschaffen!

5.5.1941

Mein lieber Theo!

Zu meiner Karte vom Nebelhorn stellst Du fest, daß da zwar stehe, daß ich auf dem Gipfel war, «aber ob Du wohl per Drahtseilbahn gefahren bist? Ich möchte es fast annehmen, da ich doch Deine sprichwörtliche Faulheit kenne…» Mein lieber Super-Skifahrer, glaubst Du wirklich, man könne zu dieser Jahreszeit mit Wanderschuhen auf das Nebelhorn kommen?

Ja, das Licht und die Schatten… Sie haben mich auch immer einmal wieder beschäftigt; beispielsweise die Tatsache, daß durchsichtige Körper das Licht durchlassen und keinen Schatten werfen. In Sagen und Märchen liest man, daß auch der Teufel keinen Schatten habe. Merkwürdig, solches Wissen.

Du hast recht, wenn Du sagst, daß die Menschen nicht besser werden, wenn man ihnen etwas predigt, man müsse ihnen statt dessen etwas zu tun geben. Predigen ist sicher wertlos im allgemeinen. Aber man muß eine Antwort geben können, wenn die Menschen fragen. Wenn man ihnen in diesem Fall Arbeit gäbe, wären sie wohl kaum zufrieden. Daher müssen Menschen auch daran arbeiten, Antworten auf echte – beispielsweise auf weltanschauliche – Fragen geben zu können. Bekanntlich kommt auch nur auf eine selbstgestellte Frage die Antwort wirklich an.

8.5.1941

Liebe Erika!

Ich habe soeben erfahren, daß ich in den nächsten Tagen in Urlaub fahren kann! Leider bekomme ich nur vierzehn Tage, da werden wir natürlich nicht viel unternehmen können. Von Wien aus werde ich telegraphieren. Vermutlich fahre ich Anfang nächster Woche. Bis zum Wiedersehen herzliche Grüße!

13.5.1941

Liebe Erika!

Es ist schlimm, es ging diesmal genau so wie in Berlin: Der Urlaubsschein war herausgeschrieben, gestern sollte ich fahren …
Allerdings bin ich ja auch gefahren, aber nicht in Urlaub: ich bin jetzt wieder in Rumänien gelandet. Ich habe keine Ahnung, was geschehen wird. Vielleicht kommen wir wieder ins Reich zurück? Auf jeden Fall werde ich so bald als möglich in Urlaub kommen. Freust Du Dich? Von der Fahrerei bin ich heute sehr müde, aber Du mußt ja unbedingt Nachricht von mir bekommen, Du wirst auf mich gewartet haben! Für die heutige Nacht bin ich bei sehr netten Leuten in einem

Bauernhof untergebracht. Ich habe ein kleines blitzsauberes Zimmerchen und liege auf einer schönen, mit gestickten Decken versehenen Couch. Die Wände sind weiß getüncht und mit einigen kleinen alten Bildern geschmückt. Auf dem Tisch liegt eine schöne Decke, und darauf steht eine blitzblanke Petroleumlampe. Auf dem Boden liegt ein Teppich, und im ganzen Raum hängt der Duft von frischer Wäsche, mit der mein Bett bezogen ist. Es ist ganz unbeschreiblich schön.

16.5.1941

Liebe Erika!

Ich sitze augenblicklich in meinem Wagen, der an einer staubigen Straße steht, und warte auf meinen Chef. Ob Du wohl meinen letzten kurzen Brief bekommen hast? Mit dem Urlaub ist es vorläufig Essig, wir müssen also wohl oder übel weiter warten. Für Deine lieben Briefe recht herzlichen Dank! Ich bezweifle sehr, daß ich sie bald beantworten kann, da ich keine Zeit mehr dazu habe. Abends würde es wohl gehen, aber in dem kleinen Nest, wo wir jetzt liegen, gibt es kein elektrisches Licht – und auch keine Wasserleitung!! Ich werde restlos verkommen.
Dein «Jubiläumsbrief» zum 1. Mai hat mich besonders gefreut. Wenn ich an diesen Tag vor einem Jahr denke … Erinnerst Du Dich, wie wir am darauf folgenden Sonntag im nassen Gras herumgestapft sind zu viert und wie wir Zigaretten rauchen wollten, aber keiner hatte ein Feuerzeug dabei?
Ich bin übrigens zur Zeit in der Nähe von Ploesti, das ist ca. sechzig Kilometer nördlich von Bukarest. Vielleicht kannst Du es im Atlas finden.– Für das Bildchen besonders herzlichen Dank. Ich habe es gleich an meinem Herzen aufbewahrt, da ist nämlich meine Brieftasche!

20.5.1941

Lieber Theo!

Als ich heute Deinen Brief vom 13.5. in Händen hatte, wußte ich natürlich schon Bescheid, bevor ich ihn öffnete. Selbstverständlich hatte ich täglich auf Dein Telegramm gewartet.
Wie ich auch an Deiner Beantwortung meiner Briefe feststellen kann, hatte ich wirklich eine «schwarze Periode». Vielleicht war es überhaupt bezüglich meiner Stimmung die allerschwärzeste meines bisherigen Lebens, aber ich kann den Grund dafür nicht angeben. Ob ich besonders schlechten Planeteneinflüssen unterlag? – Natürlich flatterten in meine schwarze Periode dann auch noch schwarze Gedanken vom Schwarzen Meer!
Und nun muß ich Dir etwas verraten. Ich war kürzlich bei einem Graphologen, der auch aus der Hand liest. Und sogar er stellte fest, daß ich eine sehr unglückliche Zeit hinter mir hätte. Sowas! Natürlich deutete er auch meinen Charakter und sagte u.a., ich hätte viel geistige und künstlerische Begabung, ich solle in dieser Richtung unbedingt etwas unternehmen, ich hätte auch Glück etc. Was sagst Du jetzt?
Natürlich erinnere ich mich noch sehr gut an den 1. Mai 1940. Ich hatte mit Lore am Tisch gesessen, da kamen zwei junge Herren auf uns zu, und der eine davon fragte mich sogleich: «Sie gestatten?» Und nach dem Tanz setzte sich dieser Herr neben mich – und blieb sitzen!

21.5.1941

Lieber Theo!

Heute kann ich nicht garantieren, daß sich in meiner Antwort auf Deinen «schwarzen» Brief nicht etwas davon spiegeln wird. Zum Artikel über «Die Weiber»: Nein, Theo, das kann ich Dir wirklich nicht abnehmen, daß Du ihn mir nur deshalb geschickt hättest, weil

Du meine «Lustigkeit» wiedererwecken wolltest. Er paßte nämlich haargenau zu Deiner damaligen Stimmung; und da wolltest Du mich ärgern!

Im Artikel «Das Fenster der Arche», den Du mir schicktest, hast Du eine Stelle unterstrichen: «... der radikale Mystiker in stolzer Icheinsamkeit, sich selbstgenügsam gebärdend» und hast Dr. Steiner danebengeschrieben. Leider zeigt mir das nur, wie wenig Du noch von Dr. Steiner weißt und wie wenig Du sein Werk kennst. Darüber zu diskutieren, erscheint mir zwecklos.

Dann unterstreichst Du auch die Sätze: «Die göttlichen Geheimnisse soll und kann man nun einmal nicht durchstöbern.» Und: «Die Vergewisserung durch die Erfahrung bleibt der ewigen Zukunft vorbehalten.»

Ist es Dir ganz unmöglich zu denken, daß auch einmal eine neue Forschungsmethode in die Welt treten könnte?

Ich wundere mich, daß Du auch alte Sagen und Märchen liebst. Das hätte ich nun genauso wenig erwartet, wie Du bei mir die Liebe zur Mathematik. So wenig kennen wir uns noch!

Ach, Theo, wenn nur einmal dieser Krieg zu Ende wäre! Nach dem Fall Heß glaubten viele, es würde doch vielleicht rascher gehen.

22.5.1941

Liebe Erika!

Ich danke Dir für Dein «Zwischenbriefchen» und ganz besonders für den feinen Kuchen mit den vielen Rosinen, die ich natürlich sorgfältig gesucht habe. Sie bedeuten ja einen Kuß. Auch meinen Kameraden habe ich gesagt, was es damit für eine Bewandtnis hat, und Du hättest sehen sollen, wie alle die Rosinen heraussuchten!

Immer noch wohne ich hier ganz primitiv; hoffentlich wird es bald besser.

Gestern habe ich ein ziemlich großes Zigeunerlager gesehen. Wir haben gehalten, und mein Chef und ich sind hineingegangen und haben fotografiert, Kinder und halbnackte Weiber, die in einem unsagbar schmutzigen Aufzug waren. Nach dem Besuch fühlte ich überall ein Jucken; viel länger hätte ich es dort nicht ausgehalten. Meine Kameraden erzwingen jetzt einen gewaltsamen Abbruch des Briefes! Ich schreibe bald wieder!

23.5.1941
Liebe Erika!

Leider wohne ich immer noch in dem trübseligen Nest. Mein Geist wird demnächst vollends einrosten. Ich komme nicht zum Lesen aus Zeitmangel. Von meinem Vater habe ich mir ein Buch besorgen lassen: *Kampf und Reife* von Jakob Schaffner; das hat mir ein Kamerad empfohlen.
Du hattest also eine schwarze Periode hinter Dir – vielleicht durch einen schlechten Planeteneinfluß? Und Du warst bei einem Graphologen? Ich glaube, es ist besser, wenn ich hierzu keinen Kommentar gebe. Du kannst es ja wohl erraten, da Du meine Einstellung kennst, wie ich darüber denke.
Jetzt gerade ist es 21 Uhr und Mittwoch, ich schicke Dir recht liebe Gedanken, Geistchen. Wirst Du wohl heute Nacht von mir träumen?

29.5.1941
Lieber Theo!

Ich weiß, daß Du wegen des angesagten Urlaubs sehr lange keine Post von mir bekommen hast, das tut mir sehr leid. Du schreibst, daß Du von Deinem Vater schon einen Brief in Händen hast, er habe es schneller begriffen, daß der Urlaub gesperrt wurde. Nun, dies kann man verschieden auslegen, lieber Theo; vielleicht hat sich Dein Vater doch nicht so auf Dich gefreut und daher schneller die Hoffnung aufgegeben als ein gehässiges kleines Teufelchen, wer weiß?
Du hast am Dienstag, 20.5., einmal sehr intensiv an mich denken müssen? An diesem Tag habe ich Dir das erste Mal nach der langen «Kampfpause» geschrieben; vielleicht hast Du das doch gespürt?

1.6.2941
Liebstes Prinzeßchen!

Gestern habe ich zwei Briefe von Dir bekommen – und was für Briefe das sind! So lieb und so böse – nein, Erika, wie muß es in Deinem Herzen aussehen? Stifte ich denn eigentlich all den Wirrwarr an? Es ist ja ganz schrecklich!

Was ich samstags und sonntags mache? Dienst wie immer! Am Samstag geht der Dienst bis 17 Uhr wie gewöhnlich, am Sonntag bis 1 Uhr mittags. Da kann ich dann einmal einen kleinen Spaziergang machen, wenn ich nicht gerade fahren muß. Oft schreibe ich aber, da ich sonst doch nicht dazu komme.

Das Hohenloher Land kenne ich noch sehr wenig, aber Du mußt es mir einmal zeigen, mein liebes Prinzeßchen, ja? Nach dem Krieg werden wir einen kleinen Streifzug dorthin veranstalten.

Leider muß ich auch bekennen, daß ich den Roman, der dort spielt, *Die Heilige und ihr Narr*, nicht gelesen habe. Da siehst Du wieder, wie ungebildet Dein Ritter ist.

4.6.1941
Lieber Theo!

Über Pfingsten war ich in Hohenlohe, und es war so schön, daß ich noch immer nicht wieder ganz hier angekommen bin. Ich fuhr am Samstag hier schon um 5.30 Uhr ab. Zum Bahnhof mußte ich zu Fuß gehen, weil noch keine Bahn fuhr. Schon allein dieser Weg war herrlich. Es begann leise zu dämmern, die ganze Stadt schien wie ausgestorben, keine Menschenseele war zu sehen. Auf einmal fingen in den Kastanienbäumen längs der Straße die Amseln zu singen an, wie träumend zuerst, dann immer lauter – es war zauberhaft.

Um 9 Uhr war ich dann schon in Waldenburg. Von dort mußte ich noch etwa eine Stunde zu Fuß gehen auf Wiesenwegen und dann noch ein Stück auf einer einsamen Landstraße. In der warmen Sonne dufteten die Wiesenblumen, und die Lerchen sangen. Am liebsten wäre ich endlos so weitergewandert.

Natürlich dachte ich es mir, daß der «Handleser» Dich aufregen würde, darum hab ich's Dir ja auch geschrieben, lieber Theo! Zu Deiner Beruhigung sei gesagt, daß ich einfach einmal sehen wollte, wie so etwas vonstatten geht. Im übrigen brauchst Du mich nicht für so dumm zu halten, daß ich ihm alles glaubte, was er sagte. Immerhin hat er Dinge aus meinem Leben erwähnt, die er nicht wissen konnte, die aber stimmen.
Im Grunde ist es ja doch verwunderlich, daß jedem Menschen das Schicksal «in die Hand geschrieben» ist, schon dem kleinen Kinde. Daß jeder Mensch im großen sein Schicksal «mitbringt», finde ich wunderbar. Unbegreiflich ist mir, in den Geschicken des Lebens nur «Zufälle» sehen zu wollen.
Heute bekam ich einen zehn Seiten langen Brief von meiner «Dichter-Freundin», ich habe Dir sicher schon von ihr erzählt.
Wir streiten uns auch ewig herum, es ist einfach zu schön! Was wäre ein Briefwechsel, wenn man keine Probleme wälzen könnte, nicht wahr? Ja, lieber Theo, *unser* Krieg wegen der Anthroposophie, das glaube ich auch, wird noch lange dauern!
Leider mußte ich mich gestern nun doch endgültig in die Urlaubsliste eintragen: vom 28. Juli bis 9. August; das wären also die «vierzehn Tage».
Gerade las ich von L. Thoma einen Satz, der mich doch etwas erschreckte: «Jede Trennung gibt einen Riß, den die Zeit erweitert und nie mehr zusammenflickt.» Ich glaube das nicht!

4.6.1941
Liebe Erika!

Auch heute sitze ich zum Schreiben wieder allein in meinem Wagen, und wenn es nachher dunkel wird, werde ich mein elektrisches Lämpchen anstecken. Romantisch, findest Du nicht auch? Das mit den göttlichen Geheimnissen und daß man nie hinter das «letzte» kommen wird, ist ja schon ein alter Streitpunkt zwischen uns. Unter dem «letzten Geheimnis» verstehe ich den Schöpfer der Welt und die

Schöpfung der Welt. Wer behauptet, Einblick in diese zu haben bzw. sie zu erkennen, lästert die Gottheit! Das ist meine Erkenntnis.
Es ist gerade 21 Uhr, Erika. In Gedanken küsse ich Dich auf Deine trotzigen Lippen und streiche Dir übers Haar. Wirst Du dann verzeihend lächeln, wenn ich wieder Anstoß erregte?
Wohin ich komme? Das weiß ich noch nicht. Aber es wäre mir nicht recht, nach Deutschland zurückzukehren. Denn dort zu sein und nicht nach Hause zu können, ist viel schlimmer, als hier unten zu sein.

9.6.1941

Meine liebe Erika!

Vorläufig ist hier alles noch beim alten. Ich warte und warte. Hätte ich damals in Urlaub fahren können, so wäre ich schon wieder zurück. Zu Deinem Brief: Daß sich ein Teufelchen mehr freut, wenn ich komme, ist ganz natürlich, denn es hat immerhin eine kleine Aussicht, eine ganze Seele zu fangen, obgleich ich sehr um sie kämpfen würde, denn freiwillig gebe ich so ein kostbares Objekt nicht her!
Kampf und Reife habe ich jetzt ausgelesen, und ich muß sagen, ich finde das Buch wunderbar. Diese Schönheit der Sprache habe ich schon lange nicht mehr gefunden. Ich würde es Dir gerne schicken, aber ich kann es ja nicht gut in 100-Gramm-Stücke zerreißen. Ich werde noch eine Weile zuwarten, bis ich Dir Deine Briefe schicke.
In letzter Zeit wird es hier unterhaltender. Es scheint, als ob die Rumänen den guten Willen hätten, unsere Langeweile zu verkürzen. Vorgestern brannte ein Haus ab, und gestern entgleiste ein fahrplanmäßiger Schnellzug, d.h. er fuhr auf einen Güterzug auf (7 Tote). Unsere Batterie war jeweils die erste an der Unfallstelle. Aber auf die Dauer kann auch das nicht unterhalten.
In Rumänien ist erst heute Pfingsten, aber wir merken nichts davon. Die Bevölkerung will von uns nichts wissen, und umgekehrt ist die Antipathie wohl noch größer.

12.6.1941

Mein lieber Ritter!

Soeben habe ich mir einmal wieder ein Kännchen von Deinem chinesischen Tee gebraut. Es ist sehr kalt, und ich habe den ganzen Tag gefroren. Der Tee hat eine so herrliche Farbe und duftet wonnig, sodaß es mir bereits wärmer wird. Vor allem aber das, was ich Dir schreiben will, wird mir noch weiter warm machen.
Setze Dich daher bitte heute einmal allein in Deinen Wagen, wenn Du diesen Brief liest, ja? Und dann denke bitte daran, daß es mich nicht leicht ankommt, Dir die nachfolgende Beichte zu machen.
Gestern war ein Tag, an den ich noch lange Zeit denken werde. Ich habe gestern zum ersten Mal meinem Vater gegenübergestanden. Ich weiß nicht, Theo, in welchem Maß Dich dieses Geständnis überrascht. Als Du mich früher einmal nach ihm gefragt hast, bin ich Dir mehr oder weniger ausgewichen. Vielleicht hast Du dadurch bereits das Richtige gedacht. Jedenfalls war es so, daß ich lange Zeit – als Kind – immer nur gehört hatte, daß mein Vater gestorben sei, bis sich dann eines Tages diese Lüge nicht mehr aufrechterhalten ließ. Als ich die Wahrheit erfuhr, habe ich es fast ängstlich vermieden, mit meiner Mutter darüber zu reden. Nach und nach erfuhr ich von ihr, daß sie und mein Vater sich etwa zehn Jahre gekannt hatten; daß irgendwo noch Briefe sein mußten aus dem Ersten Weltkrieg und aus der englischen Gefangenschaft; daß er in Feuerbach eine kleine Fabrik hat; daß er ein leidenschaftlicher Jäger ist – und daß er einen großen «Standesdünkel» habe. Nach der Inflation mußte er, wie alle, wieder von vorne anfangen, und da brauchte er eine Frau, die Geld hat. Meine Mutter war zwar wohl schön und chic, aber Geld hatte sie nicht. Und da ist es nun eben so gegangen, wie es kam: er hat eine reiche Frau geheiratet und meine Mutter mit mir allein gelassen. Vielleicht hatte er geglaubt, daß sie auch heiraten würde.
Nachdem ich ihn nun gestern kennen gelernt hatte, kann ich es schon verstehen, daß sie sich an keinen anderen Mann mehr binden konnte. (Außerdem war ich als Kind überaus eifersüchtig; Mutti durfte im Café an keinen Tisch sitzen, an welchem ein Mann saß!)

Nun muss ich Dir aber noch erzählen, wie es überhaupt zu diesem Treffen gestern gekommen ist. Vor einigen Wochen – einem plötzlichen Impuls folgend – schrieb ich kurzerhand meinem Vater (es war natürlich das erste Mal), ohne Mutti etwas davon zu sagen, um ihn um die arische Abstammung zu bitten, die man bei bestimmten Anlässen braucht. Ich selbst benötigte sie nicht, aber ich wollte eine Verbindung schaffen und sehen, wie er darauf reagiert. Nach einiger Zeit kam dann auch wirklich das Formular mit einem Brief von ihm. Ich hatte einen ganz formellen Brief geschrieben und ihn selbstverständlich mit «Sie» angeredet. Sein Brief war ebenso, aber er äußerte darin die Bitte, mich einmal persönlich kennenlernen zu können. Nun kam es also gestern dazu.

Ich weiß nicht, Theo, ob Du Dir vorstellen kannst, wie es einem Kinde zumute ist, das weiß, daß der eigene Vater mit einer anderen Frau verheiratet ist, das also niemals «Vater» gesagt hat und es auch immer ängstlich vermied, von diesem zu reden. Ein leiser Groll will sich da schon ansammeln, auch wenn das Kind sonst immer nur Gutes über ihn gehört hat.

So bin ich mit sehr gemischten Gefühlen gestern dieser Verabredung nachgekommen. Nicht anders wird es meinem Vater ergangen sein; vielleicht war es für ihn sogar noch schwieriger. Ich war überhaupt verwundert, daß er mich kennen lernen wollte.

Wir hatten gegenseitig von unserem Aussehen keine Ahnung. So ging ich eben zur verabredeten Zeit einfach auf einen älteren Herrn zu, bei dem ich vermutete, daß er es sein könnte. So war es auch! Wenn ich mir das jetzt wieder so vor Augen führe, erheitert mich das Ganze direkt ein wenig; in einer etwas «komischen» Situation befanden wir uns ja schon!

Die Unterhaltung, die sich übrigens im Café Menner im Königsbau abspielte, verlief per Sie. Anfangs gab es einige «Kunstpausen», das war in dieser Situation unvermeidlich, aber dann kam das Gespräch in Fluß. Dabei betrachtete ich mein Gegenüber möglichst genau: Ich hatte einen sehr gut aussehenden, sehr freundlichen und liebenswürdigen Herrn vor mir (es kann wohl selten jemand über seinen Vater so objektiv urteilen!), und ich freute mich an seinen gepflegten

Umgangsformen. Er war Kavalier vom Scheitel bis zur Sohle, nicht übertrieben, aber doch wohl «angeboren». Er bot mir eine Zigarette an und er rauchte selbst mit, obwohl er sonst sicher Zigarren vorzog. Tatsächlich war ich wirklich in jeder Beziehung angenehm überrascht, nicht zuletzt auch über sein feines Taktgefühl beim Berühren bestimmter Themen.
Das also war die Begegnung mit meinem Vater!
Jetzt kann ich über vieles anders urteilen und manches besser verstehen. Vor allem aber habe ich ihm gegenüber keine negativen Empfindungen, keinen Groll mehr.
Beim Studieren des arischen Nachweises freute mich die Feststellung, daß ich väterlicherseits ebenfalls aus Hohenlohe stamme und mein Urgroßvater sogar der berühmte «Neuensteiner Apotheker», der «Alte Gäwele» (ein Mundartdichter) war, von dem ich als Kind immer wieder gehört hatte. Auf diesen Ahnen bin ich direkt stolz, und zwar vor allem deshalb, weil er «mein» Hohenloher Ländchen auch so geliebt und durch seine humoristischen Dichtungen berühmt gemacht hat.
Das, Theo, ist also nun meine «Geschichte»! Mindestens tausend Steine sind mir jetzt vom Herzen gepoltert, weil ich das einmal einem Menschen erzählen konnte. Und nun ist es an Dir, nach dem Sturm der Gefühle und Gedanken, die ich wohl verursacht habe, dir ein Urteil zu bilden. Am liebsten wäre es mir aber, wenn Du zu allem nur wenig sagen würdest, aber dieses in vollkommener Offenheit!
Nun aber noch kurz zu Deinem Brief, damit der Bandwurm seinen Schwanz erhält.
Du findest es Gotteslästerung, wenn jemand kommt und etwas über das «Letzte», die Schöpfung der Welt etwa, wissen will? Aber Du sagtest doch selbst einmal, daß es vielleicht möglich sein könne, mit der Zeit einen «sechsten Sinn» oder «geistige Augen» zu entwickeln. Vielleicht sehen diese aber dann so etwas wie die Schöpfungsgeschichte, wer weiß?

14.6.1941

Liebes Prinzeßchen!

Du hast also einen Brief geschrieben und denselben wieder vernichtet? Das ist allerdings ein sehr bedenkliches Zeichen. Ich habe das zwar auch schon gemacht, allerdings nie bei einem Brief an Dich.
Über die augenblickliche Lage bin ich mir so unklar wie noch nie. Besonders, was den Operationsraum im Südosten anbelangt. Ich stehe vor großen Rätseln und kann mir die Geschehnisse nicht zusammenreimen. Bescheid wissen höchstens einige Generale – und wie soll ich «Gemeinster der Gemeinen» mit solch eminenten Persönlichkeiten zusammenkommen?
Zum Handlesen: Du schreibst, daß das Schicksal in die Hand gezeichnet sei, aber das glaube ich nicht. Sonst könnte ja jeder zum Handleser gehen und sich da Auskunft holen, welchen Beruf er ergreifen soll, wieviel Geld er mit vierzig Jahren hat, welche Frau er heiraten wird, wieviele Kinder er bekommt, wann er stirbt und an was! An ein Schicksal glaube ich auch, aber daß man da alles aus der Hand herauslesen kann, das glaube ich nicht. Da würden ja die Linien gar nicht ausreichen.
Ein Kamerad erzählt mir folgendes. Er hatte zufällig einen Inder kennengelernt, der sich auch mit Handlesen usw. beschäftigte. Der Inder sagte, er solle einmal an ein bedeutendes Ereignis, das er erlebt hat, denken. Er dachte an ein Schiffsunglück vor Afrika, aber an keine Einzelheiten, nur daß da und da ein Dampfer brannte. Der Inder sagte nun, es war an der afrikanischen Küste bei Dakar, der Dampfer hieß so und so, es war an dem und dem Tag um 15.30 Uhr. Zu Hilfe kamen der deutsche Dampfer, auf dem mein Kamerad war, sowie ein französischer, holländischer und belgischer Dampfer.
Da all dies stimmte, war natürlich mein Kamerad sehr verblüfft, um so mehr, als er an diese Einzelheiten gar nicht mehr dachte. Wie kommt das, daß der Inder dies sagen konnte? Daß die Namen des Dampfers in der Hand meines Kameraden eingezeichnet sind, glaubst Du wohl auch nicht. Die einzige Möglichkeit wäre also die, daß der Inder – sagen wir – Einblick in das Unterbewußtsein des anderen

Menschen hatte. – Siehst Du, so etwas glaube ich wohl auch, das heißt, ich muß es glauben. Aber unerlebte Erlebnisse, die ihre Spuren noch nicht eingegraben haben, vorauszusagen, das bezweifle ich sehr stark.
Von Deiner Dichterin hast Du mir noch nichts erzählt. Wer ist denn das? Daß sie sich auch mit Dir streitet, dürfte mich eigentlich nicht allzusehr wundern!! Daraus siehst Du also, wo der Hund begraben liegt! Ich bin nämlich der friedliebendste Mensch des Erdenrunds – und die ganze Streiterei geht nur von Dir aus! Ich wasche meine Hände in Unschuld!
Teuerste Prinzessin meines Herzens, die großen, bitteren Worte über das Zu-Grabe-Tragen einer Freundschaft möchte ich nicht gelesen haben! Ich weiß zwar nicht mehr genau, was ich da geschrieben habe, auf jeden Fall erinnere ich mich, daß es nicht irgendwie doppelsinnig gemeint war. Was hast Du da nur wieder herausgelesen?? Es ist schon eine Plage, diese Schreiberei mit einem Prinzeßchen, das einen Riesen-Dickkopf hat!!
Ach, es ist schon sehr unbequem, hier im Wagen zu schreiben, aber was tut man nicht alles, um solch eine allerliebste Prinzessin ein bißchen zu ärgern!
Das mit der Trennung, die einen Riß gibt, der sich immer mehr erweitert, glaube ich auch nicht! Nein, Erika, das kann ja gar nicht sein!
Und nun nehme ich das Prinzeßchen in meine Arme und küsse ihm den Ärger aus seinen Augen!

21.6.1941

Liebe Erika!

Nun aber zu Deinem Brief vom 12.6. Ich nehme an, daß Dich meine Antwort mindestens ebenso interessiert wie der Krieg. Um es gleich vorweg zu sagen: es wird sich dadurch an unserem Verhältnis zueinander nichts ändern. Arme kleine Erika, was hast Du wohl schon erlitten? Es wird mir jetzt manches viel klarer.
Man kann schon sagen, daß ich überrascht war. Einmal hast Du mir

gesagt, daß Dein Vater gestorben sei, und das habe ich bisher auch angenommen. Allerdings habe ich auch gefühlt, daß Du mir ausgewichen bist, und daß da etwas dahinterstecken müsse, aber an diese Möglichkeit hatte ich nicht gedacht.

Die Schilderung, wie Du Deinen Vater getroffen hast, ist sehr gut. Ich kann mir genau vorstellen, wie es zuging. Ja, das muß wohl eine ganz heikle Sache gewesen sein. Nur finde ich nicht richtig, daß die Unterhaltung per «Sie» verlief, wenn es doch Dein Vater ist! Sonst muß ich sagen, daß Du Deinen Vater sehr vorteilhaft beurteilt hast. Ja – Schicksal, es ist nun einmal so. Man kann ja auch so lange nicht urteilen, bis man eine Sache genau versteht. Und wem mißt Du mehr Schuld bei?

Zu Deinem berühmten Urgroßvater gratuliere ich Dir. Könnte davon etwa die schriftstellerische «Ader» kommen? So etwas von Urahn kann ich nicht vorweisen. Mich würde es noch interessieren, Erika, was die Eltern oder Großeltern Deiner Mutter waren und woher sie stammen. Würdest Du mir davon schreiben?

Meine Vorfahren der väterlichen Linie stammen aus Leonberg und waren meist Handwerker; Bäcker, und Schuster (mein Großvater war noch Bäckermeister, meine Onkels führen das Geschäft heute noch). In noch früheren Zeiten waren diese Vorfahren – die Scharfrichter – Henker – von Württemberg. Stolz kann man darauf gerade nicht sein, was?

Die mütterliche Linie geht zum Teil nach Geislingen, stammt im allgemeinen aus Württemberg; eine Linie geht, glaube ich, nach Loßburg. Diese Vorfahren waren Fabrikanten (Wizemann, er stellte Fett-Tafeln her), Gastwirte, Gerber usw.

Ich finde eine solche Ahnenforschung überaus interessant und auch aufschlußreich; ich werde bestimmt für die meine ein wenig Mühe aufwenden.

Ja, da kommen ja schöne Sachen heraus, mein teures Prinzeßchen! So erschüttert ich zu Anfang war – ich bin versucht zu lächeln! Da läufst Du doch in der Welt herum mit der harmlosesten Miene und bezauberst mich – und nachher kommt es heraus, daß Du die personifizierte Sünde bist! Ist Dir das eigentlich klar? Du bist eben doch,

wie ich schon längst vermutete, ein kleiner frecher Teufel, der nun in meinem Herzen sein Unwesen treibt! Ja, da muß ich mich auf meine Vorfahren besinnen und Dir einen Strick drehen!!! Was meinst Du?
Aber lassen wir das Scherzen. Du tust mir Leid, liebes Geistchen, daß Du all die Jahre diese Last allein mit Dir tragen mußtest. Aber weißt Du, es hat alles seinen Sinn und Zweck, und Du hast dies eben zu Deiner Entwicklung gebraucht.
Interessieren würde es mich noch, ob Dein Vater Deine Mutter unterstützt hat oder es noch tut? Hat Dein Vater jetzt noch mehrere Kinder? Und wie ist die Frau, die er geheiratet hat?
Ich sollte das alles ja gar nicht fragen, aber ich möchte, daß wir die Sache gründlich erörtern. Auf keinen Fall soll es Dich schmerzen. – Vielleicht werde ich Dir auch einmal einen Fall erzählen, der an die Grundtiefen der Seele rührt und wo eine Schuldfrage unbeantwortet bleibt. Wollen wir einmal offen darüber sprechen, Erika? Schließlich sind wir ja erwachsene Menschen, und aus solchen Fällen läßt sich immer etwas lernen – und zum Lernen sind wir ja auf der Welt.
Was das Studium der Menschen anbetrifft, so geht es mir ganz genau so wie Dir auch. Ich versuche mich in die Menschen einzufühlen – mich selbst oder meine Verhältnisse kennt hier niemand. Ich bin glücklich, von *den* Leuten besonders geschätzt zu werden, die auch ich hochschätze. Diesen habe ich auch teilweise aus meinem Leben erzählt. Zwei engere Freundschaften wird mir dieser Krieg sicher bringen.

22.6.1941
Liebe kleine Erika!

Zuerst hab recht herzlichen Dank für die guten «Gutsle», die Du wieder für mich gebacken hast! Sie schmecken einfach wunderbar, und ich habe meinen Kameraden egoistischerweise fast nichts davon abgegeben.
Um 22 Uhr ging ich zu Bett und mußte immer an Dich denken. Um 23 Uhr heißt es plötzlich: Sofort aufstehen und antreten! Da wurde

uns erzählt, daß ab heute früh um 3 Uhr die deutsche Wehrmacht sich gegen Rußland in Bewegung setzt.

Du kannst Dir nicht vorstellen, was da mein armes Gehirn auszuhalten hatte! Bald dachte ich an Dich, bald an die Kameraden, die ganz vorne lagen und die nun um 3 Uhr den Tod erwarteten. Nun ist es doch so weit gekommen, man wollte bisher einfach nicht daran glauben. Jetzt wird ja Amerika auch bald in den Krieg eintreten, er wird unermeßlich ausgedehnt und wohl um Jahre verlängert (vor dem Wort «Jahre» möchte ich lieber keine Zahl setzen).

Daß die Urlaubssperre in nächster Zeit aufgehoben wird, glaubst Du sicher auch nicht mehr. Ich gebe diesbezüglich die Hoffnung auf, ich nehme nur noch, was kommt, ohne zu hoffen.

Soeben hat der Spieß gemeckert; den Lichtschein in meinem Wagen würde man sehen! Wir warten stündlich auf russische Flieger, bis jetzt aber ist noch keiner gekommen.

23.6.1941

Mein lieber Ritter!

Erst gestern abend, als ich nach Hause kam, erfuhr ich, was sich inzwischen ereignet hat. Meine ganze Sorge gilt Dir. Nun wird Dich dieser Brief kaum mehr in dem «gottverlassenen Nest» antreffen; womöglich bist Du bereits an der russischen Grenze, oder gar schon im Einsatz! – Verschiedentlich gab es heute im Geschäft Tränen, wegen dem Bruder oder dem Freund. Aber ich kann da nicht einstimmen. Das bedrückt mich wohl alles, aber ich habe die innerste Gewißheit, daß jetzt alles darauf ankommt, welche Gedanken wir zu Euch schicken. Und – fast wie aus einem Instinkt heraus – waren und bleiben es nur starke, zuversichtliche Gedanken, die zu Dir kommen. Wie ein kleiner Panzer sollen sie Dich umgeben, ja? Bist Du einverstanden, lieber Ritter? Jeder richtige Ritter hat doch eine Rüstung, nicht wahr? Und an einer solchen schmiedet täglich neu ein Geistchen. Und niemand sieht die Rüstung und weiß etwas davon, nur Du und ich.

Gestern las ich zufällig in dem Büchlein, das Dir Deine Mutter geschickt hat: «Gedanken sind Kräfte, denn es sind Geistesäußerungen. Wir verbinden uns durch unsere Gedanken entweder mit Mächten der Finsternis oder des Lichts.»
Eine ähnliche Aussage von Mulford habe ich so in Erinnerung: «Jeder Gedanke ist ein Baustein am werdenden Schicksal.»
Ja, wenn wirklich einmal Frieden ist, werde ich Dir zuerst das Hohenloher Land zeigen müssen! – Auf Deine Frage: Der Hof in Kesselfeld gehört dem Bruder meiner Mutter; sie ist dort geboren. Leider lebt aber nur noch meine Tante – eine Goldtante übrigens! – mit ihrem verheirateten Sohn dort. Und ich bin das «Kind» im Haus.
Der liebe, «friedliebendste Mensch des Erdenrunds» wundert sich nicht, wenn ich auch mit meiner Dichterin «streite»? Ich muß Dir doch einmal einen Brief von ihr zu lesen geben, damit Du siehst, in welch netter Form unsere «Streitereien» vonstatten gehen. Sie ist übrigens sehr klug und sehr belesen und liebt Nietzsche über alles. Ich bin gespannt, wie weit ich sie von Anthroposophie überzeugen kann; ein kleiner Anfang ist gemacht.
Lieber Ritter, langsam wird es nun dunkel draußen. Jetzt am Abend ist die Luft erfrischend und der Himmel wundervoll klar. Im Westen sind noch einige Purpurstreifen zu sehen, irgendwo singt eine Amsel – und ein Geistchen sitzt am Fenster, schreibend, und kann die Buchstaben doch kaum mehr erkennen. Es denkt an einen Ritter, der irgendwo in der Ferne weilt, und wünscht sich, einmal wieder bei ihm sein zu können ...

24.6.1941

Immer noch ist Postsperre, so schreibe ich an diesem Brief weiter. Seit drei Tagen ist also nun Krieg in Rußland. Obwohl noch nichts Positives verlautet ist, sind die Menschen fast durchweg zuversichtlicher. Woher das kommt?
Was ich mir für später ausgedacht habe? Als kleines Kind wollte ich Malerin werden. Dann begann ich zu dichten, versteckte aber meine Produktion aufs ängstlichste und sprach zu keinem Menschen davon.

Alle meine ersten Verse waren «philosophischen Inhalts». Als meiner Mutter einmal etwas davon in die Hände fiel, war ich todunglücklich und konnte lange Zeit nicht darüber hinweg kommen, daß jemand etwas von meinem allerinnersten Geheimnis wußte. Nun entstand der Wunsch, später Bücher zu schreiben. Vor allem aber wollte ich die Anthroposophie kennenlernen, ich wollte die Menschen «studieren» und viele Reisen machen – aber nicht heiraten!
Ich bin neugierig, wieviel sich davon einmal verwirklichen lassen wird! – Die Postsperre ist aufgehoben, nun kann der Brief auf die Reise gehen!

26.6.1941

Lieber Theo!

Heute kam also nun die Antwort auf meinen Beicht-Brief; ich war wirklich sehr gespannt darauf! Kannst Du Dir aber vorstellen, daß ich dennoch dieser Antwort merkwürdig ruhig entgegensah, wie sie auch ausfallen mochte? Vielleicht ist Dir das schwer verständlich. Ich kann es auch kaum erklären. Vielleicht liegt es daran, daß ich einerseits gewappnet war, und daß ich andererseits glaubte, auch Schmerzen ertragen zu können.
Neulich las ich bei Goethe: «Nur der am empfindlichsten gewesen ist, kann der Kälteste und Härteste werden; denn er muß sich mit einem harten Panzer umgeben, um sich vor den unsanften Berührungen zu sichern. Und oft wird ihm selbst dieser Panzer zur Last.»
Vielleicht ist meine Verfassung manchmal ähnlich? Wenn Dein Brief nicht so lieb, sondern anders gelautet hätte, was ja auch durchaus hätte möglich sein können, dann wären wir eben aneinander vorbei gewandert, jeder seinem Stern entgegen – und der harte Panzer hätte mich dabei schützen müssen …

27.6.1941

Lieber Theo!

Beim nochmaligen Durchlesen Deines Briefes stellte sich mir erneut vor die Seele, wie viel da innerhalb weniger Stunden auf Dein «armes Gehirn» und Dein Herz (so nehme ich wenigstens an) hereinstürmte! Aber dann sagst Du, daß Du mich bemitleidest. Du sprichst es mehrfach aus, allerdings in so feiner Weise, daß ich es gerade noch ertragen konnte. Es gibt nämlich nur weniges, das mir so zuwider ist wie Mitleid. Ich brauche es nicht. Denn auch das, was ich an Schwerem im Leben erfahren muß, will etwas in mir. Ist Leid nicht deshalb in der Welt, daß wir lernen, über ihm zu stehen?
Nein, Theo, ich möchte trotz allem mit keinem König tauschen und nicht eine einzige Minute hergeben, die einmal schwer in meinem Leben war!
Am meisten hat mich in diesem Zusammenhang gefreut, daß Du einen Satz schreiben konntest wie: «... es hat alles seinen Sinn und Zweck, und Du hast dies eben zu Deiner Entwicklung gebraucht.» Wenn das wirklich Deine Ansicht ist, warum streiten wir uns dann eigentlich immer wieder?
Theo, und warum sollte ich mit einer weniger «harmlosen Miene» – anders gesagt: weniger stolz durch die Welt gehen? Ich habe mich nie schlechter gedünkt als andere; nur vor der mitleidvollen und bedauernden Miene kleinlich denkender Menschen habe ich mich gefürchtet. Und diesen bin ich auch stets aus dem Weg gegangen. Meine Meinung war schon sehr früh, daß es nicht wichtig ist, «was einer ist, sondern, was einer aus sich macht».
Noch etwas möchte ich Dir dazu erzählen. Dieses Zusammentreffen damals hatte mich auch aus einem andern Grund noch sehr interessiert. Ich wollte ergründen, ob ich davon irgendetwas empfände, daß dieser Mann, dem ich zum ersten Mal in meinem Leben gegenüber trat, mein nächster Blutsverwandter ist. Ich war der Meinung, daß man davon eigentlich etwas fühlen müßte; aber ich erlebte eine glatte Enttäuschung! Das überraschte mich.

Du findest es nicht richtig, daß die Unterhaltung per «Sie» verlief? Das hat die Situation sehr erleichtert. So nah wir uns blutsmäßig sind, so fremd waren wir uns doch sonst. Sollte ich zu einem wildfremden Menschen plötzlich «Vater» sagen? Nein, das hätte ich nicht über die Lippen gebracht.

Du fragst mich, welchem der beiden ich die meiste Schuld zumesse. Da habe ich kein Urteil. Ich habe merkwürdigerweise auch die Empfindung, daß mich das nichts angeht, obwohl ich ja mit betroffen bin. Ich weiß mit Sicherheit, daß es mein Vater heute bedauert, so gehandelt zu haben. Er hat wohl auch sicher gedacht, daß meine Mutter heiraten würde. – Im übrigen wollte er mich damals adoptieren, aber meine Mutter war nicht damit einverstanden.

Du fragst mich viel in Deinem Brief! Interessiert es Dich wirklich so sehr, woher ich blutsmäßig abstamme? Mir beispielsweise wäre es viel wichtiger, erfahren zu können, was Du in einem früheren Leben für ein Mensch gewesen bist! Ja, so ist das!

Meine Ahnen mütterlicherseits waren Bauern oder übten das Schneiderhandwerk aus; alle waren in meinem geliebten Hohenlohe ansäßig. In den Neigungen zu dieser Handwerkskunst und der Liebe zur Landwirtschaft bin ich wohl etwas «erblich belastet».

Und Deine Vorfahren waren ursprünglich Scharfrichter?! Na, da wundert mich nichts mehr!

Was den «frechen Teufel» betrifft, der in Deinem Herzen sein Unwesen treibt, so muß ich doch energisch betonen, daß der Ritter es war, der ihn ursprünglich eingesperrt hat! – Allerdings ist diesem Teufel nun inzwischen eingefallen, daß er sich vielleicht vor diesem Eingesperrt werden hätte bewahren können, wenn er früher mit seiner – Abstammung herausgerückt wäre? Aber der kleine Teufel glaubt, daß das Schloß zu seinem Gefängnis noch lange nicht eingerostet ist, so daß es jederzeit aufgeschlossen werden könnte! Ein Wink – und er verschwände auf Nimmerwiedersehn!

Nun noch zu Deinen weiteren Fragen. Wie die Frau meines Vaters ist, weiß ich nicht. Er hat zwei Kinder, einen Jungen und ein Mädchen. Eine laufende Unterstützung bekam meine Mutter nicht, aber einen größeren Betrag nach meiner Geburt.

Was ist das für ein «Fall», von dem Du mir vielleicht einmal erzählen willst? Schreib mir bitte davon, ja? Deine Andeutung klingt ganz geheimnisvoll.

Mir fällt übrigens auf, daß Du mir von Deiner Kindheit und Jugend noch kaum etwas erzählt hast. Wann wirst Du es nachholen?

3.7.1941

Liebe Erika!

Ich danke Dir recht herzlich für Deinen Brief nach der Postsperre. Es ist nett, daß Du mir starke, zuversichtliche Gedanken schickst, Geistchen, und ich werde den lieben unsichtbaren Panzer gerne anlegen. So bin ich gegen Angriffe gut gewappnet, wie es einem fahrenden Ritter geziemt.

Vielleicht brauche ich den Panzer bald. Es ist gut möglich, daß Du in nächster Zeit einen Brief bekommst, auf dem das Datum unterstrichen ist.

Ja, die Sache mit dem Inder ist mir auch nicht so unerklärlich. Dieser muß also Zutritt zum Unterbewußtsein meines Kameraden gehabt haben, denn wie Du ganz richtig sagst, ist alles, das man erlebt hat, noch da. – In welchem Zusammenhang hast Du an den Kupferstich von Albrecht Dürer «Ritter, Tod und Teufel» gedacht? War es vielleicht dieser: Wenn der Ritter tot ist, holt ihn der Teufel?

Ja, auch ich wünsche es, daß wir immer völlig ehrlich zueinander sind. Und ich meine auch, daß wir das bisher waren, ja, daß dies uns beiden eine Selbstverständlichkeit ist. Überhaupt habe ich das Gefühl, daß wir als Charaktere gleichartig sind – nur die Weltanschauung ist verschieden.

Ich glaube übrigens an eine Vererbung. Man kann sie ja immer wieder deutlich feststellen.

Dir fällt auf, daß Du wenig von meinem Leben weißt? Davon zu schreiben ist heute zu spät. Jetzt ist es schon so dunkel, daß ich ganz schnell schreiben muß, um den Brief abzuschließen. Licht dürfen wir nicht machen, weil Fliegeralarm ist. Gestern sind drei 500-kg-Bomben gefallen.

Gute Nacht, mein liebes Prinzeßchen, ich werde sehr bald wieder schreiben. Heute Nacht habe ich Wache, da werde ich allein sein und ganze Ströme von lieben Gedanken dem kleinen Geistchen schicken, das ferne, aber unter dem gleichen Himmel schläft. Es bekommt viele, viele sehr sanfte Küsse, daß es ja nicht aufwacht – vom zärtlichen Ritter.

9.7.1941

Lieber getreuer Ritter!

Ich spürte, daß heute Post von Dir kommen müsse. Warum man in diesen Ahnungen manchmal so sicher ist? Übrigens träumte es mir in letzter Zeit auch wieder öfter von Dir; allerdings wußte ich am Morgen dann nur noch, daß Du bei mir gewesen bist.
Weißt Du eigentlich, wenn Dir einmal das Geistchen und dann wieder das Prinzeßchen schreibt, daß diese dennoch innig miteinander verbunden sind? Zwischen beiden bockt manchmal nur noch ein Teufelchen ... Der arme Ritter aber muß sich mit allen dreien herumschlagen! Welches von diesen Wesen ihm wohl das liebste ist? Heute jedenfalls möchten ihm alle drei gleichzeitig um den Hals fallen! Aber da der Ritter so weit weg ist, kann höchstens das Geistchen zu ihm gelangen, oder vielleicht auch das Teufelchen. Das Prinzeßchen aber muß warten, und wartet schon ein Jahr ...

10.7.1941

Liebe Erika!

Herzlichen Dank für Deinen Brief, der eben eintraf, als wir uns zum Start fertigmachten. Abends um 20 Uhr ging es los. Das war nicht von Pappe. Wir «reisten» die ganze Nacht, den ganzen nächsten Tag unter sengender Sonne bis zum nächsten Morgen. Leider sind wir nicht so weit gekommen als wir dachten. Wir sind immer noch auf rumänischem Boden, wenn auch nahe der russischen Grenze. Ich hoffe nur, daß es recht bald weitergeht. Die Unterkunft ist natürlich wieder katastrophal, aber wenigstens ist eine Wasserleitung in der Nähe. Hier wurde es allmählich tropisch heiß. Täglich bekamen wir Tabletten gegen Malaria, außerdem wurden wir gegen Typhus und Cholera geimpft. Nun sind ja die ersten Siegesmeldungen gekommen, und die sind ja so überwältigend, daß man mit einem baldigen Ende des russischen Feldzuges rechnen kann.

14.7.1941
Dem fahrenden Ritter!

«Auf der Treppe sitzen meine Öhrchen,
  wie zwei Kätzchen, die die Milch erwarten ...
Auf der Treppe sitzt mein Herz und harret,
  wie ein Geistchen, Kinn in Hand gestützet.

Doch der Bote mit den Briefen kommt nicht.
Taub und ohne Seele drin im Zimmer lieg ich.
Wünsche nichts zurück zu haben,
  nicht die rosa Kätzchen, nicht das Geistchen.»

Morgenstern
Vom Geistchen

14.7.1941
Liebe Erika!

Bei uns ist alles wieder ruhig. Wir hatten wohl einige Tage Aufregung hier an der russischen Grenze, aber inzwischen sind die Truppen vorgerückt, und auf die Brücke, die wir schützen, werden nur ganz wenige und schwache Angriffe unternommen.
Es wird schon wieder langweilig, obwohl es ein elendes Nest ist, in dem wir uns befinden. Die Unterkunft ist die schlimmste, die wir bisher hatten. Dazu ist es in den letzten Tagen sengend heiß, die

Fliegen fressen uns fast auf. Es liegt dicker Staub auf den Straßen, und die durchfahrenden Kolonnen wirbeln ihn auf. Man muß staunen, was die Infanterie leistet. Sie marschiert den ganzen Tag bei der größten Hitze, in Staub und Schmutz.

Und wie geht es Dir, mein liebes Prinzeßchen? Ich denke sehr oft an Dich, aber was hilft das schon! Dein Lichtbild kenne ich jetzt auswendig, so oft betrachte ich es. Hoffentlich ist der Russenfeldzug bis Ende August fertig, damit ich endlich einmal Urlaub bekomme und Dich sehen kann!

Übrigens bin ich gestern zum Obergefreiten befördert worden. Ist das nicht gewaltig? Jetzt dauert es nicht mehr lange, dann bin ich General!

17.7.1941

Lieber Theo!

Nachdem einige Tage kein Brief von Dir kam, hatte ich mir schon gedacht, daß aus dem Ritter wirklich ein «fahrender» geworden ist. Nach welcher Richtung hin, hatte ich mir ja denken können. Daß dieser Ritter aber anscheinend so wanderlustig ist, daß er immer noch weiter weg reisen möchte, das enttäuscht mich! Er weiß es wohl noch gar nicht, daß in der Heimat die Urlaubssperre offiziell aufgehoben ist?

Nun muß ich Dich etwas fragen: Hast Du eigentlich noch eine Schwester? Ist sie etwa so alt wie ich? Kannst Du Dir vorstellen, daß es mir bereits zum zweiten Mal von einer solchen Schwester von Dir träumte? Mir ist das schleierhaft, zumal ich nie an eine Schwester von Dir gedacht habe – bei Tag. Im letzten Traum ging ich mit ihr die Königstraße entlang und unterhielt mich eine halbe Nacht lang mit ihr – ich wachte nämlich zwischendurch immer wieder auf, ohne den Traumfaden zu verlieren. Deine Schwester hatte übrigens jedesmal ein kleines Kind. Soviel ich erinnere, wollten wir Dich vom Bahnhof abholen; aber Du kamst einfach nicht!

Ansonsten möchte ich heute unsere sonstigen Streitfragen auf sich beruhen lassen und mich mit Goethe trösten: «Man frage nicht, ob man durchaus übereinstimmt, sondern ob man in einem Sinne verfährt.» – Bist Du einverstanden?

18.7.1941

Liebe Erika!

Seit zwölf Tagen bin ich ohne Post, es kommt einfach keine durch. Das ist momentan das Schlimmste!
Viel Neues habe ich nicht zu berichten, ich bin immer noch am gleichen Ort. Wir haben jetzt wieder eine Unterkunft, wo man einigermaßen als Mensch hausen kann. Wir sind fünf Mann in einem Häuschen, haben zwei Zimmer und eine Art Küche Es ist wenigstens ein Wasserhahn vorhanden, das ist das Wichtigste. Ganz rasch haben wir uns häuslich eingerichtet, haben Bänke gezimmert, ringsherum in die Wände Nägel geschlagen, um unsere Sachen aufzuhängen; außerdem ist ein Regal da, ein Tisch und eine helle Petroleumlampe.

27.7.941

Mein liebes Geistchen!

Ich danke Dir recht herzlich für Deine allerliebsten Briefe! Sie haben mich erst vor drei Tagen erreicht. Ich bin froh, daß ich sie während des Marsches erhielt, ohne dieselben hätte ich meine gute Laune vielleicht verloren. – Wir sind also nun durch Bessarabien marschiert – und schon wieder habe ich alles gepackt, morgen früh um 3 Uhr ziehen wir weiter und verlassen den Dnjestr-Strand. Hier haben wir in Zelten geschlafen, Du kannst Dir denken, wie mir das gefallen hat: auf dem Boden liegen, dicht aneinander, das Zelt dunkel, eng und niedrig. Aber was tut man nicht alles, wenn man muß! Ja, «Ritter, Tod und Teufel»: Wer von den dreien wird wohl siegen, der Ritter, der Tod oder das Teufelchen? Schließlich muß ja einer siegen! – Aber lassen wir sie vorerst ruhig weiter kämpfen!

Welches der drei Wesen, das Geistchen, das Teufelchen oder das Prinzeßchen, mir am sympathischsten ist? Nun, damals am 1. Mai war es sicherlich das Prinzeßchen. Als wir dann anfingen uns zu schreiben, war es das Teufelchen, und heute ist es ganz das Geistchen, wenn es auch noch in einer Hinsicht sehr weit von mir entfernt ist. Der fahrende Ritter dankt dem Geistchen für die Rüstung, er wird sie jetzt anlegen, denn es ist gut möglich, daß er sie bald braucht. Aber er ist sicher, daß sie ihn schützt.

29.7.1941

Lieber Theo!

Seit drei Tagen bin ich in Percha – und es regnet in Strömen! Meine Freundin Helia hatte mich im Bahnhof in München abgeholt, das war nett. Am Stachus tranken wir einen Kaffee und fuhren dann zusammen nach Starnberg weiter. Unterwegs begann es zu regnen, und als wir aus dem Zug stiegen, schüttete es in Strömen. Was tun? Nach Percha mußten wir zwanzig Minuten zu Fuß gehen, und wir hatten keine Schirme. Trotz aller Überredungskünste fuhr uns das Taxi nicht – Benzinmangel! So band ich Helia ein Handtuch um den Kopf, ich selbst hatte wenigstens einen Regenmantel mit Kapuze. Es war 22 Uhr, als wir endlich vor dem Haus standen, in welchem ich mein Zimmer gemietet hatte. Eine Dame im Morgenmantel öffnete, sie hatte mich nicht mehr erwartet.

Das Haus ist ganz aus Holz gebaut, 5 Minuten vom See entfernt, und im Biedermeierstil eingerichtet. Durch den Garten fließt ein ziemlich breiter Bach – und der ist das augenblickliche Sorgenkind. Immer wieder schauen die Hausbewohner nach, wie hoch er gestiegen ist, bis zur Brücke sind es jetzt nur noch wenige Zentimeter. Anscheinend hat er schon mehrfach Wiese und Garten überschwemmt. Einmal waren die Hausbewohner drei Tage von der Welt abgeschnitten.

Jetzt fließt der Bach dunkelbraun vor meinem Fenster vorbei; eine Trauerweide hängt ihre Zweige ins Wasser, und auf dem See ist kein einziges Boot zu sehen. Es regnet weiter.

Nun muß ich Dir aber noch unser kleines Abenteuer vom Sonntag erzählen. Wir waren in München gewesen und hatten den ganzen Tag über «besichtigt». Um 21 Uhr wollten wir zurück nach Starnberg fahren, aber der Zug fuhr erst zwei Stunden später, o weh! Es war 24 Uhr bereits vorüber, als wir schließlich dort einfuhren. Nun hieß es, mutterseelenallein und bei strömendem Regen zwanzig Minuten durch die stockfinstere Nacht, am See entlang zu Fuß nach Percha zu gehen, über Stolpersteine, Brückchen und Pfützen. Weil sich Helia nicht traute, einen weiteren Weg durch einen finsteren Park bis zum Seminar, das sie besucht, zu machen, beschlossen wir, daß sie im Großvaterstuhl in meinem Zimmer die Nacht verbringen solle. Ich hatte einen Hausschlüssel, und da schlichen wir uns leise im Dunkeln in mein Zimmer. Schnell machten wir es uns so warm und bequem als möglich, Helia schlief sogleich ein – und schnarchte! Damit war für mich der Schlaf vorbei, denn natürlich konnte ich sie nicht wecken, da ihr «Bett» ohnehin wenig bequem war! Gegen 5 Uhr wurde es hell, wir standen auf, und meine Freundin – stieg aus dem Fenster. Die Leute im Haus sollten ja nicht wissen, daß ich «Einquartierung» hatte. Das Gartentörchen war glücklicherweise offen. Ich lauschte in den Regen hinaus – alles war gut gegangen! Aber wenige Minuten später erblickte ich plötzlich meine Wirtin im Garten, die nach dem Bach Ausschau hielt! Hatte sie meine Freundin noch gesehen? Nun, ich war zu müde zum Grübeln, legte mich wieder ins Bett und schlief in den Morgen hinein. Als dann später meine Freundin kam, hörte ich, daß auch im Seminar nichts bemerkt wurde – und so mußten wir erst einmal tüchtig lachen!

Übrigens ist eine sehr nette Dame im Haus. Sie unterhält mich beim Frühstück, gibt mir Bücher zu lesen und erzählt mir ununterbrochen von ihrem Sohn, der in Kiel ein Laboratorium hat. Ich könnte über ihn bereits Bände füllen. Aufmerksam gehe ich auf alles ein, schiebe ihr den Stuhl zurecht, gieße ihr Kaffee ein – und sie bemuttert mich dafür, steckt mir Bonbons zu und erzählt immer wieder Neues von ihrem Sohn. Überaus bedauert sie, daß ich nicht vierzehn Tage früher gekommen bin, denn dann hätte ich ihn noch sehen können. Es muß ein Wunder von Sohn sein!

Trotz des Regens ist es mir keine Minute langweilig. Aber es wird tatsächlich nun draußen etwas heller. Ich lebe wie auf einer Insel, von den Ereignissen an der Front habe ich keine Ahnung.

3.8.1941

Liebe Erika!

Zuerst danke ich Dir recht herzlich für Deine lieben Briefe.
Ich bewohne jetzt ein Haus ganz für mich allein, es ist wunderbar. Es besteht allerdings nur aus drei Zeltbahnen, aber ich schlafe ganz herrlich darin. Außerdem steht auf der einen Seite meines Zeltes mein Wagen, dort kann ich ein Kabel einstecken und in mein Zelt führen, dann habe ich elektrische Beleuchtung!
Wir liegen jetzt etwa 4 km von der Front entfernt. Ich war schon ein paar Mal vorne und habe die Granaten rauschen hören. Glücklicherweise fällt jetzt jeglicher Kasernenton weg. Von hier sind es etwa noch 12 km bis Balta, das kannst Du sicher finden. Wir sind in der Ukraine, die ja so überaus fruchtbar ist. In der Hauptsache sind Weizen, Mais und Sonnenblumen angebaut. Obstbäume gibt es auch verschiedentlich, das ist wichtig! Die Bauern sind sehr sauber und gesund, es gefällt mir viel besser hier als in Rumänien. Durch die Kollektivwirtschaft sieht man Weizenfelder von ungeheurer Ausdehnung. Ein Feld kann 3 bis 5 km im Quadrat groß sein. Das verleiht der Landschaft etwas sehr Weites und Großzügiges.
Zu Deinen Briefen: Es ist selten, daß ich vergesse, am Mittwochabend an Dich zu denken. Am vergangenen Mittwoch waren wir auf dem Marsch und hatten gerade Rast gemacht. Mein Lager richtete ich in einem Stall mit Maisstroh zurecht, und um 21 Uhr ging ich schlafen. Am nächsten Morgen wurden wir, wie vorgesehen, Punkt 7 Uhr geweckt, aber nicht durch den U.v.D., sondern durch russische Fliegerbomben, die zwar auf uns gezielt waren, aber einige hundert Meter entfernt einschlugen. Das war wohl der «unsichtbare Panzer», was? Deine kurzen Ferientage werden wohl schon wieder vorbei sein? Ich bin gespannt, was Du mir alles erzählen wirst.

4.8.1941

Lieber Theo!

Gestern bin ich wieder in Stuttgart eingetroffen, fand aber leider keine Post von Dir vor! Ob die Reisegesellschaft weitergezogen ist?
Heute früh im Geschäft empfing man mich mit den Worten: «Sie kommen schon?» Alle hatten gedacht, ich würde 14 Tage Urlaub nehmen. Anscheinend wußten sie nicht, daß das Teufelchen ihn aufgespart hat für einen hoffentlich nicht allzufernen Urlaub des Ritters!
In Starnberg war es gegen Ende der Woche übrigens noch sehr nett, vor allem, weil das Wetter schön geworden war. Wir fuhren noch nach München und besichtigten unter anderem auch das «Haus der deutschen Kunst». Ich war enttäuscht, das meiste wirkt starr und leblos, es erinnert an Farbfotografien. Man kann bei vielen Riesenbildern die Arbeit und Exaktheit bewundern, aber was ich unter Kunst verstehe, habe ich dort vergeblich gesucht.

9.8.1941

Mein lieber Ritter!

Was meinst Du zu folgendem: In Anbetracht der Tatsache, daß es in diesem Jahr überhaupt kein Obst gibt, die Käufer in der Markthalle sich mit den Gemüsefrauen wegen einem Rettich prügeln, daß man Schlangestehen muß, um 1 Pfund Kartoffeln zu bekommen, geht man hier dazu über, die notwendigen Vitamine, die sonst in Kohlköpfen usw. zu stecken pflegen, in Tablettenform zu schlucken. Ich entschloß mich, mitzumachen! Und Du?
Zu erzählen weiß ich sonst heute nichts, einzig, daß das Geistchen oftmals am Tage sehr liebe Gedanken und Wünsche auf die Reise schickt, die weit fort wandern. Aber es kommt nichts zurück, nur die bösen Dämonen des Krieges. Sie treiben ihr Unwesen ringsum. Leid, Sorgen, Verwundete, Gefallene. Es ist fast nicht zu ertragen, und Dein Geistchen ist sehr kriegsmüde …

13.8.1941

Liebe Erika!

Recht herzlichen Dank für Deine Karte und den Brief aus Starnberg sowie das Päckchen, dessen Inhalt ich sogleich – bis auf die Vitamine – aufgegessen habe. Aber die Vitamine kommen auch noch an die Reihe, obwohl ich sie nicht so nötig habe. Erstens gibt es immer einmal wieder Vitamin-C-Bonbons, auch Zitronen, und dann entdeckt man ab und zu Apfelbäume und Tomatenfelder. Trotzdem staune ich wirklich, gerade von Dir diese Tabletten zu bekommen, deren Einstellung dazu ich doch kenne!

13.8.1941

Lieber Theo!

Endlich kam gestern einmal wieder ein Brief von Dir, recht herzlichen Dank! So nahe seid Ihr also an der Front? Ich glaubte, Ihr würdet nicht eingesetzt, nun bin ich sehr wenig erfreut über diese Nachricht.
Wir hatten in letzter Zeit übrigens auch verschiedentlich Fliegeralarm, allerdings sind bei uns keine Bomben gefallen.
Neues zu berichten gibt es nicht. Und doch vergeht mir die Zeit so unglaublich rasch. Ich lese, schreibe, bereite mich ein wenig auf die Große Handelskammerprüfung vor, zu der ich mich für Herbst melden werde, koste ab und zu eine philosophische Debatte aus und gehe ins Kino. Die Wochenschau ist in letzter Zeit allerdings so greulich, daß ich mich überwinden muß, sie anzusehen. Weißt Du, womit ich mich – nach jahrelanger Pause – auch wieder befasse? Mit Farben! Ich male, und zwar augenblicklich in jeder freien Minute.
Und nun, mein Ritter, wünsche ich Dir viel Liebes! Das Geistchen schmiedet unablässig am unsichtbaren Panzer, das Teufelchen zupft Dich an den Ohren, und das Prinzeßchen küßt Dich innig auf den Mund …!

24.8.1941

Meine liebe Erika!

Noch immer bin ich am alten Ort, und jetzt ist nur noch ein Kamerad hier, alle anderen sind zum Schwarzen Meer gezogen. Es ist ganz schön, so allein zu sein, man hört eine Weile keine Befehle mehr.
Schlimm dagegen ist, daß ich keine Post bekomme.
Ich wohne in einer Art Scheune. Auf den Erdboden habe ich einige Strohmatten gelegt, meine Zeltbahn darauf, und so schlafe ich, immer das geladene Gewehr neben mir, denn es kommt immer wieder vor, daß einzelne, noch herumstrolchende Kommunisten Überfälle verüben. Mitten im Raum habe ich eine kleine Feuerstelle gebaut, und morgens mache ich mir zuerst warmes Wasser zum Waschen und Rasieren. In 10 – 15 Minuten ist das Wasser heiß. Das Essen hole ich mir bei einer anderen Batterie. Oft aber mache ich mir selbst Kaffee und auch Bratkartoffeln mit Zwiebeln, dazu Tomaten- oder Gurkensalat. Von Bauern bekomme ich manchmal Eier und Milch. Einen Tisch und einen Stuhl habe ich auch, so kann ich wenigstens anständig schreiben oder zeichnen. Wegen Aquarellfarben habe ich nach Hause geschrieben.
Du siehst, mein Tagesablauf ist sehr geruhsam! Allerdings befürchte ich, daß dies nicht mehr lange dauern wird. – Denk Dir, übermorgen sind es zwei Jahre, seitdem ich eingerückt bin! Was hätte man in diesen zwei Jahren machen können!

28.8.1941

Liebe Erika!

Leider werde ich erst Post bekommen, wenn ich wieder beim Truppenteil bin, und ich fürchte, daß da noch 8 – 14 Tage vergehen werden. Ich lebe wie auf dem Mond. Ich höre keine Nachrichten, den ganzen Tag können mein Kamerad und ich tun und lassen was wir wollen. Allerdings waren wir gestern doch den ganzen Tag mit etwas beschäftigt: damit, Flöhe zu fangen! Das Ergebnis war erschütternd!

Da mein Leidensgenosse auch sehr gern zeichnet, sind wir dazu übergegangen, die nähere Umgebung zu zeichnen. Es macht Spaß. Abends aber muß man direkt aufpassen, daß einen die Langeweile nicht überfällt. Meist vertiefe ich mich dann in meine Pläne, die ich mir für die Zeit nach dem Kriege ausarbeite. Aber ich glaube fast, daß mir da 24 Stunden pro Tag gar nicht reichen werden, um das alles zu verwirklichen!

Gestern kamen wir in ein Gespräch über Religion. Zu Beginn hatte ich auf die Uhr geschaut, es war 20.30 Uhr, als ich es wieder tat, war es 24 Uhr. Der Kamerad ist im «Bund freier Christen». Bei deren Mitgliedern kommt es nicht darauf an, ob jemand katholisch oder evangelisch ist, aber er muß Christ sein. Der Kamerad hält sich in allen Lebenslagen an die Bibel. Das war schon genug, um eine heftige Diskussion einzuleiten. Vor allem sagt er, daß nur den gläubigen Christen das Jenseits offenstehe; alle Nichtchristen (Mohammedaner etc.) seien verloren. – Das ist ja meine Ansicht nicht, denn jeder Mensch, gleich welcher Religion, wird in den «Himmel» kommen. (Statt Himmel kann man ja auch andere Worte setzen.)

Sodann sagt er, daß die Schöpfung für ihn ganz klar sei. Alle Wissenschaft sei nutzlos, damit wolle der eitle Menschengeist sich nur über die Schöpfung erheben. Das müsse zu einer Katastrophe führen. Er selbst könne nicht verstehen, warum ein Astronom die Rätsel des Himmels und die Ordnung der Sterne erforschen wolle. Für ihn selbst gäbe es keine Rätsel, er wisse, daß sich die Sterne alle nach einer höheren Ordnung bewegen. Auf die Frage nach Nietzsche erklärt er, Nietzsche war ein Heide, und das genüge ihm; sich weiter mit seinen Büchern zu beschäftigen, sei nutzlos. Ich glaube, er hält es sogar für Sünde. Goethe ist für ihn gleichfalls Heide und keiner Würdigung wert. In der Anthroposophie sieht er Menschenverherrlichung, das stehe im Widerspruch zur Bibel.

7.9.1941

Liebe Erika!

Gestern traf ich endlich wieder bei der Batterie ein; ich war von ihr 19 Tage getrennt, und so lange habe ich keine Post bekommen! Nun war natürlich ein halber Sack voll für mich da, viele Briefe von Dir und drei Päckchen. Bei letzteren war jeweils ein besonderer Gruß: einer vom Geistchen, einer vom Teufelchen und einer vom Prinzeßchen. Das hast Du wirklich reizend gemacht!
Nun gleich zu den Briefen. In allen steht, daß ich so wenig schreibe! Aber erstens waren die Briefe besonders lang unterwegs, und zweitens ist ein Brief an Dich auch fehlgelaufen. Mein Vater schrieb mir, daß ein Brief angekommen sei an ein Fräulein Erika … Stell Dir das vor! Ich werde den Brief an Dich weiterleiten lassen. Wird nun mein Bruder wissen, wer dieses Fräulein … ist? Dann weiß es Walter auch gleich! – Man hat seine Gedanken nicht mehr beieinander – ein Zeichen von Altersschwäche!
Anscheinend gibt es jetzt wieder Urlaub, es ist also möglich, daß ich in etwa 14 Tagen nach Stuttgart fahre, ich würde dann Ende September eintreffen. Das wäre nicht schlecht, was? Hoffentlich wird es diesmal wahr! Wenn ich aber nur 14 Tage bekomme, werde ich wohl kaum aus Stuttgart fortkommen, es sei denn, ich muß noch nach Berlin fahren. Und Du wirst wohl Deine acht Tage auch kaum nehmen können? Oder würde es gehen? Sobald als möglich schreibe ich Genaueres.
Dein Urteil über die Kunstausstellung in München ist sicher richtig. Kürzlich habe ich das gleiche gehört. Ich habe eben den Eindruck, daß die Kunst wieder einen neuen Weg suchen muß. Du willst also im Herbst die «Große Handelskammer-Prüfung» machen? Was ist das eigentlich? Was wird verlangt? Und wozu machst Du sie? Das interessiert mich; willst Du meine Neugierde befriedigen?
Du schreibst mir, daß Du malst! Das wußte ich ja gar nicht! Ich finde es sehr nett, daß Du das tust. Daß ich zur Zeit auch dabei bin, habe ich Dir ja geschrieben.
Nun will ich Dir noch von hier erzählen. Ich bin also wieder beim «Laden» und liege jetzt bei Berislaw am Dnjepr. Hier war sehr viel los.

Jeden Morgen kamen russische Jäger und Bomber und schossen auf unsere Stellungen und auf den Flugplatz, neben welchem wir liegen. An dem Abend, als ich ankam, versuchten die Russen nicht weit von hier einen Durchbruch und kamen mit einigen Bataillonen über den Dnjepr. Aber inzwischen ist alles zurückgeschlagen, der Feind befindet sich im Rückzugs, und der Kriegslärm ist fast nicht mehr zu hören. Ich nehme an, daß auch wir bald wieder weiterziehen werden. Das berührt aber die Urlaubsfrage nicht.

In den letzten Tagen wird es reichlich kalt hier, dabei schlafen wir wieder in Zelten. Vor dem russischen Winter habe ich Respekt; die Hälfte von uns ist jetzt schon krank. Ich fürchte, daß Rußland vor Ausbruch des Winters nicht mehr zu erledigen ist, der Ural wird nicht erreicht werden. Das ist sehr unangenehm, denn den Winter über kann man hier nicht Krieg führen.

Doch genug von der Politik, wir müssen eben warten, wie es kommt. Hoffentlich klappt der Urlaub, das ist momentan das Wichtigste.

Auf Wiedersehen, liebes Teufelchen, und schärfe Deine Hörnchen bis dahin!

12.9.1941

Liebe Erika!

Du meinst noch immer, daß der Krieg bald zu Ende geht? Ich will froh sein, wenn ich nächsten Herbst entlassen werde! Aber ich glaube noch nicht daran.

Aber ich bekomme in der nächsten Zeit Urlaub. In etwa 2 – 3 Wochen werde ich fahren. Allerdings werden wir bald wieder vorrücken, aber ich glaube nicht, daß dadurch der Urlaub ins Wasser fällt, er kann sich höchstens noch etwas verzögern. Außerdem habe ich heute beim Chef erreicht, daß ich 3 Wochen Urlaub bekomme anstatt der üblichen 14 Tage. Da werden wir sehen, was sich machen läßt. Vielleicht können wir zusammen einige Tage wegfahren? Ich nehme an, daß Mitte Oktober bei Euch niemand in Ferien fährt, so daß Du wegen Deiner 8 Tage nicht lange vorher anfragen mußt.

Wir liegen noch am Dnjepr, aber nicht mehr lange. Morgen oder übermorgen werden wir weiterziehen in Richtung Krim-Halbinsel. Da wird es noch einige Schießereien geben. Hier haben die Fliegerangriffe nachgelassen. Man spürt, daß der Angriff wieder im Rollen ist. Täglich kommen lange Gefangenen-Kolonnen durch, heute waren es ca. 10.000 Mann.
Es wird nun langsam kühl in unserer Gegend. Ob wir den Winter über hier in Rußland bleiben müssen? Es ist nicht schön, daran zu denken.

13.9.1941
Liebe kleine Erika!

Herzlichen Dank für Deinen Brief, der wirklich zur rechten Zeit kam, um meine Stimmung etwas zu heben. Der Urlaub ist nämlich wieder ins Wasser gefallen. Wie sollte es auch anders sein! Ich scheine von diesem notorischen Pech nicht mehr wegzukommen. Zwar sind aller guten Dinge drei; wenn es bei den schlechten auch so ist, dann müßte es das nächste Mal klappen. Ich hatte meinen unterschriebenen Urlaubsschein in Händen am 3.12.1940, am 21.5.1941 und jetzt wieder!
Diesmal bekommen wir einen besonderen Einsatz zum Erdkampf, vermutlich wegen des Übergangs zur Krim, da kann natürlich niemand mehr wegkommen. Zudem ist es auch reisemäßig nicht möglich, da wir nicht mehr bei dem Fliegerhorst sind, von wo aus wir per Flugzeug Verbindung nach Bukarest hatten. Ich habe inzwischen Berislaw wieder verlassen und liege jetzt ca. 10 km vor Perekop. Ich bin also ziemlich nahe an der Front, wo bedeutend mehr vom Krieg zu sehen ist als bisher. Der einzige Trost ist mir, daß dies wirklich ein interessanter Einsatz ist.
Wegen des Essens kannst Du wirklich ganz unbesorgt sein. Wir bekommen alles, was wir brauchen. So konntest Du mir mit dem Gockel aus Kesselfeld auch den Mund nicht wäßrig machen, so etwas gibt es bei uns hie und da; auch Gans esse ich gelegentlich! Heute

kam ich von langer Fahrt hierher, Uniform und Stiefel waren buchstäblich weiß. Infolge der langen Trockenheit zerfällt die Erde zu ganz feinem Staub, der auf den Wegen bis zu 10 cm hoch liegt. Hinter jedem Fahrzeug steigt eine riesige Staubwolke gen Himmel. Ich bin jetzt übrigens ins Land der Baumwolle gekommen.
Gerade fielen wieder einige Bomben unangenehm nahe, aber – der Panzer ist ja da!

27.9.1941

Liebe Erika!

Es ist wohl schon wieder einige Tage her, daß ich Dir nicht geschrieben und auch von Dir keinen Brief bekommen habe. Bei unserem derzeitigen Einsatz, wo wir immer nur 2 – 3 Tage an einem Platz sind, kommt die Post nicht mehr mit. Außerdem hast Du wahrscheinlich einige Tage auf mich gewartet und nicht geantwortet … Auf jeden Fall werde ich Dir nicht mehr von Urlaub schreiben, solange ich noch nicht unterwegs bin!
In den letzten paar Tagen hat sich übrigens Dein Panzer sehr gut bewährt. Du hast ihn wirklich fest geschmiedet, Geistchen!
Die schönen Tage sind jetzt wohl vorüber. Es ist schon recht kalt. Das Schlafen in den Zelten ist alles andere als angenehm. Außerdem ist es abends schon um 18.30 Uhr dunkel. Was soll man tun? Im Wagen friert man, im Freien noch viel mehr, da ein kalter Wind über die Ebenen braust.
Nach wie vor werde ich aber auf Urlaub hoffen. Wenn hier erst der Winter richtig einsetzt, müssen ja alle wohl einmal nach Hause geschickt werden.

3.10.1941

Liebe Erika!

Immer noch habe ich keine Nachricht von Dir, es ist einfach schrecklich! Ich bin noch auf der Krim, und zwar jetzt etwa 20 km südlich von Armjansk. Bisher war der Kampf durch die Landenge ziemlich schwierig.
Heute abend hörte ich die Führer-Rede. Es ist zu hoffen, daß der wichtigste Teil Rußlands vor dem Winter fällt, so daß man sich nächstes Jahr mit England und Afrika befassen kann. Ohne Zweifel, der Kampf gegen Rußland war und ist der schwerste des ganzen Krieges.
Hast Du den Schock über den gesperrten Urlaub überwunden? Zwei Kameraden einer anderen Batterie, die nicht eingesetzt wurde und welche deshalb in Urlaub fahren durften, bekamen wie üblich einen Flug nach Bukarest und wurden unterwegs bei Odessa abgeschossen. Das war noch größeres Pech, nicht wahr! Zur Zeit geht es hier recht primitiv zu. Dazu muß man bei den dauernden Fliegerangriffen ständig in den Graben rennen. Hoffen wir also auf den baldigen Eintritt des Winters, dann ist es wohl sicher, daß wir alle in Urlaub kommen.

12.10.1941

Mein liebster Ritter!

Gestern erhielt ich Deinen Brief vom 18.9. (!), worin Du schreibst, daß Du doch nicht kommen wirst ... Am meisten bekümmert mich jetzt, daß Du so lange keinen Brief von mir erhalten hast. Aber wie konnte ich schreiben, wenn Du mitteilst, in 14 Tagen zu fahren, die Briefe aber 14 Tage unterwegs sind ... Einmal hatte ich allerdings zum Schreiben angesetzt, brachte aber nichts zustande, weshalb ich den angefangenen Brief wieder zerriß.
Warum ich die Handelskammerprüfung ablege? Weil ich dann ein sehr gutes Zeugnis in Händen habe, wenn ich sie bestehe. Ich mache

ca. 300 Anschläge auf der Maschine, verlangt werden mindestens 180. In Steno schreibe ich 200 – 220 Silben, verlangt sind 180 – 250. Wenn ich also nicht zu großes Lampenfieber habe, dürfte es gut gehen.
Zur Zeit haben wir im Büro eine Dame, die mich sehr interessiert. Sie war lange Jahre in England, dann in Tokio, und ist jetzt hier in «Zwangsaufenthalt», weil ihr Vater Engländer ist. Ihre Mutter war eine bekannte Sängerin. Nun ist wenigstens jemand im Betrieb, mit dem man sich unterhalten kann. Es ist schrecklich, immer unter Menschen sein zu müssen, mit welchen man nur vom Essen, vom Krieg, von Filmen und Liebesgeschichten reden kann. Ansonsten hetzt mich wirklich der Zeit-Teufel! Dazu wurde ich neulich noch als «Blumenmalerin» angestellt. Was sagst Du dazu? Eine Bekannte von Mutti malt Blumenbildchen in Serien, ihr Bruder rahmt diese ein und hat dafür so viele Bestellungen, daß er noch drei Leute engagiert hat, die malen, und mich noch dazu. Pro Bild 1 Mark, 10 Bilder kann ich nach Geschäftsschluß noch malen ... Wie gefällt Dir ein blumenmalendes Teufelchen? Übrigens ist es wieder zurückgekommen, mit neu geschärften Hörnchen! Schade, daß Du nicht fahren durftest!

13.10.1941

Liebe Erika!

Noch habe ich keine Post von Dir erhalten, was ist das? Ich kann nur annehmen, daß sie irgendwo liegt. Ich selbst habe kaum Zeit zu schreiben. Wir sind inzwischen von der Krim abgezogen, wo wir bei Armjansk lagen. Wir sind über Melitopol, Tokmak nach Pologi gekommen und werden heute noch weiterfahren. Du siehst, die Entfernung wird immer größer und größer. Von Urlaub redet niemand mehr.
Auf unserer letzten Strecke sind wir sehr vielen deutschen Dörfern begegnet. Man sieht das sofort an den schönen Steinhäusern, den Ziegeldächern, den Gartenzäunen. Die Russen bauen nur Lehmhütten. Allerdings sind diese Dörfer meist ganz verlassen, die Deutschen

wurden zum großen Teil verschleppt. Es ist sehr traurig, das sehen zu müssen.
Dein Panzer hat sich auf der Krim gut bewährt! Da habe ich recht viele Granaten und Bomben pfeifen hören. Das Leben wird immer primitiver. Ich bin schon sehr zufrieden, wenn ich wenigstens am Abend noch eine Lehmhütte finde, in der man einigermaßen gegen das Wetter geschützt ist. Im Splittergraben habe ich auch schon geschlafen. Im Zelt oder im Wagen zu übernachten, ist fast schon unmöglich geworden.
Die Hauptsache ist, der Krieg geht weiter. Sehr lange kann es hier bestimmt nicht mehr dauern.

14. 10.1941

Meine liebe Erika!

Gestern abend kam nun endlich wieder Post. Dabei war Dein Brief und Dein Päckchen. Hab recht herzlichen Dank! Die «Gutsle» habe ich noch gestern abend völlig aufgegessen, allein natürlich! Enttäuscht war ich, daß nicht mehr Post von Dir kam, aber sie reist jetzt wohl schon einen Monat. Bis ich also von Dir eine Antwort über meine heutigen Gedanken habe, ist es Weihnachten, vorausgesetzt, daß Du sofort schreibst.
Mein gestriger Brief war wohl recht düsterer Stimmung, aber Du darfst das nicht falsch auslegen, Erika. Kannst Du es verstehen, daß ich keinen übermütigen oder zärtlichen Brief schreiben kann, wenn ich tagtäglich ganz elend kampieren muß und überall immer nur Leid sehe? – Heute ist es wieder besser mit meiner Stimmung.
Ich bin noch in Pologi, da wir noch auf Benzin warten müssen. Wir fahren frühestens morgen weiter. Wir haben es uns inzwischen in einem Schulzimmer bequem gemacht. Der Raum ist geheizt, und heute früh habe ich mich einmal wieder ordentlich waschen können, sogar mit warmem Wasser.
Heute Nacht hat es zum ersten Mal geschneit. Die Landschaft ist weiß. Ich sehe es nicht gerne, denn nun werden die Operationen sich

sehr verlangsamen und schließlich zum Stillstand kommen. Ich hatte gehofft, wir würden vielleicht über den Winter nach Deutschland fahren, aber es sieht nicht so aus. Ohne Zweifel ist aber der Tag nicht mehr fern, an dem ich in Urlaub fahre. Es wird wohl nicht länger als 2 – 4 Wochen dauern. Wichtig ist jetzt, nicht krank zu werden. Wir haben einige Fälle von Gelbsucht; Malaria ist bei uns noch nicht vorgekommen. Dagegen soll es um diese Zeit Fleckfieber geben.

Meinen «christlichen Freund» habe ich inzwischen aus den Augen verloren. Du magst recht haben, daß dieser Kamerad ein einseitiger Frömmler ist – als solcher ist er auch verschrien, weil er keinen Hehl aus seiner Gesinnung macht. Mich machte aber stutzig, daß er seiner Sache so sicher ist; er sagt, er spreche aus Erfahrung. Er ist seiner Sache mindestens genau so sicher wie Du der Anthroposophie. Ich sagte ihm, daß ich selbst keiner Lehre angehöre, sondern daß ich bisher immer nur nach der Wahrheit suche. Er versuchte auch ehrlich, mich zu überzeugen, ich aber verstand ihn nicht, so wenig, wie ich Dich verstehe. Ich würde viel darum geben, Euch beiden bei einer Debatte zuzuhören! Dabei muß noch gesagt werden, daß dieser Mensch gut mit dem Leben fertig wird. Von Beruf ist er Glasmaler. Er hat damals in Pereleti genau wie ich Hühnchen und Eier «organisiert». Er ist zu jedem Blödsinn aufgelegt. Der tiefere Grund, weshalb ich mit ihm nicht harmoniere, liegt wohl an seiner selbstsicheren Art, mit der er alles behandelt. Für ihn gibt es keine Probleme, keine Welträtsel. Für ihn ist Wissenschaft nur eine Spielerei heidnischer Art für Narren. Nichts in der Welt kann ihn erschüttern, und das ist es, das ich nicht begreife.

17.10.1941

Liebe Erika!

Wieder sind einige Tage vergangen, und wieder bin ich an einem anderen Ort. Es ist ein richtiges Wanderleben, das ich jetzt führe. Wir liegen bei Anatolia, nördlich von Mariupol. In letzter Zeit haben wir es ziemlich ruhig gehabt, wir marschieren nur noch. Der Feind scheint sich rasch zurückzuziehen.

Post habe ich natürlich nicht bekommen inzwischen. Was nützt es, sich darüber aufzuregen?

Als ich gestern im Wagen saß und durch die Landschaft fuhr, mußte ich sehr stark an die Heimat und an Dich denken. Es war ein wunderschöner Herbsttag mit blauem Himmel und ziehenden Haufenwolken, dabei aber kalt; Die Sonne hat nicht mehr die Kraft zu wärmen. Bäume gibt es hier fast keine, nur endlose Stoppelfelder, Maisfelder mit gelben, verblichenen Stengeln, aber dann auch wieder weite Flächen mit aufgehendem, leuchtend grünen Wintergetreide. Woher es nur kommt, daß ein solcher Herbsttag mich so glücklich und zufrieden stimmt? – Ob Du wohl einmal zum «Eisenbähnchen» gehst, um den Herbstwald zu sehen?

Auch heute ist die Sonne gekommen. Das läßt mich so sehr an die schönen Dinge denken, die uns das Leben bietet. Wenn ich jetzt daheim wäre, möchte ich Menschen aufsuchen, um den Tag zu verplaudern, auf dem Tennisplatz oder bei einem Spaziergang. Und abends würde man noch irgendwo in einer Wohnung zusammensitzen ... Würde Dir das auch gefallen?

Ich soll Dir übrigens von Werner Stark, der an der Kanalküste ist, Grüße bestellen. Es ist zwar ein hübscher Umweg über die Ukraine, aber wir haben ja so viel Zeit!

19.10.1941

Mein lieber Theo!

Gestern habe ich die Handelskammer-Prüfung hinter mich gebracht. Außer mir haben nur noch sieben andere teilgenommen. Von ihnen meldeten sich fünf zur Prüfung bei 150 Silben, ein anderes Mädchen und ich bei 180 Silben und die «Gausiegerin» (wie ich nachher erfuhr) bei 220 Silben. Einer der Prüfer fragte mich, ob ich schon einmal eine HKP mitgemacht hätte. Als ich verneinte, meinte er: «Und da melden Sie sich gleich zur schwersten Prüfung? Sie sind aber mutig!» Der Mut ist mir bei diesen Worten dann allerdings gesunken.

Die Prüfung war tatsächlich nicht leicht, aber ich denke, daß ich sie

bestanden habe. Im nächsten Frühjahr möchte ich sie mit 200 Silben ablegen, inzwischen werde ich mich weiter üben. Was sagst Du zu meinem Lerneifer?
Vor kurzem war im Betrieb eine Kommission vom Arbeitsamt, die ein weibliches «Gefolgschaftsmitglied» dienstverpflichten will, und zwar eines der perfektesten, das aber von dieser bestimmt wird. Chef und Bürovorsteher waren ziemlich aufgeregt. Es könnte übrigens gut möglich sein, daß sie mich auswählen. Einesteils hätte ich gar nichts dagegen, denn auf andere Weise komme ich hier doch nicht weg. Was meinst Du, wenn man mich als Nachrichtenhelferin nach Moskau schicken würde? Sicher suchen sie aber jemand für einen Rüstungsbetrieb.
Denkst Du übrigens am Mittwoch um 21 Uhr noch an mich? Wenn es sich einrichten läßt, gehe ich ins Freie und betrachte den Sternenhimmel. Hast Du gesehen, wie groß und rot augenblicklich der Mars ist? Er ist mir irgendwie unsympathisch mit seinem unheimlichen Feuer.

23.10.1941

Meine liebe Erika!

Noch bin ich ohne Post – sechs Wochen!
Wieder einmal warte ich – worauf, wirst Du ahnen. Es erscheint im Bereich der Möglichkeit, daß ich in wenigen Tagen fahre. Aber natürlich ist es ungewiß.
Ich befinde mich zur Zeit in einem deutschen Dorf, es scheint, daß wir noch einige Zeit bleiben werden, denn das Wetter ist hundeschlecht geworden; es regnet, und die Wege sind wieder grundlos. Diesmal haben wir uns (acht Mann) in einer Tischlerwerkstatt eingenistet. Einen Ofen haben wir gefunden, und auch das Radio haben wir aufgebaut. Man kann also von einer gewissen Häuslichkeit sprechen. Dazu haben wir eine Bretterplatte auf ein Faß gelegt, auf welcher ich jetzt schreibe. Ich hocke auf einer alten Kiste, und vor mir auf dem Tisch steht eine Petroleumlampe. Die Kameraden sitzen auch

um mich herum und schreiben oder lesen. Einer davon brät noch Kartoffelpuffer auf dem Ofen. Es ist eine gemütliche Atmosphäre, zumal uns die Russen in letzter Zeit nicht belästigt haben.
Gestern und vorgestern bin ich einmal wieder sehr aufgerüttelt worden durch ein Buch. So stark hat mich noch selten eins bewegt. Ich werde es Dir zu lesen geben, um Dein Urteil darüber zu hören. Es ist geschrieben von dem Schweizer Dichter Jakob Schaffner. Abgesehen von der überaus klangvollen, natürlichen Schönheit der Sprache bringt er sehr tiefgehende Betrachtungen über die Welt, die mich ebenso begeistern und denen ich zustimme. Ich finde auch, daß diese Art der Dichtung den Menschen viel mehr hilft als alle trockene und wissenschaftliche Philosophie. Die Lektüre wirkt etwa so, wie wenn man herrliche Musik hört, nur daß eben die Musik noch geistiger und noch erschütternder sein kann.
Nachdem ich das Buch gelesen habe, überkommt mich jetzt eine ungeheure Sehnsucht nach allem Schönen. Es ist ein wahrer Heißhunger. Deshalb muß es ja schon klappen, daß ich diesmal in Urlaub fahren kann! Ach, soeben fällt mir ein, daß ich ja gar nicht mehr davon schreiben wollte! Da zeigt sich wieder, wie hemmungslos die Hoffnung ist!
Nach Kriegsende, das heißt nach etwa zwei weiteren Jahren, wird es doch etwas schwierig für mich sein, mich in dem brausenden Leben wieder zurechtzufinden. Der lange Krieg hat mich sicher verändert. Besonders hier in Rußland ist es wohl möglich, daß man zu einseitig wird. Man gewöhnt es sich an, sich hermetisch gegen äußere Einflüsse abzuschließen. Und gerade dies ist gefährlich und eine Abkehr vom Leben.
Aber was sind das schon wieder für große Gedanken kleiner Leute! Nach dem Krieg beginnt das Leben erst. Da werde ich zum zweiten Mal geboren. Und Du? Wartest Du auch auf eine «Wiedergeburt»? Was hat das Leben mit uns noch vor? Das Schlimmste, das mir widerfahren könnte, wäre, ein ansässiger, braver, ruhiger, arbeitsamer Bürger zu werden. Das ist das einzige, wovor ich Angst habe.

28.10.1941
Liebe Erika!

Ich bin inzwischen weitermarschiert und bin in Usppenskaja, nördlich von Taganrog. Der Weg zur Heimat wird immer weiter, und ich denke mit Schaudern an den Tag, wo ich diese lange Strecke wegen drei Wochen Urlaub zurücklegen muß. Die Heimfahrt wird ja noch durch die Erwartung versüßt, aber die Rückfahrt! Ich werde dann keine Ahnung mehr haben, wo meine Truppe ist!

Als ich gestern hierher kam, mußte ich noch abends nach einem Quartier suchen, aber der ganze Ort war überfüllt. Zuletzt bekam ich ein Zimmerchen bei einem Schuster. Es ist ein sehr netter Mann, Ukrainer, und obwohl er nur eine Lehmhütte hat, ist alles blitzsauber und weiß getüncht. Seine Frau brachte gleich eine helle Petroleumlampe und kochte Wasser für meinen Tee. So sitze ich hier und denke an Dich.

2.11.1941
Liebe Erika!

Gestern abend habe ich Dir geschrieben, aber heute früh ist der Brief ins Feuer gewandert, denk mal! Dafür hat es gestern auch geregnet, und heute war herrlich blauer Himmel, da sieht alles wieder anders aus.

Zur allgemeinen Lage: Ich bin jetzt in Golodajewka, diesen Ort müßtest Du finden können. Es ist immer noch ziemlich viel los hier, viel «Bumm-Bumm»! Kürzlich fuhr ich einen Feldweg entlang, da überholt mich plötzlich eine «Rata», 20 m rechts von mir und 6 m über dem Boden fliegend. Gleichzeitig höre ich eine Reihe von M.G.-Schüssen: hat der Kerl doch auf mich geschossen! Aber der «Panzer» ist gut und leitete die Gefahr ab!

Die Urlaubsaussicht hat sich wieder in blauen Dunst aufgelöst. Aber das sind wir ja allmählich gewöhnt, so daß es uns nicht mehr so viel ausmacht, nicht wahr?

Am vergangenen Mittwoch habe ich einmal wieder an Dich gedacht um 21 Uhr. Plötzlich tönte aus dem Radio: «O Mädchen, mein Mädchen, wie lieb ich Dich!» Was sagst Du dazu? Hast Du es etwa bestellt? Ach, wie schön könnte das Leben sein! Aber es wird sicher nicht mehr lange dauern, dann haben wir das Leben wieder – viel schöner als je zuvor. Was machen da die paar Jahre aus, die wir verlieren – gar nichts im Vergleich zu dem, was einst vor uns liegen wird.

Ich bin zu der Überzeugung gekommen, daß der Krieg an mir auch bildend wirkt. Weißt Du, dieses primitive Leben stärkt irgendwie die innere Sicherheit. Ich entbehre jede Bequemlichkeit des Lebens, und doch lebe ich! Es ist mir viel deutlicher geworden als bisher, daß es eigentlich nichts zu verlieren gibt! Kannst Du das verstehen? Es stärkt einfach meine bisherige Überzeugung, daß alle Materie Nebensache ist. Ja, der Krieg entwickelt sicher auch gute Kräfte; allerdings macht er auch böse, wie wir schon festgestellt haben.

Vorgestern bin ich mit meinem Inspektor in eine «tiefschürfende» Unterhaltung über Frauen gekommen. Es kam so: Am Abend, als es dunkel geworden war, fiel wieder ein Bombenhagel auf das Dorf, daß die Hütte wackelte wie bei einem Erdbeben. Wir hatten uns flach gelegt, und das Radio brachte Witze. Wir lagen da und lachten. Nach einer Weile begann die Frau zu schluchzen und schließlich zu weinen, obwohl unsere heitere Gegenwart sie eigentlich hätte beruhigen müssen. Wir sagten uns, daß die Frauen eben ein zarteres Nervensystem haben. Warum aber weinte sie? Aus Furcht vor dem Tod? Ich glaube nicht, daß dies zutrifft. Ich glaube, daß eine deutsche Frau sich in derselben Situation ähnlich verhalten würde. Wir kamen dann noch darauf zu sprechen, daß eine Frau nur nach dem Gefühl urteilt oder handelt, während beim Mann der Verstand das letzte Wort hat. Ich sagte mir daraufhin, daß dann die Frauen als Künstler mehr, viel mehr leisten müßten als der Mann. Aber die Erfahrung lehrt, daß dies nicht so ist. Die schöpferischen Künstler sind Männer. Vielleicht kann eine Frau eine Sache besser beurteilen als der Mann, aber sie ist im allgemeinen weniger schöpferisch. – Ich gäbe viel darum, die Welt mit den Augen einer

Frau zu sehen. Sicher würden sich viele Rätsel entschleiern. – Aber die Frau hat wohl umgekehrt den Wunsch, mit den Augen eines Mannes zu sehen? Ist es so?

5.11.1941
Liebe Erika!

Heute will ich Dir einen kleinen Reisebericht geben. Post ist natürlich noch immer keine gekommen. Ich bin noch im gleichen Nest, allerdings geht es morgen oder übermorgen weiter.
Die nächtlichen Bombenangriffe haben seit gestern aufgehört, offenbar ist der Flugplatz gekapert worden. Es ist jetzt ein herrliches Gefühl, hier bei der Lampe und neben dem Ofen zu sitzen, während draußen der Nordwind bläst und man weiß, daß man nicht gestört wird. Vorgestern noch ist eine schwere Bombe ca. 50 m neben unserer Hütte eingeschlagen. Sämtliche Fenster gingen kaputt. Ja, wir sind hier in einem vornehmen Haus, oft sind in den Fensterrahmen nur Bretter.
Unser «Hauswirt» ist ein Kolchosenlandarbeiter. Diese Leute arbeiten auf den großen Kollektiv-Feldern gegen ein Minimum an Bezahlung. Geld bekommen sie fast gar nicht in die Hände. Hauptsächlich erfolgt die Bezahlung in Naturalien, Weizen, Mais, Sonnenblumenkernen etc. In einem kleinen Gärtchen beim Haus pflanzt die Frau Kohl, Kürbisse, Melonen an. Im Stall dürfen sie eine Kuh halten, zwei Schweine und einige Hühner. Davon bestreiten sie ihren gesamten Haushalt. Alles dreht sich nur um das Essen.
Die Hütte ist aus einer Mischung von Lehm und Stroh gebaut. Natürlich müssen die Wände sehr dick sein, damit die Hütte nicht einfällt. Das Dach ist aus Stroh oder aus Lehm. Auch der Fußboden ist aus Lehm. Die Einteilung des «Palastes» besteht aus vier Räumen: dem Stall, zwei Räumen, die Wohn- und Schlafzimmer und Küche zugleich sind, und der «guten Stube». Einer der Räume enthält einen Tisch, ein eisernes Bettgestell und zwei Stühle; der zweite Raum hat einen Ofen (das Wertvollste im ganzen Haus) und zwei Bettgestelle. Der Ofen ist auch aus Lehm und hat eine Öffnung, worauf gekocht wird.

Im übrigen geht das Kamin in der Zwischenwand hoch, so daß man wirklich nicht zu frieren braucht. Die dicken Lehmwände schützen übrigens auch sehr gut gegen Bombensplitter, auch bei Einschlägen in nächster Nähe lassen sie keinen Splitter durch.
Wir hausen in der «guten Stube», unsere Strohsäcke auf dem Boden, einen Tisch in der Mitte. Wir sind acht Mann, der Raum ist etwa 4 mal 3 m groß. Du kannst Dir denken, daß es reichlich eng zugeht.
Der «Hausbesitzer» mit seiner Familie zählt sechs Köpfe, die in den beiden noch kleineren Räumen leben. Auf die Bettgestelle wird eine dünne Decke gelegt, darauf liegen und schlafen alle kreuz und quer durcheinander, halb oder gar nicht ausgekleidet. Das sind: der Mann, die Frau, eine fünfzehnjährige Tochter und drei kleine Buben.
Seit einigen Tagen beobachten wir, daß sie sich auch jeden Morgen waschen, aber sie brauchen dazu nur etwa eine Kaffeetasse voll Wasser und keine Seife. In den ersten Tagen unseres Hierseins geschah das Waschen seltener. Dennoch halten die Frau und die Tochter ihre Kleider ziemlich sauber. Ich bin aber noch nicht darauf gekommen, womit sie waschen.
Für diese ärmlichen Verhältnisse können die Leute wenig, das ist hauptsächlich das Verschulden des Staates. Sehr angenehm berührt bin ich von der Freundlichkeit, mit der sie uns entgegenkommen. Es ist keine Falschheit dabei. Ich bin sogar der Ansicht, daß der Mann von jeher Anti-Kommunist war.
Ich habe beispielsweise meine Wäsche der Frau gegeben mit einem Stück Seife, die hat diese wunderbar gewaschen und ließ es sich nicht nehmen, die Wäsche auch zu bügeln. Mit unseren Eimern holen sie uns alles Wasser, das wir brauchen, Trinkwasser sogar aus einem Brunnen, der 1 km entfernt liegt. Jeden Tag fegt das Mädchen unsere Bude.
Aus der Zeitung haben wir ein Bild des Führers und Görings aufgehängt. Darüber sind sie in Verzückung geraten, zumal sie noch nie Bilder von beiden gesehen hatten. Der Mann bat uns inständig, ihm die Bilder dazulassen.
Gestern brauten wir einen herrlichen, ganz starken Bohnenkaffee. Die Frau sah sich bewundernd die Kaffeebohnen an und rief auch ihre

Tochter herbei. Über eine Tafel Schokolade, die wir als Verpflegung bekommen hatten, waren sie ebenfalls voll Staunen. Seit Jahren haben die Leute keinen Zucker mehr bekommen, obwohl Rußland eine erhebliche Zuckerausfuhr hatte. Für etwas Zucker könnte man von ihnen alles bekommen. Sie freuten sich wie Kinder, als ich ihnen einige Päckchen Brauselimonade gab und ihnen dieses «Wunder» vorführte. «Was die Deutschen alles haben!»

Man kann nun nicht behaupten, daß die Leute besonders arbeitsam wären. Sie arbeiten nur so viel, daß sie gerade leben können. Täglich wird ein Laib Brot gebacken, und es werden einige Kartoffeln geröstet. Oder sie rösten Maiskörner, um «Kaffee» zu haben. Die gerösteten Körner werden auf der Tischplatte mit einem Wellholz zerkleinert, anstelle einer Kaffeemühle. Dann haben sie natürlich noch Milch von der Kuh, die aber augenblicklich wir trinken. Die Eier haben gleichfalls die deutschen Soldaten «organisiert».

Den Tag über liegen sie auf ihren Pritschen herum und essen Sonnenblumenkerne, die sie vorher geröstet haben. Die Schalen spucken sie ziellos in die Luft, sie bedecken den Fußboden und ihre Kleider. Das geht so den ganzen Tag. Dieses Ausspucken der Schalen erfordert eine komplizierte Technik. Es geht ganz rapide. Mir scheint, hier bringen die Kinder diese Geschicklichkeit schon mit auf die Welt. Die Kerne sind so winzig, daß wir Ungeübten sie anfangs mit der Zunge gar nicht finden. Oder man spuckt die Kerne aus und hat die Schalen im Mund. Ich bin nun beinahe so weit, daß die Sache mir Genuß bereitet. Nur habe ich die Empfindung, daß man dabei leicht blöde wird.

Das Mädchen wollte ich einmal vor dem Haus fotografieren. Mit dem Kopftuch, der Jacke, dem Kleid und den Rohrstiefeln sah es sehr «russisch» aus. Sobald es aber den Apparat in meiner Hand erblickte, versteckte es sich und war nicht zu bewegen, die Prozedur über sich ergehen zu lassen. Ich konnte ihr natürlich auch nicht verständlich machen, daß es eine absolut harmlose Sache sei.

9.11.1941

Lieber Theo!

Schon über 14 Tage kam kein Brief von Dir! Was das wohl besagt? Bald ist Dein Geburtstag – ich habe die leise Hoffnung, daß Du vielleicht an diesem Tag hier sein wirst.
Und bald ist auch Weihnachten! Die Zeit verfliegt glücklicherweise so unglaublich schnell. Um so schneller – so tröste ich mich – ist dann auch diese trübe, traurige Zeit überstanden. Noch nie habe ich ihre Schwere und Tragik so tief empfunden wie gerade jetzt.
Übers Wochenende fahre ich nach Kesselfeld, da will ich nachts nach den Sternen und Sternschnuppen Ausschau halten. Dort sind sie am schönsten zu sehen.
Ja, lieber Ritter, vieles, das Du schreibst, könnte mich sehr beunruhigen. Aber ich will immer am Panzer schmieden, und dazu muß mein Herz ganz stark sein.

10. 11.1941

Lieber Theo!

Heute kam Dein Brief vom 17.10., herzlichen Dank! Darin schreibst Du wieder, daß an Urlaub nicht zu denken sei ... Nun, ich warte, was geschehen wird.
Ob ich einmal auch am «Eisenbähnchen» war? Nein, allein gefällt es mir da nicht. Ich werde warten, bis uns beiden dort entweder Blüten, welke Blätter – oder Schneeflocken auf den Kopf fallen. Etwas von diesen drei Möglichkeiten wird uns ja wohl einmal geschehen!
Von hier gibt es nichts zu erzählen. Die Tage verlaufen sehr eintönig. Auf Weihnachten habe ich über 100 Bildchen zu malen, davon will ich täglich 10 bewältigen. Solange das eine gute Übung für mich ist, macht es mir Spaß. – Später will ich übrigens einen Malkurs mitmachen. Hättest Du nicht auch Lust dazu? Ich will sehen, ob man Abendkurse in der Kunstgewerbeschule nehmen kann. Später – wie oft und wie lange hofft man noch auf dieses «Später» ...?

12.11.1941

Mein lieber ferner Ritter!

Nachdem ich Dir anscheinend auch diesmal nicht mündlich zum Geburtstag gratulieren kann, muß es eben doch schriftlich geschehen.
Einen ganzen Sack voll lieber Gedanken möchte ich Dir schicken, die alle dazu beitragen sollen, daß sich Deine großen und Deine kleinen Wünsche erfüllen. Dennoch denke ich mit Morgenstern: «Glück? Sollst Du Glück haben? Wünsche ich Dir auch nur eine Spur von Glück – wenn sie nicht Deinen Wert erhöhte? Wert wünsche ich Dir.»
Ob der Ritter mit diesem Wunsch des Geistchens zufrieden ist? Das Prinzeßchen wünscht, daß dies der allerletzte Geburtstag ist, den der Ritter im grauen Rock verbringen muß, und das Teufelchen erwartet kurz und bündig, daß er endlich in den D-Zug Bukarest – Budapest – Wien – München steige, um ein anderes Eisenbähnchen dann baldigst mit ihm zusammen von außen zu betrachten!
Das sind die Herzenswünsche vom Dreigespann!

20.11.1941

Lieber Theo!

Nach der Rückkehr von Kesselfeld erwarteten mich endlich zwei Briefe von Dir, vom 23. und 28.10., recht herzlichen Dank! Und Du hast sechs Wochen lang nichts von mir gehört? Das ist ja einfach katastrophal!
Du wartest auf die Zeit nach dem Kriege wie auf eine «Wiedergeburt»? Auch ich warte, aber mir will scheinen, als ob wir immer mehr in unser eigenes Schneckenhaus getrieben würden, nach innen, weil draußen keine Sonne mehr scheint, an welcher wir unsere Fühler wärmen könnten ... Ob wir nach dem Krieg da jemals wieder herausfinden?
Was das Leben alles noch vor hat mit uns? Jedenfalls habe auch ich vollkommenes Schicksalsvertrauen, und das Leben, was es auch

bringt, soll mich nicht unterkriegen – es sei denn zum Ansetzen für einen Sprung auf die nächste Stufe.

Ich bin ja so gespannt auf Dich, mein lieber Ritter, ich kann gar nicht sagen, wie sehr! Zweifellos werden wir uns im nächsten Urlaub erst richtig kennenlernen müssen, und das wird vielleicht auch ein Stück Arbeit sein, was meinst Du?

Das Schlimmste, das Dir passieren könnte, wäre, ein braver, ruhiger, arbeitsamer, ansässiger Bürger zu werden? Diese Furcht ist unbegründet, lieber Theo, denn das wirst Du nicht! Und wer sollte das auch aus Dir machen können, wenn Du es nicht selbst willst?

Komm bald, mein ferner Ritter, damit ich mein Innenbild von Dir wieder auffrischen kann!

Freudenstadt, 7.12.1941*

Liebe Mutti!

Gestern sind wir gut angekommen. Heute früh machten wir einen herrlichen Waldspaziergang. Jetzt ist Schneetreiben, da werden wir im Haus Kaffee trinken und dann schreiben. Im übrigen sei unbesorgt, die Mahlzeiten sind sehr gut und reichlich!
Alles Liebe und herzliche Grüße
Deine Erika
Beste Grüße Ihr Theo Beltle

21.12.1941

Lieber Theo!

So soll es heute also wieder losgehen mit der Schreiberei!
Drei Tage bist Du nun bereits unterwegs, und ich habe mir gerade auszumalen versucht, wie es Dir zumute ist im rüttelnden, schüttelnden

---

* Überraschend kam der lang erwartete Urlauber Ende November in Stuttgart an. Ab. 6.12. konnten sie einige Tage zusammen im verschneiten Schwazwald, in Freudenstadt, verbringen.

Zugabteil, ob Du liest oder in die Landschaft hinausträumst – und wovon wohl: nach Rußland voraus oder nach Freudenstadt zurück? Und dann versuchte ich mir auch vorzustellen, mit welchen Gefühlen und Erwartungen Du wohl diesem ersten Brief nach dem Urlaub entgegensiehst. Es wird dann längst Januar geworden sein, bis Du ihn erhältst. Dann ist in der Erinnerung nur noch ein Bild vom Urlaub geblieben ... Welche Farbe es wohl bei Dir hat?
Mir war es zunächst gar nicht so leicht, seine «Grundfarbe» festzulegen. Aber nun scheint es mir immer heller zu blauen. Fast so wie der Himmel heute. Er ist ganz klar, und die Sonne scheint. Dennoch ist es kalt.
Heute vor zwei Wochen war unser erster Tag in Freudenstadt. Es schneite. Besonders deutlich erinnere ich mich an unsere vielen Lachkrämpfe! Noch sehe ich Dich auf der nassen Straße stehen, gebeugt wie ein Greis – vor lauter Lachen.
Inzwischen habe ich nun das Schaffner-Buch fast ausgelesen. Ich bin tatsächlich auch begeistert. Es hat eine köstlich erfrischende Art, die Gestalten zu charakterisieren und durch sie seine Gedanken auszusprechen. Folgendes hat mich geradezu erschüttert, ich muß es Dir abschreiben: Es wird davon gesprochen, daß die Zeitungen das Volk mit kranker Sprache infizieren würden. (Stimmt das nicht?) Er prophezeit: «Bis über den Mond hinaus wird man fliegen mit Maschinen. Kein Privatleben wird es mehr geben. So viel Wahnsinnige wird es geben, daß man der Einfachheit wegen die Wahnsinnigen freiläßt und die Gesunden einsperrt. Kein Eigentum, kein Gedanke, der Ihr Gedanke ist, keine Grenze der Persönlichkeit, kein Privatrecht, ein allgemeiner Beruf der Gestaltlosigkeit und der öffentlichen Nichtigkeit: das ist die Zukunft. Noch Ihre Leiche wird im öffentlichen Interesse verwertet werden ...»
Hier sind wir über ein Buch einmal ganz gleicher Meinung!
Wie steht es eigentlich um Dein Gesuch? Bitte schreibe mir umgehend, wenn Du Hoffnung auf Bewilligung hast. Sonst muß eben wieder überraschenderweise ein Anruf erfolgen: «Guten Morgen, Fräulein ..., wie geht es Ihnen heute?»
Ach, war das – und wäre das schön!

28.12.1941
Meine liebe Erika!

Leider konnte ich Dir am Heiligen Abend noch nicht schreiben. Da saß ich im Zug, etwa 40 km vor Dnjepro-Petrowsk. Um 21 Uhr war gerade ein großes politisches Gespräch im Gange, so daß ich leider meine Gedanken nicht intensiv an Dich richten konnte. Silvester fällt übrigens ja auf einen Mittwoch, da werde ich Dir um 24 Uhr zuprosten: Auf ein gutes neues Jahr! Vielleicht wird es uns wieder einige glückliche Tage schenken, in denen wir die böse Welt ringsum vergessen können.

Heute früh bin ich in Mariupol angekommen, habe also bisher neun Tage gebraucht. Morgen fahre ich weiter. Im ganzen gesehen war die Fahrt scheußlich. Am 24.12. kam ich nachts um 23 Uhr in Dnjepro-Petrowsk an, sank auf ein Strohlager im Bahnhof und fuhr morgens weiter. Den 23.12. verbrachte ich in einem unbeheizten Wagen, ebenso die Nacht und überhaupt die ganze Zeit bis heute früh! Aber was tu ich: Ich jammere Dir über etwas vor, das ich schon wieder vergessen habe!

Am 20.12. wollte ich Dir schon schreiben, aber es hätte einen sehr melancholischen Brief ergeben, so unterdrückte ich den Wunsch. Da wurde mir erst klar, daß der Urlaub vorbei ist. Ich dachte so intensiv an Dich, so daß ich nach der Uhr schauen mußte; es war gerade 21 Uhr. Ich war sehr traurig. Aber jetzt ist es vorüber.

Sehr bald werde ich Dir wieder schreiben, und jeden Tag und jede Nacht denke ich an Dich. Es war doch eine glückliche Zeit!

31.12.1941
Liebe Erika!

Heute, am Abend des alten Jahres, habe ich das Bedürfnis, Dir noch zu schreiben. Das alte Jahr – was hat es uns gebracht? Viel Mühsal und dunkle Stunden. Mir hat es noch mehr Stunden gebracht, in denen gar nichts geschah, und deshalb wohl ist das Jahr auch so

unvorstellbar schnell vorbeigeglitten. Ich selbst habe zu leben aufgehört, das Leben aber, die Zeit, ist unerbittlich abgerollt. Und ich stand machtlos und schaute zu.
Aber betrachten wir auch die andere Seite der Jahresbilanz. Sie hat uns doch auch viele Freuden gebracht! Wenn auch die meisten auf einen Zeitraum von drei Wochen zusammengedrängt wurden, so waren sie doch um so intensiver. Ich muß oft daran denken, wie herrlich die Tage waren, die uns das Glück bescherte.

1.1.1942

Das neue Jahr hat angefangen. Gestern Nacht um 24 Uhr habe ich Dir zugeprostet mit einem Glas selbstgemachten Punsch. Wir hatten noch etwas Alkohol für diesen Zweck bekommen.
Zwölf Mann stark haben wir zusammengesessen, das sind alles Leute aus unserer Batterie, die ich in Mariupol getroffen habe. Glücklicherweise bleibe ich hier und muß bei der Kälte nicht noch weiter fahren. Unsere ganze Batterie kommt in einigen Tagen nach hier.
Ja, in der Silvesternacht war es einigermaßen lustig, wenn auch etwas gezwungen, weil man ja mit den Leuten keinerlei Berührungspunkte hat. Nun, wir haben eben Soldatenlieder gesungen. Und was wird uns das neue Jahr bringen? Das Kriegsende können wir noch nicht erwarten. Und was hat es wohl mit uns zweien vor? Wird es uns wieder einige schöne Tage abseits vom Getriebe der Welt schenken? Wird es uns noch inniger verbinden? Wird es uns trennen? – Zu denken, daß all dies vorausbestimmt sein soll …
Liebes Geistchen, ich hätte Dir noch so viel zu erzählen, und doch muß ich schließen …

5.1.1942

Liebe Erika!

Einen Teil Deiner Post habe ich erhalten, hab vielen Dank.
In den letzten Tagen war es bitter kalt, es hatte etwa 30 Grad minus, und dazu war ein Sturm, daß man keinen Raum warmhalten konnte.
Dadurch, daß unsere Batterie so auseinandergerissen ist, war es mir noch nicht möglich, mein Gesuch in Gang zu bringen, denn der Chef ist nicht hier.
Eine ganze Reihe der mitgenommenen Bücher habe ich bereits ausgelesen. Sehr gut gefallen hat mir das über Wilhelm Busch, in dem ich übrigens eine verwandte Seele entdecke. Du vielleicht auch, denn anscheinend glaubt er an Wiedergeburt. Trotzdem ist er vorsichtig, er sagt:

> «Die Lehre von der Wiederkehr
> ist zweifelhaften Sinn's.
> Es fragt sich sehr, ob man nachher
> noch sagen kann: Ich bin's.»

Könnte das nicht von mir «altem Zweifler» stammen?
Dann sagt er: «Auch das kleinste Ding hat seine Wurzel in der Unendlichkeit, ist also nicht völlig zu ergründen.»
Oder: «Besah ich was genau, so fand ich schließlich, daß hinter jedem Dinge höchst verschmitzt im Dunkel erst das wahre Leben sitzt.» Da sehe ich noch etwas: «Metaphysik und Worte! Das ist gerade so, als wenn man einem die Lehre von der Erbsünde auf der Flöte vorspielen wollte.»
Ich meine fast, Du hast mir das falsche Buch mitgegeben, das bestärkt mich ja in meinen Ansichten, die ich doch ablegen sollte!! Zwar sagt er auch: «Jede Geburt ist Wiedergeburt.» Dennoch ist er sich im unklaren darüber, wie das vonstatten gehen soll. «Kein ‹hiesiger› Schlüssel, so scheint's, und wär's der Asketenschlüssel, paßt jemals zur Ausgangstür.»
Auch das finde ich ganz beachtenswert: «Allein, wozu das peinliche

Gegrübel? Was sichtbar bleibt, ist immerhin nicht übel.» Trotzdem grübelt man natürlich weiter.

In der von Herzen kommenden Liebe zu einem Menschen aber kommen wir dem Wahren, Guten und Schönen am nächsten, da birgt die Welt keine Rätsel mehr. Ich habe dies eigentlich zum erstenmal richtig gefühlt, als wir in Freudenstadt die schönen Tage zusammen erlebten. Der Untergang der Welt hätte mich nicht erschüttert. – So laß es mich noch einmal sagen: Ich habe Dich von ganzem Herzen lieb, und sollte es je das Schicksal einmal anders mit uns vorhaben, als wir es wünschen, so werde ich doch nie aufhören, Dich zu lieben.

8.1.1942
Liebe Erika!

Jetzt kann ich Dir wieder schreiben. In den letzten Tagen war großer Umzug und so viel Lärm und Unordnung, daß die Gedanken einfach wegblieben. Ach, wie lange dauert es doch, bis ich von Dir hören werde! Die Post ist vier Wochen unterwegs, so muß ich noch zwei Wochen warten.
Ich fühle mich recht einsam. An die «Kameraden» muß ich mich erst wieder gewöhnen. Ich hatte gar nicht gedacht, daß dies so schwer wäre. Allerdings muß ich zugeben, daß ich schön sauber von zu Hause kam und sie schmutzig von vorn. Aber das Gefühl des Widerwillens will sich noch nicht legen …

13.1.1942
Lieber Theo!

Immer noch warte ich – mehr oder weniger ungeduldig – auf einen Brief von Dir. Wie wohl die Reise verlief? Wann Du zu Deiner Truppe gekommen bist? Ach, alles möchte ich zugleich wissen.
Mir geht es gut. Die Zeit fliegt einmal wieder unbeschreiblich. Wenn ich abends nach Hause komme, lese ich so bald als möglich die Fort-

setzung von *Das Fräulein auf dem Regenbogen* (das ich übrigens, sobald ich es in Buchform bekomme, Dir schicken werde), dann male ich einige Zeit, und zum Schluß kommt der 2. Band der Karma-Vorträge an die Reihe. Ich bin begeistert! Jetzt erhalte ich allmählich eine Vorstellung davon, «wie Karma wirkt»! So kam ich die ganze vergangene Woche nicht vor 24 Uhr zum Schlafen.

14.1.1942

Liebe Erika!

Nun wird es wohl nicht mehr lange dauern, bis ich von Dir wieder hören werde. – Inzwischen habe ich sieben alte Briefe erhalten vom letzten Jahr. Sie haben ganz verschiedenen Inhalt, aber ein Wort finde ich in allen: Urlaub. Damit kann ich Dich zunächst leider nicht in Aufregung versetzen.
Mit Deiner Prophezeiung hattest Du recht, daß es uns im Urlaub wohl ein Stückchen Arbeit kosten wird, uns noch besser kennenzulernen. Ja, wir sind mit dem Kennenlernen schon ein Stück weitergekommen, aber es ist wohl doch noch etwas übrig geblieben.
Soeben ist es 21 Uhr. Ich sende dem Geistchen viele liebe Gedanken und küsse es auf die Stirn. Ob Du wohl in diesem Moment zu Hause bist – und auch an mich denkst? Vielleicht blickst Du gerade auch zurück? Sitzest vielleicht auch vor einem Brief oder Buch und starrst eine Weile auf die Buchstaben, ohne sie zu lesen – wie ich gerade? Ganz deutlich kann ich mir Dich vorstellen.

17.1.1942

Lieber Theo!

Gestern war ich mit Elli, deren Vater und dessen Freund, einem Buchhändler, in der «Schule», um Abschied zu feiern. Meine Freundin fährt nach Dresden. Eine seltsame Gesellschaft war das, aber eine interessante. Der Buchhändler, ein verheirateter älterer Herr, erzählte eine Schnurre nach der anderen. Er konnte kein Ende finden und war so angeregt, daß er zuletzt noch ein «gutes Wörtchen» mit der Bedienung sprach und Sekt bestellte. Sie brachte ihn tatsächlich.

Am Sonntag möchte ich in «Lohengrin» gehen. Lästig ist nur, daß man immer so lange wegen der Karten anstehen muß. Vielleicht finde ich auch diesmal noch jemand, der es für mich tut.

Hoffentlich bekomme ich bald Nachricht von Dir, das Warten wird mir sehr, sehr lang!

26.1.1942

Liebe Erika!

Zuerst ein Wort von Busch: «Gedanken sind nicht stets parat, man schreibt auch, wenn man keine hat.» Dies als Parole meines heutigen Briefes. Ich bin zur Zeit in einem Geschäftszimmer, und die stillen, beschaulichen Stunden fehlen mir jetzt wieder ganz.

Leider ist es sehr kalt geworden, die Dampfheizung reicht nicht mehr aus, so haben wir in unsere Bude noch einen kleinen eisernen Ofen eingebaut. Nun aber weht der Wind zum Ofenrohr herein, so daß alles voll Qualm ist. Nach einer Weile bläst der Wind das Feuer ganz aus und die Kälte durch das Ofenrohr herein … Hast Du so etwas schon gehört?

Soeben tönt aus dem Radio: «Einmal wirst du wieder bei mir sein» – und ich sitze hier und friere! – In unserer Stube laufen übrigens die Mäuse spazieren. Ich bin gespannt, ob die Katze welche fängt, die wir heute hereingeholt haben.

Morgen wird ein neuer Versuch mit unserem kältespendenden Ofen gemacht. Eine Schulbank – in Ermangelung anderer Holzgegenstände – habe ich schon zusammengeschlagen. Es wäre gelacht, wenn die keine Wärme geben würde! Kommt dann noch ein Brief von Dir, der die nötige Wärme von innen spendet, dann wäre ich einmal wieder zufrieden …

28.1.1942

Liebe Erika!

Heute schicke ich Dir ein Buch, das Auszüge aus Goethes Werk enthält. Das «Vermächtnis» hat mich besonders stark ergriffen. Es ist ein wunderschönes Gedicht. Die letzten beiden Zeilen:

> «Und edlen Seelen vorzufühlen,
> ist wünschenswerter Beruf.»

Das ist doch vielleicht das Schönste, das man in diesem Leben erreichen kann. Ich muß unbedingt mehr von Goethe lesen.
Eine Stelle, die das Verhältnis Goethes zu Lavater betrifft, könnte auch auf uns beide zutreffen. Nur muß man sich vor Augen halten, daß sich die zwei im Laufe der Zeit entfremdet haben, trotz der gleichartigen Gesinnung, die sie früher verband – und die auch uns beide verbindet. – Aber laß uns heute noch nicht so weit denken, mein liebes Geistchen, heut ist heut, was soll uns die Zukunft kümmern! Ich habe Dich heut so sehr lieb, was wägen da schon alle weltanschaulichen Differenzen!!

3.2.1942

Lieber Theo!

Heute kam Dein Brief, den Du am letzten Tag des alten Jahres geschrieben hast. Rückschauend knüpfst Du daran allerlei philosophische Betrachtungen.
 Wie schnell ist das Jahr vergangen, den Augen entschwunden, und doch ist alles, was wir darin erlebt haben, auf geheimnisvolle Weise aufbewahrt und noch «da».
Wie kommst Du aber auf den Gedanken, daß alles Glück durch Leid aufgehoben werden müßte? Das ist doch nicht der Fall. Außerdem werden nicht alle Menschen durch Leid gebessert; es gibt sehr viele, die verbittern. Auch der Schmerz muß in der Seele auf etwas auftreffen, das einen Wachstumsprozeß in Gang bringt.

Erinnerst Du Dich: Im Urlaub sprachen wir einmal davon, daß die Zeit zum Raume werden kann. Daran dachte ich, als ich vorhin wahllos ein Buch aufschlug und darin folgende Sätze las: «Gestern und morgen haben im All keinen Sinn. Das All war weder, noch wird es sein – es *ist*. Und so *war* nichts von dem, was wir ‹vergangen› nennen. Alles ‹Vergangene› ist. Vergangenheit wie Zukunft sind nur Formen der Gegenwart.»

Spürt man in «lichten Momenten» manchmal nicht etwas von diesem Sein? Und zugleich etwas von der Unzerstörbarkeit des Ich?

4.2.1942

Liebe Erika!

So lange warte ich schon sehnsüchtig auf einen Brief von Dir, und immer noch ist nichts gekommen! Nun aber ist es höchste Zeit, daß ich Dir zum Geburtstag gratuliere. Meine liebe, Erika, ich wünsche Dir alles Liebe und Gute! Mögest Du im neuen Jahr das finden, wonach Du Dich am meisten sehnst!

Draußen pfeift der Nord-Ost-Sturm um das Haus und rüttelt an den Fenstern. Es herrscht eisige Kälte. Doch unser Ofen glüht. Mein Gemüt aber entspricht mehr dem Sturm draußen. Es ist eine große Unruhe in mir, die wahrscheinlich daher kommt, daß ich von Dir noch nichts gehört habe.

Wir schreiben nun schon das Jahr 1942. Wer hätte es gedacht an jenem 1. Mai 1940, daß ich Dir vom Gestade des Schwarzen Meeres aus zum Geburtstag gratulieren würde? Und hätten wir uns ein solches Wintermärchen träumen lassen, wie es uns zugefallen ist? Ich finde, es ist doch recht wenig, was wir voraussahen können!

Liebes Geistchen, jetzt ist es gerade 21 Uhr, und ich denke sehr fest und lieb an Dich. Möge uns das neue Jahr noch mehr verbinden! Ganz lebensnah sehe ich Dein Gesicht vor mir. Es lächelt und plaudert und jagt alle trüben Gedanken schon bei ihrer Annäherung hinweg.

Dich, Prinzeßchen, nehme ich am Arm und steige mit Dir auf ein hochgelegenes Schloß, wo Ruhe und Frieden herrschen. Darüber ist

nur der blaue Himmel, und zu unseren Füßen dehnt sich die Erde, weit zu überblicken. Das Ende des blauen Himmels können wir nur ahnen – aber laß uns am Sonnenschein genügen!
Das Teufelchen hasche ich und küsse es tausendmal, gleichgültig, ob es mir auch das Herz verbrennt!

6.2.1942
Liebe Erika!

Endlich ist es soweit! Deine Briefe vom 21. und 27.12. sind gestern eingetroffen. Eigentlich wollte ich gestern gleich darauf antworten, aber ich tat es doch nicht, weil der erste Eindruck Deiner Briefe noch zu frisch gewesen wäre.
Heute muß ich aber doch schreiben. Übrigens gefällt mir Dein zweiter Brief besser als Dein erster. Es sind auch Teufeleien darin, aber echte, wie ich sie liebe – ohne den versteckten Ernst dahinter. Ich glaube nicht mehr daran, daß einmal alle Türen aufspringen. Aber ich möchte gerne an den Deinen pochen und immer wieder eine aufmachen, ein ganzes Leben lang! Aber – der Weg führt uns –, das empfinde auch ich. Ich sehe die Hindernisse, aber sie müssen noch näher kommen. Auf diese Entfernung kann man noch nicht feststellen, ob ein Weg über diese Berge führt. Auf jeden Fall sollst Du wissen, daß ich Gebirgswege schon einige Male begangen habe.
Was meinst Du zu diesem kleinen Spruch: «Durch die Menschen den Weg findest du geschwind, aber zu dem Menschen ist er ein Labyrinth!» Paßt das nicht – für mich?
Prinzeßchen, ich hab Dich unendlich lieb, und ich weiß, Du hast auch mich lieb. Seien wir fest!

13.2.1942
Lieber Theo!

Heute kann ich nicht unbedingt für einen Dich befriedigenden Brief garantieren; erstens bin ich ein wenig krank (ich war nicht im Geschäft), zweitens habe ich zuviel gelesen, diesmal *Offenbarungen des Karma*. Ich bin noch ganz erschüttert von dem Neuen, das ich erfuhr. Schade, daß ich dieses Buch nicht kannte, sonst hätten wir es in Freudenstadt zusammen lesen müssen, das wäre für Dich «lehrreicher» gewesen als der andere Karma-Band.

Es freut mich, daß Wilhelm Busch Dich so beschäftigt hat. Besonders schön finde ich, daß Du ganz von dem Gedanken durchdrungen bist, daß nur wirkliche Liebe dem Wahren, Guten und Schönen nahekommt. Darf ich einige Worte von Morgenstern über die Liebe zitieren?

«Der Nenner, auf den heute fast alles gebracht wird, ist Egoismus, noch nicht – Liebe.»

«Der Mensch hat die Liebe als Lösung der Menschheitsfrage einstweilen zurückgestellt und versucht es augenblicklich zunächst mit der Sachlichkeit.»

«Es gibt noch eine größere Liebe als die nach dem Besitz des geliebten Gegenstandes sich sehnende: Die, die geliebte Seele erlösen wollende. Und diese Liebe ist so göttlich schön, daß es nichts Schöneres auf Erden gibt.»

Ja, bei einem solchen Wort wird mir das Herz golden-warm!

16.2.1942
Liebe Erika!

Hier ist alles ruhig. Ich lebe jetzt im Büro wieder in den Tag hinein, ohne Strapazen, Kälte, Appelle, Zapfenstreich und sonstige «Annehmlichkeiten». Im Winter hat das seine Vorzüge, doch wenn die Sonne steigt, will ich wieder mit dem Wagen fahren. Ich muß aber aufpassen, daß ich mich hier nicht unentbehrlich mache.

Beim Lesen des *Mythos* ist mir ein großes Licht aufgegangen. Du weißt wohl auch, daß ich viel mehr universalistisch als national dachte. Der nationale Rahmen war mir zu eng. Nun kommt Rosenberg mit seiner Rassenlehre, und ich muß sagen, durch den Rahmen der Rasse lasse ich mich gerne begrenzen. Du weißt, ich war in England und Amerika, sah dort, daß die Menschen gleich wie wir waren, und verwarf deshalb den absoluten Nationalismus. Ich übersah aber, daß diese Völker auch nordischer Rasse sind. Mit den Russen oder Türken möchte ich mich ja nicht gerade auf eine Stufe stellen. Rosenberg faßt den Rassebegriff ziemlich weit. Nordisch beeinflußt sind bei ihm auch die Römer, Franzosen etc. Er nimmt ein uraltes nordisches Kulturzentrum an (vielleicht Atlantis) und beweist durch geschichtliche Forschungen und Ausgrabungen, daß diese Rasse durchs Mittelmeer bis nach Indien zog und dort befruchtend wirkte. Wie er den Aufstieg und den Niedergang der Weltreiche schildert – es könnte wirklich so gewesen sein. Nur finde ich, daß er das Phänomen Japan bisher nicht restlos geklärt hat.

Vor einigen Tagen habe ich übrigens über Japans Kampf in Ostasien einen einstündigen Vortrag gehalten, der ganz zufriedenstellend ausfiel. Reden halten ist eine ganz gute Übung.

16.2.1942

Lieber Theo!

Soeben kam Dein netter Brief vom 14.1., ich danke Dir herzlich! Nun hast Du ja endlich die Vorurlaubspost bekommen! Man liest diese – nach dem Urlaub – aus einem ganz anderen Gesichtswinkel, nicht wahr?

Heute wünschte ich mir einmal wieder, daß Empfindungen nicht immer erst in Gedanken gekleidet werden müssen, um vom andern aufgefaßt zu werden, sondern daß sie sich unmittelbar übertragen könnten. Der Weg vom Herzen über den Kopf ist so umständlich, und das Wesentlichste geht dabei verloren. Ich bin heute sehr fröhlich gestimmt und möchte am liebsten zwitschern wie die Vögel. Trotz Krieg und tausend Teufeln ist das Leben schön! Vielleicht liegt es daran, daß ich so etwas wie eine Ordnung, eine Richtung für mein künftiges Leben geplant habe. Man möchte ja denken, ein fast nach Stunden verplanter Weg habe etwas Zwangartiges und würde beengen oder bedrücken, aber das gerade Gegenteil ist der Fall: er macht mich innerlich frei. Weil ich Freiheit immer mit einem Glücksgefühl verbunden erlebe, habe ich heute ein solches.

Ich gelange übrigens immer mehr zu der Ansicht, daß dieser Krieg bewirken wird, daß die Menschheit eine größere Sehnsucht nach dem Geistigen bekommt, und die Scharen der Gefallenen werden vielleicht einmal die Kämpfer für das Erfassen dieses Geistigen sein. Wie ich schon schrieb, erhalte ich allmählich einen Begriff davon, «wie Karma wirkt». Neu war mir bei der Lektüre, daß es nicht persönliches Schicksal zu sein braucht, wenn jemand sein Leben auf dem Schlachtfeld verliert, denn es gibt auch ein Volksschicksal, das da hineinwirkt. Die Ideale und die Kräfte, die nicht verbraucht wurden und für ein langes Leben bestimmt waren, gehen nicht verloren. Wer weiß, ob sie nicht wirklich für den Menschheitsfortschritt Verwendung finden?

Etwas Merkwürdiges muß ich Dir noch erzählen.

Meine Kollegin berichtete aus einem Brief ihres Schwagers folgendes: Der Schwager stand mit einem Kameraden (ich glaube auf Wache) in Rußland irgendwo an der Front und muß ein wenig vor sich hingeträumt haben. Plötzlich sagt er zu seinem Kameraden: «Komm mit, dort steht mein Vater, er winkt mir ununterbrochen!» Diesem Wink folgend, sei er weggelaufen. Der Kamerad habe ihn noch ausgelacht mit den Worten: «Ich glaube, dir gehen die Nerven durch!» Kurz darauf kam ein Artillerievolltreffer, der Kamerad war tot.

Ich fragte meine Kollegin, ob ihr Schwager sehr an seinem Vater hänge, ob er religiös sei usw., und hörte dann, daß der Vater längst gestorben ist.

Ich glaube, daß solche Dinge häufiger erlebt werden, als man annimmt. Dr. Steiner soll übrigens gesagt haben, daß Söhne oft geschützter seien, deren Eltern nicht mehr leben.

Du gehörst doch zu den Zweiflern und liebst «Beweise». Ich schreibe

Dir nachstehend einen Ausschnitt aus einem Artikel ab. Aus «Geisteswissenschaftliche Wahrheiten und ihre späteren experimentellen Bestätigungen» von Dr. G. Wachsmuth:
«Bereits seit mehr als einem Jahrzehnt hat Dr. Rudolf Steiner – entgegen den damals allgemein üblichen Vorstellungen – aus geistiger Forschung heraus gelehrt, daß die Erde außen von einem ständigen ‹Wärme-Mantel› umgeben sei. Diese Erkenntnis ist für die Erforschung der Erden-Prozesse von fundamentaler Wichtigkeit ... Insbesondere das Phänomen der sogenannten ‹Temperatur-Umkehr› konnte bisher von der Meteorologie etc. keine systematische Erklärung finden. Es handelt sich hierbei um die eigenartige Beobachtung, daß die Wärme der Erde tags von unten nach oben abnimmt, nachts dagegen gerade mit der Höhe zunimmt. Diese Tatsache ließ sich aber gar nicht vereinigen mit den bisher üblichen Vorstellungen von den Wärme-Prozessen der Erde und bildete dazu einen gleichsam unheimlichen Widerspruch. – Im Sinne der geisteswissenschaftlichen Ätherlehre konnte dies nun aber aus dem bei Tag und Nacht ganz gesetzmäßig-organischen, rhythmischen Herunter- und Heraufwandern dieses ‹Wärme-Mantels› in der Atmosphäre der Erde erklärt und mit den meßbaren Phänomenen in Einklang gebracht werden ... So ließ sich dann auch zeigen, daß der Erdorganismus nicht nur eine ‹Atmung›, sondern auch gleichsam eine ‹Blutzirkulation›, das heißt organische Wärme-Zirkulation hat ... Nun ging jetzt die folgende Nachricht durch die Presse: ‹Untersuchung der Luftschichten in Höhe von 150 km. Das Moskauer astro-physikalische Institut hat seine Arbeiten zur Untersuchung der oberen Erdatmosphäre abgeschlossen ... Es wurde festgestellt, daß die Dichte der oberen Luftschichten ungefähr hundertmal größer ist, als bisher angenommen wurde. Das beweist, daß, im Gegensatz zur herrschenden Meinung, die Temperatur sehr hoher Luftschichten im Vergleich zu niederen zunimmt. Bereits in einer Höhe von 60 bis 70 km überschreitet die Temperatur den Nullpunkt und beginnt in den höheren Schichten zuzunehmen ... Die Resultate seiner Beobachtung wurden durch die Untersuchungen der englischen Gelehrten, die nach einer ganz anderen Methode, nämlich der Untersuchung des Sternfalls, arbeiten, bestätigt.›

Diese Experimente bringen also eine nachträgliche völlige Bestätigung der Tatsache, wie sie sich viele Jahre vorher aus der geisteswissenschaftlichen Forschung Dr. Rudolf Steiners ergaben und der hier dargestellten Ätherlehre und Erdorganismus-Lehre zugrunde gelegt waren.»

Ach, und nun, mein lieber Ritter, denken wir noch ein wenig an die Schwarzwaldtannen in Freudenstadt, ja? Sie werden jetzt wohl auch nicht mehr so stolz dem Winde trotzen, sondern dick eingeschneit sein. Auch bei uns gibt's Schnee, Schnee, Schnee – und jeden Tag kommt neuer dazu. – Dabei sehne ich mich bereits nach dem Frühling! Einzelne zarte Vogelstimmen hört man immerhin schon!

19.2.1942

Liebe, gute Erika!

Du bist 21 Jahre alt und «volljährig» geworden. Wie fühlst Du Dich dabei? Wenn ich mich an diesen Tag zurückerinnere – es ist schon lange her –, so finde ich, daß mir da kein besonderes «Licht» aufging! Damals war ich gerade seit einem Monat wieder aus den USA zurück. Ja, und wie jung war ich damals noch! Viel jünger, als Du heute bist!!

Dein Briefchen hat mir recht gut gefallen, allerliebstes Teufelchen!

Im übrigen darf das so sehr besorgte Teufelchen ruhig sein: Die vielen, vielen Briefe mit den vielen zärtlichen und manchmal bitteren Worten sind alle hübsch versteckt. Aber ob nicht doch einmal eine neugierige Maus dahinter kommt? Nun, das ist dann auch egal.

Kürzlich habe ich von einem Kameraden einen Band Goethe-Gedichte entliehen. Verschlungen habe ich die Gedichte – aber mit keinem Gedanken dachte ich an Rudolf Steiner. Nichts, aber auch gar nichts erinnerte mich an gleiche Gedankengänge, was mich immer mehr verwundert.

Ich würde viel darum geben, könnte ich den Band behalten, um immer wieder darin blättern zu können. Ich kann mich daran nicht sattlesen. Ach, wie gerne würde ich mich mit Dir in diese Gedichte vertiefen. Ich weiß, wir würden uns dabei ganz verstehen. Hier noch einen Gruß vom großen Meister:

> «Um Mitternacht. Der Sterne Glanz geleitet
> Im holden Traum zur Schwelle, wo sie ruht.
> Oh sei auch mir dort auszuruhn bereit!
> Wie es auch sei, das Leben, es ist gut.»

So denkt der Ritter heute an sein Prinzeßchen, und so fühlt er, ist das Leben – gut.

26.2.1942
Lieber Theo!

Heute kam Dein lieber Geburtstagsbrief, ich danke Dir recht herzlich! Du fragst, ob wir uns in diesem Jahr wohl wieder etwas näherkommen? Ich wünschte es sehr, denn ich möchte Dein innerstes Wesen bis in alle Tiefen kennenlernen. Aber vermutlich werde ich das auf Erden nicht restlos erreichen. Dazu wird wohl das Schloß hoch, hoch über der Erde, von dem Du schreibst, uns beherbergen müssen. Aber warum sollen wir das eines Tages nicht finden?
Augenblicklich lese ich *Lennacker* von Ina Seidel. Kennst Du diese Schriftstellerin? Sie hat eine sehr schöne Sprache.
Vor kurzem habe ich mir zwei Bücher von Buddha angeschafft, ich lese sie mit größtem Interesse, obwohl die Sprache und die Wiederholungen uns Heutige etwas fremd anmuten.
Bei Mutti habe ich alte anthroposophische Zeitschriften entdeckt, eine Fundgrube!

3.3.1942

Lieber Theo!

Heute bleibt mir nichts anderes übrig, als Dir auf Deinen lieben langen Brief sofort zu schreiben, obwohl ich eigentlich gar keine Zeit habe. Zuerst vielen herzlichen Dank dafür! Er hat mich unglaublich gefreut, trotz mancher «dunkler» Punkte darin.

Genau um dieselbe Zeit im letzten Jahr hatten wir die gleiche Krise, nur war sie damals stärker als heute – wenigstens wie mich dünkt. Aber erstens werden wir älter und – weiser, wie ich hoffe, und zweitens kennen wir uns vielleicht tatsächlich etwas besser als im letzten Jahr. Aber leider schließt das doch nicht aus, daß wir auch jetzt noch elegant aneinander vorbeireden.

Deinen Brief habe ich nun nochmals gelesen. Weißt Du, daß dies vielleicht überhaupt der beste Brief ist, den Du mir je geschrieben hast? Er ist so frisch und flüssig, so ganz aus dem Herzen geflossen, so, wie Du gerade empfunden hast. Kurz, er gefällt mir, und ich weiß, daß ich ihn noch mehrmals lesen werde.

Du schreibst, mein erster Brief nach dem Urlaub habe Dich geradezu aufgewühlt und sehr beschäftigt, und Du fragst Dich dann, welcher Eindruck der richtige war, der erste bitterschlimme oder der ruhigere liebe am nächsten Tag. – Zu einem gewissen Teil war Dein erster Eindruck wohl schon richtig, wenn Du eine leise bittere Stimmung zwischen den Zeilen herausgelesen hast. Diese näher zu zergliedern, ist mir heute nicht mehr möglich.

Tatsächlich befand ich mich damals in «zweigeteilter» Stimmung, so daß auch Dein zweiter Eindruck richtig ist. Ich schwamm mit meinen Schiff auf so stürmischem Meer, daß ich einmal hoch und dann wieder in die Tiefe geworfen wurde.

Langsam hat sich der Sturm gelegt, und anschließend machte ich bei mir die Entdeckung, daß ich bisher geschlafen oder wenigstens geträumt haben müsse … Denn plötzlich spürte ich die Kraft, mein Schiff lenken zu können. Vielleicht bin ich in dieser Zeit wirklich von innen heraus «mündig» geworden.

Ja, zweifellos werden noch viele Erfahrungen und viele Bücher notwendig sein, bis Du in die gleiche Richtung schauen wirst wie ich. Aber ich werde nie müde werden, mein lieber Ritter, diesbezüglich alle Anstrengungen zu machen. Gerade jetzt wurde mir wieder einmal besonders deutlich, wie lieb ich Dich habe. Wenn ich mir vorstelle, daß es einmal so weit kommen könnte, daß wir gleicher Meinung über die Anthroposophie sind, dann stünde unser Schloß wirklich auf dem Regenbogen!

Du fragst, was ich vorziehen würde, dumm zu sein oder falsch? Nun, vielleicht wäre ich lieber falsch als dumm, denn man wäre da wenigstens noch ein bißchen gescheit und hätte die Möglichkeit zu erkennen, wie schlecht man ist – und könnte sich bessern! Einverstanden?

Wie schön, daß auch Du empfindest, daß der Weg uns führt! Laß uns ihm vertrauen, lieber Ritter, wohin er uns auch führen mag!

7.3.1942

Lieber Theo!

In Deinen Briefen, die in den letzten beiden Tagen ankamen, steht so Schwerwiegendes, daß ich viel Zeit brauche, darauf zu antworten. Zur Einstimmung möchte ich Dir einen Traum erzählen, der heute morgen noch ganz lebendig vor mir stand.

Ich hatte gestern viel über den Inhalt Deiner Briefe nachgesonnen. Da träumte mir heute nacht, daß wir beisammen waren und einen Berg ersteigen wollten. Es war herrlicher Sommer und Sonnenschein und überall blühten Blumen am Weg. Eingehängt marschierten wir bergauf, lachend und schwatzend. Unterwegs pflückte ich eine gelb-rote Blume, die an einem Zaun wuchs. Plötzlich sah ich eine Frau, die mir etwas zurief und anscheinend böse war, daß ich die Blume genommen hatte. Ich wollte mich entschuldigen, aber sie führte mich in ihr Haus, wo vor ihrem Fenster jene Blumen wuchsen, von denen sich eine Ranke bis auf die Straße gereckt hatte. Die Frau sagte, weil ich die Blume abgeschnitten hatte, müsse ich nun auch die Pflanze begießen. Ich holte eine große Kanne und begoß sie, was der Frau eine Freude

zu sein schien und eine Erleichterung. Böse war sie nicht mehr. Dann stand ich plötzlich wieder neben Dir, und wir gingen weiter. Ich weiß, daß unterwegs noch mehr geschah, aber daran konnte ich mich nicht mehr erinnern. Jedenfalls stiegen wir immer höher und höher, aber als wir am Gipfel waren, schien es inzwischen Winter und dunkel geworden zu sein. Wir stapften über Eisschollen, und überall an den Bergen hingen Nebelschleier. Dennoch hatten wir einen herrlichen Blick. Auf den Bergen sahen wir kleine Lichter – erleuchtete Fenster oder ähnliches –, und wir konnten nicht genug schauen. Auf dem Gipfel selbst stand ein Turm, um welchen wir herumgingen, bis uns klar wurde, daß es höchste Zeit sei, wieder abzusteigen. Dann bin ich wohl erwacht, aber lange blieb eine heitere, glückliche Stimmung in mir.
Nun zum Inhalt Deines Briefes.
Nach Deiner Abreise war ich wirklich in etwas «bitterer» Stimmung, wovon dann natürlich auch meine Briefe nicht frei waren. Wenn ich mir vergegenwärtige, was ich in dieser Zeit durchzufechten hatte, verstehe ich das sogar. Durch Deinen Ausspruch – Du weißt, was ich meine – hatte sich an jenem Samstag etwas wie ein grauer Schleier über mein Verhältnis zu Dir gelegt, gegen welchen ich vergeblich anzukämpfen versuchte. Immerhin bekam er bald einige Risse, und einige Sterne schimmerten wieder hindurch.
Mir war es damals ergangen, wie Dir anscheinend heute: Einmal mißtrauisch geworden, sucht man hinter allem etwas. Und viele Tröpfchen Bittersaft geben schließlich auch einen Becher voll …
Du wirfst mir vor, daß ich von einer Trennung ebenso kalt lächelnd spräche, wie ich Dir vor einem Jahr im Urlaub hätte adieu sagen wollen. Abgesehen davon, daß wir den Gedanken einer Trennung längst als absurd erkannt hatten, dachte ich niemals an ein kaltlächelndes Adieusagen im Augenblick, sondern an ein Abschiedfeiern so, wie es unserem inneren Verhältnis damals entsprochen hätte.
Ja, es war wohl ein «Hieb», daß ich vom schnellen Verblassen jener Urlaubstage sprach – dieserhalb bitte ich Dich heute um Verzeihung!
Zu den Worten von Morgenstern «Gestern und morgen haben im All

keinen Sinn ...» fand ich weitere: «Schauerlich, zu denken, daß alles nur ‹in der Flucht› ist. – So wie ‹ich› von Sekunde zu Sekunde lebe und mir dessen bewußt bin (aber das alles ist nicht ich, das ist die Unendlichkeit, die in mir fortwährend weiter lebt), so lebt die gesamte Wirklichkeit wie ein einziger gigantischer Körper in ihrer eigenen, von mir ihr vermittelten Vorstellung von Sekunde zu Sekunde.»
Was meinst Du dazu?
Ich merke, daß ich eine Torheit begangen habe, Dir von jenem «Unbekannten» zu erzählen, welcher es unbewußt «eingefädelt» hat, daß wir uns seinerzeit am 1. Mai begegnet sind. Ich wollte mit dieser Geschichte lediglich zeigen, «wie Karma wirkt», ohne auch nur den leisesten Wunsch zu hegen, Dich eifersüchtig zu machen, weil ich vielleicht noch an jenen «Unbekannten» denke!
Du hast mir das Buch über Goethe geschickt, herzlichen Dank. Ich freue mich darüber, daß Dein Interesse an Goethe so groß ist, nur hast Du leider das verkehrte Buch in die Hand bekommen, denn der Autor will nichts anderes zeigen, als daß Goethe kein Christ war und auch an übersinnliche Kraft nicht glaubte. Da bist Du auf eine falsche Fährte geführt worden. Goethe war ein Christ, aber kein Kirchenanhänger. Doch darüber einmal mündlich!

8.3.1942
Liebe Erika!

Zuerst – um den Stein von meinem Herzen zu wälzen – bitte ich Dich um Verzeihung wegen meinem letzten Brief. Soweit ich ihn in Erinnerung habe, war er alles andere als freundlich! Versuchen wir doch bitte, uns nicht zu zanken – was hat es denn für einen Sinn? Ich weiß doch genau, daß Du mich lieb hast, und Du weißt daßelbe von mir. Warum also immer das Mißtrauen? Wir müssen es uns angewöhnen, ungeschickt ausgedrückte Sätze auch als solche zu erkennen und uns wegen diesen nicht das Herz schwer zu machen. Einverstanden, Erika? Es ist doch so, daß ich hoffe, eines Tages alle Schwierigkeiten zwischen uns beseitigt zu sehen; und dann hoffe ich, daß

Du – eines Tages auf die wichtigste Frage der Welt mir mit «Ja» antworten wirst! Erika, es fällt mir schwer, all dies zu Papier zu bringen. Bitte fasse es auf, wie es gemeint ist: als ehrlichen Willen, alles Mißtrauen zwischen uns endlich auszuschalten. Und nun Schluß damit! Heute habe ich Lemberg verlassen und bin mit meinem neuen Wagen und zwei Kameraden, die ich in Lemberg getroffen hatte, wieder auf der Reise nach Mariupol. Wir hatten schwer mit zugewehten Straßen zu kämpfen. Erst vor zwei Tagen hat es wieder stark geschneit. So sind wir heute nur bis Brody gekommen, ein recht hübsches kleines Städtchen. Da sitze ich im Soldatenheim und schreibe an Dich. Morgen früh geht es weiter.

10.3.1942

Liebe Erika!

Inzwischen bin ich weitergefahren und habe Kiew passiert. Eigentlich wollte ich heute nacht dort bleiben, aber es sind zu viele Soldaten da, und es ist absolut nichts los. So habe ich in einem Dorf Quartier gemacht, das sagt mir besser zu als das üble Massenquartier.
Die Fahrt ging einigermaßen reibungslos vonstatten, bis auf einige große Schneewehen, die die Straße versperrten. Hoffentlich bin ich in einigen Tagen wieder bei meiner Truppe. Ich freue mich schon sehr auf die Post, die dort auf mich wartet.
In Lemberg wollte ich eigentlich viel lesen und nachdenken, aber meinst Du, ich wäre dazugekommen? Den ganzen Tag war ich in der Stadt gewesen, und abends im Quartier verging mir alle Lust dazu. Es war ein ganz übles Massenlager, 30 Mann in einem sehr kleinen Raum mit nur einem Tisch und ganz schwacher Beleuchtung.
In Lemberg gibt es ja einige deutsche Geschäfte, darunter auch eine Buchhandlung. Leider war die Auswahl recht klein. Ich kaufte mir ein Buch über den Islam und Zusammengestellte Schriften und Aussprüche von Friedrich dem Großen. Ich werde Dir gelegentlich darüber schreiben.
Augenblicklich sitze ich in einer Bauernhütte und hatte ein wunder-

bares Nachtessen: Spiegeleier! Ich habe sogar ein Pfund Butter «organisiert» und etwas Quark. Also – am Verhungern bin ich noch nicht!

11.3.1942

Liebe Erika!

Es ist 21.30 Uhr, und ich bin sehr müde, aber Du sollst noch einen kurzen Brief bekommen. Um 21 Uhr war ich im Soldatenheim und «speiste». Alles ist primitiv, ich bin wieder im tiefsten Rußland. Es zeigt sich schon daran, daß man sein Besteck selbst mitbringen muß, wenn man etwas zu essen haben will. Heute bin ich von Kiew nach Lubny gefahren auf schlechtesten Straßen. Erst um 20 Uhr kam ich hier an; es war mir nicht möglich, in der Stunde mehr als 25 km zu fahren!
Du wirst wohl die Post wieder nicht der Reihenfolge nach erhalten. Ich hörte, daß die gestrige Post per Flugzeug ins Reich kommt; so ist es möglich, daß Du meinen heutigen Brief erst Wochen später erhältst.
Morgen werde ich nach Krementschug fahren, wo sich augenblicklich ein Freund von mir befinden soll. Ich bin wirklich gespannt, ob ich ihn treffe.
Das Zimmer, in dem ich sitze, ist kalt und überaus ungemütlich. Die Strohsäcke liegen auf dem Boden, und wieder ist keine Waschgelegenheit vorhanden. Es sind jetzt vier Tage, seitdem ich mich das letzte Mal rasiert habe. Ich sehe fast wie ein Russe aus. Es würde mir Spaß machen, Dich jetzt ein wenig mit meinem Bart zu kratzen! Würdest Du es erlauben?

15.3.1942

Lieber Theo!

Vielen Dank für Deinen Versöhnungsbrief! Ja, nun sei Schluß mit allen dummen Gedanken und allem Mißtrauen!

Habe ich Dir schon davon geschrieben, daß ich an Ostern einige Tage nach Mittenwald fahren möchte, übrigens das erste Mal ganz allein? Unsagbar freue ich mich auf die Ruhe und die köstliche Freizeit! Es ist zu erwarten, daß Du da einige Bandwürmer bekommen wirst. Ich habe vor, viel Sonne, Bücher, Berge und blauen Himmel zu genießen. Außerdem möchte ich schreiben und malen. Wie schön wäre es, wenn wir das zusammen tun könnten!

15.3.1942

Liebe Erika!

Am heutigen Tage dachte ich, «zu Hause» zu sein, aber wieder einmal kam es anders. Schon seit 3 Tagen liege ich hier in einem kleinen Nest zwischen Kiew und Dnjepr-Petrowsk – zugeweht von einem gewaltigen Schneesturm. Gestern und heute war zwar wieder herrliches Wetter, aber der Sturm hält an und bläst alle Wege zu. Es ist wie im März im Hochgebirge, wenn man sich einem Gipfel von 3000 m nähert: endloser blauer Himmel, starke, grelle Sonne und eisiger Sturm – nur mit dem Unterschied, daß es dort Vergnügen wäre! Aber solange ich noch zu Essen habe, ein Buch zu lesen, einen warmen Ofen und Papier und Tinte, um Dir schreiben zu können, geht es noch. Das Quartier besteht aus einem Strohlager, worin die Mäuse allabendlich lustige Spiele vorführen. Gott sei Dank hat sich das winzige Ungeziefer noch nicht bemerkbar gemacht seit meinem Urlaub; vorläufig ist es mir gelungen, ihm auszuweichen.

Hier ist alles schon gut organisiert. Ukrainische Polizei gibt es, einen deutschen Gebiets-Landschaftsführer und sonstige nützliche Behörden. – Außer Butter, Eiern, Käse konnten wir auch noch Wodka auftreiben. Weißt Du, was Wodka ist? Ein russischer Kartoffelschnaps, der zwar nicht viel Geschmack aufweist, dafür aber reichlich Alkohol enthält. Zwar bin ich noch nicht an dem Punkt angelangt, mir aus Langeweile einen Rausch anzutrinken – aber man kann nie wissen!

19.3.1942
Mein liebster Ritter!

Erinnerst Du Dich, daß ich am letzten Urlaubstag sagte, daß wir jetzt gebundener seien und doch freier? Du hast das wohl nicht ganz verstanden. Wir waren insofern gebundener, als wir wußten – vielleicht zum ersten Mal wirklich –, wie lieb wir uns haben; freier aber waren wir dadurch, daß wir darüber gesprochen hatten und zu dem Schluß gekommen waren, daß nur diese innere Bindung da sein soll, das heißt, daß wir uns nur so lange gebunden fühlen wollen, als wir es innerlich sind.
Sag, ist das nicht die schönste und ehrlichste Bindung überhaupt? Vorläufig kann ich das nicht so furchtbar finden – aber diese Meinung kann sich ja auch noch ändern –, wenn zwei Menschen, die sich lieben, sich aus irgendwelchen Gründen nicht verbinden können. Muß es nicht von unendlichem Zauber sein – gerade durch den Schmerz der Entbehrung –, um eine gegenseitige Liebe zu wissen, auch wenn es in diesem Leben keine Erfüllung gibt? Gehört denn die Ehe unbedingt zur Liebe? Meines Erachtens nicht.
Neulich fand ich ähnliche Gedanken bei Goethe: «... aber wer wird sich denn gleich heiraten, wenn man liebt? Liebe ist etwas Ideelles, Heiraten etwas Reelles, und nie verwechselt man ungestraft das Ideelle mit dem Reellen.»
Nietzsche sagt: Wenn ich dich liebe, was geht es dich an? (Vielleicht ist der Ausspruch etwas anders, aber der Sinn stimmt.) Ist es nicht so? Und kann man denn bei einer Liebe sagen, wer reicher ist, der Geliebte oder der Liebende?

20.3.1942
Liebe Erika!

Noch immer bin ich unterwegs und habe mein Ziel wegen der eisigen Schneestürme nicht erreichen können. Nachdem ich im letzten Ort schon viele Tage warten mußte, bis die Wege wieder freigeschaufelt waren, bin ich jetzt in Krementschug auch schon wieder zwei Tage. Morgen früh werde ich aber weiterfahren, hoffentlich komme ich durch.

Mir ist es bisher ganz gut gegangen; ich hoffe sehr, in drei bis vier Tagen «daheim» zu sein, damit ich endlich einmal wieder von Dir Post erhalte. Das war mir immer das Schlimmste.

Denk Dir, hier habe ich einen guten Freund getroffen, von dem ich wußte, daß er sich einmal hier aufgehalten hatte. Es ist der Freund und entfernte Verwandte aus Schlesien, von dem ich Dir schon erzählte.[*] Du kannst Dir denken, was für eine Freude das war – Wiedersehen im fernen Rußland! Er ist Leutnant bei den Panzern, und ich wohne seit zwei Tagen hier in seiner Bude. Natürlich wurde dieses Ereignis gebührend gefeiert. Und nun reden wir fast die ganze Zeit ununterbrochen und erzählen alles Mögliche und Unmögliche.

Mein Freund hatte übrigens auch das Buch von Morgenstern auf seinem Tisch liegen, das Du mir einst geschenkt hast. Da er sich mit Anthroposophie schon beschäftigt hat, fragte ich ihn nach seiner Meinung darüber. Er versicherte mir, absolut nichts davon begreifen zu können. Es geht ihm damit also genau wie mir auch, was mir eine gewisse Beruhigung gibt.

Dies ist nur ein kurzer Gruß, bald werde ich mehr schreiben. Mein Freund wird gleich wieder da sein, und ich muß diese paar Stunden ausnützen, um mich einmal wieder über alles aussprechen zu können. Es geht doch nichts darüber, einen sehr feinen, edlen Menschen voll und ganz zu verstehen.

25.3.1942

Meine liebe Erika!

Gestern abend bin ich nach vierwöchiger Abwesenheit glücklich wieder bei meiner Truppe eingetroffen. Und da habe ich natürlich

---

[*] Werner Bettermann.

gleich Deine Briefe vorgefunden, es waren vier Briefe, alle vom Februar, habe recht herzlichen Dank dafür!

Ich muß gestehen, daß ich sie mit gemischten Gefühlen öffnete. Ich befürchtete, darin eine ähnliche Stimmung vorzufinden, wie sie die Briefe hatten, die ich kurz vor meiner Abfahrt erhielt und die mir – wie Du inzwischen wohl gemerkt hast – viel zu schaffen machten. Aber ich war angenehm überrascht und fand in den Briefen die wohl kampflustige, aber liebenswerte Erika, die ich so sehr zum Heil meiner Seele brauche. Ja, liebe Erika, diesmal liegt der Kampf ganz klar in der Sonne und ist nicht getrübt durch einen persönlichen Angriff. Wenn ich mir unsere letzte Korrespondenz vorstelle, so erscheint mir diese wie der Krieg zwischen zwei friedliebenden Völkern, die von bösen Mächten irregeführt werden. Und jetzt kommt gleich eine Bitte des Ritters: Liebes Geistchen, lasse Dich bitte von den bösen Mächten nicht mehr irreführen, auch ich will mich dagegen wappnen!

Und nun noch etwas von meiner Reise. Ich hatte Dir noch geschrieben, daß ich einen meiner drei guten Freunde in Krementschug getroffen hatte. Das war wirklich der Höhepunkt der Reise gewesen. Dann ging sie weiter über Dnjepro-Petrowsk, Saporoshie nach Mariupol. Ich wollte Dir nochmals schreiben, aber ich war am Abend immer sehr müde und legte mich meist gleich schlafen. Leider wirst Du eine ganze Reihe von Tagen keinen Brief bekommen, bis dieser eintrifft.

Man sollte meinen, daß man bei einer Strecke von 1400 km recht viel Interessantes und Abwechslungsreiches sieht, und erlebt, aber das war nicht der Fall. Alle Dörfer und Städte sehen gleich aus, häßlich, primitiv, schmutzig, verwahrlost; dazu elende schlammige Straßen oder ein ganz wüstes, holpriges Pflaster in einer ebenen, öden Landschaft. In der Gegend von Kiew gab es zwar auch Wald, aber er war ungepflegt. Die Menschen haben unschöne Gesichter und sind in mancherlei Lumpen gehüllt. So bietet sich Rußland dem äußeren Auge.

Abends, in einem Dorf oder einer kleinen Stadt, machten wir halt und suchten uns ein Quartier. Und nun kommt das Phänomen, das mich immer wieder rührt, so oft ich es erlebe. Es ist ein ähnliches Gefühl, wie wenn ich in die Berge fahre und dann jedesmal erstaunt und begeistert bin über ihre ungeahnte Höhe und Schönheit.

Da laufe ich also von Haus zu Haus und sehe mir die Schlafmöglichkeiten an – und die Leute. Man sieht eine vermummte, unscheinbare Gestalt, blickt ihr näher ins Gesicht und schaut in ein paar gute Augen, man sieht saubere, sympathische Züge. Innen in den Lehmhütten ist alles blütenweiß gekalkt und blank gescheuert, im kleinen «Gastzimmer» steht ein sauberes Bett, in welches man sich beruhigt hineinlegen kann. In solchen Fällen bedaure ich immer sehr, daß ich mich nicht mit den Leuten unterhalten kann. Im letzten Ort habe ich auch wieder bei einer solchen Familie übernachtet. Sie kochten mir noch einige Kartoffeln und einen Kaffee mit Milch. In der Stube spielten ein kleiner Bub und ein Mädchen, sehr hübsche Kinder mit blonden Haaren und blauen Augen. Als ich morgens den Leuten etwas geben wollte, waren sie fast beleidigt und schoben es mir wieder in die Tasche. – Solche Menschen finden sich aber fast nur auf dem Lande, was mir wieder beweist, daß der Bauernstand überall am gesündesten ist.

Demnach wäre es also richtig, heute noch Bauer zu werden? Bei dieser Betrachtung fällt mir auf, daß in meiner gesamten Verwandtschaft kein Bauer aufzufinden ist. Ist das ein schlechtes Zeichen? Aber Du hältst ja ohnehin nicht viel von Vererbung, da spielt es keine große Rolle!

Für die beiden Fotos von Dir und Deiner Freundin herzlichen Dank. Du trägst eine neue Frisur? Das fiel mir zuerst auf, und ich finde, daß sie Dir ausgezeichnet steht, obwohl sie Dich älter macht. Schöne junge Frau! – Deine Freundin macht den Eindruck, als ob sie scharf denken könnte. – Deshalb wird sie wohl auch die Anthroposophie ablehnen …? Zwar gefällt mir ein Zug ihres Gesichtes nicht; entweder ist es Härte oder etwas Streitsucht. Ist das möglich? Schreib mir einmal darüber, ja?

28.3.1942

Mein liebes Geistchen!

Vielen herzlichen Dank für all Deine Briefe, gestern kamen sie serienweise an, auch die beiden, auf die ich besonders gespannt war. Inzwischen wirst Du ja gemerkt haben, daß der Streit nicht mehr so tief ging wie im letzten Jahr. Es ist ja wirklich merkwürdig, daß wir immer kurz vor dem Frühling Krach bekommen!
Ich hatte mir schon Sorgen gemacht, wann ich die vielen langen Briefe beantworten soll, da wurde ich heute unerwartet auf Wache gesetzt, so habe ich jetzt Zeit dazu bekommen.
Also: Das «Ahnen» kann ich absolut nicht vertragen! Denn beim Ahnen kann man gewaltig irren. Und irren hasse ich. Auch die Anthroposophie ist aufgebaut auf «Ahnen» oder «Glauben» – wie Du willst. Und das kann ich nie als feststehende Wahrheit anerkennen. Verstehst Du das nicht? Und für Dich ist die Anthroposophie eine feststehende Tatsache, wie $2 \times 2 = 4$ ist! Ehrlich, ich kann noch nicht sehen, wie wir unsere Brücke bauen sollen. – Ich glaube aber festgestellt zu haben, was der Urgrund unseres Mißverstehens ist:
Seit einer Viertelstunde überlege ich, was ich schreiben soll! Ich wollte sagen: Du glaubst – und ich glaube nicht! Aber das stimmt ja auch nicht ganz. Ich wollte sagen, es sind die ewigen zwei Pole: dort Glaube, hier Wissen; dort Dunkel, hier Licht, dort Frau, hier Mann. Aber ganz stimmt das eben nicht. Denn auch ich glaube ja etwas, ich glaube an die Unsterblichkeit der Seele. Aber ich frage nicht nach dem «Wie»! Und ich weiß, daß die größten Geister die Frage nach dem «Wie» aufgegeben haben.
Und nun zum Schicksal. Du schreibst dazu eine ganze Menge, aber auf meine Frage gibst Du keine Antwort. Du schreibst über Planeten, Stufen, Engel, Perioden, und ganz zum Schluß sagst Du noch, daß die Tiergattungen eine Gruppenseele haben. Damit ist noch lange nicht erklärt, warum das einzelne Tier kein individuelles Schicksal haben soll wie der Mensch. Er verdient sich doch sein Schicksal nach seinen Taten. Und das Tier? Sollte der geschundene Droschkengaul sein Schicksal selbst verschuldet haben? Bitte erkläre mir das nochmal!

Mir scheint eben, man muß als Anthroposoph auf die Welt kommen, um das zu begreifen. Offensichtlich gibt es da gar keinen Anfang wie bei anderen Wissenschaften. Einem Volksschüler der 1. Klasse legt man ja auch keine komplizierte Wurzelgleichung vor, sondern man fängt an 1 + 1 = 2. Gibt es denn einen solchen fundamentalen Anfang in der Anthroposophie nicht?
Meine Definition vom Sinn des Lebens:
Leben nach den Gesetzen, nach denen wir angetreten sind, nach dem Gewissen, das in uns schlägt. Edle Menschen als Freunde zu haben, ist höchstes Glück. Der Sinn des Lebens ist identisch mit dem Ziel, das sich jemand steckt. Meines liegt in dieser Richtung. Darf ich Dich einmal fragen, was Du unter dem Sinn des Lebens verstehst?
Was ist «ein Bild von der Welt im Ganzen»? Kannst Du mir sagen, wieviel Sterne am Himmel stehen? Woher das «Gas» kam, aus dem sich die Erde bildete? – Du hast eine Menge toter Begriffe, die den Geist erklären sollen, die geistige Führung und Entwicklung der Menschen; aber selbst solche einfache Fragen wie die obigen, rein physischer Natur, kann die Anthroposophie nicht beantworten. Und dann soll ich glauben, sie kenne das «Woher» und «Wohin» des menschlichen Geistes?? Die Anthroposophie hat eine Riesenmenge von abstrakten Begriffen, unter denen sich kein Mensch etwas vorstellen kann. Es wäre vielleicht gut, ein Wörterbuch herauszugeben, um die verschiedenen Begriffe klar zu definieren und festzulegen.
Gerade kommt mir ein Gedanke: Wenn ich das nächste Mal Urlaub habe, werde ich mir möglichst viele Anthroposophen persönlich ansehen und mit ihnen sprechen. Das ist der einzig mögliche Weg, der uns überhaupt noch retten kann! Ich muß mit jemand sprechen, der genau so wie ich denkt und trotzdem Anthroposoph ist, einfach jemand mit logischem Denkvermögen. Du hast es ja nicht, aber dafür kannst Du nichts, es fehlt allen Frauen, so wie uns das ausgeprägte Gefühl fehlt.
Mit Deiner Wahl, lieber schlecht als dumm, bin ich einverstanden. Was mich zum Beispiel am meisten ärgert, ist Dummheit. Ich fürchte, daß dieser Brief wieder viel heftiger und leidenschaftlicher geworden ist, als er werden sollte; aber er ist eben so geworden. Leider habe ich

immer noch fünf Deiner Briefe zu beantworten. Wo soll ich nur die Zeit dazu hernehmen?
Aber nichts wird mir zuviel, wenn ich mit Dir plaudern kann – oder streiten muß, hörst Du? Wie wohl unser «Privatkrieg» einmal enden mag? Es soll uns vorläufig nicht kümmern, leben wir in der Gegenwart! Ganz ehrlich, Erika, mir erscheint es heute viel wichtiger, zu wissen, daß wir uns beide ohne Vorbehalt von Herzen gut sind. – Ich frage mich, wie dies überhaupt möglich sein kann? Und doch ist es so! Das beglückt mich!

Mittenwald, 30.3.1942

Mein lieber Theo!

Es ist gerade noch eine Stunde bis zum Nachtessen, und ich habe mich in mein reizendes Zimmer gesetzt, das einen schönen Blick auf den Wetterstein und auf Mittenwald hat. Das Haus liegt an einer Anhöhe. Da bin ich also nun seit gestern einquartiert; allein und ungestört (ohne Freundin) will ich hier vierzehn freie Tage genießen, viel spazieren gehen, viel lesen, schreiben und malen. Im Augenblick bin ich müdegelaufen von meinem einsamen Marsch auf den Kranzberg. Kaum eine Menschenseele ist mir da begegnet, herrlich!
In Mittenwald ist natürlich augenblicklich – wie überall – überhaupt nichts geboten. Aber das ist mir gerade recht, denn ich will mich ja erholen und – arbeiten nach meinem Sinn. Und heute ist schon der erste Tag vorüber!
Dein Zigeuner-Briefchen habe ich hierher mitgenommen, vielen Dank dafür. Vor der Abreise kam ich leider nicht mehr zum Schreiben. Du bist inzwischen wohl wieder bei Deiner Truppe angelangt. Kündigt sich dort der Frühling noch nicht an mit großem Tauwetter? Hier habe ich heute die ersten Frühlingsboten gepflückt in lila, weiß und gelb. Nun ist er doch da, der Frühling! Wie schön wär's, wenn Du auch hier sein könntest! Dich würde ich als «Störenfried» ohne weiteres annehmen!

30.3.1942

Liebe Erika!

Schon wieder greife ich zur – ach so unzulänglichen Feder, um Dir zu schreiben.
Der Traum, den Du mir erzählt hast, ist sehr hübsch. Mich wundert, wie Du die Einzelheiten so gut hast behalten können, das ist bei meinen Träumen ganz selten.
Oft, wenn ich an Dich denke, bringe ich Dich in Zusammenhang mit einem schönen Sommertag. Die ganze Welt liegt sonnig und luftig mit ihren tausend Farben vor uns. Ein frischer Wind umspielt uns, und wir fassen uns bei der Hand, um einem Gipfel zuzustreben. Das ist das Gefühl, das ich habe, wenn ich an Dich denke. Ich bringe Dich überhaupt nie mit Problemen in Verbindung, gefühlsmäßig, meine ich. Eigentlich ist es paradox; aber wahrscheinlich spricht da nur das Herz, das Hirn ist ausgeschaltet. Und es ist doch wahr: Zwischen Deinem und meinem Herzen gibt es ja keine Probleme mehr!
Aber jetzt zur Arbeit, und damit zu den Problemen!
Meine Antwort auf Deine Frage, ob ich Deine Stimmung verstehen konnte damals am Ende meines Urlaubs, lautet natürlich «ja». Das heißt, erst jetzt kann ich sie verstehen, da ich gesehen habe, wie falsch Du mich damals verstanden hattest. Du schreibst: «Einmal enttäuscht bzw. mißtrauisch geworden», sucht man hinter allem etwas. Damit hast Du den Nagel auf den Kopf getroffen, so ist es! Ich kann mir zwar nicht vorstellen, wie ich Dein Mißtrauen erregt haben sollte, es sei denn durch Dein Mißverstehen.
Und jetzt sage ich Dir etwas, das Du Dir ins Herz schreiben sollst und nie vergessen: Ich will mich ehrlich bemühen, Dich nie zu enttäuschen oder etwas zu tun, das Dein Mißtrauen rechtfertigte. Wenn das Mißtrauen dennoch eines Tages wieder aufleben will, denke bitte an diese meine Worte und komme zu mir, damit wir die Sache klären.

Karfreitag, 3. April 1942

Liebe Erika!

Seit drei Tagen weiß ich erst, daß Ostern vor der Tür steht. An niemand habe ich Ostergrüße geschickt, das ist natürlich sehr schlimm. Du hast mir das erste Mal davon geschrieben, daß Du über Ostern einige Tage nach Mittenwald fahren willst. In diesem Augenblick bist Du wohl schon unterwegs. Ich wünsche Dir gute Erholung und schönes Erleben. Zu gern würde ich mit Dir in die gewaltige Bergwelt fahren – aber was hilft es, wenn ich es mir wünsche?

Du schreibst von «Offenbarungen des Karma». Ich stimme mit Dir überein, daß die Menschheit noch lange braucht, solches zu verstehen, nur glaube ich, daß es nicht hundert, sondern einige tausend Jahre dauern wird.

Du zitierst mit Goethe:

> «Laßt mich nur auf meinem Sattel gelten!
> Bleibt in euren Hütten, euren Zelten!
> Und ich reite froh in alle Ferne
> Über meiner Mütze nur die Sterne»

Ist das nicht ein bißchen überheblich? Ich finde, Du kannst erst diesen Spruch für Dich in Anspruch nehmen, wenn Du selbst das «Abenteuer des Geistes» unternimmst. Wenn Du Dich selbst geisteswissenschaftlich betätigst. Nur die Tat gilt. Nachlesen und glauben ist einfach. Wenn mich die Anthroposophie so brennend interessieren würde, würde ich an Deiner Stelle mich nur diesem Gebiet widmen. Da hättest Du eine Lebensaufgabe! – Wie ich Dir schon einmal erzählte, werde auch ich mich vielleicht eines Tages in dieser Richtung betätigen, aber das muß die Zeit bringen.

Ja, Erika, ich habe es oft schon gedacht, daß wir in Freudenstadt den Problemen geradezu ausgewichen sind. Statt dessen haben wir gelacht und dummes Zeug geredet. Aber ich glaube doch, wir hatten das nötiger.

Du schreibst mir die merkwürdige Sache mit dem Soldaten, dessen

verstorbener Vater gewinkt hat. – Dabei fällt mir ein, daß ich kürzlich von meinem vor zwei Jahren verstorbenen Großvater geträumt hatte. Einzelheiten weiß ich nicht mehr, nur daß ich ihm zeigte, daß ich mich vom Boden erheben und frei in der Luft schweben konnte, was er offensichtlich mit Staunen als große Leistung anerkannte.
Nun, wenn die «physischen Beweise», von denen Du mir geschrieben hast, tatsächlich stimmen, wäre das sehr beachtlich, wenngleich es merkwürdigerweise Beispiele von recht untergeordneter Bedeutung sind. Ein Mann wie Dr. Steiner hätte doch noch ganz andere Dinge voraussagen müssen!
Du fühlst Dich also wie eine Flintenkugel auf dem Weg zu ihrem Ziel. Wie wäre es, wenn ich mich in den Weg der Kugel werfen würde, um diese mit meinem Herzen aufzufangen?
Ja, liebes Geistchen, ob Flintenkugel, Meteor oder Sternkonstellation, irgend etwas wirft uns zusammen! Es fragt sich nur: vorübergehend oder für immer? Es wäre ja auch möglich, daß die Kugel mich nur streifend verletzte und weiterfliegt. Wer weiß es?

Mittenwald, 4.4.1942

Lieber Theo!

Deine lieben Briefe vom 11. und 20.3. wurden mir nachgeschickt, recht herzlichen Dank! Wie lange Du Dich unterwegs herumtreibst, ich wähnte Dich längst bei der Truppe! Bei diesem Frühling, der hier herrscht, und der intensiven Sonne kann ich mir gar nicht mehr vorstellen, daß Dich eisige Schneestürme aufgehalten haben.
Ich kann mir die Freude gut ausmalen, im fernen Rußland einen Freund zu treffen. Es wärmt so richtig das Herz. Aber Euren Gesprächen hätte ich natürlich gerne heimlich beigewohnt! – Daß Dein Freund einen Morgenstern-Band mit sich schleppt, möchte mich glauben machen, daß er der Anthroposophie doch nicht so fremd gegenübersteht, wie Du schreibst. – Übrigens hast Du mir noch nie von diesem Freund erzählt. Charakterisiere ihn doch ein bißchen; es interessiert mich, was für Freunde Du hast. Jeder Freund hat ja etwas, mit dem wir selbst verwandt sind.

Hier führe ich ein sehr erholsames Leben und bin mit keinem Gedanken in Stuttgart. Im Augenblick sitze ich im Zimmer und lasse während des Schreibens immer wieder meine Augen durch die Straßen und Gäßchen von Mittenwald wandern, das gerade zu meinen Füßen liegt. Die Berge haben heute morgen Wolkenhauben, aber die Sonne blitzt immer wieder hindurch, sicher wird es schön. In einer Hinsicht wäre es ja besser, die Sonne würde sich heute ab und zu verstecken, denn meine Backenknochen zeigen einige rotgebrannte Flecken ...

Wenn nächste Woche gutes Wetter ist, werde ich einiges unternehmen. Ich möchte versuchen, auf den Karwendel zu kommen. Dann will ich nach Innsbruck und auch noch einmal nach Garmisch. Einen Tag werde ich wahrscheinlich auch bei meinen Verwandten in München verbringen, bevor ich heimfahre.

Morgen ist Ostern. Wo Du da sein wirst? Ich werde um 21 Uhr an Dich denken und Dir liebe Gedanken schicken.

Im übrigen möchte ich manchmal auch sagen:

> «Jetzt bist du da, dann bist du dort,
> Jetzt bist du nah, dann bist du fort.
> Kannst du's fassen? – Und über eine Zeit
> Gehen wir beide in die Ewigkeit –
> Dahin – dorthin. Und was blieb? –
> Komm, schließ die Augen und hab mich lieb.»
>
> (Morgenstern)

Ostermontag, 5.4.1942

Liebstes Prinzeßchen!

Vielen herzlichen Dank für Deine zwei so lieben Briefe, die mich gestern am Osterfest erreichten, sie sind vom 17. und 19.3.

«Wie es auch sei, das Leben, es ist gut!» Ja, Prinzeßchen, so fühle ich auch, und es ist schön, daß wir das beide empfinden und sogar zur gleichen Zeit ausgesprochen haben.

Ja, ich träume Frühlingsstimmung: Ich schaue auf eine sonnenbeglänzte Wiese, die Frühlingsblumen blühen, ein Schmetterling gaukelt durch die blaue Luft. So tun es auch meine Gedanken. Es soll Probleme geben? Weg mit dem häßlichen Wort! Klar ist alles, lichtüberflutet. Wir wandeln im warmen Licht. Laß uns leichthin weitersuchen. Ich sage leichthin! Wer sich Flügel wünscht zu fliegen, der streife alles Schwere ab. Bemühen wir uns! Wird uns der Ewige Flügel verleihen?

Mein Herz ist heute so voll und so heiß, und es beglückt mich zu wissen, daß es auch Deines ist. Laß uns nicht mehr an uns zweifeln, Liebste, unsere Begegnung war nicht, sie *ist*!

Etwas in Deinem Brief bedarf noch meiner Antwort.

Du sagst, ich kann Dich nicht hindern, mir Deine Liebe zu schenken? Ich brauche sie nur nicht anzunehmen, zurückzustoßen, und schon ist es geschehen! Auf die Dauer ist eine einseitige Liebe nicht denkbar. Du kannst mir glauben, daß ich mit allen Mitteln versuchen würde, Deine Liebe zu mir zu zerstören, wenn ich heute genau wüßte, daß wir nie zueinander kommen können. Aber solange die kleinste Möglichkeit besteht – bin ich eben zu sehr Egoist. Du fragst, ob denn Heirat unbedingt zu einer Liebe gehöre? Ich sage ja! Genau so, wie sie zum Leben gehört. Es ist nun einmal eine Gesellschaftsordnung da, die wir nicht umstoßen und die auch richtig ist. Das ist die Ehe. Und ist man äußerlich unfrei durch Nichteinhaltung dieser Ordnung, so wird man es auch innerlich. –

Ja, liebes Prinzeßchen, auch ich freue mich darauf, alt zu werden. Ich habe das sichere Gefühl, daß mich das Alter nicht enttäuschen kann. Aber jedes Alter hat sein Vorzüge. Freuen wir uns darüber, so alt zu sein, wie wir gerade sind, und die Süße und die Schmerzen einer seligen Liebe auskosten zu dürfen. Was sind wir doch so unendlich reich!

Erika Wagner – Frühlingsstraße in Garmisch.

Bulgarischer Nationaltag.

Mittenwald, 6.4.1942

Lieber Theo!

Es ist erst 7.30 Uhr, und ich sitze schon am Fenster und lasse meine Gedanken mit den Wolken am Morgenhimmel um die Wette wandern. Draußen ist es feierlich still. Die Berge sind klar, der Himmel blau, nur einige Wölkchen eilen vorüber. Eine Glocke läutet, es ist Ostermontag. Und an wen denke ich?
Du hast also nun den *Mythus* ausgelesen. Was Du davon berichtest, verlockt mich nicht sehr zur Lektüre. Rosenberg ist für die Hochzüchtung der nordisch-germanischen Rasse, nachdem er sie als die schöpferische erkannte. Schrecklich, die Menschen sehen heute nur noch die «Rasse» (für mich ein scheußliches Wort, ich muß dabei immer an Hunde denken). Sie glauben, wenn sie diese hochzüchten, müßte sich der «Geist» von selbst einstellen … Ich bin sicher, daß man diesbezüglich noch einige Enttäuschungen erleben wird. Daß Körper und Geist eng zusammenhängen, erkennt man ja heute immer mehr, aber es fragt sich, ob der Geist den Körper gestaltet oder der Körper den Geist. Daß ich von ersterem überzeugt bin, ist Dir ja klar!
Was wird nach Rosenberg eigentlich alles vererbt, auch geistige Eigenschaften? Berichte mir bitte einmal darüber.
Soeben komme ich vom Frühstück, so recht vergnügt und rauflustig. Ich glaube, in der Frühlingssonne sprossen meine Hörnchen; wie schade, daß Du nicht hier bist! Wann kommst Du denn überhaupt einmal wieder in Urlaub? Könnte denn nicht unter den unzähligen Soldaten, die hier herumlaufen, auch der Ritter sein? – Ein Café kann man hier ja kaum besuchen, ohne Gefahr zu laufen, nicht mehr allein herauszukommen. Aber – es gibt ja Hörnchen, die man zeigen kann, wenn es nötig wird! – Morgen ist im Haus sogenannte «Betriebsruhe», das heißt, die Gäste müssen sich selbst um ein Mittagessen kümmern, was aber gar nicht so einfach ist. Ich werde daher wohl morgen nach Garmisch und dann auf die Zugspitze fahren, wenn die Verbindungen klappen und das Wetter mitmacht.
Ob ich Dir noch böse bin, fragst Du? Ich mußte mich tatsächlich besinnen, weshalb! Das sagt doch genug, nicht?

13.4.1942

Liebe Erika!

Zum *Faust* kann ich noch nicht viel sagen. Zunächst hat er mich richtig verwirrt, nicht unähnlich der Wirkung der Anthroposophie auf mich. Besonders berührten mich die Zeilen:

> «Wer immer strebend sich bemüht,
> den können wir erlösen ...»

Ich wäre glücklich, wenn Gott mir die Kraft verleihen würde, immer nach diesem Wort zu leben! Ich glaube, das gehört zu meinen heißesten Wünschen.
Dies Wenige zum *Faust*. Vielleicht kannst Du daraus ein wenig die Empfindungen ersehen, die mich bestürmten. Aber, wie ich schon sagte, viele Schätze sind da noch zu entdecken.
Dein reizendes «leichtes» Ostergeschenk hat mir ausgezeichnet gefallen; *Das Gastmahl* ist eine sehr hübsch gestaltete philosophische Plauderei. Der Eros – das Liebende – wird sehr schön und unterhaltend definiert, viel freundlicher, als die trockene Philosophie es tun könnte.

14.4.1942

Lieber Theo!

Wie ich aus Deinem Brief vom 25.3. ersehe, bist Du endlich wieder bei Deiner Truppe angelangt. Das waren ja lange «Ferien» wegen eines Autos!
Wie Du wohl inzwischen bemerkt hast, war auch ich auf Reisen, allerdings in einer weniger wilden Gegend wie Du. Es war wirklich sehr schön in Mittenwald, auch das Wetter. Manche nette kleine Geschichtchen passierten in der Pension, wo ich inmitten sehr vornehmer und sehr gebildeter alter Damen wohnte. Ich lernte interessante Leute kennen; mit einer Studentin werde ich bestimmt

die Verbindung aufrechterhalten. Sie kennt die Anthroposophie und will sich Bücher von mir ausleihen.

Die Geschichte: Es war eine junge Dame angekommen, die einen Soldaten besuchen wollte. Gleich in der ersten Nacht ging sie abends noch ins Kino, fragte aber nicht nach dem Hausschlüssel. Am nächsten Morgen war das Schloß überdreht – vielleicht hatte sie versucht, mit ihrem Zimmerschlüssel zu öffnen –, die Türe ging nicht mehr aufzumachen. Ferner wurde am Morgen um 7 Uhr (!) ein Soldat im Hause gesehen, im «Damenstift»! Du machst Dir kein Bild, was das für eine Aufregung verursachte. Na, schließlich stellte sich heraus, daß die beiden zum Fenster herein- und der Soldat wieder herausgestiegen war und daß am Abend auch die junge Dame hinausflog, nachdem sie «reumütig» gestanden hatte.

An diesem Tag war ich gerade nach Innsbruck gefahren. Das ist ja ein ganz bezauberndes Städtchen, das ahnte ich gar nicht. Wir (einige Damen aus der Pension) machten eine Führung mit, was sich auch sehr lohnte. Anschließend fuhren wir noch aufs Hafelekar. Es war ein ganz herrlicher Tag.

Und heute vor einer Woche war ich gerade auf der Zugspitze; ich war ganz allein losgefahren. Diese Schneemassen oben und der märchenhafte Kranz der Berge ringsum, es war einzigartig! Und vorgestern bin ich wieder in Stuttgart eingetroffen. Die Stimmung ist – nach der Begegnung mit dem Alltag – etwas gedämpft. In den Ferien habe ich leider viel weniger getan, als ich mir vorgenommen hatte. Stets ist der Tag, die Stunde viel zu kurz, das macht mich manchmal ganz traurig. Wenn Mutti davon hört, lacht sie mich aus und sagt, ich hätte doch noch das ganze Leben vor mir! Fast fürchte ich, mir ist das Leben in jedem Fall zu kurz, auch wenn es 120 Jahre währte. Tatsächlich bin ich in letzter Zeit überaus lebenshungrig und lebensfroh, wie ich das bisher nicht gekannt habe.

Das Foto mit meiner Freundin Elli kommentierst Du ja sehr höflich! «Deine Freundin macht den Eindruck, als ob sie scharf denken könnte. – Deshalb wird sie wohl auch die Anthroposophie ablehnen.» (Weil ich nicht scharf denken kann, stehe ich positiv zu ihr …) Du hast natürlich gemeint, es handle sich um die Dichter-Freundin, aber

es ist Elli, und die hat anthroposophische Eltern! Mit ihrem Vater (Oberregierungsbaurat, jetzt Oberstleutnant) und dem Buchhändler sowie Elli war ich neulich abends in der «Schule», ich hatte Dir davon erzählt.
Folgenden Spruch zum Thema «Verstand» fand ich in Mittenwald: «Ping und Pong philosophierten. Dabei meinte Pong: ‹Ich glaube nur, was mein Verstand begreifen kann!› Darauf erwiderte Ping: ‹Mit anderen Worten also – du glaubst an gar nichts.›»
Mein lieber Pong, von Dir hoffe ich allerdings, daß sich Dein Verstand mit der Zeit so erweitert, daß er auch noch die Anthroposophie begreifen kann!

18.4.1942

Liebe Erika!

Herzlichen Dank für Deinen Brief aus Mittenwald. Du ahnst es nicht, wie sehr ich Dich beneide! Nachdem Du Dir so viel vorgenommen hast, kann ich begreifen, daß Du in diesem Urlaub allein sein willst. Mich würdest Du als Störenfried gelten lassen? Das kannst Du leicht sagen, nachdem 2000 km zwischen uns liegen! Aber glaub mir, zu gerne hätte ich Dich gestört!
Ich komme kaum mehr zum Lesen. Tagsüber Büroarbeit, abends Schach und Skat – es wird allmählich ganz übel. Ich erlebe nichts mehr! Ist das nicht schrecklich?
Auch jetzt kann ich nicht weiterplaudern, ich werde dauernd gestört. Jeder fragt, ob ich schon wieder an die Erika schreibe ...
Dabei schreibe ich doch nur an's Geistchen!

20.4.1942

Lieber Theo!

Dein Brief vom 3.4. läßt mir einmal wieder keine Ruhe. Eine fast böse Spitzigkeit spricht daraus, wie ich sie in diesem Maß noch kaum

empfand. Es mag ja sein, daß ich das jetzt nach dem vergnügten Urlaub, der mich alle Streitigkeiten vergessen ließ, doppelt empfinde. Dabei schreibst Du noch, daß Du froh seist, daß unsere persönlichen Differenzen aus der Welt seien und die Sonne wieder scheine. Davon kann ich allerdings Deinem Brief nichts anmerken; im Gegenteil, er macht den Eindruck, als ob Du im Dunkeln mit allen greifbaren Waffen um Dich schlügest, um mich ja zu treffen. Und zu allem hin bringst Du es noch fertig, zärtliche Worte dazwischen zu werfen!
Über eines wundere ich mich wirklich, darüber: daß ich nicht verletzter bin! Anscheinend kam ich doch erholt von den Ferien zurück.
Nun zu Deinem Brief.
Du findest es überheblich, wenn ich das Grundgefühl «mit Goethe» habe und zitiere:

> «Laßt mich nur auf meinem Sattel gelten!
> Bleibt in euren Hütten, euren Zelten!
> Und ich reite froh in alle Ferne,
> Über meiner Mütze nur die Sterne.»

Es ist auch mein Wunsch, daß man mich auf meinem Sattel gelten lasse! Nach Deiner Ansicht kann ich dies aber nur in Anspruch nehmen, wenn auch ich das «Abenteuer des Geistes» unternehme. Was willst Du denn damit sagen? Was ist das für ein klingendes Wort, das «Abenteuer des Geistes»? Das verstehe ich nicht, es tut mir leid. Und dann schreibst Du ganz treffend: «Wenn mich die Anthroposophie so brennend interessieren würde, würde ich an Deiner Stelle mich nur diesem Gebiet widmen. Da hättest Du eine Lebensaufgabe!» Großartig! Das ist es nämlich genau, was ich mir vorgenommen habe. Weiter schreibst Du: «Nur die Tat gilt. Nachlesen und glauben ist einfach.»
Solche Sätze zeigen nur, wie wenig Du noch die Anthroposophie kennst und auch, wie wenig mich. Tatsächlich interessiert Anthroposophie mich nicht nur «brennend», sie ist mir überhaupt die Grundlage, auf der ich ein vernünftiges, lebenswertes Dasein aufbauen kann, weil sie mir das Leben und die Welt begreiflich macht.
Immer wieder behauptest Du, daß ich unlogisch sei; aber nach

Deiner festgefahrenen Meinung sind das alle Frauen. Dennoch möchte ich nicht entscheiden, wer logischer denkt, Du oder ich! Es gibt zweifellos noch andere «physische Beweise» für die Richtigkeit anthroposophischer Forschung als jene, von denen ich Dir geschrieben habe. Was Du dazu sagst, ist übrigens ganz bezeichnend: «Ein Mann wie Dr. Steiner (immerhin ein Wort!) hätte doch noch ganz andere Dinge voraussagen müssen.» – Er hat noch ganz andere Dinge vorausgesagt, das kannst Du mir glauben! Einmal kommt auch die Zeit, da das «bewiesen» sein wird.

Einige Sätze von ihm über Geistesforschung:

«Geisteswissenschaft muß eine solche Methode des Forschens ausbilden, die sich rechtfertigen läßt vor dem strengsten Mathematiker oder analytischen Mechaniker. Geisteswissenschaft muß auf der andern Seite völlig frei werden von allem Aberglauben. Geisteswissenschaft muß wirklich in lichter Klarheit Liebe noch entwickeln können, die sonst nur den Menschen befällt, wenn er sie aus den Instinkten heraus entwickeln kann. Dann aber ist Geisteswissenschaft ein Keim, der sich entwickeln wird und seine Kräfte aussenden wird in alle Wissenschaften und damit auch in das menschliche Leben.»

Und er hat in vielen Schriften die Methode ausgeführt, wie man sich die Organe der Geistesforschung, d.h. Inspiration, Imagination und Intuition, in strenger Schulung erwerben kann.

Ja, lieber Theo, wir haben noch einen weiten Weg zueinander, das sehe ich immer wieder!

21.4.1942

Lieber Theo!

Auch heute geht der Kampf weiter. – Du sagst, daß wir uns schon sehr gut kennen würden, nur könntest Du meine Weltanschauung nicht verstehen und ich nicht die Deinige, und Du fügst noch hinzu, daß dies aber mit dem Herzen nichts zu tun habe.

Nun, Deine Weltanschauung erscheint mir so unkompliziert, daß ich sie ohne weiteres verstehe, aber leider niemals teilen könnte! Dann machst Du die Bemerkung, daß dieses andauernde Mißverstehen auch dem besten Herzen eines Tages zuviel werden könnte. Ja, Theo, dieses ständige Fechten ermüdet. Hinzu kommt, daß bei mir nichts so viel mit dem «Herzen» zu tun hat als die Weltanschauung. Deshalb bin ich mir darüber auch ganz im klaren, daß ich niemals einen Anti-Anthroposophen heiraten könnte, wenn er mir sonst auch noch so nahestünde.

Du siehst in der Anthroposophie (bislang!) nur abergläubisches, mystisches, ungesundes «Zeug», man kann ihre Inhalte nur glauben. Aber beispielsweise schreibst Du, daß der Mensch sich alle sieben Jahre wandle. Hast Du das nicht von der Anthroposophie? Und Du glaubst es?

Du glaubst auch an die Unsterblichkeit der Seele. Auch ich glaube daran, aber mit dem Unterschied, daß ich nach dem «Wie» frage, was Du ablehnst, weil es auf diese Frage keine Antwort geben könne.

Du rufst nach einem «Lehrbuch» für Anthroposophie – mit Recht! Nur haben wir leider das Pech, daß ich Dir diese Bücher nicht schicken kann! Könntest Du sie lesen, wäre unser Disput wesentlich einfacher.

Soeben erhielten wir die Nachricht, daß mein Vetter, Oberleutnant bei einer Gebirgstruppe, am Ostersonntag gefallen ist! Wie leid tut mir seine Frau mit ihren drei Kindern! – Wieviel Schmerz dieser Krieg noch bringen mag, es ist unausdenkbar.

Mich verwundert es wirklich, daß die Menschen nicht das Bedürfnis haben, sich mit dem Leben zu beschäftigen, das nach dem Tode auf uns wartet.

23.4.1942

Mein lieber Theo!

Diesem Brief möchte ich vorausschicken, daß meine Wut inzwischen ziemlich verraucht ist, denn ich kann schon wieder recht zärtlich an Dich denken, was vor einigen Tagen nicht ganz gelingen wollte. Das hast Du ja auch meinen Briefen angemerkt. Dennoch kannst Du mir keinen Vorwurf machen, denn es war die Antwort auf – Deine Briefe!

Worin ich den Sinn des Lebens sehe? Für die ganze Menschheit in der gesunden, aus wirklicher Erkenntnis des Menschen und der Welt entsprungenen Weiterentwicklung.

Es ist ein guter Gedanke, wenn Du Dich im nächsten Urlaub mit Anthroposophen befassen willst, obwohl das vielleicht gar nicht so leicht zu bewerkstelligen ist. Aber dann schreibst Du einen köstlichen Satz: «Ich muß mit jemand sprechen, der genau so wie ich denkt und trotzdem Anthroposoph ist.» Und dann noch: «Einfach mit logischem Denkvermögen.» Nur eine Frage: Glaubst Du wirklich, daß jemand Anthroposoph ist, der so denkt wie Du?

Später:

Du schreibst, der *Faust* habe Dich zunächst verwirrt, Nun, Goethe sagt selbst, daß er in den *Faust* viel hineingeheimnist habe – ein schönes Wort, nicht? – Jedenfalls freue ich mich darüber, daß Du für schöne Literatur so empfänglich bist!

Gerne würde ich Dir einige Vorträge von Dr. Steiner über Goethe schicken, aber leider sind sie, wenn sie verlorengehen, unersetzlich. Aber eine kleine Stelle aus einem Vortrag, den R. Steiner im Weltkrieg gehalten hat, schreibe ich Dir ab:

«Der Deutsche weiß, daß das, was ihm als ‹Deutscher› vorschwebt, ein Ideal ist, welches mit den tiefsten Quellen des Geistigen zusammenhängt, daß man ein Deutscher wird und immer wird – und niemals ist. Und so geht das deutsche Streben selber stets immer hinauf in geistige Welten, wie Fausts Streben sich zuletzt in seiner Seele erhebt von Stufe zu Stufe in Welten, welche Goethe so wunderbar dargestellt hat. Wenn auch von Goethes Darstellung in vielen deutschen Herzen jetzt noch wenig mit Bewußtsein vorhanden ist: die Kraft, welche in Goethe lebte, sie lebt heute in Mitteleuropa. Und es ist gewiß nicht übertrieben, wenn wir sagen: Goethes Genius kämpft mit in den Seelen, in den Herzen, in den Adern derjenigen, die im Westen, die im

Osten stehen. Für den Geisteswissenschafter wird das alte griechische Märchen Wirklichkeit, daß die wertvollsten Genien eines Volkes dann, wenn das Schicksal dieses Volkes sich entscheidet, geistig unter den Mitkämpfern sind … Das gibt uns den Glauben, daß insbesondere in unserer Zeit Goethes Genius über uns waltet.»

23.4.1942

Liebe Erika!

Recht herzlichen Dank für Deine lieben Briefe und Karten aus den Bergen! – Eine Stunde später. Gerade komme ich aus dem Graben, es war eine ungemütliche Stunde, aber Du weißt ja: der Panzer!
Wieder war ich eine halbe Stunde draußen. Leider hat unser Kino einen Volltreffer bekommen; ein Glück, daß heute keine Vorstellung war. Abends kann man nicht mehr schreiben, das ist ärgerlich. Es ist schon wieder Zeit zum Schlafengehen.
Du hättest gerne gehört, was ich mit meinem Freund gesprochen habe? Du neugieriges Geistchen! Da wurden viele Themen berührt und Probleme gewälzt, was sich eben Männer zu sagen haben; auch Weltanschauliches wurde gestreift.
Obwohl mein Freund auch ein Morgenstern-Buch hatte, ist er der Anthroposophie gegenüber so fremd wie ich auch. Und Morgenstern kann auch ein Nicht-Anthroposoph lesen.
Leider kann ich Dir kein Bild meines Freundes schicken. Er ist groß, schlank, schwarzhaarig, intelligent, hat Humor und eine unentzifferbare Handschrift. Er hatte begonnen zu studieren (Mathematik), mußte es aber aus finanziellen Gründen aufgeben. Von Beruf ist er Kaufmann in der Textilindustrie. Er wartet vorläufig auch darauf, einmal seine ganze Kraft für ein Ziel einzusetzen, was eben bisher nicht möglich war. Ich hatte Dir doch einmal von der «Herrnhuter» Linie in unserer Familie erzählt; eine dieser Tanten ist seine zweite Mutter. Blutsmäßig ist er also mit mir nicht verwandt.
Bist Du nun zufrieden, neugieriges Teufelchen? Meine Freunde sind alle von gleicher Art, daher könnte es auch nicht vorkommen, daß sie sich gegenseitig nicht verstehen würden.

24.4.1942

Leider war es mir nicht möglich, gestern den Brief zu Ende zu schreiben. Es herrschen wüste Zustände. Die Hälfte unserer Fensterscheiben ging kaputt, und der Gips fiel von der Decke. Es ist kaum 19 Uhr, und schon war wieder der erste Russe da. Ich muß schnell schreiben, damit der Brief endlich fertig wird. Wie immer bin ich eben der Ansicht, daß Anthroposophie keine Wissenschaft ist, die sich mathematisch beweisen lassen würde, die man folglich nur glauben kann. Dieser Glaube fehlt mir leider noch.

Mephisto, als Faust verkleidet, antwortet dem Schüler, der Theologie studieren will, folgendes:

> «Ich wünschte nicht, Euch irre zu führen,
> was diese Wissenschaft betrifft.
> Es ist so schwer, den falschen Weg zu meiden,
> es liegt in ihr so viel verborgnes Gift,
> und von der Arzenei ist's kaum zu unterscheiden.
> Am besten ist's auch hier, wenn ihr nur Einen hört
> und auf des Meisters Worte schwört.
> Im Ganzen – haltet Euch an Worte!
> Dann geht Ihr durch die sichre Pforte
> zum Tempel der Gewißheit ein.
> Schüler:
> Doch ein Begriff muß bei den Worten sein.
> Mephisto:
> Schon gut! Nur muß man sich nicht allzu ängstlich quälen,
> denn eben, wo Begriffe fehlen,
> da stellt ein Wort zur rechten Zeit sich ein.
> Mit Worten läßt sich trefflich streiten,
> mit Worten ein System bereiten,
> an Worte läßt sich trefflich glauben,
> von einem Wort läßt sich kein Jota rauben.»

So sehe ich in Anthroposophie Worte, aber alle ohne Begriff.

Ja, es wäre sicher schön gewesen, hätte ich Dich in die Berge begleiten können. Was hätten wir wohl gemacht? Wahrscheinlich wieder gelacht ohne Ende. Ich glaube kaum, daß wir den Wunsch gehabt hätten, große Probleme zu wälzen.
Darf ich nun meine allerliebste Prinzessin um ihr neuestes Bildchen aus den Bergen bitten?

26.4.1942
Mein lieber Theo!

Gestern kam Dein besonders lieber Brief vom Ostermontag, für den ich Dir herzlich danke. Es war der sechste Brief in dieser Woche, und keiner davon unter sechs Seiten! Ich bin demzufolge augenblicklich mit der Feldpost – und Dir – zufrieden!
Aber natürlich gibt es einiges zu klären.
Erlaubte, daß ich hier das ganze Goethe-Zitat bringe, von welchem ich neulich nur den letzten Satz schrieb:
«Eine Liebe kann wohl im Nu entstehen, und jede echte Neigung muß irgend einmal gleich dem Blitze plötzlich aufgeflammt sein; aber wer wird sich denn gleich heiraten, wenn man liebt? Liebe ist etwas Ideelles, Heiraten etwas Reelles, und nie verwechselt man ungestraft das Ideelle mit dem Reellen.»
Über die Liebe denke ich sicher ideeller als Du; aber das liegt wohl überhaupt im Wesen der Frau.
Nein, ich sag es noch einmal: Du könntest mich niemals hindern, Dich zu lieben! Du meinst, Du bräuchtest meine Liebe nur nicht anzunehmen. Was verstehst Du darunter? Hier handelt es sich doch nicht um eine Ware, die man anbietet, die man annehmen oder ablehnen kann!
Meine Vorstellung von Liebe ist wirklich «ideeller».
Ich glaube beispielsweise, daß ich einem Toten, wenn ich ihn sehr geliebt hätte, treu bleiben könnte, vorausgesetzt natürlich, daß er auch mich geliebt hat; Gegenliebe ist selbstverständlich Voraussetzung.
Merkt der Ritter eigentlich, wie fröhlich das Geistchen augenblicklich

ist? Ach, und es wird noch fröhlicher, seit es weiß, daß auch der Ritter empfindet: «Das Leben, wie es auch sei, es ist gut!» Diese Stimmung wollen wir uns erhalten, nicht wahr? Wenn ich mir überlege, wieviele gleiche Bestrebungen wir haben, wie ähnlich wir veranlagt sind, dann fasse ich es kaum, daß wir auf so verschiedenen Wegen gehen. Manchmal möchte ich Dich gewaltsam festhalten und Dich zwingen können, mit mir zu wandern, um Dir zu zeigen, wie sicher und tragend der Boden ist, auf dem ich gehe – der Boden, der Dir noch so schwankend und schwammig erscheint! Oder sollten wir uns doch einmal an einer Wegkreuzung treffen – und zusammen freiwillig weitergehen?

1.5.1942
Meine liebe Erika!

Du wirst erstaunt sein über mein neues «leichtes» Briefpapier, nicht wahr! Die Luftfeldpost wurde extra für unser zweijähriges Jubiläum eingerichtet. Wer wollte da noch am Fortschritt zweifeln? – Ich lege diesem Brief eine Luftpostmarke bei, die kannst Du gleich für die Antwort benützen. So ist es möglich, daß ich sie schon in zehn Tagen habe. Zwei davon bekomme ich jeden Monat. Dein Brief darf aber nicht schwerer als zehn Gramm sein. Und nun bin ich gespannt, wann ich Deine «Blitzantwort» bekomme!
Unser zweijähriges Jubiläum! Klingen diese Worte nicht direkt feierlich? Ich meine zwar, ich kenne Dich schon eine ganze Ewigkeit, nicht erst zwei Jahre. Und wenn man noch berücksichtigt, daß wir uns während dieser zwei Jahre nur so wenig gesehen haben! Nach meinem Soldbuch war ich in dieser Zeit genau sieben Wochen zu Hause. Unser Zusammentreffen kommt mir selbst recht geisterhaft vor!
Je mehr ich mich mit dem *Faust* beschäftige, desto eher glaube ich, daß Goethe Erlebnisse übersinnlicher Art hatte, die unsereiner nicht versteht. Nun, es wäre ein Grund mehr, einst auch auf ein solches Ziel hinzusteuern. Jetzt sind wir meiner Ansicht nach dazu noch zu jung.

Ich denke gerade an die Zeit vor zwei Jahren, als ich Dich kennengelernt habe. Bald mußte ich damals wieder wegfahren, kam aber auch bald wieder zurück. In diesen Tagen fuhren wir oft zum «Eisenbähnchen», und in diese Zeit fällt auch die Geschichte mit dem Steinhaufen auf dem Hasenberg ... Dann kam die lange Zeit der Trennung, in der wir uns so viel gestritten haben. Schließlich aber kam ich wieder, und da waren wir beide inmitten der Schwarzwaldtannen einige Tage allein auf der Welt.

Ja, mit den Worten Morgensterns bin ich ganz von Herzen einverstanden: «Komm, schließ die Augen und hab mich lieb ...» Wenn ich mir Dich jetzt so ganz lebhaft vorstelle, Deine guten Augen, Deinen warmen Mund, dann bin ich versucht zu glauben, daß dieses ganz und gar echte Liebhaben die Antwort auf alle Rätsel der Welt ist. Dieses Gefühl, diese Stimmung, dieses Wissen kann man in Worten gar nicht beschreiben, und man kann es auf andere Weise auch gar nicht erleben.

1.5.1942

Mein lieber, ferner Ritter!

Heute zur Feier unseres zweijährigen Jubiläums habe ich begonnen, alle Deine Briefe der Reihe nach nochmals durchzulesen, eine Heidenarbeit! Du kannst Dir nicht vorstellen, wie seltsam das ist und wie anders sie heute auf mich wirken. Meist liegt ein Schmunzeln auf meinen Lippen, das aber auch jäh ersterben kann, wenn beispielsweise nach einem netten Brief plötzlich ein ganz garstiger kommt. Da könnte ich fast noch genauso wütend werden wie damals und Dir ein Haar nach dem andern – sofern noch welche zu fassen sind – ausreißen!

Unter anderem stelle ich fest, daß Deine Schrift, die anfangs manchmal katastrophal war, sich wesentlich gebessert hat! Es ist also eine leise Wandlung sichtbar ... Wie wenig Gutes hast Du doch an der Anthroposophie – und auch an mir gelassen! Aber auch da scheint mir eine Milderung eingetreten ... Ja, wir kommen wirklich aus zwei

Welten, aber wer weiß, vielleicht wachsen diese eines Tages doch noch zusammen!

5.5.1942
Lieber Theo!

Mit dem Lesen Deiner Briefe bin ich noch nicht fertig geworden. Es interessiert mich, den Duktus im ganzen zu überblicken, um dann so etwas wie eine «Grundstimmung» daraus zu gewinnen. Verstehst Du das?
Um meine Ferien scheinst Du mich wirklich beneidet zu haben, denn Du fügst gleich den Satz an: «Aber inzwischen ist ja der ganze Urlaub vorbei.» Man spürt so recht ein Aufatmen! Na, warte, Du mißgünstiger Ritter!
Aus meinen guten Vorsätzen für die Ferien ist tatsächlich nicht viel geworden. Lesen, schreiben, malen und viel in der Sonne sein und wandern – das war nicht durchführbar. Eine Woche lang habe ich mich daran gehalten, dann war mit einem Schlag Schluß. – Schön war's, aber vorbei ist's!
Das war nun ein ganz problemloser Brief, ob er Dir mehr Genuß bereitet als die geharnischten? Jedenfalls finden sich in allen hintergründige Sätze, die auf eine ganze Gebirgslandschaft zwischen den Zeilen deuten ... Merkt der Ritter das manchmal?

6.5.1942
Liebe Erika!

Vielen Dank für Deine zwei Briefe vom 20. und 21.4. Ich erhielt sie gestern und heute. Was ich dabei empfinde, brauche ich Dir wohl nicht zu sagen. Wieder einmal steht es schlimm mit uns «verliebten» Leuten. Wäre ich zwar nur so obenhin verliebt, dann hätten wir diese Differenzen nicht. Wir haben sie, weil jeder – ich wenigstens – den andern ganz haben will.

Ich kann mir nicht denken, daß meine Briefe so gehässig waren, daß Du eine solche Flut von persönlichen Angriffen auf mich losläßt. Wohl weiß ich, das ich ziemlich «spitzig» war. Wenn ich es mir überlege warum, so glaube ich, es kam aus dem Gefühl heraus, Dir Deine kolossale Sicherheit erschüttern zu müssen. Aber ich sehe, es hat keinen Sinn. Offensichtlich hat es keinen Zweck, Dir irgend welche Argumente entgegenzuschleudern, Du schiebst sie mit einer souveränen Handbewegung beiseite. Genau wie sie jener Kamerad vom «Bund freier Christen» beiseite schob, von dem ich Dir einmal erzählt hatte. Ich gebe es jetzt auf, Erika. Ich hatte immer gedacht, auch Du seist noch eine Suchende. Ich habe mich geirrt, Du bist eine Wissende. Und all dies mit 21 Jahren. Du bist wirklich zu beneiden; eine solche Reife bei so jungem Alter ist eine besondere Begnadung. – Es ist mir nicht gelungen, aus dem Dunkel mit meinen Waffen Dich «im Licht» zu schlagen. Leider ist aber in meine geistige Dunkelheit auch kein Lichtstrahl gedrungen.
Und was nun?
Auf die verschiedenen Punkte Deiner Briefe mag ich nicht mehr eingehen. Wozu auch? Du verstehst doch nicht, was ich sage, genauso wenig, wie ich Dich verstehe. Nur Deinen Vorwurf der Böswilligkeit meinerseits muß ich zurückweisen. Es mag Dir wohl so erscheinen, aber es ist nicht so.
Und jetzt bitte ich Dich, Erika, mich mit einem Anthroposophen in Verbindung zu bringen, der möglichst viel darüber weiß und mich belehren beziehungsweise meine Fragen beantworten kann. Ich habe es mir nun einmal in den Kopf gesetzt, in dieser Sache klar zu sehen, und Du hast als Lehrerin gänzlich versagt. Bitte sei so gut und finde einen Lehrmeister für mich, der Deine und meine Sprache spricht und mich Deine Sprache lehren kann. Das ist die einzige Möglichkeit zur Lösung dieses Gordischen Knotens.
Zum Tod Deines Vetters spreche ich Dir mein Beileid aus. Für die hinterbliebene Familie ist ein solcher Verlust ein bitterer Schmerz. Wie lange noch wird dieser grausame Krieg dauern?
Auch hier wird er wieder sehr lebhaft.
Das Wetter ist herrlich in den letzten Tagen, langsam wird die trost-

lose graue Landschaft etwas grün. Aber blühende Bäume sucht man vergebens.

Für heute bin ich am Ende. Meine Gedanken setzen aus.

Liebe Erika! 11.5.1942

Vielen Dank für Deine Briefe!
Obwohl ich nicht mehr über Weltanschauung mit Dir streiten wollte, muß ich doch auf einzelne Fragen eingehen.

Es ist ziemlich richtig, wenn Du sagst, daß ich in meinem Wissensdurst an der Grenze aufhöre zu fragen, wo Du erst anfängst. Diese Grenze dürfte wohl der Tod sein. Ich bleibe auf der Sinnenwelt und versuche, möglichst viel von jenen Gesetzen zu erfassen, die durch die Sinne feststellbar sind, und durch diese Gesetze wieder neue zu erahnen oder – wenn es mir einst vergönnt sein sollte – selbst danach zu forschen.

Du sagst, es gebe nur einen Sinn des Lebens, den der gesunden, aus wirklicher Erkenntnis entsprungenen Weiterentwicklung. Können sich demnach nur Anthroposophen weiterentwickeln? Und lebst Du wirklich nur dem einen Zweck, Dich zu bessern, zu vervollkommnen, Dich weiterzuentwickeln? – Ich habe zwar dieses Ziel auch in den Augen, jedoch bin ich von diesem Weg auch schon abgewichen – und merkwürdig, ich empfinde nicht einmal Reue darüber.

Verstehe mich recht: Ich glaube an ein Leben nach dem Tode. Du weißt davon, also mußt Du übersinnliche Kräfte haben, um diese Welt jenseits des Todes, die mit den Sinnen nicht erfaßbar ist, zu erkennen. Ist das logisch gedacht?

Nachdem ich nun etwa eine Viertelstunde vor dem leeren Papier sitze und über meine letzten Sätze nachdenke, finde ich zwar, daß wir wirklich so etwas wie übersinnliche Kräfte besitzen. Das sind Gefühlsempfindungen oder Herzensregungen. Außerdem ist unser Geist eine übersinnliche Kraft. Aber verarbeitet der Geist nicht auch nur die Eindrücke, die ihm die Sinne vermitteln? – Dieses Problem erscheint mir wichtig, darüber muß ich mir wirklich einmal den Kopf zerbrechen.

Deinen lieben sonnigen Sonntagsbrief vom 26.4. werde ich bald in einer stillen Stunde beantworten.

Lag uns die bösen Worte vergessen, Geistchen, willst Du? Du weißt ja auch, daß ich mit meinen Fragen nur das eine erreichen will: Dich zu verstehen. – Ich bin fest überzeugt davon, daß wir in einer Richtung gehen, nur noch nicht auf der gleichen Straße.

12.5.1942

Lieber Theo!

Als ich gestern vom Wochenend-Ausflug von Kesselfeld zurückkam, fand ich Deinen lieben Brief vom 23.4. vor, den Du in drei Etappen geschrieben hast wegen der Fliegerangriffe, die jetzt wieder einsetzen. Bisher war ich einigermaßen ruhig, aber nun sieht es leider anders aus! Auch wir hatten in dieser Woche dreimal hintereinander Alarm. In Zuffenhausen gab es wegen einer einzigen Bombe dreizehn Tote und beträchtlichen Häuserschaden. In Lauffen a.N. sah ich vom Zug aus die Zerstörung.

Auf meinem herrlichen einsamen Weg von Neuenstein nach Kesselfeld vergaß ich die Kriegsnöte. Die Straße führt immer entlang der jetzt in voller Blüte stehenden Wiesen. Ein vielstimmiges Konzert der Vögel begleitete mich und das Zirpen der Grillen – es war unendlich friedlich.

Jetzt aber, mein lieber Ritter, werden wir uns wahrscheinlich wieder ein wenig raufen müssen. Ich werde mich zwar sehr bemühen, mich nicht durch Deine verschiedenen Spitzigkeiten aufbringen zu lassen. Ja, ich bin restlos der Ansicht, daß der Geist den Körper gestaltet, aber nicht, wie Du meinst, nur in einem Leben, sondern in vielen. Man sieht es doch immer einem Menschen an, «wes Geistes Kind» er ist! Sein geistig-seelisches Wesen hat an seinen Zügen gearbeitet, an seinen Gesten, an seinen Gliedern – kurz an allem, was physisch von ihm in Erscheinung tritt. – Hier wirst Du wohl mit mir einig gehen.

Die Theorie, es müßten zwei gesunde germanische Menschen auch ein geistig hochstehendes gesundes Kind in die Welt setzen, muß sich zweifellos erst noch als richtig erweisen! – Man glaubt, daß man mit dem Körper auch den Geist «züchten» könne: gesunder Körper, gesunder Geist! – Nein, erst muß der Geist gesund sein und die Seele, denn diese sind es, die den Körper gesund erhalten oder krank machen!
Doch lassen wir für heute die Probleme! Ich möchte mich an den Morgenstern-Vers halten:

«Ein jeder soll den Weg des andern achten,
wo zwei sich redlich zu vollenden trachten.»

Redlich trachten wir ja beide nach dem rechten Weg, nicht wahr?

16.5.1942

Mein lieber Theo!

Gestern erhielt ich Deinen lieben Blitzbrief (der leider doch volle vierzehn Tage reiste!) und soeben Deinen sehr bitteren vom 6.5. Was ich dabei empfinde – das brauche auch ich Dir nicht zu sagen!
Dennoch stelle ich erfreut fest, daß Dein zweiter Brief Deinen ersten nicht überschatten konnte, daß der Eindruck der Wärme geblieben ist. Schon die ganzen letzten Tage mußte ich oft an Dich denken, und gestern und heute nacht habe ich auch von Dir geträumt; Du bist unverhofft gekommen, wir waren glücklich – und hatten keinen Streit!
«Ich gebe es jetzt auf», sagst Du. Ach, auch ich war schon oft nahe daran gewesen, die Flinte ins Korn zu werfen! Aber ich tat es doch nicht. – Ja, wenn wir uns nicht so lieb hätten! Daher rührt ja der ganze Kummer über unsere Differenzen.
Ich soll nun einen Anthroposophen suchen, der auf alle Deine Fragen Antwort geben kann, nachdem ich als Lehrerin gänzlich versagt habe ... Durch Frage und Antwort allein ist Anthroposophie nicht zu erfassen. Sie erfordert ein intensives Studium, damit kann man

sein ganzes Leben zubringen, ohne je an das Ende zu kommen. Zum Studium gibt es viele Bücher, aber leider stehen sie nicht mehr zur Verfügung, und die vorhandenen kann man nicht ins Feld schicken. Darin liegt die Schwierigkeit.

Nein, Theo, ich bin durchaus keine «Wissende», sondern eine Suchende, aber eine Suchende nicht im Dunkeln mit geschlossenen Augen, sondern eine Suchende in einer bestimmten Richtung, das ist es. Ich weiß ja, daß Du das nicht begreifen kannst, daß ich meiner Richtung so sicher bin. Das muß Dir in meinem Alter natürlich als Dummheit oder Verblendung erscheinen. Aber wie soll ich es ändern?

Du schreibst, daß Goethe auch übersinnliche Erlebnisse gehabt haben müsse und daß dies ein Grund mehr sei, einst auch auf ein solches Ziel hinzusteuern. Wie sehr haben mich diese Worte gefreut!

Ein anderer Satz machte mir ebenfalls das Herz warm: «Gegenseitig müssen wir uns anfeuern und befruchten. Niemals dürfen wir stehen bleiben. Das sind wir uns schuldig.» Ja, wir wollen aneinander wachsen! Was sollte Liebe sonst für einen Sinn haben?

17.5.1942

Mein liebes Prinzeßchen!

Ich will heute Deinen lieben Sonntagsbrief beantworten, dazu bin ich gerade in der richtigen Stimmung – an diesem Tag meines ersten Sonnenbrands. Es ist herrliches Wetter, und ich bin den ganzen Tag in der Badehose herumgelaufen!

Inzwischen ist auch Dein lieber Brief vom 1.5. unserem Jubiläumstag, eingetroffen, habe heißen Dank!

Ja, ich glaube auch, daß wir eines grauen Alters bedürfen, um nicht mehr so leidenschaftlich zu streiten. Es wäre in einer Weise ja auch widersinnig, wenn wir jetzt in unserer «blühenden» Jugend schon kühl, sachlich überlegend wären, nicht wahr? Dafür erleben wir auch die Freude am Dasein um so stärker. Abzustumpfen wäre für mich das Schlimmste.

Den Artikel «Indische Weisheit», den Du beigelegt hast, habe ich mit Interesse gelesen. Ich sehe es schon kommen, Du bringst mich doch noch so weit, daß ich zu meditieren beginne. Das ist nicht etwa Scherz, sondern mein voller Ernst. Nur bleibt die Frage offen, wann ich dazu einmal Zeit haben werde? – Indische Literatur interessiert mich auch sehr. Mindestens beweisen manche dieser eingeweihten Inder, daß es etwas außerhalb unserer Sinnenwelt gibt, das die Nichteingeweihten nicht kennen, nicht verstehen. Der Artikel sagt jedenfalls klar und deutlich, daß man nur durch das Mittel der Meditation zum Wissen über Seele und Geist kommen kann, und damit zur Erkenntnis. Es ist eben nicht so, daß die gewöhnliche Vernunft dahin führt, wie Du sagst.

Immer wieder habe ich das deutliche Gefühl, daß wir nicht aus zwei verschiedenen Welten stammen, daß wir nicht in zwei verschiedenen Richtungen auseinanderstreben. Ich meine, der Schnittpunkt müsse erst noch kommen. Zunächst haben wir uns «entdeckt» und mit Freude festgestellt, daß wir in der gleichen Richtung reisen. Und nun warten wir voll Ungeduld auf unser Zusammentreffen. Und dann nimmt der Ritter das Geistchen auf seine Arme, und es beginnt der brausende Ritt ins schöne Leben!

17.5.1942

Mein lieber Theo!

Zufällig habe ich heute unter meinen Büchern einige kleine Heftchen gefunden, die ich Dir schicken will. Eigentlich darf ich es ja auch nicht, aber Du wirst schon vorsichtig sein! Sobald Du sie dann ausgelesen hast, schicke sie mir bitte sofort wieder zurück. Ich hoffe nicht, daß sie unterwegs verlorengehen, denn diese Schriften sind im wahrsten Sinne des Wortes unersetzlich. Ich hoffe, daß sie Dir wieder einen Schritt weiterhelfen im Verständnis der Anthroposophie und der Christengemeinschaft. Sie sind leichter zu lesen als die von Dr. Steiner.

Du hast mir vor einiger Zeit das Goethe-Buch geschickt, dessen Herausgeber Goethe als Ungläubigen zeigen sollte. Neulich fand ich nun folgendes Goethe-Wort: «Der Unglaube ist das Eigentum schwacher, kleingesinnter, zurückschreitender, auf sich selbst beschränkter Menschen. » – Dies dürfte wohl Goethes wahre Einstellung zeigen.

Du schreibst, daß es offensichtlich keinen Zweck habe, mir irgendwelche Argumente «entegegen zu schleudern», mit einer souveränen Handbewegung würde ich sie beiseite schieben. Theo, bin ich Dir jemals ausgewichen? Was Dich ärgert ist im Gegenteil, daß ich immer etwas dazu zu sagen hatte. Aber das ist nicht mein Verdienst, sondern lag an der Sache (sprich: liegt an der Anthroposophie). Ich kann dafür nicht.

Jedenfalls erscheinst Du mir immer mehr wie jemand, der mit aller Kraft (und Wut) versucht, gegen einen Strom zu schwimmen. Aber Du kommst nicht vom Fleck dabei und erschöpfst nur Deine Kraft. Später oder früher wirst Du doch mitgerissen werden ... Du magst darüber denken wie Du willst: Ich erlebe, daß ich weiterkomme, weil ich mit dem Strom will. Du magst es Überheblichkeit oder Einbildung oder was immer nennen: Ich fühle, daß es in unserer Zeit die einzige Möglichkeit des Vorwärtskommens ist, mit dem Strom zu wollen. Daß ich in diesem Strom die anthroposophische Geisteswissenschaft sehe, ist Dir ja deutlich. Vielleicht sind das für Dich wieder wunderbare Phrasen. Oder solltest Du doch spüren, daß Du gegen etwas anrennst, das sich doch stärker als Du erweisen wird?

«Etwas in uns weiß um alle Schrecken von morgen ...» (Hrabanus) Das möchte ich durchaus bejahen.

Warum nur muß das Geistchen dem Ritter immer wieder Kummer bereiten – und umgekehrt! Da flattern Briefe in die Welt, die so oft, statt zu erfreuen, Verdruß bereiten. Warum letzten Endes? Aus Liebe! So verrückt ist die Welt! Wann werden wir wohl einmal gescheit sein?

21.5.1942

Lieber Theo!

Du schreibst, daß es bei Euch langsam grün zu werden beginnt. Bei uns ist es fast hochsommerlich. Dennoch sind die Blätter ganz lichtgrün, der Flieder duftet aus allen Gärten, und die Schwalben zwitschern mir fast das Herz aus dem Leibe – es ist unbeschreiblich schön! Wenn Du doch einmal um diese Zeit Urlaub bekommen würdest und nicht immer nur im starren, kalten Winter! Aber daran ist ja nicht zu denken, ich weiß es. Ob es bei Euch Schwalben gibt? Überhaupt Vögel?
Da keine weitere Post kam, liegt heute vor mir nur Dein «bitterer» Brief ... Es ist schlimm, jeder will dem anderen nur Liebes tun, und das Gegenteil geschieht. – Auch mir geht es so, daß ich meine, Dich schon das ganze Leben lang zu kennen, nicht erst seit zwei Jahren. Aber wer weiß, wie lange wir uns tatsächlich schon kennen!?
Hrabanus: «Morgen früh oder in tausend Jahren – was tut es, wie lange die Nacht war? Ich werde dich wiedersehn.»
Und: «Die Seele ist so alt wie der Himmel.»
Dazu Goethe: «Den Beweis der Unsterblichkeit muß jeder in sich selbst tragen, außer dem kann er nicht gegeben werden. Wohl ist alles in der Natur Wechsel, aber hinter dem Wechsel ruht ein Ewiges.»
Diese Strophe kennst Du:

>«Des Menschen Seele!
>Gleicht dem Wasser;
>Vom Himmel kommt es,
>Zum Himmel steigt es
>Und wieder nieder!
>Zur Erde muß es,
>Ewig wechselnd.»

Wenn diese Gedanken einmal wirklich von der Menschheit aufgenommen würden ...!
Heute bekommst Du einen Zitaten-Brief! Soeben schlug ich wahllos einen Novalis-Band auf – und bin zutiefst berührt:

«Das Leben der Götter ist Mathematik. Alle göttlichen Gesandten müssen Mathematiker sein. Reine Mathematik ist Religion.» Was sagst Du dazu? Ich hatte immer das Gefühl, daß Mathematik ganz nahe mit dem Geistigen verwandt und eines durch das andere «beweisbar» sein müsse. Darf ich noch mit Zitieren fortfahren?
«Nichts ist dem Geist erreichbarer als das Unendliche.»
«Der Tod ist eine Selbstbesiegung – die, wie alle Selbstüberwindung, eine neue, leichtere Existenz verschafft,»
«… Das höchste Glück ist, seine Geliebte gut und tugendhaft zu wissen, die höchste Sorge ist die Sorge für ihren Edelsinn. Aufmerksamkeit auf Gott und Achtsamkeit auf jene Momente, wo der Strahl einer himmlischen Überzeugung und Beruhigung in unsere Seele einbricht, ist das Wohltätigste, was man für sich und seine Lieben haben kann.»
«Die Liebe ist der Endzweck der Weltgeschichte, das Amen des Universums.»
Gefällt Dir Novalis?

22.5.1942

Mein lieber Ritter!

Zum Artikel «Indische Weisheit»: Ich habe nicht gesagt, daß man durch bloßes vernünftiges Denken zu geisteswissenschaftlichen Erkenntnissen kommen könne, das hast Du falsch behalten. Ich schreibe Dir einen Wortlaut Rudolf Steiners hierzu: «Zum Forschen (in der geistigen Welt) gehört das geöffnete Auge des hellsichtigen Menschen; zum Anerkennen der Mitteilungen gehört gesunder Wahrheitssinn; natürliches, unbefangenes, durch kein Vorurteil getrübtes Gefühl, natürliche Vernünftigkeit.»
Will Dir das so nicht einleuchten?
Warum willst Du das Meditieren auf später verschieben? Soviel Zeit braucht man dazu nicht. Gelegentlich kann ich Dir «Material» zukommen lassen, wenn Du es haben möchtest.

28.5.1942

Mein lieber Theo!

Hab recht herzlichen Dank für Deinen Brief vom 11.5.! Heute habe ich richtig Lust, sogleich darauf zu antworten.

Wenn ich sagte, daß Du an der Grenze halt machst, wo ich eigentlich erst anfange zu fragen, so meinte ich damit nicht den Tod, obwohl das auch eine solche Grenze wäre, wo jedes Forschen mit physischen Mitteln am Ende ist. Ich meinte die Grenzen, wo nur die Forschung des Geisteswissenschaftlers weiterführen kann.

Du sagst, daß wir nie persönlich werden dürfen bei unseren Zänkereien. Was verstehst Du da unter «persönlich werden»? Wenn Du mir unlogisches Denken vorwirfst, erscheint mir das doch sehr «persönlich»! Du mußt Dir dann nach einer solchen «Höflichkeit» schon gefallen lassen, daß ich mich rechtfertige und mir erlaube, Dich auf Deine Unlogik und Inkonsequenz aufmerksam zu machen.

Soeben kam überraschend meine Cousine angereist, deren Mann an Ostern gefallen ist; ich schrieb Dir davon. Sie las uns ganz wunderbare Abschiedsbriefe vor, die an sie und die Kinder gerichtet sind. Sie haben mich so ergriffen, daß ich für heute nicht weiterschreiben kann. Meine Cousine ist unglaublich gefaßt, Sie trägt die unerschütterliche Gewißheit in sich, daß sie ihren Mann wiedersehen wird.

29.5.1942

Mein lieber Theo!

Hast Du eigentlich auch ein wenig das Pfingstfest feiern können? Ich bin wieder in Kesselfeld gewesen. Es war herrliches, sonniges Wetter, und so hatte ich schon das schönste Pfingsterlebnis auf dem Weg von Waldenburg (der Bahnstation) bis Kesselfeld. Schon als ich aus dem Zug stieg, hörte ich die Lerchen im blauen Himmel trillern. Dann wanderte ich die bekannten Wege durch die blühenden Wiesen; sie sind mir von Kindheit an vertraut und lieb und der Quell vieler Erinnerungen. Auch im alten Bauernhaus bei den Verwandten erlebte ich zwei schöne Tage.

Nun zur weiteren Beantwortung Deines Briefes. Ich finde, Du bist dann inkonsequent, wenn Du einerseits sagst, daß Du nur an das glaubst, was Du erlebst, was Du mit Deinen physischen Sinnen ergreifen und erleben kannst, und auf der anderen Seite sagst, daß Du an ein Weiterleben nach dem Tode glaubst. Dieses Weiterleben beziehungsweise das Wissen darum kannst Du ja mit physischen Sinnen nicht bestätigt bekommen!

Ich würde sagen, Du glaubst (ohne äußere Beweise) deshalb an ein Weiterleben nach dem Tode, weil es bisher so üblich war, das anzunehmen (das tut doch auch jeder Christ, Araber, Jude usw.). Oder worauf stützt sich Dein Glaube an ein Weiterleben nach dem Tode?

Von mir schreibst Du: «Du weißt davon, also mußt Du übersinnliche Kräfte haben ... Ist das logisch gedacht?» Nein, mein lieber Theo, diesen logischen Schluß kann ich nicht ziehen, denn man kann durchaus von der Existenz oder Wirklichkeit einer Sache überzeugt sein, auch wenn man sie nicht mit eigenen Augen gesehen hat. So bin ich beispielsweise davon überzeugt daß in Varna Mandelbäume wachsen, ohne daß ich sie selbst gesehen habe. Entscheidend ist in einem solchen Fall erstens, daß der Überbringer einer Mitteilung (beispielsweise auch aus geistigen Bereichen) glaubhaft ist und zweitens, daß diese Mitteilung selbst plausibel erscheint.

Nochmals zum Rassenproblem beziehungsweise der Beeinflussung des Leibes durch das Geistig-Seelische. Ein Beispiel: Denke Dir jemand, der vor Verlegenheit errötet, der sich geniert und sich am liebsten verstecken möchte. Das ist zunächst eine rein seelische Regung, aber nun strömt plötzlich das Blut vom Herzen weg, möchte einen Schleier bilden, hinter welchem sich die Seele verstecken kann. – Oder jemand steht an einer Türe, hinter welcher sich Entscheidendes ereignen wird: er bekommt Herzklopfen. Solche Beispiele gibt es unzählige. Warum spricht man von einem gütigen oder durchgeistigten Gesicht? Weil es der Geist ist, der darin seine Spuren hinterlassen hat.

3.6.1942

Meine liebe Erika!

Vorgestern kam Dein Brief vom 11.5., gestern Dein sehr lieber Brief vom 16.5., ich danke Dir recht herzlich dafür. Du siehst, auch Dein «Blitzbrief» reiste 17 Tage, fürwahr ein langsamer Blitz. Und jetzt da die Laufzeit sicherlich schneller wird, bekomme ich keine Marken mehr, weil ich ja nur mit ganz wenigen Kameraden noch in M. bin. Die andern sind nach Norden gewandert; ich werde wohl auch nicht mehr lange hier sein. Ich fürchte mich schon vor der Zeit, wenn infolge des Vormarsches wochenlang keine Post mehr kommt.
Der Ritter sagt dem Geistchen Dank für den feinen Panzer, der sich immer von neuem bewährt. Gestern früh um 5 Uhr wurde ich einmal wieder recht unsanft geweckt durch eine ungeheure Detonation. 30 m vom Haus war eine Bombe eingeschlagen. Da sie aber im weichen Erdreich landete, konnte sie nicht viel anrichten.
Der Frühling hier hat wenig Bezauberndes. Aber er verhüllt gnädig mit seinen grünen und blühenden Bäumen die ewig graue Stadt. Dagegen sind die Nächte ganz eigenartig: hellflutendes Mondlicht und starke, tiefschwarze Schatten. Die Akazienbäume duften süß und schwer; ab und zu huscht mit langem Flügelschlag eine Fledermaus vorbei. Trotz der lautlosen Stille hat man hier immer das Gefühl, es bewege sich etwas, unsichtbar, unkontrollierbar. Es ist ein Land der Schatten, nicht der Sonne. Die Bewegung ist hier nicht impulsiv, sprunghaft, aus der Freude geboren, sie ist schleichend, führt Übles im Schilde, oder ist müdeste Müdigkeit.
Die Sterne aber funkeln in seltener Schönheit wie Diamanten am Himmel, sie sprühen in allen Farben. Oft schaue ich hinauf, und wenn eine Sternschnuppe fällt, sagt mein Herz nur das eine Wort – Erika! Schon sehr viele Male geschah es. Immer denke ich dabei nur an Dich.
Der Spruch:

> «Ein jeder soll den Weg des andern achten,
> wo zwei sich redlich zu vollenden trachten»

trifft wirklich auf uns zu, das heißt, wir sollten ihn beherzigen. Was wir tun ist aber, daß wir uns gegenseitig Prügel in den Weg werfen. Wenn Du jetzt wieder meinst, bei mir gäbe es gar keinen Weg, auf den ein Prügel zu werfen ist, so irrst Du, liebes Teufelchen. Wenn der Weg auch nicht schnurgerade ist, die allgemeine Richtung hat er doch und – wenn ich mich nicht irre die gleiche wie der Deine.

Du siehst, daß ich trotz allem die Flinte wieder aus dem Korn geholt habe!

Auf Deine Briefe bin ich übrigens nicht kalten Herzens eingegangen, sondern schweren Herzens, man könnte sogar sagen «blutenden Herzens»! Und nicht einmal so viel konntest Du herauslesen? Du hast doch sonst einen so guten Barometer für Stimmungen! – Aber, liebe Erika, ich habe den festen Glauben, daß unsere Liebe unseren Streit überdauern wird!

Heute habe ich mich mit einem Kameraden über Anthroposophie unterhalten, der auch einiges darüber weiß. Er ist hochintelligent, zweifellos sehr tüchtig und charakterlich einwandfrei. Er ist Architekt und hat studiert. Dazu ist er sehr belesen. Er sagte mir, daß manche Dinge, wie Erziehung, Heileurythmie, die Farbenlehre usw., sehr gut seien. Im übrigen hält er die Anthroposophie für überspitzt, ihre Architektur für unerträglich.

Der Architekt-Kamerad erzählte mir übrigens, daß er zwei außerordentlich tüchtige Professoren hatte, die beide Anthroposophen waren. – Vielleicht liegt mein Unverständnis doch an Deiner unzulänglichen Lehrtätigkeit?

7.6.1942

Meine liebe Erika!

Herzlichen Dank für Deinen lieben Brief vom 17.5. Die Literatur, die Du mir geschickt hast, habe ich auch erhalten. Wie ich bei flüchtigem Durchsehen festgestellt habe, muß ich die Sachen ernsthaft durchlesen. Es scheint ja wieder reichlich schwirig zu werden. Du wirst in den nächsten Tagen ausführlich darüber hören. – Aber warum soll ich vorsichtig sein? Nachdem das eine Heft im Jahre 1940 gedruckt wurde, ist dies doch sicher keine verbotene Organisation. Warum also vorsichtig?

Ich glaube an Gott, den Schöpfer aller Menschen und Dinge, dessen Herrlichkeit kein menschlicher Geist ermessen kann, ich glaube an seine unendliche Güte und Gerechtigkeit. Oft stehe ich und staune ehrfürchtig vor den Wundern, die er uns auf dieser Erde zeigt. Und mein Herz ist des Dankes voll, aber ich vermag niemand davon zu sagen als ihm allein. Ich kann es mit Worten schlecht ausdrücken; ich kann nur sagen, in solchen Augenblicken habe ich unermeßliches Glück empfunden.

10.6.1942

Meine liebe Erika!

Es ist gerade 21 Uhr, und ich denke sehr stark an Dich. Aber mir ist es, als ob Du heute nicht an mich dächtest.

Zu den Aufsätzen von Rittelmeyer. Das Heft ist wirklich ganz interessant, ich werde es der Reihe nach durchlesen. Von der Christengemeinschaft hast Du mir noch nichts erzählt. Bringt diese auch heute noch diese Monatshefte heraus? Das wäre wohl eher etwas, mir das Verständnis der Anthroposophie näherzubringen! Beispielsweise der Aufsatz: «Ist das Verständnis der Christengemeinschaft zu schwierig?» dürfte doch für mich ziemlich aufschlußreich sein!

Zum Aufsatz «Gott und die Engel»: Zunächst geht es mir ebenso mit dem Wort «Gott», auch ich mag es nicht leichthin aussprechen, sondern nur dann, wenn ich wirklich von ihm durchdrungen bin und Wichtiges auf dem Herzen habe. Alles andere käme auch mir als Entheiligung vor.

An Engelreiche, die die Augen, Ohren, Hände des Weltenvaters darstellen, kann man wohl glauben. So, wie es Rittelmeyer darstellt, erscheint es ganz plausibel. Denn es ist wirklich so, das Walten und Wirken des Allmächtigen sieht man – wenn man nur die Augen offen hält – an den kleinsten Dingen, den Pflanzen,

Tieren, den Naturgesetzen, an jeder chemischen Formel, sogar an den Handlungen der Menschen. An unendlich vielem kann man den Schöpfer erkennen und verehren beziehungsweise seine Engelscharen. Jeder Engel hat seine besondere Aufgabe zu erfüllen. Das kann man ohne weiteres annehmen. Wieviele Engel werden da eigentlich angenommen?

In diesem Zusammenhang verstehe ich auch die Worte von Hrabanus, die Du mir aufgeschrieben hast:

«Da ich im Fieber lag, glaubte ich Wundervolles zu wissen. Nun Genesender erwachte ich zur klaren Armut: es ist nur Einer, der weiß, und er ist barmherzig, wenn er sein Wissen nicht mitteilt.» «Kein Prophet möchte reden.»

Manchmal erging es mir so, daß, wenn ich einen jener erhabenen Gedanken – etwa über die großartige Sternenwelt oder über den Bau des menschlichen Körpers usw. – weiterdachte, bis es nicht mehr ging, ich für einen winzigen Moment glaubte, etwas zu sehen – ohne nachher mehr zu wissen –, und da fühlte ich mein Herz wild pochen über dem Erlebten.

Und ich glaube, daß es möglich ist, in dieser Richtung noch stärker zu fühlen, zu erleben.

Der Vergleich mit dem Blinden und der Sonne ist ausgezeichnet. Es unterliegt keinem Zweifel, daß der Blinde vor seinem geistigen Auge die sonnbeglänzte Landschaft schaut, wenn auch anders, als sie der neben ihm stehende Sehende sieht. Denn wie sie in Wirklichkeit ist, das kann er nicht wahrnehmen. Aber wer weiß, vielleicht sieht er sie schöner, als sie ist.

Ja, die Stunde hat zweifellos geschlagen, wo sich Katholizismus und Protestantismus verbinden können. Aber es ist sicher auch richtig: Erst sehr wenige Menschen erleben Gott so, wie Rittelmeyer es beschreibt. Ich sehe es hier sehr deutlich, wie die Menschen mit leerem Herzen dahinleben, nur darauf bedacht, sich zu unterhalten und ihre sinnlichen Bedürfnisse zu befriedigen. Deshalb schließe ich mich ja auch so furchtbar schwer jemandem an. Die Menschen mit innerem Reichtum und Größe des Herzens und der Seele sind so selten.

Da steht der Satz: «So wird der größere Gott kommen, auf den unsere

Zeit wartet.» Ja, das meine ich auch lebhaft zu spüren. Es fehlt die Form noch, um den Millionen einfacher Menschen diesen Gott nahezubringen. Es sei denn, die Christengemeinschaft hat diese Form schon gefunden. Das würde mich jetzt sehr interessieren.

Die anderen beiden Schriften werde ich das nächste Mal durchgehen und Dir darüber berichten.

Nun, Erika, ich meine, Du hast diesmal mit der Auswahl Deiner Literatur eine glücklichere Hand gehabt. Ich bin wirklich froh darüber, daß unser Streit nicht von neuem beginnt, sondern im Gegenteil, wir vielleicht die gemeinsame Basis entdeckt haben, die uns bisher fehlte. Die Worte Rittelmeyers haben mich meine eigenen Erlebnisse eigentlich klarer sehen lassen und mich vor allem darauf aufmerksam gemacht, daß man diese Erlebnisse steigern kann. Ich werde mich nun häufiger mit meinen Gedanken in jene Richtung begeben.

Am Sonntag (7.6.) hatte ich übrigens ein ähnliches Erlebnis. Ich hatte ziemlich stark an Dich gedacht, und dann steigerte sich dieses Gefühl der wunderbaren Liebe zu Dir plötzlich so gewaltig, daß es fast weh tat. Das Herz klopfte zum Zerspringen. Und ich hatte nur dieses eine beseligende Gefühl, daß ich Dich sehr, sehr lieb habe.

Ich phantasiere ein bißchen, mein liebes Geistchen! Aber ich meine, es ging heute mit uns beiden einen guten Schritt weiter!

13.6.1942

Mein lieber Theo!

Ich danke Dir zuerst recht von Herzen für Deine lieben Briefe, besonders für den vom 3.6.; über letzteren habe ich mich ganz besonders gefreut!

Du glaubst also jetzt daran, daß der Mensch wirklich übersinnliche Erlebnisse haben kann. Es gab eine Zeit, da Du weder an einen Hellseher noch an ein übersinnliches Erlebnis geglaubt hast. Also doch ein Fortschritt! Du weißt nur nicht, ob alle Hellseher zu gleichen Ergebnissen kommen und fragst Dich, ob da nicht auch Charaktereigenschaften eine Rolle spielen. – Ich kann nur immer wieder feststellen, daß die, die über die «Grenze» schauen konnten, zu mehr oder weniger gleichen Erkenntnissen gekommen sind.

Du kennst von Ina Seidel *Unser Freund Peregrin*. Die Autorin läßt am Ende des Buches eine alte Frau die Worte sagen: «Wiederkommen? Da können wir ruhig sein – ruhig sein: wiederkommen sie alle ...» (die Toten) Auch in ihrem *Lennacker* (das ich zur Zeit lese) ist Ina Seidel ganz wunderbar – schlau, möchte ich sagen. Man muß heute ja vorsichtig sein. Aber sie glaubt an eine Wiederverkörperung, das geht deutlich aus ihren Büchern hervor.

14.6.1942

Mein lieber Ritter!

Vorläufig begnügt man sich damit, das Sichtbare nach seinen materiellen Bestandteilen und Kräften zu erklären, der Geist bleibt aus dem Spiel. Ebenso könnte man ja auch ein Haus in seine Stoffe zerlegen, man könnte chemische, physikalische und statische Prüfungen vornehmen und hätte dann das Haus vielleicht «erklärt», ohne auch nur einen Gedanken an den Baumeister zu haben, aus dessen Geist es überhaupt entsprungen ist. Wie das Haus, so muß alles, was geschaffen wird oder erschaffen ist, zuerst in irgendeinem Geist vorgebildet sein. Leuchtet das nicht ein?

Noch viele Punkte gäbe es, auf die ich eingehen wollte, aber ich lasse sie heute auf sich beruhen.

An welchem Ort der fahrende Ritter wohl diesen Brief lesen wird? Hoffentlich nicht in einer «unruhigen» Gegend! Nicht nur das Geistchen, auch er muß immer den Panzer im Bewußtsein haben!

18.6.1942

Mein lieber Theo!

Du schreibst, daß Du Dich wunderst, daß ich nie von der Christengemeinschaft gesprochen hätte bisher, Du hörtest das zum ersten Mal. Na, was bist Du doch für ein vergeßlicher Mann! Das erste Buch, das ich Dir zum Lesen gegeben habe, war vom Gründer der Christengemeinschaft, von Dr. Rittelmeyer, und er beschreibt darin ausführlich seine Begegnung mit Rudolf Steiner und die Entstehung der Christengemeinschaft! Aber immerhin, das war vor zwei Jahren, und das ist lange her.
Wenn ich sagte, daß Du vorsichtig mit den Heften sein sollst, so hat das seinen Grund: Die Christengemeinschaft ist seit dem letzten Jahr «aufgehoben» – nicht verboten im üblichen Sinn.
Nun bin ich sehr gespannt, was Du über diese Schriften berichten wirst.
Gegen neue Gedanken wurde zu allen Zeiten Sturm gelaufen. Damit hat jeder zu kämpfen, der Unerwartetes, Ungewohntes ausspricht. Morgenstern sagt: «Eine Wahrheit kann erst wirken, wenn der Empfänger für sie reif ist. Nicht an der Wahrheit liegt es daher, wenn die Menschen noch so voller Unweisheit sind.» Vorahnungen? Nein, es sind sicher nicht nur die «Schrecken», die man vorausahnt. Ich habe schon oft auch vorausgeträumt, und das waren manchmal die schönsten Dinge. – Natürlich kann man auch Nebensächliches voraus träumen. Beispielsweise hatte ich vor Pfingsten den Traum, ich sei in Kesselfeld gewesen und hätte die Masern bekommen. Einige Tage darauf schrieb mir meine Tante, ein Enkelkind hätte die Masern, aber ich solle an Pfingsten trotzdem kommen, denn ich bekäme sie ja nicht mehr. Natürlich habe ich mich auch nicht angesteckt. – Neulich träumte ich von einer Klassenzusammenkunft; kurz darauf kam eine Einladung dazu. Es nehmen übrigens auch vier Lehrer daran teil. Darauf freue ich mich nun sehr.
Aber es gibt ja auch sonst recht seltsame Erlebnisse zwischen Wachen und Schlafen, und davon möchte ich Dir eigentlich einmal erzählen. Bisher habe ich darüber zu fast niemand gesprochen.
Kannst Du es Dir vorstellen, daß man mit offenen Augen bei Nacht im

Bett – im dunklen Schlafzimmer – Dinge sehen kann, die um einen sind und dann langsam entschweben? Wenn ich die Augen schließe, ist «es» weg, also ein Zeichen dafür, daß «es» wirklich «da» ist. Diese Erlebnisse habe ich in Abständen etwa seit acht Jahren. Jedes mal bekomme ich dabei starkes Herzklopfen, verbunden mit einem leichten Angstgefühl. Es ist mir immer deutlich, daß es sich dabei um Gebilde nicht der physischen Welt handelt. Als junges Mädchen rief ich oft meiner Mutter, die noch auf war, weil ich mich fürchtete.

Warum ich Dir heute davon erzähle, weiß ich auch nicht! Vielleicht daß Du auch wirklich erkennst, was für ein Geistchen Du liebst? Jedenfalls verstehe ich im Zusammenhang mit diesen Erlebnissen, warum der Geistesschüler lernen muß, Furcht zu überwinden.

Heute ängstige ich mich übrigens dabei nicht mehr, sondern ich bemühe mich, ganz Auge und Beobachtung zu sein. Oft wird es im Zimmer ganz hell, während irgendwelche Gebilde – Blumenartiges, eine durchsichtige Kugel, die aber ornamentartige Zeichnungen hat, oder ähnliches – in der Luft schweben und sich entfernen. In letzter Zeit hatte «es» eine so wunderbar rote Farbe, wie sie alte Glasfenster aufweisen. – Hoffentlich wird es Dir jetzt nicht ungemütlich in meiner Nähe!?

20.6.1942

Meine liebe Erika!

Ich bin einmal wieder auf Fahrt und habe mich sehr gefreut, bei meinem Eintreffen bei den Kameraden – was ich ja nicht erwartet hatte – so unerhört viele Briefe vorzufinden. Ich muß schon sagen, Du hast mich überrascht. Es sind Deine Briefe vom 21.5., 22.5. und 29.5. Hab vielen herzlichen Dank! Einer ist zwar dabei, der mich sicherlich sehr verstimmt hätte, wäre er allein gekommen; so aber überwiegen die lieben Briefe um vieles.

Ja, M. habe ich also endgültig verlassen, und ich finde, auf Fahrt zu sein, ist auch einmal wieder ganz schön.

Mein Zelt steht unter einem Baum, ringsum sind Hecken und Wiesen.

Grün ist das Land, soweit das Auge reicht. Es war dieses Gebiet den Winter über in russischer Hand, daher ist nichts bebaut. Ein kleines Dörfchen mit strohbedeckten Lehmhütten steht am Rande des kleinen Wiesentales. Am Hang gegenüber weidet Vieh. Alles sieht hübsch und friedlich aus. – Hier wird es sehr früh dunkel, um 20.30 Uhr ist es Nacht; dafür ist es früh um 3 Uhr schon hell.
Ob es hier Schwalben gibt? Ja, die gibt es. Erst vor einigen Tagen habe ich eine Stunde lang zugeschaut, wie sie an ihrem Nest bauten. Solch ein Schwalbennest ist doch ein richtiges Kunstwerk!
Novalis habe ich bisher nicht gelesen, was Du mir schreibst, gefällt mir gut, besonders der Spruch: «Die Liebe ist der Endzweck der Weltgeschichte, das Amen des Universums.» Das möchte ich von Herzen bejahen. Es ist nur schade, daß so wenige Menschen die Bedeutung der Liebe erkennen oder, wenn sie diese einmal in ihrer Jugend erkannt haben, das wieder vergessen.
Was die Meditation anbelangt, so hat mich die Schrift von Rittelmeyer richtig neugierig gemacht. Nur, wie und was soll man meditieren? Ja, bitte schicke mir etwas darüber. Wenn ich es schon anfange, dann möchte ich es wenigstens richtig machen.

22.6.1942

Mein lieber Theo!

Du hast mich mit Deinem Brief vom 10.6. überaus glücklich gemacht, ich danke Dir von ganzem Herzen! Jetzt empfinde ich, daß wir uns wirklich nähergekommen sind. – Ich glaube, einem Gärtner, der in unermüdlicher Liebe eine Pflanze hegte und pflegte und plötzlich den Ansatz einer Blütenknospe sieht, kann es auch nicht fröhlicher ums Herz sein wie mir heute!
Ein Gedanke beschäftigt mich in letzter Zeit immer wieder. Hrabanus hat ihn in die Worte gebracht: «Nur der Hexenmeister sieht die Hexen tanzen.» Und Goethe sagt:

«Wär' nicht das Augen sonnenhaft,
die Sonne könnt' es nie erblicken;
Läg' nicht in uns des Gottes eigne Kraft,
Wie könnt' uns Göttliches entzücken?»

Ich glaube wirklich, daß etwas in uns selber mit dem verwandt sein muß, ihm ähnlich oder gleich sein muß, das wir auffassen wollen. Anders gesagt: Es liegt an uns selbst, was wir von der Welt erkennen!

Du fragst nach den Monatsheften der Christengemeinschaft. Seit einem Jahr erscheinen sie nicht mehr. Die Christengemeinschaft wurde im letzten Jahr von heute auf morgen geschlossen, die Priester kamen in Untersuchungshaft, wurden aber natürlich bald wieder daraus entlassen. Erinnerst Du Dich an die Worte in J. Schaffners Buch: Es käme eine Zeit, da man die Klugen und Normalen einsperre, die Irren aber frei herumlaufen lasse? Ist es nicht interessant: Wir leben in einer geistig unfreien, finsteren Zeit – und gleichzeitig müssen wir unsere Städte «verdunkeln». Man verbietet uns die geistige Nahrung – und muß uns Lebensmittelmarken zuteilen

Heute hörte ich etwas Erstaunliches von einer Graphologin. Sie sagte: «Im Kosmos gibt es keine Disharmonie, alles rächt sich, alles gleicht sich aus.» Dann: «In der linken Hand liegt unser Karma, das, was feststeht, was wir aus früheren Erdenleben mitbringen. Die rechte Hand ist der Ausgleich, das, womit wir das Vergangene gutmachen müssen.» Diese Frau ist keine Anthroposophin. Darum hat mich das Gesagte auch so stark interessiert und erstaunt. – Später, vielleicht in vier Wochen, kann ich Dir eventuell mehr von ihr berichten.

Ja, die Anthroposophie und die Christengemeinschaft können, wie Du glaubst, dem Menschen Gott und Christus wieder nahebringen. Aber ihre Türen wurden vorläufig geschlossen. Nur vorläufig – das weiß ich bestimmt! Später wird man einmal über die Arroganz und Blindheit unserer Zeit spotten!

23.6.1942
Mein lieber Theo!

Was sagst Du dazu, daß ich das sichere Gefühl habe, jetzt wieder von Dir zu träumen? Heute nacht war es bereits der Fall! Genaueres habe ich nicht behalten, aber ich bin in einer sehr glücklichen Stimmung erwacht, so daß ich mich sogleich fragte, was der Grund dafür sei. Und da lief eine warme Welle über mein Herz – und ich wußte es: Du bist mir um einige Schritte nähergekommen!
Ist es Dir recht, wenn ich Dir weitere von diesen kleinen Schriften schicke? Ich halte es für die einzige Möglichkeit, vorwärts zu kommen während des Krieges. Wir können ja nicht warten, bis er zu Ende ist. Den von Dir gewünschten Aufsatz *Ist das Verständnis der Christengemeinschaft zu schwierig?* besitze ich leider nicht. Ich schicke Dir heute aber zwei andere Sonderdrucke: *Der kosmische Christus* und *Luther, was er uns ist und was er uns nicht ist*. Später folgen zwei sogenannte Meditationsbriefe.

25.6.1942
Liebe Erika!

Auf die Schriften, die Du mir geschickt hast, kann ich nicht ausführlich eingehen. Ich möchte sie heute zurückschicken, da sie so wertvoll sind. Wenn sie in die Hände der Russen fielen, was ja möglich sein könnte, würdest Du sie sicher nicht zurückerhalten.
Es ist noch sehr wenig, was ich von der Christengemeinschaft gelesen habe. Dennoch bin ich der Überzeugung, daß für eine neue Religion das Wesentlichste ist, die errungene Freiheit der Menschen zu achten und gleichzeitig ihnen den Weg zu zeigen, auf dem sie wieder Stunden der Andacht finden können, die heute vielen ganz abhanden gekommen sind. – Ich muß für mich selbst gestehen, ich habe Andacht auch nicht mehr regelmäßig geübt, aber ab und zu überkam sie mich. Doch wie ich schon sagte, ich bemühe mich wieder darum und überlasse es nicht mehr allein dem Zufall.

30.6.1942

Meine liebe Erika!

Heute nun will ich versuchen, mich mit dem *Doppelantlitz des Bösen* von Alfred Schütze zu befassen.

Die Erkenntnis von Gut und Böse ist zweifellos wichtig, und daß der gewöhnliche «gute Wille» nicht genügt, wissen wir selbst aus eigener Erfahrung. Es muß also der gute Wille gesteigert werden zu einem eisernen Willen, das Böse zu lassen. Daß dies ein sehr schweres, für die Menschheit wohl nicht zu lösendes Problem ist, steht wohl außer Frage. Trotzdem muß sie versuchen, sich so weit als möglich an jenen Zustand der Vollkommenheit heranzuarbeiten, den uns wohl als einziger Christus vorgelebt hat. Der Verfasser kommt zu dem Schluß, daß Gut und Böse dreigliedrig sind, und er führt dies auch ziemlich scharfsinnig aus, so daß ich mich dem Resultat nicht ganz verschließen kann.

3.7.1942

Zwei Tage lang waren wir wieder unterwegs; wir bleiben nun wohl zwei bis drei Wochen in Ruhestellung. Wir sind in einem kleinen Dorf; heute abend habe ich gleich einen halben Liter Milch getrunken, ein lang entbehrter Genuß!

Aber zurück zu «Gut und Böse». Es ist schwer, all die Erscheinungen des Bösen in die zwei Gruppen «Erdsucht» und «Erdflucht» einzureihen. Außerdem will mir scheinen, daß Erdflucht nicht unbedingt zum Bösen zu rechnen ist.

Wieder einmal muß ich feststellen, daß mir die anthroposophischen Begriffe von Geist und Seele nicht bekannt sind. Dadurch ergeben sich dann wieder Mißverständnisse.

Es fällt mir noch auf, daß von diesen beiden Mächten des Bösen von seiten der Erdsucht tausendmal mehr Gefahr droht als von Seiten der Erdflucht. – Daß das Gute nur erlöst und nicht kämpft, ist mir auch nicht ganz klar. Wie sähe die Welt aus, wenn ab und zu nicht einmal für die Wahrheit gekämpft würde? Außerdem ist meines Erachtens alle Bewegung «gut», der Stillstand «böse». Und nachdem Kampf Bewegung ist …

Diese Mächte des Bösen als Geistwesen anzusehen, die, von außen kommend, in den Menschen eindringen, erscheint mir ganz plausibel. Daß aber die Einwirkung dieser Geistwesen auf die Menschen eine tragische «Weltverlagerung von gewaltigsten Ausmaßen» darstellt, ist mir ein bißchen zu hoch. Ich nehme doch an, das ganze Leben und Wirken verläuft nach Gesetzen. Und zweifellos wird die Welt durch das Böse aufgestachelt, das Gute zu suchen.

Übrigens, wie verhält sich das: Wenn das Böse aus Geistwesen besteht, besteht das Gute sicherlich auch aus solchen, nicht? Und wenn es auf jener Seite Ahriman und Luzifer ist, was ist es auf dieser Seite? Ferner möchte ich annehmen, daß auch die Geistwesen des Guten von «außen» kommen.

Zum Schluß des Buches wird noch beschrieben, daß der Mensch das Böse nicht zu fliehen brauche und nicht fliehen könne. Aber er könne durch Erzeugung einer übermenschlichen Macht in sich die Kraft des Bösen ins Gute umwandeln. An diesem wichtigsten Punkt für den Menschen, wie dieses Ziel zu erreichen sei, hört Schütze auf ...

30.6.1942

Mein lieber Theo!

Seit drei Tagen liege ich zu Bett mit einer kleinen Magen- und Gallenverstimmung, aber es geht schon besser; morgen mag ich unbedingt ins Geschäft. – Ich habe viel gelesen, vorwiegend in den *Christengemeinschaft*-Heften, und entdeckte echte Schätze. Am liebsten hätte ich sie Dir gleich alle geschickt und nur darauf geschrieben: «Was sagst Du jetzt?» – Im übrigen weiß ich jetzt mit Sicherheit, daß auch Du einmal zu den «Mitstreitern» gehören wirst!

Erinnerst Du Dich, daß ich im letzten Brief geschrieben habe, daß ich das sichere Gefühl hätte, in nächster Zeit von Dir zu träumen? Es war richtig gefühlt! Fast ausnahmslos jede Nacht hatte ich von Dir geträumt.

10.7.1942

Mein lieber Theo!

Gestern kam Dein lieber Brief vom 25.6., hab recht herzlichen Dank. Daß es gerade die Literatur der Christengemeinschaft ist, die Dir das «Tor öffnet», daran hatte ich nicht gedacht! Bei mir war es früher so, daß ich zwar die Christengemeinschaft vollauf schätzte, aber weniger das Bedürfnis hatte, mich mit ihr zu beschäftigen. Ich wollte in die Anthroposophie erkennend, denkerisch eindringen. Religion war für mich mehr oder weniger eine Glaubens- oder Gefühlssache. Inzwischen bin ich ja längst eines anderen belehrt. Durch die Geisteswissenschaft Rudolf Steiners ist es für den modernen Menschen möglich geworden, ein neues Christus-Verständnis zu gewinnen.
Vor kurzem habe ich zwei Bücher von einem anthroposophischen Grazer Professor, Otto Julius Hartmann, bekommen können. Das eine, *Menschenkunde*, lese ich gerade von ihm. Er stellt darin z.B. so anschaulich die vier Wesensglieder dar, daß ich ganz hingerissen bin davon. Auch dieses Buch würde ich Dir am liebsten schicken. Aber jetzt auf dem Vormarsch hast Du ja gewiß andere Sorgen.
Ob wirklich die Klärung der verschiedenen Begriffe, die wir vom Denken haben, unsere Kämpfe unnötig gemacht hätten, weiß ich nicht. Die Schwierigkeit liegt nicht allein am Begriffsinhalt, sondern daran, daß zur Aufnahme der Anthroposophie ein «Umdenken» nötig ist, das man sich erst erringen muß.
Von Dir jedenfalls habe ich den Eindruck, daß ein Umdenken bereits eingesetzt hat – zu meiner ganz großen Freude!

13.7.1942

Liebe Erika!

Leider bin ich gar nicht dazu gekommen zu schreiben, und jetzt geschieht es auch nur während einer Marschpause im Wagen. Zudem wird es gleich dunkel, Du mußt also leider mit einem kurzen Gruß vorlieb nehmen. Wann ich Dir den Brief schicken kann, ist auch noch

ungewiß, da es in der hiesigen Gegend noch keine Feldpostämter gibt. Jetzt wird unsere briefliche Verbindung wieder erheblich gestört; ich bin nur froh, daß wir keine ernstliche Streiterei haben, das wochenlange Warten auf Nachricht wäre noch qualvoller.
Sonntagnacht war ich auf dem Marsch, man mußte ohne Licht fahren. Dazu stiegen von jedem Fahrzeug gewaltige Staubwolken gen Himmel. Ich sehe jeden Tag wie ein Schornsteinfeger aus, so auch jetzt. Du würdest erschrecken. – Ja, es war also gar nichts zu sehen, trotzdem mußte gefahren werden, es war scheußlich. Hoffentlich bleiben wir heute nacht davon verschont. Wir sind den ganzen Tag gefahren, stehen jetzt in einer dichten Ansammlung von Fahrzeugen vor einer Donez-Brücke und können nicht hinüber (bei Lissitschansk). Der Vormarsch rollt also wieder, und ich muß sagen, ich fühle mich in dem Geistchen-Panzer sehr wohl.
Es ist bereits dunkel geworden, und Licht darf ich nicht machen. Ich muß im Wagen warten, bis wir die Brücke befahren können, aber das kann noch bis morgen früh dauern. Schlafen kann man da natürlich nicht. Dafür werde ich besonders lieb an Dich denken ...

16.7.1942
Mein lieber Theo!

Warum kommt so wenig Post aus dem Osten? Was ist mit meinem fernen liebsten Ritter los? Von Tag zu Tag hofft das Dreigespann auf einen Brief, aber keiner kommt, und bald sind nur noch zwei von ihnen zu sehen. Das Teufelchen hat sich schon in den hintersten Winkel verkrochen und wagt kein einziges Hörnchen hervorzustrecken. – Das Geistchen aber spinnt tausend goldene Fäden für des Ritters Rüstung, bei Tag und bei Nacht.
Ob der Ritter etwas spürt von des Geistchens Wesen, das ganz nahe bei ihm ist? Das ihn durchfluten möchte mit Frohgedanken und durchströmen mit Liebe? Ob er es fühlt?
Wenn ich allerdings innerlich prüfe, in welcher Stimmung Du jetzt sein könntest, habe ich den Eindruck, als ob Du müde, ein bißchen

verbittert und traurig wärest, ein wenig ungesammelt und verloren …
Ob das Deine Verfassung ist in dieser Stunde?

17.7 1942

Mein lieber Theo!

Endlich kam ein Brief von Dir, hab herzlichen Dank! Nachträglich tut es mir noch leid, daß Du Dich auf dem Vormarsch auch noch mit dem Problem des Bösen auseinandersetzen mußtest! Gern hätte ich alle Denkfalten, die sich sicher tief in Deine Stirn eingegraben hatten, fortgeküßt … Denn ich kann mir deutlich vorstellen, wie Du in Deinem Wagen sitzest – oder auch auf dem Boden neben dem Misthaufen! – und grübelst, innerlich ein wenig erbost (oder erböst?) darüber, daß ich Dir solches jetzt zumute! Ist es so? Aber bitte laß als verzeihenden Faktor die Tatsache gelten, daß ich von Euerm Vormarsch noch nichts wußte, als ich Dir das Heft schickte.
Nun zum *Doppelantlitz des Bösen*. Ich erinnere mich noch genau, daß es mir anfangs auch merkwürdig erschien, daß es zwei Seiten des Bösen geben soll. Aber wenn man wirklich einmal sich und die Welt daraufhin betrachtet, findet man, daß es tatsächlich so ist, ja man wundert sich sogar, daß man nicht selbst schon darauf gekommen ist.
Daß es Dir plausibel erscheint, sich diese Widersachermächte als Geistwesen vorzustellen, die von «außen» in den Menschen eindringen, freut mich natürlich. Dieses «Außen» ist aber geistig zu denken. Wenn man hierzu von Dr. Steiner noch erfährt, was er alles über Luzifer und Ahriman ausgeführt hat, die hohe, in ihrer Entwicklung zurückgebliebene Geistwesen sind, dann bekommt man noch eine ganz andere Vorstellung vom Wesen des Bösen.
Du sagst, am wichtigsten Punkt, nämlich bei der Frage, wie der Mensch das Böse in das Gute umwandeln soll, ende Schütze seine Ausführungen. Das stimmt aber nicht. Schütze führt doch aus, daß man aus beiden bösen Extremen das Brauchbare herausziehen und für ein höheres Ziel benutzen muß. So wird das Böse überwunden.

Schütze sprach nicht von einer «über»-menschlichen Kraft, die das Böse überwinden müsse; wäre eine übermenschliche nötig, würde das ja kein Mensch schaffen.

Du möchtest eine genaue Klärung der Begriffe von Geist, Seele, Verstand, Gemüt usw.

Die «Seele» umfaßt die Welt der Gefühle, Empfindungen, Begierden und ähnliches. Daher haben auch Tiere Seele, sie empfinden in ihrer Weise Schmerz und Lust.

Mit unserem «Geist» hängt zwar das Denken, der Verstand zusammen, aber er ist nicht mit ihm identisch. Unser Ich, unser Wesenskern ist Geist; man könnte ihn auch die ewige Individualität nennen, die nach dem Tode weiterlebt.

Die Bezeichnung «Gemüt» ist meines Erachtens ziemlich mit Seele identisch. Vielleicht bezeichnet Gemüt den Teil derselben, der schon mehr durchgeistigt, geläutert ist. Das zeigt sich auch darin, daß man zwar von einem gemütvollen Menschen spricht, aber beim Tier nur von Seele, von Empfindung.

Man erkennt eigentlich erst dann richtig die Unterschiede, wenn man die vier Wesensglieder des Menschen betrachtet: physischer Leib, Ätherleib, Astralleib, Ich.

Unser physischer Leib ist das Mineralische, das wir beim Tode zurücklassen.

Die Pflanze ergreift das Mineralische und bringt es in die ihrer Art gemäße Form. Sie hat zum physischen noch einen Ätherleib.

Beim Tier kommt zu diesen beiden Leibern noch ein dritter hinzu, der Astralleib, der diese Wesen mit Empfindung, mit Seele begabt.

Der Mensch hat außer diesen drei Leibern das Ich. Er ist das erste Wesen, das sich selbst denkend erfassen kann; er weiß, daß er ist. Er kann als freies Wesen über seine Begierden und Empfindungen beziehungsweise über sein Denken, Fühlen und Wollen regieren.

19.7.1942

Liebe Erika!

Besten Dank für Deine Briefe vom 13. und 18.6., die ich zwar schon eine Weile mit mir herumtrage, bisher aber wegen Mangel an Zeit nicht beantworten konnte. Dauernd bin ich unterwegs. Auch jetzt ist es nur wieder eine Marschpause. Es hat geregnet, und alle Straßen sind aufgeweicht und mit einer tiefen Schlammschicht bedeckt. Die Sonne scheint aber wieder, so geht es hoffentlich bald weiter, denn es ist sehr wichtig, den Russen auf den Fersen zu bleiben. Hier werden sehr große Fortschritte gemacht. Der Höhepunkt des Krieges ist zweifellos überschritten.

21.7.1942

Es gab zwei Tage Unterbrechung, und was für zwei Tage! In Schlamm und Dreck sind wir fast ertrunken; nachts vier Stunden Schlaf, sitzend im Wagen, dann weiter ... So geht es jetzt wochenlang! Post bekommen wir überhaupt keine mehr. Heute brennt die Sonne, und ich bin ziemlich müde.

Gerade wartet wieder die ganze Kolonne auf einen Brückenübergang; es geht 1 m vorwärts, und dann wird wieder eine halbe Stunde gewartet. Ich fahre in südlicher Richtung und bin bei Kamensk am Donez. So fahren wir kreuz und quer durch Rußland. Leider ist es mir zur Zeit ganz unmöglich, mich auf irgend etwas zu konzentrieren. – Heute ist einmal wieder solch ein seltener Tag, an dem wir nicht fahren. Ich liege jetzt bei Schachty, nördlich von Rostow. Diese Stadt wurde ja heute eingenommen. Ich hoffe sehr, daß wir weiter nach Süden fahren, es soll da viel Obst geben; auch wäre sicherlich die Landschaft interessanter. Hier gibt es Kirschen und Äpfel, die allerdings noch nicht reif sind. Jeden Tag mache ich mir ein gemischtes Kompott und süße es mit Süßstoff. Neulich haben wir eine Gans nach «alter Germanen Art» am Spieß gebraten. Es war wohl ganz romantisch, aber ich habe schon besseren Gansbraten gegessen.

Nun zu Deinem «Geistererlebnis». Du schreibst mir davon, damit ich weiß, was für ein Geistchen ich liebe? Das Geistchen entpuppt sich so langsam – es wird immer geisterhafter, ganz wie ich es mir gedacht habe! Ich bin also durchaus nicht erstaunt darüber und mir ist auch nicht gruselig.

Deine Erlebnisse finde ich sehr interessant. Wenn ich bei Dir wäre, dann hättest Du diese Erscheinungen vermutlich nicht? Oder wenn Du sie hättest, würde ich wahrscheinlich nichts davon wahrnehmen? Ich frage mich nun: Wenn es übersinnliche Dinge sind, wie kannst Du sie mit Deinen Sinnen wahrnehmen? Sicherlich nimmst Du sie gar nicht damit wahr. Vielleicht träumst Du auch nur, Du hättest die Augen offen? – Wenn Du das Zimmer hell erlebst, kannst Du da die einzelnen Gegenstände darin sehen? Versuche doch einmal, ob Du in solchem Licht die Uhrzeit oder ähnliches feststellen kannst. – Geistchen, ich glaube, daß mir «es» früher auch schon begegnet ist, aber das muss schon lange, lange her sein. Aber an eine Gestalt kann ich mich nicht erinnern, an eine Farbe auch nicht.

26.7.1942, Im Lande der Kosaken

Meine liebe Erika!

Ich sitze auf der Holzveranda eines sehr netten Häuschens, das auf einem Hügelrücken steht. Vor mir, zu meinen Füßen, ist der Garten, in dem Mais, Kürbisse, Kartoffeln und einige Obstbäume wachsen. Dahinter reihen sich die Häuser des Dorfes bis ins Tal hinunter. Eine schöne alte Kirche steht auch auf dem Hügel, in russischem Stil mit vielen Zwiebeltürmchen. Hinter dem Dorf (Krimsky) breitet sich die unermeßliche Don-Ebene. Die Hügel senken sich dem Tal zu, dahinter liegt, soweit das Auge reicht, die Ebene. Am Horizont sind einige Rauchwölkchen zu sehen, das einzige Zeichen, das den Krieg verrät. Die Ruhe und das idyllische Bild lassen ihn fast vergessen. Ich habe das Gefühl, schon lange hier zu sein in meinem Häuschen, und doch bin ich es erst seit gestern abend, da wir, mit Staub bedeckt, hier einfuhren, bestaunt und begrüßt von der Bevölkerung. Ein gesunder, wohlgebauter Menschenschlag wohnt hier in dieser lieblichen Gegend; saubere Holzhäuschen stehen im Dorf, die Gärten sind mit Zäunen und Hecken abgegrenzt und lassen auf die Ordnungsliebe der Bevölkerung schließen.

Die Frauen des Hauses wuschen noch gestern abend unsere Wäsche und brachten uns Milch. Sie schleppten Matratzen und Kissen herbei, damit wir auf dem blankgescheuerten Boden schön weich schlafen sollten. Als ich am Abend das Licht löschte und die Fenster öffnete, um die würzige, bewegte Luft zu atmen, stand der volle Mond am Himmel und hatte das schlafende Land mit seinem zauberhaften milchig-silbrigen Licht übergossen. Die köstliche Ruhe drang in mein Herz, und glücklich schlief ich ein. Glücklich wachte ich heute früh auf, ich war prächtig ausgeruht, wie lange nicht mehr. In dem hellen Zimmer, das durch die Gummibäume und andere grüne Pflanzen ein sehr freundliches Bild bot, nahmen wir das Frühstück ein. Die Hausfrau brachte uns Milch und je ein gekochtes Ei; wir selbst hatten frischen Bienenhonig zum Brot. Es wurde richtig geschlemmt, die Morgensonne schien durch das Fenster – es war ein vollkommener Sonntagmorgen.

In dieser Stimmung denke ich Deiner. Wie schön wäre es, Du könntest das alles auch sehen und erleben! – Es ist ein Ort ohne Probleme; es wundert mich nicht daß hier gern gesungen wird. Es ist ja die Heimat der Don-Kosaken. Hast Du diese prächtigen Chöre schon gehört? Die weißen Haufenwölkchen ziehen ohne Unterlaß von Westen nach Osten. Sicherlich Grüßen sie mich und erzählen von einem lieben Geistchen, das in der Ferne an mich denkt.

27.7.1942

Mein lieber Theo!

Wieder einmal wird mir ganz bange, weil gar keine Post von Dir kommt! Wenn ich nur wenigstens wüßte, daß es dem fahrenden Ritter gut geht!

Mir selber sind augenblicklich die Tage wieder viel zu kurz! Nun kamen auch noch überraschend zwei Freundinnen hier an, die eine aus Berlin, die andere aus Dresden, und da wird natürlich manche Stunde verplaudert. Beides sind Klassenkameradinnen. Natürlich ist es auch gut, daß die Stunden und Tage so rasch verfliegen, so wird wenigstens auch das lange Warten auf Nachricht von Dir verkürzt. Augenblicklich wird wieder viel von Fliegerangriffen gesprochen; zwar waren bei uns in letzter Zeit keine, aber dafür in anderen Städten sehr schlimme. Heute ist schon den ganzen Mittag Voralarm. Ihr werdet jetzt hoffentlich nicht mehr damit geplagt? Bitte schreibe mir genau, wie es bei Euch geht!

30.7.1942
Lieber Theo!

Gestern kam endlich ein Lebenszeichen von Dir (vom 13.7.), hab herzlichen Dank! Natürlich erwarte ich jetzt keine langen Briefe, nachdem Ihr wieder unterwegs seid.
Im Traum warst Du heute Nacht einmal wieder bei mir, aber Du hast mir eine solche Unmenge von Läusen aufgehängt, daß ich nicht ein noch aus wußte! Das ist nun bereits das dritte Mal, daß ich so etwas träume! – Laut Traumbuch sollen Läuse allerdings Glück und Reichtum bedeuten ... Eine Kollegin brachte einmal ein uraltes Traumbuch mit; die Seiten waren völlig vergilbt, aber wir haben es lachend studiert.
Während ich mich bemühe, Dir meine harmlosen «Geistergeschichten» zu schildern, muß ich immer daran denken, wie unendlich schwer es für Dr. Steiner gewesen sein muß, wirklich die geistige Welt mit Worten der irdischen Sprache zu beschreiben – dazu noch für die Weltöffentlichkeit!
Was ich in jenen Augenblicken wahrnehme, sind wirkliche Gebilde, die sich im Lauf der Jahre verändert haben. Sie sind immer in der Luft schwebend und haben jetzt stets eine Farbe. Früher waren es blumenartige Gebilde; einmal erinnere ich mich deutlich an mimosenartige, wunderbar gelbe. – Du mußt Dir vorstellen, daß dieser

ganze Spuk immer nur Sekunden dauert; wollte ich also auf die Uhr sehen, wäre alles schon vorüber.

Von Träumen kann dabei keine Rede sein, denn ich denke dabei ganz hellwach und schaue voll Wißbegierde und Interesse das an, was ich wahrnehme. Ich erinnere mich auch, daß früher auch manchmal eine Menschengestalt neben meinem Bett war. Gruselt es Dich jetzt? – Mich nicht mehr, denn wir sind ja immer von der geistigen Welt umgeben und ihren Wesen!

Ich kann mir diese Erlebnisse nur so erklären, daß sie in dem Augenblick eintreten, wo sich der Astralleib vom ätherischen und physischen Leib löst beim Einschlafen, aber es in anderer Weise geschieht als sonst, wo man das Bewußtsein verliert. Seit diesen Erlebnissen verstehe ich auch viel besser, wenn Rudolf Steiner sagt, daß eine systematische Schulung notwendig ist, wenn man in die geistige Welt eines Tages eintreten will, denn es gehört Mut dazu. Man soll sich im Leben jede Regung der Furcht abgewöhnen! Neulich, als ich Dir von meinen «Geistergeschichten» schrieb, hatte ich den Wunsch, diese einmal wieder zu erleben; es war nämlich einige Monate lang nicht der Fall gewesen. Jetzt kann ich aber wieder diesbezüglich meine Beobachtungen anstellen. Ich erinnere mich, daß ich auch früher gleichsam auf Wunsch diese Erlebnisse haben konnte. Ich wünschte es mir aber immer am hellen Tag; eingetreten, wenn überhaupt, sind sie dann erst in den darauf folgenden Nächten.

Kannst Du Dir etwa ein Garnknäuel (lache bitte nicht!) vorstellen, dessen eines Ende sich in die wunderbarsten Formen und Ornamente legt, übersichtlich, voll Beweglichkeit und schnell? Dann hast Du etwa ein Bild der augenblicklichen «Formen». Als sie auftraten, war ich hellwach und dachte: Was du jetzt siehst, schaue dir genau an, damit du es Theo schildern kannst! – Weil die letzte Furcht vor dem Unbekannten anscheinend doch noch nicht völlig von mir gewichen ist, begann wieder langsam ein stärkeres Herzklopfen; es ist etwa so, wie wenn man plötzlich vor eine Aufgabe gestellt wird, bei der man noch nicht weiß, ob man sie bestehen wird.

4.8.1942, Nordkaukasien

Meine liebe Erika!

Seit heute früh um 7 Uhr bin ich in Asien, dem «geheimnisvollen» Erdteil. Was sagst Du dazu? Mitten auf der Brücke, die über den Manytsch-Fluß führte, war die Grenztafel angebracht. Vor uns liegt das Gebiet der Kuban-Kosaken, diese sind nicht asiatischen Einschlags, aber die Kalmücken und die Kirgisen, die links benachbart sind.

Ich führe immer noch das reinste Nomadenleben. Alle zwei bis drei Tage wird ein Stück weitergefahren; in den Pausen muß man sich etwas zum Essen besorgen und den Wagen richten. Daher reicht es so wenig zum Schreiben. Schon lange baue ich mir des Nachts das Zelt nicht mehr auf, sondern schlafe unter freiem Himmel oder im Wagen. Morgen früh soll es wieder weitergehen. Wir sind zur Zeit nicht bei der vordersten Truppe, sondern haben jeweils die Brückenübergänge zu schützen. Zwar hat die Tätigkeit der russischen Luftwaffe stark abgenommen. Es ist gar kein Vergleich zu dem Bombardement vom letzten Jahr. Der Vormarsch geht sehr rasch vonstatten. In Kürze werden wir wohl wieder einen Kessel schließen. Aber wenn wir erst am Kaukasus sind, wird es sicherlich schwieriger werden. Ich freue mich geradezu darauf, einmal wieder Berge und Wälder zu sehen. Die ewigen Ebenen machen mich krank.

Aber momentan sind wir mitten in der Steppe. Kein Hügel, kein Baum, kein Busch, soweit das Auge reicht, nur Steppengras. Auf den Wegen liegt eine Staubschicht von drei bis fünf Zentimetern, Du kannst Dir vorstellen, was da für Staubwolken aufgewirbelt werden. Die Sonne verfinstert sich dabei. Geht kein Wind, so fährt man noch nach 1 km hinter dem vorherfahrenden Wagen wie im Nebel. Nach wenigen Kilometern ist das Gesicht und alles übrige grau in grau. Zudem schluckt man soviel Staub, daß man geradezu am Essen einsparen kann. Abwechslung in der Landschaft bieten die relativ großen, aber sehr spärlichen Dörfer. Sie werden meist angekündigt durch weidende Viehherden. Um die Dörfer werden auch Mais, Getreide, Sonnenblumen usw. angepflanzt. Aber hauptsächlich wird Viehzucht betrieben. Außerdem gibt es viele Bienenstände, so daß wir mit Honig gut versorgt sind. Gewissermaßen bin ich in einem Land, wo Milch und Honig fließen. Das ist aber auch etwa alles!

Wie Du siehst, geht es mir also ganz gut. Am ganzen Körper bin ich braun gebrannt wie noch nie. Sobald gehalten wird, werfe ich sofort die Uniform ab und schlüpfe in die Sporthose. Dabei besteht nur die Gefahr, einen Sonnenstich zu bekommen bei dieser jämmerlichen Hitze. So viel von mir …

Und wie geht es im alten Europa? Man hört gar nichts mehr von dort! Es werden jetzt etwa fünf Wochen sein, seitdem ich Deinen letzten Brief bekam.

Liebes Geistchen, die Entfernung wird immer größer zwischen uns. Wenn ich erst in Indien bin, wie wird es dann sein? Oder etwa in Südafrika? Das eine steht fest, wenn ich über Amerika heimfahre, ist der Krieg todsicher zu Ende! Sonst gibt es keine sichere Vorhersage.

4.8.1942

Mein lieber Theo!

Heute erhielt ich Deinen Luftfeldpostbrief vom 26.7., hab vielen Dank! Es ist ein sehr schöner Brief. Man merkt ihm so recht an, in welcher Umgebung Du ihn geschrieben hast. Alles ist so sauber daran, die Buchstaben der Schrift, die Linien – fast duftet er nach Sonntagmorgen! Schon aus dem Anblick spürt man die Stimmung, in welcher Du ihn geschrieben hast. Man sieht das hübsche Holzhäuschen und seine Bewohner direkt vor sich. In dieser Landschaft muß wirklich Musik leben, wenn mein Ritter so poetisch wird!

Hier rauscht gerade gewaltig der Regen. Nachdem es in den letzten Tagen sehr heiß war, duftet jetzt die Erde wundervoll würzig zum Fenster herein.

Augenblicklich bin ich sehr beschäftigt mit Besuchemachen. Meine Schauspiel-Freundin ist aus Berlin da und hat sehr viel Interessantes zu erzählen. Sie ist ein prächtiger Mensch, es macht Spaß, einen Abend mit ihr zu verplaudern. Dann ist auch Elli wiedergekommen;

morgen bin ich bei ihr eingeladen. Ich freue mich schon auf die witzige und geistvolle Familie.

Am Samstagmittag war ich zu meiner Dichter-Freundin nach Cannstatt unterwegs, als am Schloßplatz plötzlich die Sirene ertönte. Alles rannte in den Luftschutzkeller. Ziemlich bald kam aber die Entwarnung, ohne daß etwas geschehen war. Anschließend habe ich mit meiner Freundin einen schönen Nachmittag verbracht. Sie hat mir ein Heft mit Gedichten von sich zugeeignet, worin ihre ganze Liebe zu mir zum Ausdruck kommt.

Ich bin also zur Zeit sehr vergnügt – aber auch sehr lernwütig und möchte – wie ein Schwamm – alles aufsaugen, was das Leben nur bieten kann. Neben all diesem muß ich noch ab und zu mit einem Soldaten ausgehen, mit dem ich schon als Kind gespielt habe und der jetzt gerade im Lazarett seine Erfrierungen ausheilt. Du brauchst aber keine Befürchtungen zu haben! Er wäre mir, nachdem er so alt wie ich ist, viel zu jung! Es ist der Sohn einer Freundin von meiner Mutter.

Mit meiner Cousine aus München fahre ich übrigens einige Tage nach Kesselfeld. Ich freue mich schon auf die gelben Kornfelder und den Duft reifer Frühbirnen.

11.8.1942, Kurganaja

Meine liebe Erika!

Endlich kam einmal wieder ein Brief von Dir, vom 16.7. Habe herzlichen Dank. Die Post von Mitte Juni bis Mitte Juli fehlt immer noch. Vielleicht ist diese zurückgeschickt worden!

Einen sehr lieben Brief hast Du mir geschrieben. Du hattest den Eindruck, ich sei an jenem Tag müde, ein bißchen verbittert und traurig gewesen. – Ich habe im Tagebuch nachgeschaut, wo ich an diesem Abend war. Wir standen damals die ganze Nacht vor der Donez-Brücke bei Lissitschansk. Um 21 Uhr etwa hatte sich zufällig ein netter Kreis von Kameraden bei einem Gebirgsjäger eingefunden, der auch warten mußte und der die Gitarre meisterhaft spielte. Ja, da begannen wir zu singen, all die alten Soldaten- und Volkslieder, von den drei Burschen, die über den Rhein zogen, von der alten Mühle im Schwarzwäldertal. Es war köstlich, und ich war glücklich! Wir sangen bis beinahe 24 Uhr ein Lied nach dem anderen. Alle in den vielen, vielen Fahrzeugen horchten uns zu, und wir sangen vom Heimatland – am Donez-Tal in die dunkle Nacht hinaus. Das war also auch um 22 Uhr, als Du an mich dachtest – als Du Dein Herz auf die große Reise zu mir schicktest. Mein Herz schwang sich mit den Melodien der Heimat zu den Sternen empor, es kam zum Brunnen vor dem Tore, und es kam zum Prinzeßchen.

Ich schlafe unter freiem Himmel, und jede Nacht, wenn ich mich auf mein Lager lege, blicke ich in den herrlichen Sternenhimmel. Immer wieder leuchten Sternschnuppen auf, die mir des Geistchens Grüße bringen.

20.8.1942

Liebe Erika!

Die Post hat mir einmal wieder einen Brief von Dir gebracht, und zwar vom 10.7., habe vielen Dank.

Ich habe inzwischen wieder ungeheure Strecken zurückgelegt, leider in nördlicher Richtung. Ich hatte mich so sehr auf den Kaukasus gefreut. Nun nähere ich mich der Wolga und liege zur Zeit in der Kalmücken-Steppe, dem Land der fliegenden Heuschrecken. Hier wächst überhaupt nichts. So weit das Auge reicht gibt es nur ganz niederes, verdorrtes und ausgebranntes Steppengras. Weit und breit keine Brunnen; wenn man doch einmal einen findet, schöpft man bitteres, salziges Wasser. Der Auszug aus dem Paradies des Kaukasus ging also sehr schnell und sehr vollständig vor sich!

24.8.1942
Lieber Theo!

Gestern bin ich von Kesselfeld zurückgekommen. Wir hatten es sehr nett, und es war wunderbar, einmal wieder in der glühenden Augustsonne auf dem Feld mitzuarbeiten. Eine bessere Erholung hätten wir uns nicht wünschen können. – Heute fragten mich die Kollegen, in welchem Schlaraffenland ich gewesen sei …
Wie es Dir wohl geht? – Bist Du immer noch so optimistisch bezüglich des Krieges? Ich bin es nicht mehr. Der Krieg verändert die Menschen. Ständig müssen sie sparen, einteilen und «Ersatz» in Kauf nehmen. Sie sind zwar äußerlich «da», aber innerlich wie weit weg. Niemand hat mehr Zeit (ich ja auch nicht). Jeder wartet auf das Kriegsende. Man steht wie auf dem Bahnsteig, einem verdunkelten, alles um einen herum ist in Bewegung, aber der Zug, der einen ins Freie führen soll, kommt nicht.
Neulich war ich übrigens bei jener Sybille, von der ich kurz schrieb. Sie brachte allerlei aus Vergangenheit und Zukunft ans Licht, und zum Schluß sagte sie: «O, Sie waren aber schon oft da, Sie sind jetzt in der elften Wiederverkörperung!» Da blieb mir doch fast die Spucke weg!

2.9.1942
Liebe Erika!

Nun ist es wahrhaftig schon wieder September geworden, die Zeit fliegt dahin wie im Traum. Post habe ich inzwischen nicht bekommen, die befindet sich im Kaukasus.
Die Nächte werden nun kühl hier in der Kalmückensteppe. Das Gras ist verdorrt. So weit man blicken kann, hat man eine gelblich-braune Ebene mit großen schwarzen Flecken – verbrannte Erde – vor sich. Nachts sieht man meist irgendwo am Horizont einen Steppenbrand auflodern, der bei heftigem Wind gefährlich werden kann. Bei Sturm bilden sich hier auch Windhosen, die – mit Staub angefüllt – wie ein gewundener Schlauch zum Himmel ragen.

Das neue Spielzeug für den Landser in der Steppe sind die Kamele. Bespannte Kolonnen haben sich meist schon welche angeschafft. Allerdings sind diese Biester gar nicht leicht zu besteigen. Sobald sie diese Absicht bemerken, drehen sie den Kopf und spucken eine stinkende Flüssigkeit nach dem Betreffenden. Am sichersten besteigt man das Kamel von hinten, nachdem man es in den Wind gedreht hat. Ist man erst einmal droben, so sitzt man zwischen den Höckern ganz weich. Ist das Kamel gerade guter Laune, so setzt es sich in Gang. Will es aber nicht, läßt es sich einfach in die Knie fallen. Solch ein Kamel ist schon ein kompliziertes Wesen!

An sonstigen Tieren gibt es noch Heuschrecken, fliegende und hüpfende aller Größen und Sorten. Der Schläfer muß acht geben, daß sie ihm nachts nicht in den Mund hüpfen. Zwischen dem Steppengras verstecken sich auch kleine zähe Blümchen.

Das wären die landschaftlichen Reize hier, die aber meist von einer dicken Staubwolke umgeben sind.

Und nun noch einen Beitrag zu unseren Problemen. Von meinem Freund, dem Architekten, bekam ich ein Buch zu lesen von Albert Schweitzer, Professor und Doktor der Philosophie, Medizin und Theologie. Dieses Buch hat mich überaus stark berührt, weil darin das, was ich in Fragmenten dachte und fühlte, zusammengefaßt ist und zu Ende gedacht wird. Der Verfasser kommt nach meiner Ansicht zu einem sehr brauchbaren Resultat. Er sagt ganz offen, daß es uns Menschen nicht gegeben sei, den Sinn der Welt, des universalen Weltgeschehens zu entdecken. Er verlangt, daß von den abstrakten Gedankensystemen und Spekulationen über das Sein sowie von den Theorien über eine andere Welt Abstand genommen werde. Auch die metaphysische Behandlung dieses Problems lehnt er ab. So läßt er dieses Problem unbeantwortet und wendet sich dem für uns erreichbaren Phänomen zu, dem Willen zum Leben. Alles Geschehen und Handeln der Menschheit, die Äußerungen des menschlichen Geistes sowie die Erscheinungen in der Tier- und Pflanzenwelt geschehen aufgrund des Willens zum Leben. Alle Kultur und Ethik, aller geistige Fortschritt sind nur zu erreichen durch die Ehrfurcht vor diesem Willen zum Leben, der uns allen gegeben ist und der als universaler

Wille zum Leben das Weltall durchpulst. Den Unterschied zwischen Gut und Böse bringt er auf den einfachsten Faktor: Alles, was auf den Willen zum Leben des eigenen Ich sowie alles anderen Lebens zerstörend oder nur hemmend wirkt, ist böse, währenddem die Taten, die den Willen zum Leben fördern, steigern, unterstützen, gut sind. Dies ist ein Maßstab, der unbestechlich und gerecht ist. Schweitzer will die Menschen aus der Vermaterialisierung führen, indem er sie aufruft, Ehrfurcht vor dem Willen zum Leben zu bezeugen und danach zu handeln. Gleichzeitig erfordert diese Einstellung tätige Hingabe und Mithilfe an den Nächsten, an fremdes Leben überhaupt. Es führt zu einer Blüte der Kultur und Besserung der menschlichen Gesellschaft. – Er bezeichnet diese Basis zu seiner Weltanschauung als das Grundprinzip des Sittlichen, das die Denker bisher vergebens gesucht haben – und fast möchte ich ihm recht geben. – Das Buch, das ich von ihm gelesen habe, hat den Titel *Kultur und Ethik*. Ich bin schlechthin begeistert; wie Du weißt, will das schon etwas heißen. – Dies ist wirklich einmal keine abstrakte, komplizierte Philosophie, sondern elementar und sehr tiefgehend. Sie ist durchaus logisch, wahrhaftig und einfach zu verstehen. Sie hält sich an das Leben wie es ist und zeigt einen Weg, der besser geeignet ist, die Menschheit empor zu führen als alles andere, von dem ich gelesen habe.

Nun muß ich schließen, ich denke oft an Dich, Geistchen, und danke Dir für den guten, sicheren Panzer, der mich täglich immer wieder beschützt. Er dürfte in diesen Tagen nicht fehlen! Ich grüße Dich und küsse Deine Stirn mit den vielen unergründlichen und lieben Gedanken.

5.9.1942

Mein lieber Theo!

Deine Briefe laufen sehr spärlich ein, aber ein schwarzer Rabe kam angeflogen und blickt mich bitterböse an. Natürlich war ich wütend zunächst. Aber ich werde gar nicht auf die Mißverständnisse eingehen, sondern damit wirklich warten, bis wir uns einmal mündlich darüber unterhalten können – und sei es im nächsten Leben!

Hier beginnt sich nun schon der Herbst anzumelden. Das Weinlaub leuchtet blutrot an den Mauern, die reifen Birnen duften, wenn man an den Bäumen vorbeigeht, und die Sonne steht schon recht tief am Himmel. Wie eilig ist dieser Sommer verflogen!

Zur Zeit haben wir wieder sehr oft Alarm, die Bomben fallen meist im Westen, also in nächster Nähe von uns. Auf heute sei, laut Flugblättern, ein Großangriff auf Stuttgart geplant, aber daran glaube ich nicht. Dennoch ist zu erwarten, daß in nächster Zeit auch wir an die Reihe kommen. Der letzte Angriff in Karlsruhe war ja schlimm! Drei Tage war die Feuerwehr von Stuttgart dort; wir sahen sie am Abend fortfahren, als gerade auch bei uns Alarm war. Ich nehme übrigens jetzt auch einen Koffer mit in den Luftschutzkeller – und weißt Du, was er vor allem enthält? Bücher!

9.9.1942

Liebe Erika!

Einen ganz kurzen Gruß heute. Wir liegen immer noch vor Stalingrad, Post bekam ich in der Zwischenzeit nicht. – Es geht hier ziemlich heiß her, und wir leben sehr primitiv. Immer nur Steppe, kein Haus, kein Dorf, kein Baum. Das Wasser wird zugeteilt, jeden Tag zwei Liter pro Mann. Man kann sich wenigstens notdürftig waschen. Ich schlafe jetzt in Erdlöchern, da die Nächte reichlich kühl werden. Wenn keine Löcher oder Gräben in der Nähe sind, grabe ich mir selbst ein Loch in der Steppe. Da lege ich mich abends hinein, decke mich schön zu, schaue noch eine Weile zu den hell leuchtenden Sternen hinauf, bis ich einschlafe. Ganz prächtig warm bleibt es da; außerdem ist man gegen Bomben geschützt. Aber immer bleibt man eben in den Kleidern. Sehr gerne würde ich einmal wieder ein heißes Bad nehmen!

Der Feind wehrt sich ziemlich hartnäckig, aber langsam rücken wir an die Stadt heran. Bis Du den Brief erhältst, ist Stalingrad sicher genommen. Mein größter Wunsch ist augenblicklich, daß die Stadt bald fällt, und der nächste, daß ich endlich einmal wieder Post bekomme!

17.9.1942

Meine liebe Erika!

Post ist gekommen, endlich einmal wieder Post! Wie lange habe ich darauf warten müssen! Natürlich sind es ganze Stöße, obwohl wir nur die Post bis Anfang August bekommen haben.

Habe vielen Dank für Deine Worte; es war eine Wohltat, von Dir wieder zu lesen, das Papier in Händen zu haben, das unter Deiner Hand gelegen hat.

Leider ist es mir zur Zeit nicht möglich, viel zu schreiben, weil ich den ganzen Tag unterwegs bin. Abends ist auch keine Gelegenheit da. Da schlafe ich ja unter freiem Himmel. Es werden die Nächte schon so kalt, daß ich froh bin, wenn ich liegen und mich zudecken kann. Gegen die Kälte und die allnächtlichen Bomben habe ich mir ein Loch in die Steppe gegraben, ein viereckiges, längliches Loch, in das ich gerade hineinpasse. Nun aber hat es kürzlich geregnet, so daß ich mir ein Zelt darüber bauen mußte. Heute abend habe ich mir eine Kerze hineingestellt. So sitze ich in meinem Erdloch und schreibe Dir.

Ja, es war nicht schön in der letzten Zeit. Die Russen verteidigten Stalingrad verbissen. Aber in den nächsten zwei bis drei Tagen wird es fallen. Es hat manche Opfer gekostet. Ein guter Kamerad ist gefallen, und ein anderer wurde verwundet. Wenn ich Deinen guten Panzer nicht hätte, liebes Geistchen – er hat mich oft schon geschützt!

Seit vier Wochen liegen wir schon vor der Stadt, immer mitten in der Steppe. Der Wasserwagen muß kilometerweit das Wasser herholen. Es pfeift ein kalter Wind über die Steppe, und sich frühmorgens zu waschen, ist schon gar nicht mehr möglich. Dabei kann man die Schönheiten des Lebens schon eine Weile lang vergessen! Welcher Wochentag heute ist, weiß ich nicht; das Datum habe ich mir soeben erfragt. Tag und Stunde, an Dich zu denken, habe ich lange nicht mehr eingehalten. Dafür aber denke ich jeden Tag an Dich, besonders abends. Dies ist meist kurz nach 20 Uhr. Das also ist eine Skizze aus meinem derzeitigen «Leben»! Man hat natürlich schon längst vergessen, wie übel es ist, und außerdem versiegt ja unser Humor durchaus nicht. Wenn man dies so schildert, sieht es erheblich schlimmer aus als es ist.

Noch weiß ich nicht, wann ich in der Lage sein werde, Deine Briefe zu beantworten. Heute betrachte ich nur den vom 4.8., der keine «Probleme» enthält; für diese bin ich nämlich im Augenblick nicht. Das hübsche Holzhäuschen mit der schönen Umgebung (wovon ich übrigens ein Aquarell gemalt habe) ist natürlich längst verlassen. Der «schwarze Rabe» ist wohl inzwischen auch zu Dir geflattert. Ob Du mir wieder einen solchen geschickt hast?

So, eine Schauspiel-Freundin hast Du auch? Das wird ja immer interessanter. Von lauter exotischen Personen bist Du umgeben. Was geschieht denn da, wenn Du die alle zusammen einlädst? Ist es nicht möglich, daß Du mir einmal etwas von Deiner Dichter-Freundin schickst? Es würde mich interessieren.

Es ist ja ganz selbstverständlich, daß Du mit Deinem verwundeten Jugendfreund ausgehst – und nicht nur mit ihm. Eifersüchtig werde ich nie sein. Außerdem erinnere ich Dich an unsere Vereinbarung. Mit mir wirst Du doch immer nur Deine liebe Not haben …

20.9.1942

Lieber Theo!

Wieder habe ich recht lange nichts von Dir gehört, und natürlich muß ich mich ständig zähmen, die Sorge um Dich nicht überhandnehmen zu lassen.

Hier war heute ein heißer Sommertag, die Sonne gab sich alle Mühe, die Menschen noch einmal schwitzen und sie den nahenden Herbst vergessen zu lassen. Während ich mich an der Sonne freute, sind meine Gedanken immer wieder zu Dir gewandert – fast müßtest Du es gefühlt haben! Am liebsten hätte ich ja auch die weißen, zarten Cirus-Wölkchen, die von Osten daherzogen, gefragt, wie es dem fernen Ritter geht, aber sie hätten ja doch geschwiegen. Wie lange müssen unsere Gedanken wohl noch in die Ferne wandern? Wie lange soll das Leben so noch weitergehen?

Täglich wird die Zahl der Todesanzeigen in der Zeitung größer, und

zu Hause gibt es nur graues Schuften und Warten auf das Kriegsende. Dazu die furchtbaren Fliegerangriffe in den Städten; bis jetzt zwar noch nicht bei uns. Über Nacht haben Tausende alles verloren, wenn sie überhaupt selbst mit dem Leben davonkamen. Sollte man sich da nicht wirklich darauf besinnen, sich solche Güter zu erwerben, die kein Krieg zerstören kann? – Warum wir Menschen eigentlich immer etwas «haben», etwas besitzen müssen?
Bei den meisten Menschen hat man den Eindruck, daß sie diesen Krieg über sich ergehen lassen, wie man widerwillig eine Wartezeit hinnimmt. Die wenigsten benutzen die Zeit, um etwas mit ihr und etwas aus sich selbst zu machen. – Aber ich wollte heute nicht philosophieren!

21.9.1942
Meine liebe Erika!

Da sitze ich wieder in meinem Zelt beim Kerzenschimmer und denke an Dich. Einen sehr lieben Brief habe ich vor mir liegen, und es fehlen mir wirklich die Worte, ihn zu beantworten. Das Morgenstern-Gedicht «... Genug oft, daß ein Lächeln zweier Seelen vermählt – o nicht vermählt! nur dies: sie führt ... » ist so wunderbar schön, man sollte es nicht glauben, daß es möglich ist, solche geheime Herzensregungen in Worte zu fassen.
Soeben habe ich übrigens in meinem Tagebuch nachgeschaut, was an jenem Tage war, als Du so lieb meiner gedachtest. Es war Stellungswechsel, und den halben Tag und in der Nacht plagte ich mich mit dem Motor meines Wagens, der einfach nicht mehr laufen wollte.
Das Wort Morgensterns: «Wir stehn hier müßig hin und her, und droben wartet man auf uns ...» hat wahrhaft eine aufpeitschende Wirkung, vor allem weil man fühlt, daß es an uns selbst gerichtet ist, und weil man fühlt, es ist durch und durch wahr.
Mir persönlich geht es soweit ganz gut. Leider ist die Stadt immer noch nicht genommen, es scheint noch eine ganze Weile zu dauern. Der

Kampf ist sehr hart. Aber ich fühle mich in meinem Geistchen-Panzer sicher und danke dem Geistchen immer dafür. Meine besonderen Grüße gelten heute abend dem Prinzeßchen. Wann, Liebste, werde ich wieder bei Dir sein und Dich in meinen Armen halten?

24.9.1942
Lieber Theo!

Hab herzlichen Dank für Deinen lieben Brief vom 2.9. und den Kalmückensteppe Blumengruß! Er duftet stark und herb, sogar Dein Brief hat etwas davon angenommen. – Über Deine Schilderung von den Kamelen mußte ich herzlich lachen! Hast Du es auch versucht, Dich mit «diesen Biestern» anzufreunden?
Auch bei uns beginnt es jetzt Herbst zu werden. In den Bäumen hängen schon lange goldgelbe Früchte. Leider aber gelangt davon nichts in die Läden. Zur Zeit regnet es viel; am Morgen, wenn ich wegfahre, hängen die Wolken tief und blaugrau über der Stadt.
Du hast begeistert das Buch von Albert Schweitzer gelesen. Nach Deiner zusammenfassenden Schilderung kann ich mir das schon vorstellen, denn es scheint Deinen eigenen Gedanken ziemlich nahezuliegen. Schweitzer bezeichnet also die Ehrfurcht vor dem Willen zum Leben als das Grundprinzip des Sittlichen, das die Denker bisher vergebens gesucht haben. Alles, das auf den Willen zum Leben zerstörend wirkt, ist böse.
Das ist allerdings eine verblüffend einfache Theorie! Glaubst Du wirklich, daß damit das Wesen des Bösen erfaßt ist? – Und warum soll man gerade vor diesem instinktmäßigen Lebenswillen besondere Ehrfurcht haben? Das verstehe ich nicht recht. Ich meine, man kann nur Ehrfurcht empfinden vor dem, das groß und verehrungswürdig ist. Ist aber – bitte entschuldige! – der Selbsterhaltungstrieb jeden Wesens tatsächlich etwas so Großes im Leben?
Natürlich müßte ich aber dieses Werk wirklich gelesen haben, um darüber urteilen zu können.
Ich komme immer mehr davon ab, Dich von bestimmten Dingen über-

zeugen zu wollen – solange wir Briefe schreiben müssen. Aber mit Dir persönlich zu fechten, dazu hätte ich ungeheure Lust! Ich habe auch meine Waffen inzwischen geschärft, Du mußt Deine Festung also schon gut ausbauen, wenn sie nicht im Sturm genommen werden soll!

Meine liebe Erika! 27.9.1942

Wieder hat mir die Post zwei Briefe von Dir gebracht, hab herzlichen Dank auch für den «bösen», da wir schon mit «lieb» nicht auskommen! Besonders habe ich dafür zu danken, daß Du den «schwarzen Raben» so sanft behandelt hast; ich will mir ein Beispiel daran nehmen und auch wieder vorsichtiger sein.
Zuerst das Nächstliegende: Ich bin immer noch am gleichen Platz; die Stadt ist noch nicht genommen.
Zu Deinem Brief: Hier will ich gleich sagen, daß Rittelmeyer für mich der Übersetzer von Dr. Steiner ist. Das habe ich jetzt wieder bei dem Artikel über den kosmischen Christus gesehen, den ich voll und ganz verstehe und dessen Anschauungsweise ich auch durchaus zugänglich bin. Im Licht leben – das hat mein Gefühl schon oftmals aufgenommen und es mich im tiefsten Grund meines Seins – meines Ich – erleben lassen. Es ist also eine mir bekannte Saite, an die Rittelmeyer rührt, so wie er auch in seiner letzten Schrift mir Bekanntes ausspricht. – Nur würde ich es in anderen Worten ausdrücken. Doch mehr darüber später, dazu muß ich Zeit haben.
Inzwischen habe ich das Abendbrot eingenommen – von 17 bis 18 Uhr. Anschließend habe ich mit Rudolf, dem Architekten, in meinem Wagen im Dunkeln gesessen und philosophiert. Wir sprachen von diesem und jenem und kamen zu dem Schluß, daß es eines der schönsten Dinge sein müsse, einen festen Glauben zu haben, gleichgültig, was für ein Glaube es ist. – Von der Schwierigkeit, zwischen gut und böse zu unterscheiden, sprachen wir. Das Gute sowie das Böse sind ja in dieser dipolaren Welt notwendig, und das Böse hebt sich dadurch wieder auf, daß es für mich eben auch notwendig ist.

Gut und Böse machen erst das Leben aus. Der Spannungszustand zwischen Plus- und Minuspol macht erst die Bewegung. Das Glücksgefühl, das den Menschen durchrieselt, wenn er im schnellen Auto, im Segelboot, im Flugzeug oder auf den Skiern dahinrast, erinnert diesen wohl an den Urzustand – die Bewegung. Mein Freund deutete es dahin, daß die Schnelligkeit den Menschen einen Augenblick von der Erdenschwere befreit und ihn die Erlösung ahnen läßt.
Alles Geschehen läßt sich eben mannigfach deuten, und wer hat recht? Derjenige, der von der Richtigkeit seiner Deutung überzeugt ist und daran glaubt! Somit haben beide recht, auch wenn sie das Entgegengesetzte behaupten. Der Glaube allein macht selig.

28.9.1942
Mein lieber Theo!

Gestern erhielt ich Deinen Brief vom 17.9., herzlichen Dank! Du liegst vor Stalingrad, das will mir gar nicht gefallen! Aber ich werde in Liebe und Vertrauen an Deinem Panzer schmieden, unablässig – und Du selbst sollst immer an ihn denken!
Auch du schriebst einmal davon, daß alle sieben Jahre eine Entwicklungsepoche zu Ende geht und eine neue beginnt. Diesmal habe ich das bei mir ganz deutlich gespürt. So weiß ich jetzt klarer denn je, daß ich meinen Weg gehen muß nach einem gleichsam unumstößlichen Gesetz, eben dem Gesetz meines Lebens. – Und dieses Leben wird schön, es wird glücklich sein, mögen auch noch so viele Schmerzen auf diesen Weg hereinbrechen. Ob Du derartig kühne Behauptungen verstehen kannst? Ich fühle wirklich: «Mich führt mein Weg!»
Soso; «eifersüchtig werde ich nie sein... » und «mit mir wirst Du doch immer Deine liebe Not haben ...» Das sind zwei gewichtige Sätze, nicht wahr! Der erste könnte Dich ja einmal Lügen strafen; aber der zweite – könnte stimmen! Mit Dir werde ich meine liebe Not haben – solange der Ritter auf seiner derzeitigen Spur beharrt, ja; aber das könnte sich doch eines Tages ändern!
Der Zeiger der Uhr eilt auf Mitternacht. Draußen surren die Motoren

der Flugzeuge, und Scheinwerfer suchen den Himmel ab. Es ist nicht sehr gemütlich.

Du wirst schon schlafen. So sollen Dir meine Gedanken ein farbiges, zärtliches Bild in Deine Träume malen.

Liebe Erika! 2.10.1942

Heute komme ich nun dazu, mir Deine «alten» Briefe vorzunehmen. Im einen handelt es sich wieder um den Verstand und das Gefühl. Warum kommen wir da nur auf keinen grünen Zweig? Du sagst, daß sich durch wiederholte Erdenleben das Schicksal der Menschen bilde, das sei eine Erkenntnis, die man denkend anerkennen könne (nicht müsse), ohne daß man Gefühle zu Rate ziehe.

Das ist ein schönes Beispiel, sicherlich entbehrt es nicht der Logik. Trotzdem ist diese Erkenntnis meiner Ansicht nach mit dem Verstand nicht erfaßbar, sondern «Gefühle» müssen zu Rate gezogen werden. Wäre sie mit dem Verstand allein erfaßbar, so müßte sie anerkannt werden, genauso, wie jedes mathematische oder physikalische Gesetz vom logisch Denkenden anerkannt werden muß. Wenn nun der logisch Denkende seine Gefühle zu Rate zieht, so kann er wohl die angeführte Erkenntnis anerkennen – sofern er sie nämlich für richtig hält in seinem Tiefinnersten. Aber mit seinem bloßen Verstand oder logischen Denken kann er nicht nachprüfen, ob es sich mit der Wiedergeburt tatsächlich so verhält. Um das zu können, müßte er hellsichtig sein. Und so bleibt ihm nichts anderes übrig, als die Sache bedingungslos zu glauben, oder sie nicht zu glauben. Und beim Glauben entscheidet das Gefühl.

Unser Problem «Gut» und «Böse» hast Du nicht ganz beantwortet. Schütze sagte tatsächlich, daß jedes Böse zwei Extreme habe und ein Gutes darüberstehe. Ich gebe natürlich zu, daß sich die Mächte des Bösen in zwei verschiedene Richtungen einteilen lassen, bin aber der Meinung, daß ein Gutes nur ein Böses hat. Ferner erinnere ich mich genau, daß Schütze sagte, die bösen Mächte träten von außen kommend an den Menschen heran. Und dies ist insofern plausibel, als es immer die äußeren Umstände sind, die den Menschen verführen, überreden, das Böse zu tun. Du meinst also, daß Schütze den Weg gezeigt habe, um das Böse überwinden zu können? Man soll aus beiden bösen Extremen das Brauchbare herausziehen und es für ein höheres Ziel benutzen? Wie macht man das? Was ziehst Du z.B. aus Geiz und Verschwendungssucht Brauchbares heraus, um es für welches höhere Ziel zu benützen? Gib mir bitte einmal anhand dieses Beispiels eine Anleitung!

Nun zu den Begriffsbestimmungen. Mit Deiner Definition der Seele gehe ich einigermaßen einig. – Das «Ich» ist also der Geist? Dieser Ausdruck ist nicht allgemein üblich, vergleiche z.B. geistige Arbeit; damit ist nicht Arbeit des Ichs gemeint. Auf jeden Fall bin ich jetzt genau orientiert, wie Du die Dinge benennst. Das, was Du als «Geist» bezeichnest, war etwa die Seele bei mir. Geist ist für mich der Ursprung des Denkens.

So viel steht fest: Die Anthroposophie ist in ihrer jetzigen Form nicht dazu geeignet, die Menschheit mitzureißen, in ihren Bann zu ziehen und zum geistigen Erkennen und zur Erhöhung aller sittlichen Werte zu führen. Dazu ist sie viel zu kompliziert. Das, wonach die Menschheit schreit, ist Anthroposophie nicht. – So, nun genug des Philosophierens. Einmal wird wieder die Zeit kommen, da wir uns die Worte höchst persönlich an den Kopf werfen können!

5.10.1942

Lieber Theo!

Manchmal versuche ich mir vorzustellen, wie Dein Gesicht ausschaut, wenn Du meine Briefe liest, aber das fällt mir immer schwerer. Dann sage ich zu Dir: Bitte lache! Und schon sehe ich Dein Gesicht vor mir! – Ist es nicht seltsam? Aber diese Erfahrung habe ich schon öfter gemacht, auch bei anderen Menschen. Woher kommt das wohl? Prägt man sich ein lachendes Gesicht leichter ein als ein ernstes, weil man ein lachendes Gesicht lieber hat?

Du schreibst in Deinem letzten Brief, daß Ihr vor Stalingrad liegt und daß die Stadt sicher gefallen sei, bis ich Deinen Brief erhalten würde ... Aber nichts geschah. Hoffentlich aber mußt Du nicht weiterhin in Erdlöchern schlafen, jetzt, nachdem es wohl schon sehr kalt wird! Und Du sprichst von Wärme? Gibt es eigentlich dort nicht auch Nebel?

Bei uns brodelt er bereits durch die Stadt, es ist wundervoll; morgens ist kein Kirchturm zu sehen. Herrlich ist es dann, wenn durch den grauen Nebel die Sonne durchbricht und die ganze Stadt wie in einen goldenen Schleier eingehüllt erscheint. Mittags ist tiefblauer Himmel, und irgendwo leuchtet rotes Weinlaub. Der Herbst ist schön!

Weißt Du, was ich endlich lese? Deinen *Antonio Adverso*. Es ist wirklich ein wundervolles Buch, und ich bin bereits in seinem Bann.

Ob Du wohl noch Zeit zum Lesen hast – und Lektüre?

6.10.1942

Meine liebe Erika!

Wieder einmal kam die «große Post».

Bevor ich darauf eingehe, möchte ich Dir sagen, daß es eventuell möglich ist, daß ich Ende dieses Monats nach Deutschland fahre, um Besorgungen für die Truppe zu Weihnachten zu machen. Ich wäre also im Laufe des November in Stuttgart. Was sagst Du dazu? Wird es wohl für ein paar Tage, die uns nur ganz allein gehören sollen, reichen?

Du hast Dir wahrsagen lassen? Erika, Erika – ich drohe mit dem Zeigefinger –, was sind das für Sachen! Ich sehe es schon kommen: Wenn Du einmal eine alte Tante sein wirst, dann liest Du den Leuten aus dem Kaffeesatz!

Später

Inzwischen habe ich zu Nacht gegessen, zwei Schachspiele gemacht, im Funkwagen (wo für mich immer ein Platz reserviert ist) eine halbe Stunde Musik gehört und anschließend die Nachrichten. Dann war ich noch kurz bei meinem ArchitektenFreund, um ihn zu seiner Befreiung von der Meldung zur Offiziers-Laufbahn zu beglückwünschen. Du siehst, daß wir in vielfacher Hinsicht miteinander übereinstimmen. Mir wurde die gleiche Sache kürzlich auch nahegelegt, aber ich habe absolut keine Lust dazu.

Ja, Erika, es ist also ziemlich sicher, daß ich bald bei Dir auftauche, es fragt sich nur, wie lange ich bleiben kann. Aber das ist zunächst nicht so wichtig, wichtig ist, daß ich Dich wiedersehe, Deine Stimme höre und mit Dir sprechen kann.

11.10.1942

Meine liebe Erika!

Gestern kam Dein Brief vom 13.9. an, habe vielen herzlichen Dank. Aber was muß ich da feststellen? Ganz traurig und verzagt klingt der Brief, ganz müde und hoffnungslos!

Ich weiß, sehr viel liegt an meinen Briefen. Du magst schon recht haben, diese traurige Eintönigkeit der Steppe machte mir erheblich zu schaffen – und sie tut es auch jetzt noch. Weißt Du, es gibt keinen Platz, wo man einmal gemütlich sitzen kann und schreiben oder überhaupt die Ruhe hat, klare Gedanken zu denken. Man ist immer auf dem Sprung, muß hier- und dorthin fahren und das Fahrzeug in Ordnung halten. Nach dem Abendessen, wenn man seine Ruhe hätte, ist es finster. Man kann höchstens im Zelt schreiben, aber da ist es kalt, und die Kerze gibt einen trüben Schein. Bei all diesen Schwierigkeiten noch tiefschürfende Probleme zu behandeln, ist schwer.

Hinzu kamen die Wochen der Erlebnisse der vordersten Front. Die Nervenanspannung ist da so gewaltig, daß sie mich tagelang gepackt hielt und ich überhaupt nicht fähig war, irgend jemandem zu schreiben, auch nicht nach Hause. Es ist jetzt etwas besser geworden, ruhiger. Außerdem sitze ich heute abend im Funkwagen bei heller elektrischer Beleuchtung an einem schönen Tisch. Kannst Du Dir vorstellen, daß da ein Brief anders wird, als in einem Dreckloch geschrieben, beim müden Geflacker einer Kerze, auf dem Boden sitzend?

Erika, Du mußt sehr viel den äußeren Umständen zuschreiben. Heute jedenfalls bitte ich Dir meine vielen ironischen und wohl auch gehässigen Worte ab.

Inzwischen ist es 23 Uhr geworden, ich werde gleich hinausgeworfen. Eigentlich wollte ich noch über Rittelmeyers Schriften reden, aber es reicht nicht mehr. Ich werde es bald nachholen. Ich kann Dir zunächst nur so viel sagen, daß mich der Mann schlechthin begeistert. Seine Ausführungen sind so klar und richtig wie die leuchtende Sonne.

Mein liebes Geistchen, nun ist Schluß. Ich sehne mich ja so sehr nach einem Wiedersehen! Ich grüße Dich tausendmal und küsse Dich zärtlich – vielleicht sind die Küsse bald nicht mehr papieren?

12.10.1942

Meine liebe Erika!

Heute schon will ich meinen Brief fortsetzen, damit ihn morgen ein Kamerad, der ins Reich fährt, mitnehmen kann.

Auch heute kann ich wieder gut schreiben, da wir nach tagelanger harter Arbeit unseren unterirdischen Bunker – oder vielmehr unser Wohnhaus – fertiggemacht haben und darin eingezogen sind. Der Bunker hat gewaltige Ausmaße: 7 m lang, 2,50 m breit und 1,80 m tief. Darin wohnen sechs Mann. In einer Ecke, etwas erhöht, ist unsere Lagerstatt, ein Strohsack neben dem anderen; das übrige ist der Wohnraum. In der Mitte steht ein großer Tisch, und Stühle stehen darum herum. Zur Feier des Tages habe ich eben von meinem sorgsam gehüteten chinesischen Tee einen Topf voll gebraut; zwei backen gerade Pfannkuchen aus Mehl, Wasser und Honig. Eine schöne Wärme ist im Raum, draußen dagegen ist es bitterkalt. Hinten in einer Ecke hocken drei Russen, die wir vom Gefangenenlager holten und die uns helfen mußten. Das taten sie natürlich sehr gerne, denn sie wurden auch gut verpflegt. Nun hocken sie im Kreise, eine Kerze auf dem Boden, und studieren interessiert die illustrierten Zeitungen, die wir ihnen gegeben haben. Einer ist aus der Kosakensteppe östlich der Wolga (Kasakstan), zwei sind vom Himalaja an der afghanischen Grenze, Osbeken. Am Bolschewismus sind sie gänzlich uninteressiert. Sie bestaunen unsere «Reichtümer», unsere schönen Dinge (Armbanduhr, Photoapparat usw.) und vor allem die Bilder aus Deutschland. Sie meinten, Deutschland sollte doch ihre Heimatgebiete auch holen. Es besteht gar kein Zweifel darüber, daß mit diesen Menschen schon etwas anzufangen ist, wenn sie richtig behandelt werden. Auch gibt es schon sehr viele Russen, die freiwillig in der deutschen Wehrmacht Dienst tun – Nachschub fahren usw. Auch in unserer Batterie haben wir fünfzehn Mann, die völlig frei herumgehen und gar nicht daran denken, etwa bei Nacht wegzulaufen.

Nun aber zu Rittelmeyer. In seiner Schrift über Luther ist sehr schön dargelegt, wie die Zeit Luthers dadurch gekennzeichnet ist, daß das freie menschliche Ich zu erwachen beginnt. Der Mensch ist nicht mehr durch die Kirche bevormundet, sondern er tritt in ein neues, unmittelbareres Verhältnis zu Gott.

Auch habe ich noch nie so klar dargestellt gefunden, wie das evangelische Bekenntnis als solches sehr schnell erstarrt, währenddem der freier werdende menschliche Geist sich immer weiter entwickelte und somit das heutige starr gewordene Dogma uns Menschen nicht mehr weiterhilft.

Ganz klar beleuchtet Rittelmeyer die Dinge, wie ich sie bisher nicht sah, aber ich bin vollkommen überzeugt, daß es richtig ist.

Luther brachte das Wort von der göttlichen Gnade – das Wort. Aber heute sind Taten notwendig, Taten jedes einzelnen Menschen; ethische Hingabe an den Nächsten, wie Albert Schweitzer sagte. Überhaupt finde ich, daß Schweitzer genau daßelbe sagt, nur eben in anderer Fassung.

Der Schritt von «frei wovon» zu «frei wozu» ist tatsächlich die Aufgabe, die uns heute gestellt ist. Frei werden zur Tat, zur guten Tat gegenüber den Mitmenschen. Und wie Rittelmeyer ausführt, ist tätige Gemeinschaft notwendig.

Im Wort «Opfer» sieht Rittelmeyer das Kennzeichen der neuen Welt, das aus freiem Willen kommende Opfer des Menschen, das tätige Opfer. Sich dazu durchzuringen, sich dazu aus freien Stücken zu wandeln, ist unsere Aufgabe. – Die kultische Menschenweihehandlung wird mir sicher nach den Worten Rittelmeyers ein großes Erlebnis sein, das mir den Willen zur Wandlung und zur Tat stärken wird.

Nun zum «Kosmischen Christus». Es ist wunderbar, wie Rittelmeyer das Erlebnis der Sonne beschreibt. Ähnliche Gefühle bestürmten mich oft angesichts des glänzenden Gestirns.

Ganz überraschend ist der Gleichklang der Wundertaten Christi mit den Wirkungen der Sonne. Das Gleichnis ist ungeheuer tief geschaut und berührt mich gewaltig.

Bei dieser Lektüre wird mir das Wesen der Meditation besonders deutlich. Ich muß mich doch bald damit befassen, obgleich ich ahne, daß ich schon einen Anfang damit gemacht habe.

Das «Brot» habe ich hier im Kriege wirklich «erlebt», wie es Rittelmeyer beschreibt; und so kann man ja alles, was wir auf der Erde finden, was uns gegeben wurde, erleben. Auf diese Weise lebt man erst richtig, man empfindet täglich tausendfaches Glück, und man bedauert die Menschen, die nicht in der Lage sind, so stark zu erleben, zu – leben!

Zu dieser Weltanschauung will ich mich gerne bekennen. Das ist es schon, das ich gesucht habe. Das halte ich auch für wahre Religion: Christus, Sonne, Licht. Das ist eine wahrhaftige, gewaltige Sprache, den engen Rahmen der Kirche sprengend.

Ich bin sehr ergriffen und neu gestärkt bei diesen Worten. Ich werde jede Schrift von Rittelmeyer, die Du mir geben kannst, begrüßen. Er sagt mir, was ich wissen will und wissen muß.

Nun, liebe Erika, muß ich schließen. Auf ein baldiges Wiedersehen!

19.10.1942, Kesselfeld

Mein lieber Theo!

Deinen lieben Brief habe ich zur Beantwortung mit nach Kesselfeld genommen, wo ich für drei Tage bin. – Du hast es Dir wirklich zu Herzen genommen, in Zukunft nicht mehr so gehässige Briefe zu schreiben; diesmal ist es schon ganz gut gelungen!

Bald ist wieder Dein Geburtstag, der 29.! Wo die Zeit nur bleibt? Mir scheint allerdings, hier in Kesselfeld ströme sie langsamer, sanfter. – Nachts ist es wunderbar gruselig, den Sturm heulen zu hören. Es ist Herbst. Diesmal stimmt er mich etwas wehmütig.

24.10.1942

Meine liebe Erika!

Heute kam wieder Post von Dir sowie zwei Päckchen. Habe vielen herzlichen Dank!
Leider ist es mir nicht möglich, die Briefe zu beantworten, so gerne ich es heute tun würde, denn es ist schon spät und ich möchte diesen Brief einem Kameraden mitgeben, der morgen in Urlaub fährt.
Ich bin einmal wieder auf großer Fahrt, wir haben Stalingrad den Rücken gekehrt. Ich schreibe von Kotelnikowo aus, morgen soll es weitergehen nach Süden. Das Ziel ist Piatigorsk im Kaukasus. Ich bin sehr froh über diesen Marsch nach dem Süden, so ist wenigstens die Gewißheit da, daß ich im nächsten Jahr Interessantes sehen und erleben werde.
Und nun zum Wichtigsten. Je nachdem, wie wir auf unserem Marsch durchkommen, werde ich früher oder später nach Deutschland fahren. Wenn alles klappt, kann ich vielleicht in zehn Tagen fahren. Etwa zwischen dem 10. und 15.12. würde ich wieder zurückfahren müssen.
Ich kann Dir gar nicht sagen, wie sehr ich mich auf ein Wiedersehen mit Dir freue – Du wirst es schon merken, wenn ich dort bin!

25.10.1942

Mein lieber Theo!

Hintereinander kamen Deine Briefe vom 2., 6. und 11.10., für die ich Dir sehr herzlich danke. Ich habe heute nun nicht die Absicht, sie der Reihe nach zu beantworten, denn – wie ein Blitz aus heiterem Himmel trifft es mich – in allen steht plötzlich etwas von Wiedersehen im November! Doch diesmal bin ich vorsichtig und will mich bemühen, nicht zu fest auf diese Ankündigung zu bauen, sondern heute so zu tun, als träfest Du nicht ein … Ich will Dir nämlich zum Geburtstag gratulieren, auf alle Fälle!

Liebster Ritter, nimm die allerherzlichsten Wünsche zu Deinem Geburtstag entgegen, vor allem für ein gesundes Jahr, in dem Du möglichst den grauen Rock ausziehen darfst! Das ist vermutlich auch Dein größter Wunsch. Dann habe ich aber für den Ritter noch allerhand Spezialwünsche. Einer davon ist, daß er immer mehr seinem Ziel entgegenwachsen möge; daß er innerlich immer stärker werde und viele Stunden des Glückes erlebe. Was ich ihm wünsche, ist wirkliches inneres Wachsen und Weiten, ist innerer Wert, und damit – wirkliches Glücklichsein! Ganz mit Sonne und Wärme möchte ich Dich durchstrahlen!

Drei ganz kleine Päckchen schicke ich gleichzeitig weg; vielleicht spürst Du den Duft aus dem Kesselfelder Backofen. Ein Buch hoffe ich – Dir persönlich übergeben zu können!

8.11.1942

Mein lieber Theo!

Es ist sehr merkwürdig, bei dem Gedanken an Dich zu schreiben, daß Du heute, morgen oder übermorgen vor mir stehen könntest und diesen Brief dann erst lesen wirst, wenn Du schon wieder bei der Truppe bist.

Was mag dann alles dazwischen liegen? Mit welchen Gefühlen wirst Du zurückdenken und diesen Brief lesen? Es ist wie ein Brückenschlag von heute bis zu dem Tage, an dem Du diesen Brief in Händen hast, einen Brückenschlag über einen Fluß, dessen Namen wir noch nicht kennen. Heute ist ein grauer Regentag, und ich stelle mir vor, daß Du vielleicht bereits unterwegs bist und auch aus einem Abteilfenster in den grauen Herbsttag blickst, aber ihn gar nicht wahrnimmst ob der Sonne, die erwartungsvoll aus Deinem eigenen Herzen strahlt?

Zuerst möchte ich Dir herzlich für Deine Briefe danken, die fast durchweg sehr lieb sind! Ich habe mich gefragt, ob es wohl das bevorstehende Wiedersehen ist, das den Umschwung mit sich brachte? Möglich wäre das schon, denn ich habe an mir selbst bemerkt, wie sehr sich die «Perspektive», die Gedanken und Gefühle ändern unter der Vorstellung eines baldigen Wiedersehens. Deine Briefe haben mich ganz besonders gefreut!

Zu unseren philosophischen Problemen voraus ein Novalis- und ein Morgenstern-Zitat.

«Der Entschluß zu philosophieren ist eine Aufforderung an das wirkliche Ich, daß es sich besinnen, erwachen und Geist sein soll.» «Wer in das, was von Göttlich-Geistigem heute erfahren werden kann, nur fühlend sich versenken, nicht erkennend eindringen will, gleicht dem Analphabeten, der ein Leben lang mit der Fibel unter dem Kopfkissen schläft.»

Nochmals zur Inkonsequenz. Du betonst, daß Du nur das glaubst, was Du selbst erlebst. Da sagte ich, das sei inkonsequent, weil Du das nachtodliche Dasein ja auch nicht wirklich erleben kannst. Aber Du schilderst nun jene wunderbaren, geheimnisvollen Augenblicke, die Deinen Glauben begründet haben. Ich meine, es sind das jene herrlichen Momente, wo etwas in uns einfach weiß, so ist es – unabhängig vom Verstand. Da spricht das gesunde Wahrheitsempfinden in uns, das man im übrigen pflegen sollte. Auf diesem Weg kann man auch zur Anthroposophie kommen; es wird immer wieder betont, daß es den Empfindungsweg und den Weg über das Denken gibt. – Dann ist es also so, daß Du für das Weiterleben nach dem Tode empfindest, daß es so sein muß, aber daß Du noch nicht dieses Empfinden hast bei dem Gedanken der wiederholten Erdenleben? Trifft das so zu?

Schütze sagt nicht, daß jedes Böse zwei Extreme habe, sondern, daß die Welt des Bösen als verursacht von zwei auseinanderstrebenden Mächten angesehen werden müsse von Luzifer und Ahriman, das sich, groß zusammengefaßt, im Menschen auswirkt als «Erdsucht» oder «Erdflucht».

Da sehe ich eben, daß Du ein Beispiel willst, wie man es macht, um aus Geiz und Verschwendungssucht das Gute herauszuziehen. Man nimmt die Hälfte vom Geiz und die Hälfte von der Verschwendungssucht – und wird sparsam. Ist das so schwierig? Nun aber genug für heute. Ich schicke Dir vieltausend Grüße – über die Brücke! Wenn Du inzwischen wirklich in Urlaub gewesen bist, denk jetzt an die schönste Stunde unseres Beisammenseins!

                                                                       12.11.1942

Mein lieber Theo!

Obwohl es heute schon ziemlich spät geworden ist, sollst Du doch noch einen kleinen Brief bekommen. Ich warte voller Spannung auf Nachricht von Dir, aber sie will und will einmal wieder nicht eintreffen. Schon macht sich das Dreigespann Sorgen, und das Geistchen ist ständig damit beschäftigt, die beiden anderen zu beschwichtigen und selber darüber das Weben und Spinnen der Zauberfäden für den Panzer nicht zu vergessen ...

Ob Du wohl meine Gedanken spürst, die sich heute so prall und dick zu Dir auf den Weg machen und die weite, weite Strecke zu Dir doch im Nu zurücklegen? Genau genommen gibt es geistig ja keine Trennung. Nur weil wir das noch nicht wirklich erleben, schmerzt die physische Trennung.

Ich muß in diesem Zusammenhang an eine Kollegin denken, ein 24jähriges Mädchen, ein ausgesprochen stilles, das ebenso langsam spricht wie es arbeitet – ein reiner Gemütsmensch. Jede Seelenregung spiegelt sich sofort in ihren Augen wider. – Vor einigen Wochen brachte ihre Mutter unerwartet einen Stoß von Briefen ins Geschäft, die das Mädchen ihrem Freund ins Feld geschrieben hatte. Das Mädchen glaubte zuerst, sie hätte nun die ersehnte Post bekommen – und schrie plötzlich wild auf. Ich habe noch nie einen Menschen so vom Schmerz ergriffen gesehen. Der Freund war gefallen. Die Mutter erzählte später, daß man das Mädchen zu zweit habe halten müssen, damit es nicht alles zerschlage, was ihm in die Hände kam. Es war vier Wochen unfähig zu arbeiten.

Warum wurde diese junge Frau mit dem Schmerz so wenig fertig? Weil sie gar nichts hatte innerlich, das ihr hätte darüber hinweghelfen können, keinen Glauben, nichts. «Nach dem Tode ist alles zu Ende.»

Die Stuttgarter Innenstadt 1942.

Der Hauptbahnhof nach dem Brand vom 22 November 1942.

Das Neue Schloß in Trümmern.

Die beiden Türme der Stiftskirche inmitten der Trümmer.

«Warum gerade ich?» Das waren die Worte, die sie immer wiederholte. Ihr kam der Gedanke nicht, an ihn, ihren Freund zu denken, der vielleicht gerade jetzt ihrer liebenden Zuwendung bedurfte. Die Inhalte der Anthroposophie können einen dazu führen, nicht nur an den eigenen Schmerz zu denken, sondern auch an die Verstorbenen, die ja jetzt gleichfalls einen neuen Weg zu begehen haben. Steht man mit einer solchen Seelenhaltung nicht viel fester, viel wirklicher in der Welt, als ein solches Mädchen, das am liebsten sterben möchte? Anthroposophie lehrt uns, das Leben zu bestehen und es zu lieben, gerade weil sie noch um ein anderes Dasein weiß.

Anfang Dezember 1942, Traifelberg bei Reutlingen

Mein liebes Muttchen!

Früher haben wir uns leider nicht zum Schreiben gebracht, aber das ist nur ein Zeichen dafür, daß es uns ausgezeichnet geht in jeder Beziehung! – Wir kommen nun am Sonntag um 20 Uhr etwa zurück. Bis dahin tausend liebe Grüße!
Deine Erika
Herzliche Grüße Theo Beltle

17.12.1942

«Es ist Nacht,
   Und mein Herz kommt zu dir,
   hält's nicht aus,
   hält's nicht aus mehr bei mir.
   Legt sich dir auf die Brust,
   wie ein Stein …»
        (Morgenstern)

Mein lieber Theo!

Weißt Du, es ist eigentlich gar nicht in Worten auszudrücken, was mich heute bewegt. Ich möchte nur am liebsten über alle Berge rennen – an Dein Herz! Und ich weiß doch, daß jede Minute Dich immer weiter von mir fortträgt. Aber nur von außen gesehen; in Wirklichkeit war ich Dir, warst Du mir noch niemals so innig nahe wie jetzt.

Über jeden Kilometer, der sich von Stunde zu Stunde trennend zwischen uns legt, begleite ich Dich; doch ich spüre ganz deutlich, daß Du gar nicht von mir gegangen bist – nein, daß Du gar nie von mir gehen kannst! – Ob man das alles schreiben darf, was in einer solchen Stunde wie der heutigen durch die Seele huscht? Es sind tausend innige Zärtlichkeiten, die alle – salzig schmecken, weil es lauter Tränenperlen im Grunde sind, die sich aber doch nicht ganz zu solchen bilden können, bilden dürfen, und deshalb in mir wie unzählige feine Kugeln zusammenklingen – eine wundersam wehmütige Melodie. Ob im eintönigen Rattern des Zuges nicht manchmal ein Stückchen von dieser Melodie auch in Deiner Seele wiederklingt – heute?

Bis Du diesen Brief erhältst, sind Wochen vergangen, und der Alltag hat dann begonnen, das Tönen in uns durch sein Rattern und Ächzen zu verwischen. Aber heute klingt in meiner Seele noch alles Schöne, das ich mit Dir erlebt habe, in seiner ganzen Kraft wider. Spürst Du es, wie sich meine Liebe Dir wie ein weicher, sanfter Mantel um die Schulter legt und Dich einhüllt und fortträgt in eine sonnige, glückliche Welt? «... ich möchte dich mit Güte ganz durchdringen, ich möchte dich in allen Tiefen schonen ...»

Ich glaube, noch kaum vorher hat sich mir Dein Gesicht so sehr in die Seele geprägt wie gestern abend in dem weißen Licht auf dem Bahnsteig. Was Dein Vater wohl zu dem Abschiedskuß gedacht hat? Dein Vater hat etwas so Heiteres, fast Sonniges, daß er dabei höchstens mit den Augen zu zwinkern vermochte, meinst Du nicht auch? Du hast übrigens sehr viel Ähnlichkeit mit Deinem Vater, weißt Du das? Äußerlich und im Wesen, auch in der Art Deines Sprechens. Und doch bist Du wieder vollständig anders!

Was ich Dir gestern noch sagen wollte, war, daß Du immer an den Panzer denken sollst, hörst Du? Niemals war er stärker als jetzt. Ich spüre eine ungeheure Kraft in mir, die Dich behüten möchte und auch behüten wird! Wenn es so etwas wie eine schützende Kraft gibt, was ich nicht bezweifle, so ist es diese, das weiß ich unumstößlich! Wirst Du immer daran denken?

Gestern war es recht nett und sogar direkt gemütlich bei Dir zu Hause, was wir gar nicht erwartet hätten, nicht? Es war also doch kein «feierlicher Staatsakt». Sicher trug dazu vor allem auch der allgemeine Abschiedsschmerz um Dich bei, Du ruheloser Wanderer! Deiner Mutter war es recht schwer geworden, wenn sie es auch tapfer zu verbergen wußte. Immer wieder suchten Dich ihre Blicke; hast Du es bemerkt? – Ob ich Deiner Mutter so sympathisch war, wie sie es mir ist? Was meinst Du? Ich glaube, daß ich Dir doch möglichst jeden Tag einen kleinen Gruß schreiben muß, wenigstens so lange, bis ich mich wieder an das «einsame Leben» gewöhnt habe. Ganz verlassen und verloren komme ich mir vor, seit Du weg bist. Schreib mir bitte auch jeden Tag.

Mir fällt gerade ein, wie Deine kleine Nichte so süß beim Gute-Nacht-Kuß den Mund gewischt hat! Bei diesem Bild muß ich nun auch wieder ein wenig lachen, was mir heute ziemlich vergangen war!

Theo, wir wollen recht oft an unsere herrlichen Traifelberger Tage denken, damit wir keine Stunde aus dieser Woche vergessen, ja? War Dein diesjähriger Urlaub nicht schöner als der letzte? Ich finde es unbedingt, denn der Riß. am Ende des letzten hatte seinen Schatten nachträglich auf den ganzen Urlaub geworfen. Diesmal sehe ich nur leuchtendste Sonne!

> «… Die in Liebe dir verbunden, / werden immer um dich bleiben, / werden klein und große Runden / treugesellt mit dir beschreiben. // Und sie werden an dir bauen, / unverwandt, wie du an ihnen, – / und, erwacht zu einem Schauen, / werdet ihr wetteifernd dienen!»
>
> (Morgenstern)

18.12.1942
Meine liebe Erika!

Ich mache mein Versprechen wahr und schreibe Dir von unterwegs. Ich bin jetzt in Brest-Litowsk. Meine Stimmung ist nicht die beste, wie Du Dir denken kannst. Man muß sich eben wieder an den Kommißtrott gewöhnen.
Ich bin ganz gut hierher gekommen, von Nürnberg an hatte ich einen Sitzplatz.
Gerade wird ausgerufen, daß es gleich weitergeht. Also auf Wiedersehen, Liebste, ich denke immer an Dich.

20.12.1942
Mein lieber Theo!

Heute ist ein eisgrauer Sonntag, der Himmel hängt wie ein trüber Schleier über der Stadt. Man hat das Gefühl, als hielte die Welt den Atem an. Ich kann mir nicht denken, vor welchem Ereignis. Aber vielleicht tut sich doch einmal etwas in dem leidigen Kriegsgeschehen? – Heute nacht träumte mir jedenfalls von gewaltigen Umwälzungen; Hitler sprach, und die Menge war begeistert wie noch nie. Es war von Friedensverhandlungen die Rede. Wie wäre das schön!
Wo Du wohl jetzt sein magst? Ich habe gehört, daß die Strecke von Warschau bis Brest-Litowsk unter ständigem Artilleriefeuer stehe. Hoffentlich ist das nur Gerede. Auf jeden Fall soll mir das keine Sorgen machen; niemals waren die goldenen Fäden der Sonnenrüstung so stark und fest wie jetzt. Mein lieber Ritter, spürst Du das?
Ich bin sehr gespannt, wann ich das erste Lebenszeichen von Dir bekommen werde! Es wäre schlimm, ließe es lange auf sich warten.
Genau vor einer Woche um diese Zeit haben wir zusammen Kaffee getrunken – schon vor einer Woche! Ob Du Deine geistigen Augen während der Fahrt auch zurückschauen läßt und dann ab und zu ein leises Lächeln um Deine Lippen huscht bei dem, das sie sehen? Ich

kann es oft nicht verbergen, und wenn mich Mutti fragt, warum ich
lächle, sag ich nur, daß ich an etwas Schönes gedacht habe.
Gestern konnte ich in der Bücherstube noch ein paar prächtige
Sachen bekommen. Du mußt mir deshalb so bald als möglich bitte
Zulassungsmarken und L.F-Marken schicken, ja?

21.12.1942

«Die Hauptsache ist, daß man eine Seele
habe, die das Wahre liebt und die es
aufnimmt, wo sie es findet.»
(Goethe)

Mein Liebster!

Heute ist Wintersonnenwende – die Sonne will wieder steigen! Berührt Dich dieser Gedanke nicht auch seltsam, daß am höchsten Punkt des Sommers die Sonne schon wieder von uns fortstrebt, im tiefsten Winter sich aber uns wieder zuzuwenden beginnt? Vielleicht bewegt mich das deshalb so besonders stark, weil es mich an das Erleben von Freude und Schmerz denken läßt: Im höchsten Glück streift uns eine leise Wehmut, im übergroßen Schmerz die Süße eines unbestimmten Trostes.

Nun muß ich Dir gestehen, daß es mir kein ganz behaglicher Gedanke ist, daß Du nun Briefe von mir vorfindest, die ich vor dem Urlaub geschrieben habe und die nun absolut überholt sind. Sie stimmen jetzt nicht mehr, und am liebsten hätte ich es, wenn Du sie alle ungelesen vernichten würdest. Aber vermutlich hast Du sie schon längst gelesen. Ich schrieb sie aus einer ganz anderen Einstellung zu Dir, als sie es heute ist. Jetzt kann ich es Dir ja gestehen, daß die schwarzen Raben mit ihrem Gekrächze mich manchmal fast in die Flucht geschlagen hätten. – Aber dann ist der Ritter gekommen – und sie mußten sich aus dem Staube machen.

Weißt Du übrigens, daß Du ausnahmslos jede Nacht bei mir bist? Daß ich das ganz deutliche Bewußtsein von Deiner Nähe habe? Niemand kann mir einreden, daran sei nur meine Sehnsucht nach Dir schuld. Ich spüre, daß Du wirklich in meiner Nähe bist. Was wissen wir denn davon, wohin sich die Seele im Schlafe wendet? Sollte sich Deine und meine da nicht begegnen – und sollten wir am Morgen davon nicht eine süße Ahnung haben?

Was magst Du wohl über meine Briefe denken? Hoffentlich hat Dich der finstere Alltag nicht wieder so umgarnt, daß Du meine zärtlichen Worte, die aus einer anderen Welt kommen, noch nicht recht ertragen kannst! – Eigentlich müßtest Du von einem goldenen Mantel ganz eingehüllt sein – allen Augen sichtbar, so stark sind meine Gedanken für Dich. Spürt das der Ritter wohl? Dabei muß ich mir vorstellen, daß Du heute und noch viele Tage im Eisenbahnwagen sitzen mußt. Wo wirst Du Deine Truppe wohl finden? Und wann? Wenn Ihr dann nur einigermaßen anständige Quartiere habt und es nicht zu kalt wird in diesem Winter! – Und hoffentlich fällt nicht ein Schnupfen vom Wagendache und Dir in den Nacken! Dann werde ich ihn aus der Ferne beschwören, stracks zu verschwinden, denn ein Aufenthalt bei Dir sei ganz unerträglich …

22.12.1942

Von Hrabanus:
«Alles ist gut, was den Menschen erstrahlen läßt.»
«Was wir erleiden, haben wir getan. Was wir tun,
werden wir erleiden. Es ist das Rad.»
«Ihr müßt nicht glauben, daß der Himmel feststehe;
wenn die Erde bebt, dann bebt auch der Himmel. Denn
alles lebt miteinander. Wir können die Sterne quälen.»

Mein lieber Theo!

Die allabendliche Plauderstunde mit Dir macht mir Freude, ich will sie möglichst einhalten. – Heute aber werde ich wohl nur kurz schreiben können, denn sicher wird bald Alarm gegeben, wir haben ja Vollmondzeit. Gestern saßen wir von 21 Uhr bis 23 Uhr im Keller.

Wie mich stets die verlorene Zeit ärgert! Wenn ich gar nichts anderes tun kann, dann schicke ich meine Gedanken nach Osten, die flüstern dem fahrenden Ritter etwas ins Ohr …

23.12.1942

Meine liebe Erika!

Gestern abend kam ich in Stalino an nach ununterbrochener Bahnfahrt von Stuttgart – eine wahnsinnige Bummelei. Dort bekam ich auch zum erstenmal eine warme Suppe zu essen. Und heute nacht konnte ich mich auf einem Strohsack ausstrecken. Am Morgen – vor einigen Minuten – habe ich mich auch seit Stuttgart zum erstenmal rasiert und gewaschen. Du hättest meinen Bart sehen sollen! Es war schon fast schade, ihm abzurasieren. Er hat auch gar nicht mehr gekratzt, denn die einzelnen Haare waren schon so lang, daß sie sich bei einer etwaigen Berührung mit Deiner Wange umgelegt hätten.
Nun muß ich sehen, wie ich weiterkomme. Hier ist alles verstopft, und alle Züge sind so überfüllt, daß das Reisen wirklich kein Vergnügen ist. Dazu ist morgen der Heilige Abend!
Vielleicht ist es doch nicht so gut, wenn ich Dir schreibe, denn es gibt wirklich nichts Erfreuliches zu berichten. Schnee liegt hier überall, aber nicht sehr viel; glücklicherweise ist es nicht sehr kalt. Auf der Fahrt im Zuge habe ich stets gelesen, um mit meinen Gedanken in einer anderen Welt zu sein. Und in den langen Nächten habe ich immer an Dich gedacht und oft von Dir geträumt. Einmal träumte ich, daß wir nebeneinander auf einer Bank saßen, und als ich aufwachte, waren es Soldaten – ein schreckliches Erwachen!

Am Heiligen Abend 1942

Mein lieber Theo!

Gerade schlägt es von allen Uhren 21 Uhr. Wo magst Du sein? Wie mögen Deine Gedanken geartet sein heute? Welche Gefühle mögen durch Dein Herz ziehen und es leicht oder schwer machen? Wenn es in Dir heute ebenso ausschaut wie in mir, müßte ich Dich bedauern – nein, dann möchte ich Dir über die Stirne streichen und die vielen grauen Gedanken fortscheuchen – vielleicht daß dann auch meine verschwänden.
Auch gestern schrieb ich Dir einen Brief, den allabendlichen, aber ich habe ihn heute nicht eingeworfen. Das sagt alles, nicht wahr? Ich wollte so gerne, daß Du heute bei mir wärest und ich Deine Stimme hören könnte! Aber schon wieder muß ich alle Anstrengungen machen, um davon erinnernd noch etwas zu erhaschen. Das ist ein häßlicher, gemeiner Zustand – aller menschlichen Freiheit unwürdig! Zum Kuckuck!
Weihnachten ist heute, Liebster, das vierte Kriegsweihnachten! Wenn das so weitergeht, merke ich im nächsten Jahr gar nichts mehr davon, so wenig weihnachtlich ist meine Stimmung.

25.12.1942

Mein liebes Geistchen!

So muß es jetzt wieder heißen, denn ich kann Dich nicht mehr sehen – und doch bist Du immer bei mir. Immer und immer wieder kehren meine Gedanken zu Dir zurück.
Zunächst den weiteren Verlauf meiner Reise. Am 23.12. nachts um 3 Uhr fuhr ich in Jassinowostaja (Stalino) ab und kam am 24.12. nachts 24 Uhr in Rostow an – im Güterwagen. So verbrachte ich den Heiligen Abend. – Heute früh um 9 Uhr fuhr ich dort ab und sitze jetzt in Bataisk. Nachts um 2 Uhr geht es weiter nach Salsk. Dort werde ich erfahren, in welcher Gegend meine Kameraden stecken.

Die Fahrt im Güterwagen war natürlich ziemlich trübselig. Der Wagen war gestopft voll mit Urlaubern. Erst gegen Abend rafften wir uns langsam auf und begannen zu singen. Die Unterhaltung vorher war ziemlich wüst, so daß ich überrascht war, daß doch alle die Weihnachtslieder mitsangen. Man sieht, wie stark Überlieferung und Tradition wirken.

Dann war ich in dem überfüllten Warteraum in Rostow gesessen, wo bis 2 Uhr noch eine schöne Musik durchs Radio kam. Einmal wurde auch gespielt: «Schöner die Glocken nie klingen», und gleich war ich in Gedanken in Traifelberg. Dieses Lied wird ewig eine Verbindung zu Dir und den schönen Tagen sein. Nie werde ich die Melodie hören, ohne an Dich zu denken – und nicht nur das, gleichzeitig fühle ich das ganze Ausmaß meiner Zuneigung zu Dir, wie ich es fühlte an jenem Tag in Lichtenstein. – Aber genug der schweren Worte.

Als ich kontrolliert wurde in Rostow, wollte der Feldwebel wissen, woher im kam. Er sah auf dem Urlaubsschein nach, in welchem ja eine ganze Reihe von Orten verzeichnet sind. Dann meinte er: «Aha, von Berlin-Lichtenstein?» Und ohne meine Antwort abzuwarten, trug er diesen – zweifellos neuen – Vorort Berlins in seine Liste ein!

25.12.1942

«Es ist etwas in mir, das jagt und jagt einem Ziele zu. Das läßt mich in keiner Trägheit ganz ruhen, in keinem Glück ganz vergessen.»
(Morgenstern)

Mein lieber Theo!

Es erscheint mir einmal wieder recht merkwürdig: Die ganze Christenheit feiert einheitlich das Weihnachtsfest – und das kann sie nicht dazu bringen, diesen unwürdigen Krieg zu beenden! Ich meine immer, an einem solchen Tag müßte die Menschheit zur Besinnung kommen dahingehend, daß das hohe Sonnenwesen nicht für England, Deutschland oder Rußland gestorben ist, sondern für die ganze Menschheit, die letztlich dazu bestimmt ist, im Weltenfortschritt und -fortgang zusammenzuwirken und nicht, sich zu bekriegen. – Aber Ahriman weiß, wie er es anstellen muß: Er stürzt jeden einzelnen in hektische Arbeit, damit er keinen Augenblick zur Besinnung komme, über den Irrsinn in der Welt nachzudenken. Gestern war ich sehr bedrückt, ich schrieb Dir davon. Als ich morgens in der Stadt war, überlegte ich immer noch, wie ich diese Stimmung überwinden könnte. Etwas in mir sagte: Mache jemand eine Freude. Aber wem? Und wie? – Nach einiger Zeit sah ich eine ältere Frau einen großen Koffer, eine Tasche und eine Schachtel schleppen. Ich nahm dies als Hinweis, meine trübe Stimmung loszuwerden, und ergriff den Koffer. Sicher handelte es sich dabei um eine harmlose Freude, aber die Dame war doch recht froh, denn es war sehr weit bis zur Straßenbahn. Du magst es glauben oder nicht: Ein kleiner Lichtstrahl hat meine trübe Stimmung aufgehellt, und durch die Last, die ich getragen habe, war mein Herz wirklich leichter geworden.

Ich glaube tatsächlich, daß jeder Tag verloren ist, an dem wir uns nicht wenigstens einmal überwunden oder versucht haben, eine Kante unseres Wesens abzuschleifen.

Auch aus diesem Grunde möchte ich am liebsten die Bilder all der verehrten großen Menschen in einer Ecke meines Schlafzimmers aufhängen, damit sie mich allabendlich an die eigentlichen Werte des Lebens erinnern könnten. Man müßte sich dann fragen: Was du heute getan – oder nicht getan hast, kann es vor ihren Augen bestehen? Nun wurde es doch eine philosophische Abhandlung, ungewollt. Hoffentlich schreibst Du mir recht bald und viel!

26.12.1942

Liebste Erika!

Schon wieder muß ich Dir schreiben – ich muß ein wenig mit Dir plaudern. So viel hätte ich Dir eigentlich zu erzählen, woran ich während meiner langen Fahrt dachte, aber viele dieser Gedanken sind wieder aus meinem Gedächtnis verschwunden.

Wie ich Dir schon angekündigt habe, bin ich jetzt in Salsk, ich bin gestern hierher gefahren. Für die 150 km brauchte der Zug 20 Stunden; immer wieder blieb er einige Stunden auf der Strecke stehen. Die Wagen waren ungeheizt, und draußen herrschten 25 Grad Kälte, und es stürmte. Diese Fahrt konnte man keineswegs gemütlich nennen; an Schlaf war natürlich nicht zu denken. – Nun sitze ich hier und weiß nicht, wann ich weiterkomme, die Sache sieht ziemlich trübe aus. – Na, auf jeden Fall kann ich heute schön schlafen, zumindest ist ein warmes Zimmer da, wenn auch der Fußboden etwas hart sein dürfte im Vergleich zu meinem Bett zu Hause – das leer steht!

Während meiner Fahrt habe ich natürlich viel gelesen, um meine Gedanke abzulenken und in anderen Welten zu leben – denn mit dieser Welt bin ich momentan gar nicht einverstanden.

Wenn ich nicht lese, denke ich an Dich, und das sehr oft. Wenn ich nur bald Post von Dir bekommen würde – aber das ist wohl in weiter Ferne.

Du mußt mir auch noch erzählen, wie Du an jenem Abend nach Hause gekommen bist. Wie haben Dir meine Eltern gefallen?

Wie schön waren doch unsere gemeinsam verbrachten Tage in Lichtenstein! Ich denke, Du hast mir wiederum sehr viel gegeben, und ich finde, daß ich Deiner gar nicht würdig bin.

26.12.1942

> Von Hrabanus:
> «Die Welt bleibt dir immer urtraurig, solange du sie nicht beschenkst oder verwandelst.»
> «Ein höherer Geist reicht uns immer die Hand, wenn wir im Ernst hinauf wollen.»

Mein lieber Theo!

Was sagst Du eigentlich zu den allabendlichen Briefen? Solange es meine Zeit erlaubt, will ich daran festhalten, beziehungsweise, solange kein Brief von Dir – meine Hand festhält … Weißt Du, was

ich soeben tat? Ich habe in alten Tagebüchern geblättert und tausend alte Erinnerungen heraufbeschworen. Was wäre das Leben doch arm, wenn wir diese Erinnerungen nicht hätten! – Auch der 1. Mai 1940 zog an meinem inneren Auge vorüber, und beim Blättern in den alten Heften fiel mir ein Gras in die Hand, das von unserem Sillenbucher Spaziergang stammt. Es ist noch ganz stabil.
Während ich so zurückdachte, spürte ich doch, daß auch wir uns verändert haben. Drei Jahre enthalten viele Stunden und bergen viele Erlebnisse, die an uns gebildet und plasticiert haben. Ich muß aber feststellen, daß Du Dich zu Deinem Vorteil verändert hast! Aber auch von mir weiß ich, daß ich mich zu meinem «Glück» verwandelt habe, denn ich bin froher geworden – und dadurch stärker. Morgenstern setzt als Motto über seine *Stufen*: «Nur wer sich wandelt, bleibt mit mir verwandt.» – Ist es nicht ein Glück, daß wir dazu geschaffen und berufen sind, uns zu wandeln?
Ob Du nun endlich an Deinem Ziel angekommen bist? Ich denke ja so unsagbar viel an Dich! – Wie Dir wohl meine Motto-Briefe zusagen? Ich meine, es wäre nötig, sich gerade inmitten dieser primitiven Verhältnisse ab und zu mit einem großen und edlen Gedanken befassen zu können. – Gedanken sind ja nicht jene Harmlosigkeiten, wie man üblicherweise meint, sondern Kräfte, die unablässig an uns und an unserem Schicksal arbeiten. – Sieht man es einem Menschen nicht an, welche Richtung seine Gedanken in der Hauptsache nehmen? Und Dich möchte ich zu gesunden und aufbauenden Gedanken anregen. Darf das Dein Geistchen?

27.12.1942

Liebster

«Durch der Bergnacht Sternenstunde
möcht ich wie ein Adler streichen,
über hundert schwarze Schlunde
deines Herzens Herd erreichen,

> möcht an dieses Herdes Flammen
> meine Flügel dann verbrennen
> und mich selber so verdammen,
> nimmer von dir heim zu können.»
> (Morgenstern)

Dein Geistchen

29.12.1942

Mein lieber Theo!

Bald ist vom Jahresvorrat das letzte Sandkörnchen durch die Finger gerieselt … Mit wieviel Fragen haben wir ihm entgegengesehen! Und was bringt das neue!?
Tagtäglich warte ich auf den zweiten Brief von Dir, aber der scheint sich Zeit zu lassen. – Übrigens fällt mir gerade ein, daß ich mich für Deinen Brief aus Brest-Litowsk ausgerechnet in jenem Brief bedankt habe, den ich nicht wegschickte. Nimm ihn noch nachträglich dafür entgegen!

> «Ich stand vom Lärm der Welt umgellt,
> verstrickt ins große Vielgeschick, –
> da kam beschwingt ein Augenblick
> und trug mich fort in *meine* Welt.
>
> In mein und deine Welt, die still,
> verklärt, abseits vom Wege liegt,
> drin unser Glück die Zeit besiegt
> und Schönheit nur und Güte will.»
> (Morgenstern)

31.12.1942

Meine liebe Erika!

Heute, am letzten Tag des alten Jahres, möchte ich nicht versäumen, Dir einen Gruß zu schicken.
Zunächst die Mitteilung, daß ich gestern bei meiner Truppe angekommen bin und heute im Kreise meiner Kameraden Silvester feiere. Wir sitzen hier, zehn Mann, an einem mit Kerzen geschmückten Tisch, der Glühwein steht auf dem Ofen, und bald werden wir in Stimmung kommen – und Punkt 24 Uhr werden sich unsere liebsten Gedanken treffen, nicht wahr?
Gestern habe ich rasch noch die alte Post durchgelesen und mich gefreut an Deinen lieben Worten. In einem Deiner Briefe schreibst Du vorausschauend, daß ich denselben vielleicht erst nach dem Urlaub lesen werde, er soll die Brücke darstellen und ich soll beim Lesen an den Urlaub denken. Ob es wohl schön war?! Schön war der Urlaub nicht nur, er war herrlich, und wie oft denke ich daran zurück, besonders wenn ich mißmutig werden will! Unsere schönste Stunde? Vielleicht, als wir zusammen durch den Laub- und Tannenwald wanderten bei herrlichem Sonnenschein. – Und darf ich die in Deinen Augen schönste Stunde erfahren?
Erika, darf ich Dir ein Geständnis machen? Meine Liebe zu Dir wächst immer mehr. Ich empfinde stets stärker, daß Du wirklich mein Engel, mein guter Geist bist, der mich führt. Und leider muß ich mir sagen, daß ich Dir schon manchen Kummer bereitet und mich manchmal als Deiner unwürdig gezeigt habe. Diesen Dir zugefügten Kummer möchte ich heute am letzten Tag des alten Jahres von Herzen abbitten. Hab Dank für Deine liebe Sorge um mich! Ich habe das Empfinden, Dir viel schuldig zu sein.

31.12.1942
Mein lieber Theo!

Dieser letzte Tag des Jahres ist mir doch immer etwas Besonderes, und selten fühle ich mich wohler als in der ersten Minute des neuen Jahres. Wie neugeboren fühle ich mich da – Neues kommt ganz frisch und lebendig, unbeschwert und geheimnisvoll auf uns zu! Und jedes Jahr haben wir dieselbe große Frage: Was wird es bringen? Man sollte sich jeweils zurückversetzen und sich ernstlich fragen: Was habe ich in diesem Jahr gewonnen? Was hat es aus mir gemacht – oder besser: was habe ich aus ihm gemacht?

Ob Deine Rückkehr-Stimmung wieder besser geworden ist? So gerne möchte ich Dein Herzenstürchen einen Spalt öffnen und nachschauen – nein, einen warmen, lichten Sonnenstrahl möchte ich hineinschicken! Ich sende Dir heute übrigens die Urlaubsbilder. Wie gefallen sie Dir?

Dank meiner Beziehungen zur «Bücherstube» bekam ich Morgensterns *Wir fanden einen Pfad* ganz heimlich unterm Tisch für Dich. Ich habe das Buch gleich weggeschickt, obwohl es weit mehr als 100 Gramm wiegt. Vielleicht haben wir Glück und es kommt nicht zurück.

Du lieber ferner Ritter, wie schön wäre es jetzt, mit Dir Silvester feiern zu können! Es sollte gar nicht laut und lärmend zugehen, sondern unbeschwert und heiter sein.

1.1.1943
Meine liebe Erika!

Heute, am ersten Tag des neuen Jahres, sollen meine ersten Grüße Dir gelten. Was wird uns das neue Jahr bringen? Mehr als je zuvor ist die Zukunft ein unbeschriebenes Blatt. Ich fürchte, daß ich während des Urlaubs endgültig ins Lager der Pessimisten übergegangen bin; und nach hier zurückgekehrt, sehe ich auch keinen Anlaß, optimistischer zu denken.

Leider habe ich augenblicklich gar keine Zeit, viel zu schreiben, da wir täglich auf Achse sind und jeden Tag einige Kilometer zurücklegen – und zwar im wahrsten Sinne des Wortes: zurücklegen. Naja, vielleicht sieht es woanders besser aus.

3.1.1943

Von Goethe:
«Wie einer ist, so ist sein Gott,
darum ward Gott so oft zu Spott.»
«Nichts vom Vergänglichen,
wie's auch geschah!
Uns zu verewigen,
sind wir ja da!»

Mein lieber Theo!

Der erste Brief im neuen Jahr gilt Dir. Tatsächlich habe ich zwei Tage nicht geschrieben. Daran ist eine neue «Liebe» schuld! Ich muß nämlich einmal wieder schreiben – ob ich will oder nicht. Aber ich will natürlich, denn es macht mir viel Spaß, bei aller Mühe, die so etwas ja auch kostet. Warum ist man eigentlich immer so glücklich als «Produzent»?
Heute nachmittag bin ich bei meiner Dichter-Freundin eingeladen, sicher wird es schön werden. Frau Holle sorgt gerade dafür, daß ich durch den Schnee stapfen kann, das ist nett von ihr.
Hast Du eigentlich daran gedacht, während der Zwölf Heiligen Nächte auf die Träume zu achten? Ich vergaß es zunächst, aber nun will ich aufpassen!

7.1.1943

Mein lieber Theo!

Endlich erhielt ich nun Deinen lieben Brief vom 23.12. Ich danke Dir sehr herzlich dafür!

Weißt Du, warum ich in den letzten Tagen nicht schrieb, wie ich mir eigentlich nach Deiner Abfahrt vorgenommen hatte? Weil ich an Deinen Briefen sehe, daß Du sehr wahrscheinlich gar nicht so sehr den großen Wunsch hast, jeden Tag von mir einen Brief vorzufinden! Oder täuscht sich da einmal wieder mein ahnungsvolles Herz?
Glaub nichts davon! Schuld ist meine große Liebe, von der ich neulich schrieb. Sie beansprucht mich noch immer allabendlich und läßt mir für anderes wenig Zeit. Ja, sogar in meine Gedanken schleicht sie sich auch tagsüber ein, mehr als erlaubt ist! Aber diesbezüglich kommst Du dennoch nicht zu kurz!

11.1.1942

«Von der Gewalt, die alle Wesen bindet,
befreit der Mensch sich, der sich überwindet.»
(Goethe)

Mein lieber Theo!

Heute sollst Du wieder einen Brief bekommen, ich glaube, es ist höchste Zeit – wenigstens an meinem Vorsatz gemessen, Dir täglich zu schreiben. Aber das läßt sich doch nur sehr schwer durchführen. Grausam ist dabei, daß von Dir so wenig Briefe kommen, erst zwei sind in meinem Besitz. Wann wirst Du endlich zu Deiner Truppe gefunden haben?
Nun muß ich etwas gestehen: In Deinen beiden Briefen fehlt mir etwas: die Urlaubs-Herzlichkeit! Aber weil ich ja weiß, wie es Dir jeweils nach der Rückkehr vom Urlaub bei diesem Hundeleben zumute ist, war ich «vorgewarnt». – Bin ich zu anspruchsvoll, mein lieber Ritter?
Trotzdem muß ich ab und zu ein wenig stacheln, um Dich aus Deiner Ruhe zu bringen! Wie ist das eigentlich: Du wirkst wie die Ruhe selbst, kommt aber irgend etwas, das Dich von innen angreift, bläst sofort ein Sturmwind! Wie reimt sich das zusammen? Ist die äußere Ruhe nur Tünche? Was meinst Du selbst dazu? Obwohl ich mich so unendlich wohl in Deiner Ruhe fühle, möchte doch etwas in mir Dich

nicht in Ruhe lassen! Was ist das wohl? Ich glaube, ich will etwas zutage fördern, ans Licht bringen, was verborgen bleibt, wenn der Spiegel Deiner Seele so glatt wie ein windstiller See ist. Ich fürchte, nur der Sturm fördert die unbekannten Schätze aus der Tiefe ans Licht – was meinst Du?
Wenn ich mit Deiner Verhaltenheit und Ruhe, wie sie aus Deinen beiden ersten Briefen spricht, meine ersten vergleiche, könnte es mir fast schummerig werden. Du hast Dich, wohl zum Schutz vor äußeren Unbillen, ins Schneckenhaus begeben, das ist – vorläufig – völlig einzusehen, aber nur vorläufig! Ich hatte das früher auch oft nötig, aber ich merke zu meiner Freude, daß das Haus auf meinem Rücken an Wichtigkeit verliert. Jedenfalls, wenn ich Briefe schreibe, krieche ich heraus!

17.1.1943

«Wir Menschen sind wie Blätter eines Baumes,
   die irgendwann in grauer Vorzeit Tagen
   vom väterlichen Stamm sich selbst gerissen,
   und nun, Geschöpfe unsres eignen Traumes,
   hinwandeln wir in ungeheurem Wagen
   den labyrinthnen Weg vom Wahn zum Wissen.»
                        (Morgenstern)

Mein lieber Theo!

Mit diesem Brief beginnt die Erholung dieses Tages, auf die ich mich heute schon immer gefreut habe. Nun lud ich mir die Traifelberger Tage zu Gast und lasse sie der Reihe nach an meinem inneren Auge vorüberziehen. Das ist auch eine gute Übung zur Stärkung des Gedächtnisses, hat also einen doppelten Effekt!
Über Deinen lieben Weihnachtsbrief vom 25.12., den ich jetzt erhielt, habe ich mich ganz besonders gefreut! Hab vielen herzlichen Dank dafür! Anscheinend war da die anfängliche graue Rückkehr-

Stimmung schon etwas überwunden, so daß ein freundlicherer Brief entstehen konnte. Hoffentlich gibt es keinen Rückschlag!
Spürst Du eigentlich den samtenen Mantel um Deine Schultern? Er ist weich und tiefblau wie der Himmel nach Sonnenuntergang, wenn die ersten Sterne erwachen.

20.1.1943
Meine liebe Erika!

Heute, am ersten Tag, an dem ich wieder für kurze Zeit aufstehen darf, muß ich Dir gleich schreiben, Du hast nun so lange nichts von mir gehört. Am 13.1. bekam ich Fieber, und seither liege ich im Bett. Es war wohl eine Grippe – aber hier weiß man ja nie, was aus einem Fieber werden kann. Ins Lazarett wollte ich bei den jetzigen unsicheren Verhältnissen nicht. Zweimal sind wir in dieser Zeit wieder zurückgefahren; ich hatte mich dabei in meine sämtlichen Kleidungsstücke gepackt, um mich nicht noch schlimmer zu erkälten.
Es ist nun schon über einen Monat her, daß wir uns gesehen haben, und leider besteht gar keine Aussicht, in nächster Zeit Post zu bekommen. Alles geht drunter und drüber. Von meinen Kameraden hat noch keiner ein Weihnachtspaket erhalten. Auch die Pakete, die ich im Urlaub absandte, sind noch nicht da! Dabei erwarte ich so ungeduldig die Bilder vom Urlaub, die Du doch sicher gleich weggeschickt hast.
In den letzten Tagen habe ich wenigstens etwas lesen können, und zwar las ich die *Kernpunkte der sozialen Fragen*, die ich verhältnismäßig gut verständlich finde. Der Inhalt ist recht interessant.
Außerdem lese ich jetzt die *Buddhistischen Mysterien*. Darin ist der Buddhismus sehr klar dargelegt.
Nach allem, was ich bisher über Anthroposophie gelesen habe, zeigt sie sich doch ziemlich verwandt mit dem Buddhismus; nicht daß dies etwa ein Fehler wäre! Es ist die Rede von den Geheimlehren und daß man, um eingeweiht zu werden, unbedingt einen Lehrer brauche, da man sonst in die Irre gehe. Ist dies bei der Anthroposophie auch so?

Was die allgemeine Lage anbelangt, bin ich nach wie vor sehr deprimiert und sehe vollkommen schwarz. Es werden viel zu viel große Worte und Phrasen gebraucht. Den Nachrichtendienst kann man schon gar nicht mehr hören.
Leider ist vorgestern mein Freund, der Architekt, abgereist nach Deutschland zu einem Offiziers-Kurs.
Jetzt aber muß ich schließen. Wenn es dunkel wird, werde ich träumen vom Schwabenland, von Stuttgart mit seinen Hügeln und Gärten, vom letzten Urlaub, und immer von Dir.

20.1.1943
Mein liebster Ritter!

Hab von ganzem Herzen Dank für Deine Briefe vom 26.12., 31.12. und 1.1., die ich heute bekam, sie haben mich unsagbar gefreut. Wie froh bin ich, daß Du sogar noch im letzten Jahr bei Deinen Kameraden angekommen bist! Jetzt brauche ich mir wenigstens keinen fahrenden, verirrten Ritter mehr vorzustellen, der nicht heimfindet, als sei er in einem Zauberwald gefangen. – Verzeih bitte meine Phantasie! (Immerhin aber sagte Novalis, daß jeder wahre Brief seiner Natur nach poetisch sei; damit magst Du Dich trösten.)
Zum Thema Liebe: Immer mehr ist es meine Überzeugung, daß die Mehrzahl der Menschen noch nicht weiß, was Liebe wirklich ist, oder besser, was sie einmal sein wird: die Seligkeit auch auf Erden.
Ich fühlte immer, daß die körperliche Vereinigung – das Kind – niemals wirklich die letzte Erfüllung der Liebe sein kann; sie ist eine Station auf dem Weg. Wenn Liebe – nach Novalis – der Endzweck der Weltgeschichte ist, wovon ich überzeugt bin, kann sie nicht ein abgestecktes Ziel haben, das für alle das gleiche ist. Sie muß mit dem Menschen wachsen können ins Unbegrenzte, noch nicht einmal Ahnbare.

24.1.1943

Meine liebe Erika!

Immer noch warte ich vergeblich auf Post.
Wir sind auf Fahrt und haben noch kein Winterquartier bezogen, obwohl das Wetter miserabel ist. Der Feind ist sehr aktiv und läßt keine Ruhe.
Mir geht es wieder soweit gut. Das Fieber ist ganz weg, nur habe ich noch häufig Kopfschmerzen, die ich bisher nicht kannte. – Denk Dir, seit dem 13.1. habe ich keine Zigarette mehr geraucht!
Und ich werde mich noch eine Zeitlang enthalten, um mir selbst gegenüber festzustellen, daß das Rauchen noch nicht zur Sucht geworden ist. – Auch glaube ich, daß die Raucherei einen großen Anteil an dieser fieberhaften Bronchiensache hatte.
In meiner freien Zeit habe ich immer gelesen.

24.1.1943

«Ich schaue zu, wie sich die alte Welt
  in mir erhebt und immer wieder streitet,
  und wie die neue sanft darübergleitet,
  so wechselweis verdüstert und erhellt.

  Ich schaue zu. Wie endigt wohl der Krieg?
  Wird sich der trübe Rauch zu Boden schlagen
  und morgendliche Klarheit drüber tagen?
  ICH schaut mir zu. Vielleicht ruft dies den Sieg …»
                                    (Morgenstern)

Mein liebster Ritter!

Schnell muß ich noch ein wenig mit Dir plaudern. Gleich wird Gertrud (die Dichter-Freundin) zu mir kommen. Aber vorher muß ich Dir noch sagen, daß Du ganz fest an Deinen Panzer denken sollst! Er ist viel dichter als jemals zuvor! – Es könnte mir ja das Herz abdrücken bei den schrecklichen Nachrichten über die Stalingrad-Kämpfe.

Aber ich will nur starke und gute Gedanken, niemals verzagte zu Dir schicken! Ich habe das unerschütterliche Gefühl, Du weißt es, daß diese eine schützende Kraft sind. Daran sollst Du immer denken, hörst Du?

Heute nacht habe ich einmal wieder von Dir geträumt. Wir machten unter anderem einen Besuch bei – Dr. Rittelmeyer. Er war noch jung verheiratet und hatte drei kleine Kinder, mit denen Du Dich sehr beschäftigt hast.

Weißt Du, welcher Gedanke mich zur Zeit besonders bewegt und beschäftigt? Der, daß Erkenntnisse verpflichten. Zu dem, das ich als wahr und richtig erkenne, muß ich mich stellen, sonst verleugne ich mich selbst.

26.1.1943

Meine liebe Erika!

Leider bin ich immer noch ohne Nachricht von Dir, und es ist in nächster Zeit auch gar nicht damit zu rechnen, daß ich Post bekomme. Wahrscheinlich werden auch meine Briefe lange zu Dir reisen, deshalb muß ich heute den Geburtstagsbrief schreiben.

Meine Liebste, zu Deinem Geburtstag gratuliere ich Dir herzlichst und wünsche Dir zuerst, was ich allen Menschen wünsche – den Frieden.

Was wünsche ich Dir, Geistchen? Manch stille Mußestunde, um Einkehr zu halten und um Gedanken zu mir zu schicken. Dem Prinzeßchen wünsche ich, daß im Laufe des Jahres unendlich viele Sonnenstrahlen in sein prächtiges Gemach fallen mögen. Dem Teufelchen aber wünsche ich einen handfesten Teufel, der es ein bißchen plagt und zwickt, wenn es zu übermütig wird ...

Was kann ich Dir schon viel wünschen, Du bist ja so reich! – Ich wünschte, daß ich Dir wenigstens ein paar Blumen oder Bücher schenken könnte. Leider kann ich Dir nur die Versicherung geben, daß ich Dich von ganzem Herzen lieb habe.

28.1.1943

> «In alles und jedes einfließen lassen
> einen höheren Geist.»
> (Morgenstern)

Mein lieber Theo!

Schon wieder eilen die Tage dem Sonntag entgegen, und ich habe Dir wohl lange nicht geschrieben. Jeden Abend ist irgend etwas dringend zu tun, das mir die Zeit dafür stiehlt. – Und jeden Tag warte ich, daß ein Brief von Dir kommt! Es ist schrecklich, nichts von Dir zu hören, während es zweifellos in Deiner nächsten Nähe so furchtbar traurig zugeht! Man hört immer nur «Stalingrad» – und die Menschen gehen mit finsteren Gesichtern umher. – Dieser russische Winter ist wohl noch weitaus schlimmer als der letzte, obwohl es – bei uns wenigstens – nicht kalt ist. An manchen Tagen ist die Luft fast frühlingsmäßig, und man kommt unwillkürlich in Lenzerwartung. Der Flieder hat schon dicke Knospen bekommen. Ach, es ist schon schön, an den Frühling zu denken!
Heute nacht bin ich übrigens im Traum seit langer Zeit einmal wieder aus eigener Kraft geflogen – weite Strecken. Es war ganz wunderbar.

29.1.1943

Liebe Erika!

Nun komme ich wieder dazu, Dir zu schreiben. Es ist empfindlich kalt, und wir sind noch immer auf der Reise. Viel zu erzählen gibt es nicht.
Es ist möglich, daß die Post, die Du bisher an mich geschickt hast, verloren ging oder in die Hand der Russen fiel. Wenn ich es erfahren habe, daß es wirklich so ist, schreibe ich es Dir.

31.1.1943

Nun hat es doch zwei Tage gedauert, bis ich weiterschreiben kann. Gestern waren ja die großen Reden, anschließend hatten wir heftige Debatten. Im ganzen genommen war ich so beschäftigt, meine Gedanken zu ordnen, und so erregt, daß ich an Dich nicht schreiben konnte. Es ist erschütternd, mitansehen zu müssen, wie die Kameraden in Stalingrad auf verlorenem Posten kämpfen. Ich selbst kenne mehrere, die drinnen sind. Und wir selbst können von Glück sagen, daß wir nicht dort stehen.

Es ist wirklich ein harter Kampf, und auch ich habe das Gefühl, daß der Krieg sich einem Höhepunkt nähert. Es ist notwendig, daß wir alle uns auf das Letzte vorbereiten, denn dieser Kampf geht um Sein oder Nichtsein. Es ist nicht ausgeschlossen, daß das ganze deutsche Volk einst wie die Männer in Stalingrad kämpfen muß – auf verlorenem Posten. Eine Kapitulation kann es heute nicht mehr geben.

Mir geht es soweit gut. Ich denke, daß wir uns jetzt festsetzen werden. Wir sind nicht weit von unserem letzten Überwinterungsplatz entfernt.

Nun noch zu den *Hellenischen Mysterien*. Es ist ein sehr schönes Buch, und im ganzen gesehen zeigt es uns sehr deutlich, woran die heutige Zeit krankt: an dem Fehlen eines Glaubens. Dieses Buch brachte mich wirklich der Anthroposophie näher.

Scheffer legt das Wesen des Mysteriums und seine bedingte Geheimhaltung so klar dar, daß ich es zu verstehen meine – und somit auch die Anthroposophie, die wohl etwas ganz Ähnliches ist, wie die damaligen Mysterien es waren, nur vielleicht in etwas verfeinerter Form. Auf jeden Fall verspüre ich wieder die größte Lust, in ein solches Mysterium einzudringen. Die Forderung, beim Betreten der Tempel rein zu sein, brachte der Menschheit sicherlich viel Segen. Eine solche Forderung fehlt heute ganz. Das ist der große Mangel.

Geistchen, ich meine, wir kommen einander immer näher, und zwar nur auf Deinem Weg! Und ich meine auch, daß ich Dir sehr viel zu danken habe.

Liebes, hochfliegendes Geistchen, sei gegrüßt!

31.1.1943
Mein lieber Theo!

So lange kommt keine Nachricht von Dir, es macht mir rechten Kummer, und über dem Warten vergesse auch ich zu schreiben. Andererseits denke ich pausenlos an Dich.

Gestern war ich einmal wieder in der Oper, in «Zar und Zimmermann», aber auch da kam ich nicht von den Gedanken an Stalingrad und Rußland los. Wann wird man einmal wieder für eine Stunde frei von Sorgen sein? Man hat wirklich den Eindruck, daß man von allen guten Geistern verlassen ist. Dämonen regieren und verfinstern die Welt.

Aber nicht wahr, Theo, wir wollen diesen Krieg dennoch nicht fruchtlos über uns ergehen lassen, wir wollen auch ihm das Beste abringen! – Oft habe ich die Empfindung, einen Helfer in der geistigen Welt zu haben, der in meinen Gedanken und Entschlüssen wirkt und sie aufhellt und stärkt.

3.2.1943
Meine liebe Erika!

Immer noch bin ich ohne Nachricht! – Es scheint, daß wir hier einige Zeit bleiben werden.

Im letzten Jahr hatte ich im Winterquartier ein Bett und elektrisches Licht. Heute schlafe ich auf dem Boden in einer ganz kleinen Lehmhütte und bin vollständig verlaust, es ist ganz verheerend. Gelegenheit zum Baden gibt es nicht, da dies ein sehr kleines Dorf ist.

Heute habe ich nun die *Buddhistischen Mysterien* vor mir liegen. Es ist mir besonders stark aufgefallen, wie wandlungsfähig der Buddhismus gewesen ist. Er hat sich immer wieder veränderten Verhältnissen angepaßt.

Gleich zu Beginn des Vorworts steht die erstaunliche Feststellung, daß die ursprüngliche Lehre keine Geheimlehre war. Das wußte ich nicht; ich wundere mich eigentlich darüber.

4.2.1943

Gestern war es zu kalt geworden zum Schreiben.
Die Anthroposophie scheint vieles mit dem «Diamant-Fahrzeug» gemeinsam zu haben. Ferner steht fest, daß der Buddhismus eine gewaltige, starke Religion war und noch ist.
Es ist jetzt 21 Uhr, und es wird langsam wieder ungemütlich. Draußen ist es bitter kalt. Ich bin nur froh, daß ich heute keine Wache habe. Ich bin in diesem Jahr empfindlich gegen die Kälte. – Noch immer habe ich seit dem 13.1. keine Zigarette geraucht!

6.2.1943

Liebster,

es fällt mir im Grunde recht schwer, an Dich zu schreiben, da ich so in Sorge um Dich bin. Noch niemals habe ich volle fünf Wochen nichts von Dir gehört! Ob Du fühlen kannst, wie furchtbar diese Warten ist? Und diese sich immer wiederholende Enttäuschung, wenn der Briefkasten leer ist? – Was ist der Grund? Was ist der Grund? Ich bemühe mich sehr, alle bangen Gedanken zu verscheuchen, denn sie können Dir ja niemals Hilfe sein, aber wer brächte es zustande, daß sie nicht doch immer wieder von einem Besitz ergreifen?
Weil ich es nicht mehr ausgehalten habe, rief ich bei Deinen Eltern an. Dein Vater hatte sich auch mit dem Gedanken getragen, mir anzurufen, weil auch er nur eine Nachricht vom 1.1. hat. Damals fürchteten wir noch, daß Du sehr in der Nähe Stalingrads sein könntest. – Am folgenden Tag rief mir dann Dein Vater an und berichtete, daß ein Kamerad von Dir, der am 15.1. bei der Truppe wegging, bei ihm gewesen sei und gesagt habe, daß Du schwer erkältet im Bett gelegen habest, noch in Salsk anscheinend.
Durch das Buch von Schweitzer hörte ich jetzt auch von Deinem Architekten-Freund Rudolf, und zwar treffen wir uns am nächsten Mittwoch. Ich freue mich sehr, von ihm Näheres hören zu können.

8.2.1943

> «Wahre Universalität besteht nicht darin,
> daß man vieles weiß, sondern darin,
> daß man vieles liebt.»
>
> (Jakob Burckhardt)

Mein lieber Theo!

Ob Ihr draußen eine Ahnung davon habt, wie sehr wir uns zu Hause Sorgen machen, wenn von Euch keine Post kommt? Ihr könntet keine Ruhe finden, wenn Ihr es an einem Tag, an dem Gelegenheit gewesen wäre, versäumt habt zu schreiben! – Heute kam endlich Dein Brief vom 20.1.!

Du schriebst, daß Deine Kameraden noch nicht einmal Deine sorgsam ausgesuchten und mühsam abgeschickten Weihnachtspäckchen bekommen haben und auch Du noch keine Post von mir hast – es ist ein Skandal!

Mit Deinem Vater hatte ich vereinbart, sofort anzurufen, wenn ein Brief von Dir kommt; das tat ich heute. Zu meiner Beruhigung hörte ich, daß Du anscheinend wieder in der Nähe des letztjährigen Winterquartiers angekommen bist. Das bedeutet wohl, daß Du die schlimmste Gefahrenzone, wo man weitere Einschließungen befürchten muß, hinter Dir hast. Du hast ja keine Ahnung, welche Zentnersteine da von meinem geplagten Herzen fallen!

In den *Buddhistischen Mysterien* findest Du viel Ähnlichkeit mit der Anthroposophie? In manchem ist das sicher der Fall, aber die Anthroposophie ist doch neu und für unsere Zeit gegeben.

Vor kurzem las ich von Michael Bauer, der ja auch ein Schüler der «neuen» Mysterien war: «Recht weit bin ich ja nicht gekommen; das letzte war ein Engel. Aber wer nur das kennt, weiß, daß die Leute höchstens ihr höheres Selbst gespürt haben, die schon gleich von Gottes- oder Christuserlebnissen reden. Schon ein Engel würde solchen ‹Bekehrten› den Mund schließen.»

Du bist der Meinung, daß der Krieg noch fünf Jahre gehen wird? Das glaube ich nicht. Ich bin davon überzeugt, daß es jetzt aufs letzte geht, und zwar hart auf hart. Meinst Du, solche Zustände, wie sie jetzt auch bei uns zu Hause herrschen, ließen sich noch lange aufrecht erhalten? Man spricht wieder von einer «neuen Waffe»; außerdem werden hier alle Keller gassicher gemacht. Das spricht wohl die deutlichste Sprache. Nein, ich glaube nicht mehr, daß es noch lange gehen kann.

11.2.1943

Von Hrabanus:
«Wir müssen länger und stärker bei uns anklopfen,
denn wir schlafen drinnen sehr tief.»
«Was hilft es zu fasten, wenn unsere Gedanken
mehr Blut fließen lassen als der Schlächter?»

Mein lieber Theo!

Gestern habe ich nun das Ehepaar Fritz getroffen, und ich muß sagen, daß sie alle Erwartungen übertrafen. Besonders Dein Freund hat mir ausgezeichnet gefallen, und mir fiel wieder ein, daß Du von ihm sagtest, er sehe sehr gut aus. Ich betrachtete ihn daraufhin genauer und fand, daß es weniger die äußeren Formen seines Gesichtes sind, die ihn so sympathisch machen, als vor allem der Ausdruck seiner Augen. Lache nicht, aber ich habe ihm wirklich tief ins Auge geblickt! Seine Frau paßt ausgezeichnet zu ihm; auch sie ist eine «Besondere».

Ich habe mich sehr gefreut, Deinen Freund zu treffen. Du hast also nun seinen Platz eingenommen. – Anscheinend hat er Dich noch zu überreden versucht, doch einen Offizierskurs zu machen. Du müßtest da wieder auf die Schulbank, aber immerhin kämst Du nach Deutschland ... Einiges Verlockende hat der Gedanke ja.

Ich selbst bin zur Zeit auch sehr lernbegierig, ich nehme englische Stunden. Was sagst Du nun?

15.2.1943

Liebe Erika!

Endlich kam Post! Und zwar vorgestern Dein Brief vom 23.1. und gestern die vom 17., 21., und 22.12. Hab vielen herzlichen Dank für die lieben Worte, die mich doch wieder etwas aus dem Alltag mit seinen Kümmernissen und Ärgernissen herausgeholt haben.

Es scheint in diesem Winter nicht so zu werden, daß wir festsitzen wie im letzten Jahr und ich zum Schreiben Zeit und Muße habe. Bisher waren wir immer in Bewegung; erst gestern war wieder Stellungswechsel. Kaum hat man sich eingerichtet, heißt es wieder: marschieren!

Gestern war Sonntag, und um 20.30 Uhr stand ich draußen auf Wache. Der Himmel war verhängt, und in der Luft wirbelten Schneeflocken. Die ganze Gegend war schwach erhellt und eintönig weiß; nur einige armselige Lehmhütten und unsere Fahrzeugruinen waren zu sehen. Besonders kalt war es nicht; ich hatte mich gut eingemummt. Und von da aus sandte ich meine liebsten Gedanken zu Dir und versuchte, Dich mir vorzustellen, was mir auch gut gelang.

Da Du danach fragst: So schlimm wie im letzten Jahr ist der Winter bei weitem nicht. Es ist längst nicht so kalt; darüber können wir nur froh sein. Allmählich tritt der Krieg eben in ein sehr kritisches Stadium ein. Aber einmal muß ja die Front wieder zum Stehen kommen.

15.2.1943

«Man muß von aller Verliebtheit in Maja frei werden, dann erst kann die große Liebe entstehen.»

(Morgenstern)

Mein lieber Theo!

Ich stelle mir eben vor, wie das wohl sein wird, wenn Du meine ersten Briefe nun alle auf einmal bekommst! Mir gruselt! Hoffentlich

hast Du da dann keinen verdorbenen Magen bekommen bei so viel
Süßigkeit ...
Nun habe ich *Antonio Adverso* ausgelesen. Als das Schönste erscheint
mir seine Haltung am Schluß, wo er nichts mehr besitzt als ein großes
Herz voll Liebe und Weisheit. Er wird verfolgt von seinen Feinden,
aber keiner kann ihm mehr etwas anhaben, denn er ist der große
Liebende geworden und der Sieger über die Schwachen, die Hasser.
Er ist der Glückliche.
In Gedanken sage ich Dir tausend Zärtlichkeiten, die nicht auszusprechen sind, aber Dich doch finden.

17.2.1943

Meine liebe Erika!

Ich habe all Deine lieben täglichen Grüße vor mir, die Du nach meiner
Abreise geschrieben hast. Sie sind so wunderbar zu lesen; ich weiß
nicht, wieviele Male ich sie schon zur Hand genommen habe.
Es wurde bekanntgegeben, daß ab heute wieder Postsperre ist.
Jetzt fehlt noch die Post von Ende Dezember und vom Januar. Ob und
wann diese kommt, weiß ich nicht, aber zu ändern ist ja nichts. Desto
häufiger schicke ich meine Gedanken und mein Herz auf die Reise zu
Dir. Und es ist wirklich so, daß ich die graue Umwelt vergesse und
alle Unannehmlichkeiten. Oft schlüpfe ich in diesen Zaubermantel,
den Du für mich gewoben hast. Er ist weich und warm, und ich
kann in ihm die fernen glücklichen Gestade erblicken. Ob uns die
stürmische See einst dort landen lassen wird? Noch scheint das Land
sehr fern, aber helle Sonne liegt darauf.
Ja, Liebste, an den Panzer werde ich immer denken und glauben! Du
bist ja doch mein guter Engel.

19.2.1943

Auch für mich ist heute ein ganz besonderer Tag. Schon um 12 Uhr
wurde ich aus dem Bett geworfen, weil etliche Panzer durchgebrochen

waren. So stehe ich schon den ganzen Tag draußen herum, immer gewärtig, in den nächsten Minuten abfahren zu müssen. Dazu geht ein gewaltiger Schneesturm. – Aber was kann mir das alles anhaben? Von meinem lieben Geistchen habe ich einen festen Panzer.
Es bedarf nur einer Erhebung des Geistes, und schon bin ich bei Dir.

20.2.1943

«Die stillen Stunden sind es, da die Glocken
der seltnen Seelen uns zu Herzen klingen,
da wir verstehn ihr wunder-volles Singen
und ihrer Liebe göttlich tiefes Locken:
Nach ihren reinen Höhen aufzustreben,
uns immer freier, stolzer zu vollenden.
Ihr stillen Stunden, da sie Grüße senden,
die Großen, die am Sinn des Lebens weben.»
(Morgenstern)

Mein lieber Theo!

Ich bin sehr froh, daß Deine Fieber-Krankheit verhältnismäßig rasch vorüberging! Was war das aber für eine Zeit, als aus diesem Grunde so lange nichts von Dir kam! Fünf Wochen!
Ich mußte doch annehmen, daß Du schreiben würdest, wenn es irgend geht, und zwar mindestens einmal in der Woche.
Du kannst Dir übrigens kaum ein Bild machen, welche Wirkung die letzte Rede hier hatte! Man spricht von nichts anderem und sieht schwarz! Es ist tatsächlich furchtbar, und ich glaube nicht, daß die allgemeine Stimmung jemals so schlecht war.
Man hat die Empfindung, in einem Spinnennetz gefangen zu sein, ohne Aussicht, daraus zu entkommen.
Der «Totale Krieg» beschäftigt jetzt jeden; es gibt kaum eine Familie, die nicht davon betroffen ist. Sicher hast Du auch davon gehört, daß Banken und Versicherungen sehr ausgesiebt werden sollen. Wer weiß, vielleicht lande ich auch noch irgendwo als Blitzmädchen oder Stabshelferin …

Hier fürchtet man, daß der Krieg bis zum Frühjahr auch bezüglich der Waffen «total» wird: Gas! – Heute nacht war Alarm, da hörte ich, wie jemand aussprach, was viele denken: Ein paar Monate früher oder später in die ewigen Jagdgründe einzugehen, sei ja gleichgültig; bis zum Frühjahr sei ohnehin nicht mehr viel von uns vorhanden ... Du hast also elf Tage keine Zigarette geraucht? Ich gratuliere und freue mich aufrichtig darüber, daß Du es fertigbrachtest! Macht es nicht Freude, festzustellen, daß man sich in der Hand haben kann, wenn man will? Man spürt etwas von Freiheit.

Meine Freundin hat mir ein neues Gedichtbüchlein gewidmet. Diese Freundschaft macht mich glücklich, denn es ist eine solche, die uns beide bereichert und «wachsen» läßt.

21.2.1943

«Willst du mich nicht glücklich lassen,
Sorge, nun so mach mich klug!»
(Goethe)

Mein lieber Theo!

Heute ist meine Stimmung nicht viel anders als gestern, das kannst Du schon am Motto sehen, das doch immer ein wenig meiner Stimmung entspricht. Glaub aber nun nicht, daß ich große Sorgen habe.

Aber die schwarzen Schwingen eines dunklen Vogels flattern heute doch um mich. Ich möchte diesen Vogel auf meinen Finger setzen, um ihm fest ins Auge zu blicken, aber er läßt sich nicht zähmen. Wer weiß, aus welchen Schicksalsschluchten er hergeflogen kam, von mir selber bestellt ...

Zur Zeit habe ich recht merkwürdige Träume. Neulich war ich im Traum – bei einer Wahrsagerin, die mir prophezeite, daß ich nur noch sehr kurze Zeit leben würde; die schönsten Stunden hatte ich bereits hinter mir. – In der folgenden Nacht fischte ich in einem strudelnden Wasser nach einem Rosenstrauß, den ich Dir schenken wollte, aber

ich konnte ihn nicht erlangen. – Ein andermal ist ein großer schwarzer Vogel an meinem Fenster mit weit ausgebreiteten Schwingen, der zu mir will und den ich schließlich auch einlasse, aber dann ist er plötzlich klein wie eine Amsel. – Gestern nacht war ich irgendwo in Rußland eingeschlossen und wußte, daß ich nur noch Stunden leben würde. Da suchte ich mein Leben zu überblicken und kam zu dem Schluß, daß ich Unwiederbringliches versäumt hätte …
Du fragst in einem Brief, wie mir Deine Eltern gefallen hatten und wie ich nach Hause gekommen sei.
Dein Vater fuhr mich nach Hause. – Darf ich nun auch die Frage an Dich richten: Wie hab ich Deinen Eltern gefallen? Zweifellos hat ja Deine Mutter auch eine Bemerkung in dieser Richtung gemacht. Nun ist es an Dir, den Schleier zu lüften!

23.2.1943

Mein lieber Theo!

Ja, es sieht schon sehr traurig aus in der Welt, und es bleibt uns immer weniger, das Freude bereiten kann. Glücklich alle die, die innerlich wenigstens dann einen Halt haben. Wir beide dürfen uns zu jenen zählen, die sagen können: «Dunkel von schweigenden Bergen umschlossen, / zerfallen die Welt wie ein Puppenspiel; / regenumgossen, nebelumflossen, / doch in der Brust ein leuchtendes Ziel …» (Morgenstern). Immer wieder empfinde ich, wie etwas warm und leuchtend, trotz aller Düsternis in der Welt, aus mir herausstrahlen möchte – und wie wenig das Dunkel draußen das still leuchtende Innere zu verhüllen vermag.
Ich glaube jetzt nicht mehr, daß die nächste Zukunft auch nur einen Schimmer von äußerem Licht und Glück haben wird. Ich fürchte, daß auch wir zu Hause noch sehr viel Schweres und Hartes mitzumachen haben werden; die Front ist jetzt nicht mehr nur bei Euch, sondern in ganz Deutschland. Ich mache mich auf alles gefaßt.
Empfindest Du auch, daß es tausendmal schöner ist in der Welt,

in der Du des nachts weilst, als in der des grauen Tages? Welch Glück – so lange es uns noch gegönnt ist! – zu schlafen! Wer weiß, vielleicht halten da des Nachts unsere Engel auf einem hellen Stern ein heimliches Rendez-vous ab!

25.2.1943

«Nur im vorbereiteten Herzen kann ein neuer
Gedanke Wurzel fassen und groß werden.
Sich vorbereiten, sich zubereiten, den Acker lockern
für das beste Korn, ist alles.»

(Morgenstern)

Mein lieber Theo!

Draußen ist herrliches Frühlingswetter, in diesem Jahr schon so früh! Am Morgen singen die Amseln ihr melancholisch-süßes Lied; es sind die ersten Laute aus der Welt, die jetzt an mein Ohr dringen. Wie gerne wollte ich Dir solch einen kleinen schwarzen Burschen schicken, der Dir allmorgendlich singend meine Grüße brächte!
Du schreibst, daß Du gerne meine heimlichen Träume über die Zukunft belauschen möchtest. Nun, sie enthalten viel Kriegsernst und wenig Hoffnung, sich darüber zu erheben. – So ganz übermütig und jung kann unsere Generation wohl nie mehr werden. Als der Krieg ausbrach, war ich 18 Jahre alt, und wenn er zu Ende ist, bin ich eine «gesetzte» Frau ...
Aber vielleicht bringt diese Zeit, die uns nach und nach aller Freuden beraubt, dem einen oder anderen doch, wenn er äußerlich vor dem Nichts steht, das Erlebnis, das wie ein Blitz in ihn einschlägt: Ich bin ein Ich! Das wird er dann unverlierbar durch das Leben tragen. Er weiß dann, daß dieses Allerheiligste seines Wesens niemand von außen zerstören kann, nur er selbst von innen.
Man kann heute wirklich sagen, es liege Todes-Ernst auf den Menschen!

Vor einigen Tagen fiel mir ein kleines Büchlein in die Hände von dem im Weltkrieg gefallenen Franz Marc: *Briefe aus dem Feld* an seine Frau. Kurz vor seinem Tod schreibt er an sie: «Wie schön, wie einzig tröstlich zu wissen, daß der Geist nicht sterben kann, unter keinen Qualen, durch keine Verleumdungen, in keinen Wüsten. Dies zu wissen, macht das Fortgehen leicht.»
Was hätte es bedeutet, wenn solche Menschen in der Welt hätten wirken können!

1.3.1943

Meine liebe Erika!

Hast Du in den Heeresberichten einmal etwas von der Mius-Front gehört? Da bin ich, ca. 30 km nördlich des Asowschen Meeres. Nach aufregenden Wochen ist es etwas ruhiger geworden. Es liegt hier nur sehr wenig Schnee, und es ist nicht mehr übermäßig kalt.
Wie wirkt sich bei Dir der «Totale Krieg» aus? Mußt Du dadurch mehr arbeiten? Eigentlich sind ja Versicherungen auch nicht kriegswichtig.
Das Zigarettenrauchen habe ich mir abgewöhnt. Nur ab und zu rauche ich eine Pfeife oder Zigarre. – Was ist jetzt das nächste, das ich mir abgewöhnen muß? – Ich kann Dir übrigens verraten, daß ich eine ganz gehörige Portion meines Willens aufwenden mußte. – Es fragt sich jetzt: Was muß ich nun noch tun, um selig zu werden? – Ich erwarte Deine Antwort bis in spätestens sechs Monaten …

8.3.1943

Meine liebe Erika!

Ich bin in einem kleinen Dorf hinter der Mius-Front und bewohne da ein Zimmer, das zwei Meter breit und drei Meter lang ist. An Möbeln befinden sich darin zwei kleine Tische und drei Stühle. Außer mir wohnen noch zwei Kameraden in diesem Zimmer. Des Abends müssen wir die Stühle hinaustragen und die Tische ins Eck rücken, damit wir unsere Strohsäcke auf den Boden ausbreiten können.

Zur Zeit habe ich den Tag über viel Arbeit mit der Auffrischung der Truppe; dazu kommt, daß wir täglich von 5.30 bis 7.30 Uhr morgens Fußdienst haben. Abends redet man noch ein bißchen und geht schlafen. Es kann nicht etwa einer aufbleiben, denn die Stühle müssen ja hinaus. Du siehst: Es herrschen denkbar ungünstige Verhältnisse, um Briefe zu schreiben. Post haben wir auch noch keine bekommen.

Geistige Anregung habe ich so gut wie keine. Ich komme hier auch nicht dazu, die Meditations-Briefe zu lesen. Da ist immer in der Zeitung zu lesen, wie der Soldat den Winter über geistig betreut wird – es ist alles erfunden!

12.3.1943

«Die Menschen sind nicht nur zusammen,
   wenn sie beisammen sind; auch der Entfernte,
   der Abgeschiedene lebt uns.»

(Goethe)

Mein lieber Theo!

Du wirst wohl auch von dem Terror-Angriff auf Stuttgart gehört haben und Dir Gedanken machen, wie es bei uns aussieht. Es ist in einem Satz gesagt: Das war die schauerlichste Nacht meines Lebens – und bestimmt der ganzen Stuttgarter Bevölkerung. Im Keller untätig zu sitzen, während über einem die Flugzeuge surren und die Bomben einschlagen, alles vibriert und klirrt – es ist schauerlich! Drei Häuser entfernt brennt die Esbit-Fabrik, auf die Feuerwehr wird mit Bordwaffen geschossen – ein Krach … Außer Fensterscherben und eingedrückten Türen ist es bei uns noch sehr gut abgegangen. Die ganze Umgebung sieht bös aus.

In einer Nacht wie dieser gehen einem schon allerlei Gedanken durch

die Seele. Der Soldat ist an der Front, um sich zu verteidigen, wir sitzen tatenlos im Keller und können nur zittern und hoffen, daß das Haus nicht über uns zusammenstürzt.
Aber: «Wenn man Ja zum Leben sagt, muß man es auch dann tun, wenn es Nein zu uns sagt.» So ähnlich lautet ein Wort Morgensterns. In der Terror-Nacht konnte man das üben.
Falls Du übrigens noch keine Nachricht von Deinen Eltern haben solltest wegen des Angriffs: Ich hörte, daß es in der Litzmannstraße auch gut abgelaufen sei und höchstens Fensterscheiben fehlen; in Cannstatt war es anscheinend ganz ruhig. Dafür steht von Vaihingen und Heslach nicht mehr viel.

13.3.1943

Liebe Erika!

Endlich habe ich einmal wieder Post bekommen, Deine Briefe vom 15. und 21.2. Habe herzlichen Dank.
Gestern hörte ich im Radio, daß Stuttgart stark angegriffen wurde. Wo soll das noch hinführen! Zu allem Übel hat man keine Postverbindung, so daß man immer in Sorge sein muß.
Morgen oder übermorgen ist es soweit, daß wir in unser altes Quartier vom vorigen Jahr kommen. Ich freue mich schon darauf, mich abends wieder der Kleider entledigen und auch baden zu können. Es gibt elektrisches Licht, und man kann einmal in ein Kino gehen. Zwar ist der Winter schon bald vorüber, so daß wir wohl höchstens acht Wochen dort sein werden.
Aber es geht dem Frühling entgegen, die Sonne steigt, und mit ihr die Stimmung. Die Kälte ist endgültig gebrochen, und der Feind ist zum Stehen gekommen. Ich bin sehr gespannt auf unsere Aktionen im Sommer. Werden wir erfolgreicher sein als im vergangenen Jahr? Ich persönlich glaube kaum daran, denn der Russe ist auch in diesem Jahr noch an Menschen und Material zahlenmäßig überlegen – und man muß leider sagen, er hat sehr viel von uns gelernt.
Aber genug vom Krieg! Ich bin ja so froh, daß ich einmal wieder ein

paar Zeilen von Dir habe, daß ich Deine Worte lesen und mich mit Deinen Gedanken beschäftigen kann.

14.3.1943

Gestern abend mußte ich Wache stehen von 20 bis 24 Uhr, auch heute früh von 4 bis 5 Uhr. Da kam dann der feurige Sonnenball herauf, um die öde, traurige Landschaft zu bescheinen. Dies Land hier sieht bei Nacht besser aus als am Tage.
Leider stehen wir immer Doppelposten, so daß ich nicht mehr wie früher auf großen Gedankenflug gehen kann, sondern ständig durch meinen Kameraden gehemmt oder gestört werde.
Nun aber zu Deinen Briefen.
Du bist mein Engel, der mit der Fackel in der Hand mir die Finsternis erhellt – ich fühle es immer deutlicher.
Ich bereite mich inzwischen darauf vor, Deiner würdig zu sein, mir das Rüstzeug zur Bewältigung der zu erwartenden Höhe zu schaffen. Zur Zeit bin ich ja dabei, mich von Leidenschaften frei zu machen.
Übrigens habe ich seit dem 13.1. gestern wieder die erste Zigarette geraucht, aber nur um zu sehen, wie es sich auswirkt. Sie schmeckte mir nicht besonders und erweckte auf jeden Fall nicht das Verlangen nach einer zweiten. Ich bin in dieser Hinsicht also ziemlich sicher über dem Berg. Zuerst fiel es mir aber schwer, zu verzichten!

18.3.1943

Mein liebes Geistchen!

Gestern und heute sind Freudentage. Es kamen von Dir insgesamt elf Briefe! Habe vielen herzlichen Dank! Ach, wie schön ist es, meines lieben Geistchens Stimme zu vernehmen und von den vielen lieben Gedanken zu hören, die es immer zu mir schickt!
Wir haben wieder Stellungswechsel gemacht – raus aus dem Schlamm – und sind nach Mariupol gefahren, wo wir wieder ein

großes Gebäude bezogen haben. Gestern abend sind wir angekommen und haben heute eingeräumt. Jetzt sitze ich an einem schönen, großen Tisch bei elektrischem Licht! Es ist einfach wunderbar und verführt mich geradezu zum Schreiben. Das würde ich aber auch tun, wenn noch keine Post gekommen wäre.

So viele liebe Briefe, ich konnte mich gar nicht sattlesen und ich bin nicht übersättigt mit Süßigkeit, wie Du dachtest! Ich bin einfach überwältigt und außer mir vor Freude.

Ja, mein liebes Geistchen, Du schreibst ja ganz gewaltige Briefe, ich meine fast gesehen zu haben, wie Du Deinen Lebensabschnitt übersprungen hast, und ich meine, Du schlägst ein ganz großes Tempo an, um Höhe zu gewinnen, derweil ich ausruhe, mir die Gegend anschaue und mir überlege, welche Richtung ich einschlagen soll. Dich kann ich nur noch als winziges Pünktchen entdecken, und ich muß sehr aufpassen, Dich nicht aus den Augen zu verlieren. Geistchen, Geistchen, schweb mir nicht davon!

19.3.1943

Meine liebe Erika!

Ja, wir haben viel von unserer Jugend geopfert, sehr viel sogar. Aber auch ich bin der Ansicht, daß der Krieg uns innerlich weitergebracht hat und somit auch eine gute, positive Seite zeigt. Trotzdem wirkt sich dies meines Erachtens nur bei wenigen Menschen aus. Die meisten leben doch stur in den Tag hinein und lernen nichts! Ich habe wenigstens diesen Eindruck, leider. Ferner meine ich auch, daß es mit mir abwärts geht. Dieser Krieg gibt sich alle Mühe, mich mürbe zu bekommen. Wenn man monatelang keine Gelegenheit hat, sich geistig zu betätigen, muß sich das bemerkbar machen. Ich kann mich einfach nicht mehr richtig konzentrieren. Andererseits hatte ich auch nie mehr Gelegenheit gehabt, allein zu sein. Dauernd reden die Leute, auch während ich jetzt schreibe, reden und lachen; einer schreibt auf der Schreibmaschine, nebenan läuft das Radio.

Auch Dein Brief vom 23.2. ist ziemlich düster. Hast Du Dich von meiner Schwarzseherei anstecken lassen? Ich sehe übrigens nicht wegen der Lage so schwarz, sondern vielmehr wegen der Korruption in der breiteren Führung und wegen deren offensichtlicher Unfähigkeit. Doch genug davon.

19.3.1943
Lieber Theo!

Heute nur einen kleinen Gruß vor meiner Englischstunde. Ich muß so viel an Dich denken!
Gestern kamen Deine lieben Briefe vom 17. und 23.2., hab herzlichen Dank! Sie sind sehr lieb ausgefallen, ich habe mich besonders darüber gefreut. Habe ich in Erwartung derselben deshalb heute nacht so lebendig von Dir geträumt? Ich war in Kesselfeld, und plötzlich standest Du unter der Türe. Wir gingen dann zusammen irgendwo an einem Stadtwall, wo rotes Weinlaub wuchs. Schön war's!
So weit fort bist Du von mir, und draußen ist der schönste Frühling mit Veilchen und Pfirsichblüten und blauem Himmel. – Und dann kommen wieder die dunklen, unheimlichen Nächte, die wir jetzt alle zu fürchten beginnen. Würde es nur nie mehr Nacht – das ist der tägliche Seufzer seit dem grauenvollen Angriff. Gestern war die Trauerfeier für 104 Tote; es sind dabei die Unaufgefundenen und die Ausländer nicht mitgezählt. Wenn nicht so viele Blindgänger gefallen wären, sähe es noch viel schlimmer aus.
Augenblicklich gibt es nur dieses eine Thema. Aber wir müssen ja auch merken, daß wir den «Totalen Krieg» wollten ... Durchhalten, das ist das einzige, Ihr draußen, wir zu Hause. Traurig ist nur, daß so viele Soldaten, die an der Front für die Heimat kämpfen, auch zu Hause ein Trümmerfeld antreffen werden.
Wir wollen oft aneinander denken. Sei die Trennung noch so groß, im Innern sind wir fest verbunden und uns nahe.

20.3.1943

Meine liebe Erika!

Heute sind wieder drei sehr späte Nachzügler gekommen: Deine Briefe vom 24., 26. und 29.12. Für all Deine lieben und guten Wünsche herzlichen Dank. Wer hätte es gedacht, daß sie mich erst kurz vor Ostern erreichen!
Nein, die Menschen kommen noch lange nicht zur Vernunft! Nicht einmal, wenn sie dem Tod nahe ins Auge geschaut haben, werden sie aufgerüttelt. Nein, das ist rasch wieder vergessen; sie hängen an den täglichen Kleinigkeiten und den wenn auch spärlichen Sinnesgenüssen.
Inzwischen ist es Sonntag geworden. Gerade habe ich zu Mittag gespeist, es gab Gulasch mit Spaghetti – das erste Mal seit meinem Urlaub gebratenes Fleisch! Das sind die Vorzüge eines festen Standortes. Die Nachteile sind: Fußdienst, Appelle und viel Arbeit. Alles hat eben seine zwei Seiten.
Ich kann über meine Zeit nicht verfügen, es wird über sie befohlen.

21.3.1943

«Wem Zeit ist wie Ewigkeit
und Ewigkeit wie die Zeit,
der ist befreit von allem Streit.»
(Jakob Böhme)

Mein lieber Theo!

Heute hatte ich einmal wieder einen recht gemütlichen Sonntag zu Hause: Ich habe ein bißchen gemalt (Holzteller), ein bißchen gelesen, zwischendurch die Führerrede zum Heldengedenktag gehört, und im übrigen habe ich die Gedanken auf die Wanderschaft geschickt, bis sie irgendwo haltmachen wollten. Das waren meistens sehr nette Orte, und alle lagen sozusagen «hinter meinem Rücken», in der Vergangenheit. Leider ist es ja so, daß man vor sich mit dem besten Willen keine sonnigen Landschaften sehen kann; weshalb die Gedanken auch schnurstracks kehrt machen, sollten sie sich einmal in die Zukunft verirren.

Dennoch singt draußen gerade zauberhaft eine Amsel – die Sonne scheint, und die Pfirsichbäume blühen, als ob alles in Harmonie und Frieden wäre!

Ich habe den Eindruck, daß es sich täglich deutlicher zeigt, welches Wesen hinter unserer technischen Zivilisation steht: Ahriman! Als ich dies erstmals ausgesprochen hörte, wollte es mir durchaus nicht einleuchten, daß all die Bequemlichkeiten usw., die uns die Technik verschafft, von ahrimanischen Geistern stammen soll. –

Nun, aus jedem Märchen ist bekannt, daß man sehr schlau sein muß, wenn man vom Teufel einen Dienst annimmt, daß er einen nicht zu seinem Knecht macht. Bei der Technik haben wir dies vergessen – wir sind ihre Sklaven geworden und merken es nicht einmal. Mit immer größerer technischen Raffinesse werden Menschenleben um Menschenleben, wird Stadt um Stadt ausgelöscht, und wir sind nicht mehr mächtig, dem Einhalt zu gebieten.

23.3.1943

Liebe Erika!

Diese Woche der Ruhe muß ich gut ausnützen, ich lese, schreibe und studiere. Ich denke, daß wir noch etwa vier Wochen hier bleiben, und in dieser Zeit muß ich möglichst viel erreichen. Danach kommt doch gleich wieder der Vormarsch, und mit Post und regelmäßigem Schreiben ist Schluß.

Ich wünschte mir, jetzt bei Dir zu sein, Liebste, in Deine Augen zu schauen und Deine Stimme zu hören. Schon wieder sind es vier Monate, seitdem ich in Urlaub fuhr!

Mir geht es soweit gut. Gestern habe ich das erste Mal seit zu Hause gebadet! In die Stadt bin ich noch gar nicht gegangen. Was interessieren mich Kinos oder Varietés, wenn ich abends mit Dir plaudern kann. Ich habe gar kein Bedürfnis, auch nur einen Schritt aus dem Haus zu machen. – Bald hörst Du wieder von mir.

25.3.1943

«Über allen anderen Tugenden steht eins:
das beständige Streben nach oben, das Ringen
mit sich selbst, das unersättliche Verlangen
nach größerer Reinheit, Weisheit, Güte und Liebe.»
(Goethe)

Lieber Theo!

Gestern und heute kamen Deine Briefe und Päckchen vom 4. und 17.2. sowie 8.3., hab vielen Dank! Die Bücher sind sehr gut angekommen, Du hast sie ja auch bestens verpackt!

Du fragst, ob mich Dein Vater schön getröstet hätte damals? Nicht die Spur, denn er war selbst in größter Sorge und im Begriff gewesen, mir anzurufen.

Was ich immer treibe? An vielen Abenden schreibe ich, an einem ist Englischstunde, an einem andern schleppt mich eine Schulkameradin in irgendein Lokal oder Kino.

Nächsten Samstag gehe ich mit Gertrud in *Peer Gynt*. Darauf freue ich mich wirklich, denn es ist schon wieder sehr lange her, seitdem ich im Theater war. Wenn ich nicht von irgend jemand eine Karte besorgt bekomme, ist es sowieso nichts damit.

Nun etwas Grundsätzliches: Wenn ich unsere Briefe aus der letzten Zeit betrachte, merke ich ihnen deutlich den Alltagstrott an … Daß dieser spießige Geselle nicht totzukriegen ist! Wenn ich ja nicht so genau wüßte, daß doch all das gemeinsame Schöne vorhanden ist und jetzt nur in den Tiefen ruht, ich könnte wirklich ein wenig traurig werden! – Ich meine, wir müssen mit aller Kraft versuchen, uns dieses schöne Land gegenwärtig zu halten – auch durch unsere Briefe!

25.3.1943

Meine Liebste!

Heute sind wieder zwei Briefe von Dir gekommen.
Dein Brief, der vom Luftangriff berichtet, ist dabei. Ja, diese Angriffe auf die Zivilbevölkerung sind schrecklich; aber im Krieg um Sein oder Nichtsein gibt es keine festgesetzten Spielregeln mehr. Ich kenne solche Bombennächte genau und kann mir vorstellen, daß diese für unsere Frauen eine sehr große Nervenbelastung sind. Ich weiß, was es heißt, im Haus am Boden zu liegen und einige Sekunden das Zischen der Bombe zu hören. Immer lauter wird es – und man fragt sich, ob man im nächsten Moment vielleicht tot ist. Ähnlich ist Artillerie- und Granatwerferfeuer. Immer wieder steht man diese Angst aus, denn der Selbsterhaltungstrieb läßt uns doch ungeheuer stark am Leben hängen – an diesem ärmlichen, traurigen, peinigenden Leben!
Aber was sage ich da! Es ist ja auch das herrliche, sonnige, freudenreiche Leben, in bunten Farben glänzend – und das warme, hellstrahlende Leben, das Du mir gibst!
Da soll man also wirklich und wahrhaftig mit dem Leben abgeschlossen haben als Soldat? Da soll man sich als «Dusel» betrachten, wenn man lebend aus dem Krieg heimkommt? Ich möchte die kennen, die rückhaltlos so denken und fühlen! Ich gestehe, ich tue es nicht. Was treibt mich denn noch an, zu kämpfen, wenn ich das Leben aufgegeben habe?
Nein, nein, meist ist es doch so, daß große Worte geredet werden – vom «heroischen Leben» – und wer hält sich daran? – Die rührseligen und «tiefen» Feldpostbriefe, die in den Zeitungen gedruckt werden, sind meistens wohl das Produkt eines Schreiberlings aus der Etappe. Wer wirklich große und schwere Erlebnisse hatte, der posaunt es nicht auf so unechte Art und Weise in die Welt.

27.3.1943

Liebe Erika!

Eine ganze Menge von Briefen liegt noch vor mir und mahnt mich, sie zu beantworten.
Du meinst, der Menschheit fehle es an Mut. Das ist sehr wohl möglich. Nicht nur Mut zum Handeln, sondern Mut zum Denken. Man könnte es ja auch Überwindung nennen – Überwindung der Gedankenlosigkeit, die leider allenthalben verbreitet ist und wohl die schlimmste Krankheit darstellt. – Leider muß ich feststellen, daß diese Krankheit im Begriff ist, auch mich zu überfallen. Das Denken kostet mich die größte Anstrengung und dauernd werde ich dabei gestört.
Du möchtest wissen, was wir zu dem Schicksal der Stalingrad-Kämpfer sagen? Wir gedenken ihrer in stiller Weise. Was soll man auch sagen? Waren wir doch auch zweimal eingeschlossen, nur war der Ring jedesmal nicht stark genug. Weißt Du, in solchen Zeiten findet man sich mit vielem ab. Wodurch es geschah? Meiner Ansicht nach durch ganz grobe Fehler in der Führung.

30.3.1943

Siehst Du, so wenig Zeit habe ich. Ich kam in den letzten Tagen einfach nicht zum Schreiben. Den ganzen Tag arbeitete ich bis in die Nacht; dann ging gestern bei einem Bombenangriff das Licht aus; auch heute brennt es noch nicht. Ich sitze hier im Schein von zwei Kerzen, um den Brief an Dich fertig zu schreiben.
Ich habe jetzt durch einen Zufall den *Zarathustra* in die Hände bekommen, den ich natürlich mit großem Interesse lesen werde. Du wirst noch davon hören! Leider ist es nicht so, daß ich viel Zeit für mich hätte, wie ich ursprünglich annahm, das ist sehr schade.

2.4.1943

«Das Beste wird nicht deutlich durch Worte.
Der Geist, aus dem wir handeln, ist das Höchste.»
(Goethe)

Lieber Theo!

Heute kam Dein lieber Brief vom 18.3., hab vielen herzlichen Dank! Man merkt ihm an, in welch beschwingter Stimmung Du an diesem Tag gewesen bist, und schon hast Du mich angesteckt. Ich bin ja nun so froh, daß Du wieder in einem besseren Quartier bist. Hoffentlich bleibt es einige Zeit dabei.

Du «drohst» mir, mich in nächster Zeit mit Briefen zu überschwemmen. Wehe, wenn Du wortbrüchig wirst! – Gestern war ich übrigens in *Gudruns Tod*, wo es hauptsächlich um die Treue zum gegebenen Wort geht. Gudrun verlobt sich mit einem König, weil der Kanzler es ihr aus politischen Gründen rät. Sie bringt das Opfer und hält die Treue bis in den Tod, obwohl sie inzwischen den Mann findet, der für sie bestimmt ist und den sie liebt. Sie steht die ungeheuerlichsten Qualen und Mißhandlungen aus – und hält ihrem Eid die Treue. Es ist gut, ein solches Stück heute aufzuführen, da die Treue doch fast nichts mehr gilt.

Neulich war ich mit Gertrud in *Peer Gynt* von Ibsen. Es ist das Theaterstück für mich! Falls Du es nicht kennst: es ist etwa der norwegische *Faust*. Ich will versuchen, eine Reclam-Ausgabe zu bekommen, die ich Dir dann schicken möchte.

Mir scheint, es gibt gewisse Ballungen, gewisse Rhythmen im Leben, wo sich Gleichartiges häuft. Kennst Du das auch?

Ein kleines Beispiel dafür bist Du selbst zusammen mit Gertrud Was habe ich um Euch beide gekämpft und gerungen – bis es endlich zu gleicher Zeit bei Euch «funkte»! Du sagtest eines Tages: «Vielleicht ist Dein Weg doch der richtige!» – Gertrud kam auf andere Weise dazu, und zwar hatte sie plötzlich mit ihrem Schicksal zu hadern begonnen. Nach vielen Gesprächen und Briefen war sie dann innerlich so weit zu empfinden: ich bin ICH; und daß ihr Schicksal zu ihr gehört, so innig, wie nur irgendein Glied ihres Leibes. Nun hat sie etwas von der Heiterkeit gewonnen, die aus dem geistigen Ich-Erleben entspringt. «Empfandst du nur ein einzig mal: Ich bin! So gibst du stumm wohl auch ein Leben hin.» (Morgenstern) Gewiß, öffentlich kann man heute nichts tun, aber man kann zum mindesten in der schwankenden Menge aufrecht stehen; vielleicht richtet sich dann doch da und dort einer mit auf, wer weiß. Schließlich müssen ja auch andere bemerken, daß man im Innern Zugang zu einem unversieglichen Brunnen hat, der einen so stärken kann, daß auch der Schmerz – auf sanften Füßen kommt, als – unser Schmerz.

5.4.1943

Liebe Erika!

Leider ist die Schreibpause wieder etwas größer geworden, da wir inzwischen wieder Stellungswechsel gemacht haben. Man will uns absolut nicht in Ruhe lassen. – Jetzt ist es wieder vorbei mit dem Genuß des Badens. Zwar wohnen wir hier in Privatquartieren auch nicht gerade schlecht. Ich bin jetzt nördlich von Stalino in Kramatorskaja. Hoffentlich bleiben wir da einige Zeit!
Bevor ich es vergesse: In einem Deiner Briefe hast Du einmal davon geschrieben, daß Du eventuell Nachrichtenhelferin oder Blitzmädchen werden könntest. Ich wünsche Dir nur, daß Du das nicht wirst; ich glaube, es verdirbt den Charakter. Diese Art von Mädchen, die hier in Rußland sind, haben einen sehr schlechten Ruf, der vielleicht oft ungerechtfertigt ist – aber immerhin haben sie ihn.
Es freut mich zu hören, daß Rudolf und seine Frau Dir gefallen haben – ich finde auch, es sind gewissermaßen seltene Leute. Ich möchte mich ja auch mit seltenen Leuten umgeben, eine ganze Anzahl habe ich ja schon – darunter bist Du mit ganz großem Seltenheitswert, denn – ich sehe Dich ja so sehr, sehr selten!!
Ich überlege mir nun folgendes: Ist es für mich geistig ein Vorteil oder

ein Nachteil, wenn ich Offizier werde? Vermutlich auf die Dauer ein Nachteil, da mir diese dauernde Abhängigkeit nicht paßt. In anderer Hinsicht ist es bestimmt von Vorteil, weil man mehr geistige Anregungen bekommt. Das Büffeln würde mich nicht schrecken. Nun – «time will teach», das mußt Du ja auch verstehen, da Du Englisch lernst. Wer in aller Welt hat Dir diesen Floh ins Ohr gesetzt? Bist Du denn der Ansicht, daß man nach dem Kriege englisch gut gebrauchen könnte? Und wie weit bist Du schon? Darf ich das nächste Mal einen englischen Brief schreiben?

Der Artikel von Claus Schrempf über die Freiheit ist nicht übel. Nietzsche sagt dazu: «Frei wovon? Was schiert das Zarathustra? Hell aber soll mir dein Auge künden: Frei wozu?!»

Ich sage Dir, dieser Zarathustra ist aufrüttelnd, ich komme nicht mehr davon los! Es ist unbegreiflich, daß dieses Werk die Menschen nicht in viel größerem Ausmaß wachgepeitscht hat.

8.4.1943

«Ist es nicht herrlich, wenn zwei sagen können;
    Es ist auch kein erlogenes Fädlein zwischen uns?»
                              (Mörike)

Mein lieber Theo!

Es freut mich riesig, daß zur Zeit so viele Briefe kommen und so liebe! Ich glaube, ich muß Dir doch öfter in trüber Stimmung schreiben, wenn das diese Wirkung hat? Man merkt es übrigens Deinen Briefen an, daß sie unter anderen äußeren Verhältnissen geschrieben wurden. Wie froh bin ich, daß Du es augenblicklich etwas kultivierter hast!

Was die trübe Stimmung anbelangt, so war sie hauptsächlich durch den Fliegerangriff verursacht. Todesangst haben ist vielleicht nicht das Schlimmste – denn: «Wohin können wir denn sterben, wenn nicht in ein immer höheres, größeres Leben hinein?», aber damit rechnen zu müssen, daß man auch verschüttet sein kann, gasvergiftet wird, erstickt, ertrinkt – das sind peinigende Vorstellungen.

Ist es nicht interessant, wie erkennbar Ahriman und Luzifer in diesem Krieg zusammenwirken: Luzifer in der Propaganda, durch Lügen, Illusionen usw., Ahriman im Verbreiten der Angst durch die immer raffinierter werdende Technik des Tötens? Innen – Außen, und wir armen Opfer stehen dazwischen. – Aber lassen wir den Krieg! Vielleicht geschieht doch über Nacht ein Wunder, wer kann's sagen. Ein Wunder scheint mir jedenfalls noch das einzige, das uns retten kann. Vielleicht helfen uns dabei die Toten, weil die Lebenden versagen.

Ich freue mich so sehr darüber, daß auch Du als Erfüllung der Liebe irgend etwas Unendliches – anders kann ich es zunächst nicht ausdrücken – verstehst. Mit einer Ehe auf Erden hat das gar nichts mehr zu tun.

Ziehe aber jetzt bitte keine falschen Schlüsse aus diesem Satz! Ich meine, wirkliche Liebe muß ganz unabhängig davon sein, in welchem äußeren Verhältnis man zu dem geliebten Menschen steht – und wenn Weltmeere oder Welten dazwischen lägen!

Darf ich einmal einen «Vorstoß» wagen? Wirst Du mich richtig verstehen? Ich wünschte mir, daß wir etwas wie zwei verschworene Seelen werden, die sich *geistige* Treue versprechen, auch wenn das äußere Leben sie trennen muß. (Über die Auswirkung dieses Versprechens mag allerdings jeder seine eigenen Vorstellungen haben, die vielleicht differieren ...) Ich habe das unbedingte Gefühl, daß wir karmisch irgend etwas zu erfüllen haben – jetzt oder später – und daß wir einen «goldenen Faden» brauchen, der uns immer verbindet und uns «da» sein läßt, wenn der andere einen braucht. – Sich gegenseitig die Liebe zu bewahren und sich Hilfe zu versprechen weit über den Tod hinaus – das ist wohl der schönste Bund, den Menschen eingehen können.

Während ich dies schreibe, fällt mir nebenbei ein, daß der evangelische Trautext lautet: Bis daß der Tod euch scheide. Warum heißt es nicht: Bis daß der Tod euch noch inniger verbinde?

Ich möchte Dir heute sagen, daß Dir meine Liebe immer bleiben wird, was uns auch trennen sollte. Sie ist von der äußeren Daseinswirklichkeit nicht abhängig. Ich möchte immer Dein Helfer sein, soweit es eine Seele der andern sein kann; auch dann, wenn uns einmal die äußere Welt nicht mehr gemeinsam sein sollte.

Nimm das bitte wie etwas, das man nur einmal sagt – aber vergiß es nie. Es ist an eine große Seele gerichtet. – Und merkwürdig ist dabei, daß man diesbezüglich eine Sicherheit hat, die «unnormal» ist.

9.4.1943

Mein lieber Theo!

Hast Du *Peer Gynt* schon erhalten? Ich beschäftige mich in Gedanken immer noch damit, zum Beispiel mit dem Bild, als der alte Peer mit sich selbst abrechnet. Er findet eine Zwiebel am Boden und beginnt sie zu schälen; Hülle um Hülle löst er ab und erlebt mit Schrecken, daß kein Kern vorhanden ist, nur Schalen. Diese Erkenntnis am Ende des Lebens – furchtbar! Und wieviele kommen nicht einmal dazu, dies am Ende zu erkennen! – «Werde wesentlich, Peer!» – Sicher macht Dir diese Lektüre auch Freude. Es ist jetzt gerade Mittagszeit – ich schreibe im Geschäft –, und plötzlich hat jemand angefangen, von den herrlichsten Friedensgenüssen zu schwärmen. Alle Lieblingsgerichte und Süßigkeiten wurden aufgezählt – nun wird mir sicher mein Sauerkraut nachher nicht mehr schmecken. Ich glaube, man hat noch nie so viel vom Essen geredet wie augenblicklich. Wie herrlich, wenn es das alles einmal wieder geben wird! Aber wie alt sind wir dann wohl?

11.4.1943

Herzallerliebste,

zu Dir habe ich eben meine liebsten Gedanken auf die Reise geschickt. Heute habe ich besonders stark den Wunsch, Dich zu sehen, Dich zu sprechen und Dich liebzuhaben – Du mein gutes Geistchen! Was wäre heute ich ohne Dich! – Schon den ganzen Tag heute und gestern den ganzen Tag und in der Nacht – immer bin ich bei Dir, meine Gedanken kommen von Dir nicht los.

Gestern war ich dienstlich nach Stalino gefahren, und heute fuhr ich zurück (ich liege jetzt bei Slawjansk), da wollte ich schon früh an Dich schreiben, damit Dich mein Brief um einen Tag früher erreiche – aber ich konnte mein Briefpapier nicht finden.

Heute war mir immer, als sei ein ganz besonderer Tag – und als am Abend die Post verteilt wurde, was stellte sich ein? Dein Silvester-Brief mit Deinen Urlaubsbildern. Ich habe mich so sehr darüber gefreut! Also hat mich mein Gefühl nicht betrogen, es ist doch ein besonderer Tag. Übrigens sind Deine Bilder ausgezeichnet gelungen, weit besser als meine.

Wirklich, Erika, fein hast Du das gemacht! Die ganzen Urlaubstage erlebte ich noch einmal beim Anblick der Bilder, und mein Herz ward bis zum Rande voll von Glückseligkeit. Du hast mich natürlich von allen Richtungen und in allen Positionen geknipst – das ist schon nicht mehr mit dem totalen Krieg zu vereinbaren! Aber unsere Schatten an den Felsen sind Dir großartig gelungen, es hat wirklich etwas Magisches an sich.

Und Dein Silvester-Brief ist so heiter und fröhlich, so echt Du! Auch ich könnte es mir schön ausmalen, ganz allein mit Dir bei Kerzenlicht Silvester zu feiern.

Bis dieser Brief Dich erreicht, jährt sich der Tag wohl zum dritten Mal, da wir uns kennengelernt haben. Ich erinnere mich daran genau. Wir traten in den Saal, und es war eine zwingende Notwendigkeit, daß wir an Euren Tisch kamen, es gab gar kein Hemmnis, keinen Zweifel! Und dann weiß ich noch, wie schnell ich zugriff, um diesen ersten Tanz mit Dir zu haben ...

Wie wenig haben wir uns seit dieser Zeit gesehen, aber um wieviel schöner war jedes neue Zusammensein mit Dir! Man kann sich fast nicht denken, daß da noch eine Steigerung möglich sei. Um wieviel liebenswerter wirst Du mir stetig! Darf ich es Dir heute wieder sagen, da zwei Kerzen vor meinem Brief an Dich brennen: Du bist mir das Liebste auf der Welt, Erika! Einen Wunsch habe ich, einen einzigen großen Wunsch, den, daß wir uns immer mehr zusammenfinden

mögen, um uns nie mehr zu verlassen, um gemeinsam unseren großen Flug zu wagen, den Flug zur höheren Erkenntnis. Dies wünsche ich Dir, Liebste, und mir zum dritten Jahrestag des gemeinsamen Weges unserer Seelen und Herzen.
Ich grüße Dich vom fernen Rußland in einer schweren, ernsten Zeit der Not, aber doch mit der hellen, freudigen Vorahnung im Herzen, daß die Zukunft uns reich beschenken wird.

12.4.1943

«Der Blick über die Welt hinaus ist der
einzige, der die Welt versteht.»
(R. Wagner)

Mein lieber Theo!

Es ist schon spät in der Nacht, aber ich halte es heute mit den Gedanken allein nicht aus, ich muß noch einen schriftlichen Gruß an Dich schicken. Meine Stimmung, wenn ich sie farbig ausdrücken wollte, hat heute den weichen Glanz von dunkelblauem Samt und hellrosa Blüten …
Vielen Dank für Deinen Brief vom 5.4., der heute schon kam. Du bist also wieder weitergewandert, Du ruheloser Ritter! Ich war so froh für Dich gewesen, daß Du endlich ein besseres Quartier hattest. – Doch, wir sollen ja alle nicht zur Ruhe kommen, auch wir zu Hause nicht. Warum ist denn mein sonst so lieber und kluger Ritter ein wenig ungehalten darüber, daß ich Englisch lerne? – Ich rate Dir aber, mich nicht mit englischen Briefen zu überraschen, denn eine Antwort wirst Du darauf nicht bekommen!
Ich habe richtig das Bedürfnis, mich geistig ein wenig anzustrengen, stundenplanmäßig lernen zu müssen. Man rostet dann weniger ein. Im Büro sagen die Damen auch zu mir: Wozu denn das? Was wollen Sie denn noch alles anfangen?

15.4.1943

Liebste Du,

weißt Du, was vor mir liegt? Dein L.-Brief vom 8. April! Heute habe ich ihn bekommen, und selbstverständlich muß er heute noch beantwortet werden.

Leider mußte ich heute im Radio hören, daß Stuttgart wieder sehr stark angegriffen wurde. Das ist ja schrecklich! Da sitze ich nun wieder mit meiner Sorge um Dich und meine Lieben zu Hause, bis Nachricht kommt.

Du schreibst da etwas sehr Wichtiges so leicht hin: «Meine Auffassung ist, daß unsere Lebensaufgabe eine andere, größere ist, als in diesem Krieg zu sterben.» Genau den gleichen Gedanken hatte ich schon mehrfach, obwohl er eigentlich eine Vermessenheit darstellt! Nun – am Ende unserer Tage werden wir es wissen! Liebste, Du schreibst mir so wunderschöne Dinge, daß ich Dich am liebsten wortlos in die Arme schließen möchte. Da es nicht geht, muß ich leider auch zum Papier meine Zuflucht nehmen. Ja, wir wollen zwei einander verschworene Seelen werden, die zusammenhalten bis in alle Ewigkeit, die immer füreinander da sind.

Ich verspreche es Dir, Erika, Du mein gutes Geistchen! Damit trage ich für alle Zeit und Ewigkeit ein Stück von Dir in mir – wie weit mich mein Weg auch führen mag. Und ich weiß es ganz genau, immer, immer wirst Du mir helfen, auch weit über dieses irdische Leben hinaus.

Liebste, ich bin Dir so gut und ich bin so glücklich über Deine starke Liebe – daß Worte das nicht sagen können, was ich empfinde.

15.4.1943

Lieber Theo!

Dir nur schnell die Nachricht, daß ich heil davongekommen bin. Der Westen von Stuttgart ist diesmal verschont geblieben; dafür wurden aber andere Stadtteile schwer mitgenommen. Von Deinen Eltern hast

Du wohl auch noch nichts gehört, aber ich kann Dir mit Gewißheit sagen, daß auch die Litzmannstraße – bis auf Fensterscheiben – heil ist.

Heute bin ich bei weitem weniger gedrückter Stimmung; erstens habe ich mich jetzt mit diesen Angriffen etwas abgefunden, und zweitens war es im Westen verhältnismäßig ruhig. Es ist doch ein gewaltiger Unterschied, ob man direkt im Angriffsgebiet wohnt oder nicht!

Wie soll das nur weitergehen? Die Obdachlosen vom letzten Angriff haben noch keine Unterkunft, und heute werden wieder Tausende dazugekommen sein. Von einer Kollegin hörte ich gerade am Telefon, daß sie nur noch das besitzt, was sie im Keller hatte und auf dem Leibe trug.

21.4.1943

Mein lieber Theo!

Viele Tage sind diesmal leider vergangen, bis ich Dir schreiben konnte, immer kam etwas dazwischen. Viel sind daran die Fliegerangriffe schuld, mit allem, was sie nach sich ziehen. Alles, was mir einigermaßen wertvoll ist, befindet sich nun im Keller. Wieviel Zeit das kostet, es bei Gebrauch heraufzuholen!

Am Morgen nach dem letzten Terrorangriff sah ich vom Büro aus plötzlich auf dem Kanonenweg eine Feuersäule emporsteigen; trotz heller Sonne waren die roten Flammen zu sehen. Es war unsere Schule! – Wie ich hörte, soll zur gleichen Zeit in Dornach die Kremation von Frau Dr. Steiner stattgefunden haben.[*]

Über Ostern fahre ich nach Kesselfeld, um einmal wieder Blüten und grüne Wiesen zu sehen und für eine Zeit das Bombenelend zu vergessen. Groß-Stuttgart hat jetzt 30.000 Obdachlose!

---

[*] Dies war eine Falschmeldung.

22.4.1943

Meine Liebste!

Diesen Brief gebe ich einem Urlauber mit, um L.-Marken zu sparen, diese gehen allmählich aus. Es stehen mir ohnehin nur vier Stück pro Monat zu.
Ich bin so froh, daß Du der letzten Angriff gut überstanden hast! Von zu Hause habe ich noch keine Nachricht. Wie ich von anderen gehört habe, soll auch Cannstatt getroffen worden sein.
Einen Stundenplan willst Du von mir haben? Nur deshalb übernahm ich das Amt des Architekten, damit ich einmal wieder an einem Tisch sitzen und nebenbei etwas tun kann. Es ist genau dieselbe sture Arbeit wie alle andere. Sie gefällt mir keineswegs, und allzulange werde ich auch nicht dabei bleiben. Meinen Wagen fahre ich nach wie vor, das hatte ich ja zur Bedingung gemacht! In den letzten zehn Tagen habe ich mit unseren Mechanikern den ganzen Wagen und den Motor auseinandergenommen, jetzt ist er wieder wie neu! Aber jeden Abend kam ich an wie ein Schornsteinfeger.

Kesselfeld, 23.4.1943

Mein lieber Theo!

Kurz vor dem Schlafen muß ich Dir noch ein paar Worte schreiben, weil ich sonst keine Ruhe finden könnte, so lieb denke ich heut an Dich und mit so viel Sehnsucht!
Als ich gestern abend nach Hause kam, fand ich einen Brief von Dir vor, und ich hatte das Gefühl, daß dies ein besonderer Brief sei, den ich in Ruhe lesen müsse. Ich hatte vor der Abreise nach Kesselfeld noch viel zu richten und mußte auch noch auf die Ortsgruppe. Ich öffnete den Brief nicht, sondern erst hier in Kesselfeld – im Gastzimmer mit dem schönsten Blick auf ein Meer von Blütenbäumen und grünen Wiesen. Und mein Gefühl trügte nicht, es war dies doch ein besonderer Brief. Liebster, ich danke Dir von ganzem Herzen für Deine lieben Worte zum «Jahrestag»! Es sind nicht nur Worte, die Du mir schenkst, es ist weit Größeres.

Ich fühle, daß es Dir auch so ergeht wie mir: Daß Du unsere Liebe wie ein stilles, behütetes Licht in Dir trägst, allen unsichtbar, aber Dir allgegenwärtig und am stärksten leuchtend, je dunkler es um Dich ist. – Ja, wir wollen dieses Licht durch die Zeiten tragen, und es soll immer größer und strahlender werden.

26.4.1944

Mein lieber Theo!

Mir war es in diesen Tagen stets, als gingst Du immer neben mir, über all die blühenden Wiesen und Felder. Dieses Nahesein habe ich erst so stark seit dem letzten Urlaub, seitdem Du ganz zu mir gefunden hast, seitdem wir Wandergesellen auf einer Straße sind. Du hast es schon bemerkt, daß ich heute nur zärtliche Dinge schreiben kann; dennoch bin ich eher ernst gestimmt denn übermütig. Als ich in der Nacht erwachte, schien silbernes Mondlicht auf meine Decke und meine Hände – und ich wurde hellwach und viele Gedanken kamen und gingen, die aber alle ernster Art waren. Es war keine Traurigkeit dabei, und mir ging auf, daß es auch einen heiteren Ernst geben müsse. Ich glaube, das ist derzeit meine Grundstimmung.

25.4.1943

Liebste,

heute erst kann ich Dir den Ostergruß senden. Gestern war so viel Arbeit zu tun – ich hatte nicht einmal Zeit, konzentriert an Dich zu denken.
Draußen ist wunderschönes Wetter, herrlich warm und wolkenlos. Im Laufe des gestrigen Tages sind in unserem Garten die Blüten des Aprikosenbaumes aufgebrochen. Die Wiesen und die weiten Flächen werden grün. Das fällt hier viel stärker auf als in der Heimat; die öde Leere bekommt dadurch erst Leben. Man kann wieder froh um sich schauen und ist einen Alpdruck los. Auch andere Menschen möchte

man fröhlich sehen – vielleicht wird einmal an einem solchen Tag ein Frieden geschlossen!

Du kannst beruhigt sein, mein Quartier ist auch hier sehr nett. Vor allem haben wir Platz und eine «Falle». Das Privatquartier hat ja auch den großen Vorteil, daß die Frau des Hauses jeweils auskehrt und die Kochgeschirre spült. Nur ist leider kein Bad im Ort, und das elektrische Licht brennt nur sehr schwach.

29.4.1943

Mein liebster Ritter!

Wie verwöhnt Du mich doch in letzter Zeit mit köstlichen Briefen! Ich danke Dir sehr herzlich für Deine lieben Grüße. Wie sehr spürt man, daß sie mit leichter Hand geschrieben sind.

Ich bin heute nicht im Geschäft und schreibe Dir liegend vom Bett aus – ich habe mich verrenkt! Die Schmerzen sind aber jetzt wieder im Schwinden. Bei dieser Gelegenheit konnte ich heute auch Herrliches lesen. Wie wünschte ich mir, daß auch Du daran teilhaben könntest! Es ist schon ein Verhängnis, daß Du immer nur in den kurzen Urlaubstagen etwas Rechtes lesen kannst.

Gestern war meine Schauspiel-Freundin in Stuttgart, und ich habe sie am Abend zu Hause besucht. Es macht mir immer Freude, in einer anthroposophischen Familie zu sein. Anschließend war ich dann mit Bertel noch bei einer anderen Klassenkameradin, die Medizin studiert. Es war die Klassenbeste, und sie macht auch jetzt ihre Prüfungen mit Auszeichnung.

Zum Abschluß machten wir gestern dann noch einen Gang zur abgebrannten Schule. Es war schon fast dunkel, und die Ruine sah recht grauenvoll aus in der anbrechenden Nacht. Als ich die Stufen zum Schulhof emporstieg, mußte ich daran denken, wie viele große Persönlichkeiten auf diesen Stufen schon gegangen sind, auf denen wir jetzt heimlich hochschleichen.

Zur Zeit lodert es wieder hell in mir, und ich fühle so viel Kraft und Mut, alles Schöne und Große, das mir vorschwebt, in die Tat umzusetzen im Laufe meines Lebens. Ich glaube, daß dieses Leben immer schön und reich sein wird, daß mich nichts mehr ganz arm machen kann.

In zwei Tagen ist der 1. Mai. Drei Jahre kennen wir uns erst? Mir erscheint das viel, viel länger – eine Ewigkeit. Was hat sich aber auch in diesen drei Jahren in Dir und mir «getan»! Wir können wohl beide sagen, daß es sehr viel war. «Daß wir uns trafen, war die große Wende ... », sagt Morgenstern in einem Gedicht. Wie wäre unsere innere Entwicklung wohl verlaufen, wenn wir uns nicht getroffen hätten? Ich weiß zwar, daß es für mich nie einen anderen Weg hätte geben können als den von mir ergriffenen, aber Du warst doch der starke Antrieb, daß ich mich besonders intensiv mit ihm auseinandersetzte, denn ich wollte ja Dich überzeugen!

Nun muß ich Dir noch etwas erzählen.

Heute morgen – Du weißt ja, ich liege zu Bett – war ich über dem Lesen kurz eingeschlafen und träumte dabei, daß Mutti sagte: «Was meinst Du, wer gestorben ist?» Dann nannte sie mir den Namen eines Mannes aus der Nachbarschaft. Ich hatte nur einige Minuten geschlafen und erwachte, als meine Mutter vom Einkaufen zurückkam. Sie trat mit den Worten zur Tür herein: «Was meinst Du, wer gestorben ist?» Ich war für einen Moment so überrascht, daß ich nicht wußte, wo der Traum aufgehört hat. Es war tatsächlich dieser Mann gestorben. Unterwegs war sie mit der Tochter zusammengetroffen und hatte noch zu dieser gesagt, daß sie mir das erzählen müsse. Mutti hatte also an mich gedacht, was ich anscheinend in diesem kurzen, hellen Schlaf aufgefangen habe. – Es gibt also wohl doch Gedankenübertragung!

1.5.1943

> «Die Zeit ist abgeflossen,
>   wo mir noch Zufälle begegnen durften;
>   und was könnte jetzt noch zu mir fallen,
>   was nicht schon mein Eigen wäre»
>   (Zarathustra)

Liebe, liebe Erika!

Fast vermeine ich, auch so sprechen zu dürfen, wie oben Zarathustra spricht. Aber dazu fehlt mir noch die Sicherheit – die traumwandlerische Sicherheit. Aber auch die wird eines Tages noch kommen. Heute bekam ich Deinen Brief vom 21.4., hab vielen Dank. Der Fliegerangriff vom 14./15. 4. muß ja sehr schlimm gewesen sein! Mein Vater schrieb mir, daß unser wichtigstes Rohstoff-Lager vernichtet wurde. Und so viele Menschen sind wieder ums Leben gekommen! Aber es ist heute fast so, daß die Lebenden mehr zu bedauern sind als die Toten. Hast Du schon einmal daran gedacht, daß es so weit kommen könnte, daß es eine Schande ist, noch zu leben? Jedenfalls gehen wir düsteren Zeiten entgegen – noch vieles Leid wird uns auferlegt werden, aber – was könnte jetzt noch zu uns fallen, was nicht schon unser eigen wäre!

2.5.1943

Meine liebe Erika!

Heute ist wunderschönes Wetter, und denk Dir, Liebste, heute nacht habe ich von Dir geträumt – die ganze Nacht! Wir fuhren zusammen im Wagen durch die Gegend, und gelegentlich kehrten wir ein, um etwas zu essen oder zu übernachten. Ich saß Seite an Seite mit Dir, und wir plauderten und lachten. Und wir fuhren unseren Weg zusammen weiter. Es waren nicht etwa schöne Straßen, nein, holperige, gewundene Wege, die wie hier in Rußland quer durch die Landschaft

liefen. Es ging bergauf, bergab, und immer waren wir in Spannung. Einmal wollten noch zwei mit uns fahren, aber sie waren nicht früh genug aufgestanden, und so fuhren wir allein weiter und freuten uns diebisch über unser Alleinsein. Einmal kamen wir zu einer Tankstelle; der Betriebsstoff war allgemein knapp, und viele andere wollten auch tanken. Uns aber füllte der gute Mann den Tank ganz voll, so daß wir ohne Schwierigkeit weiterfahren konnten.
Wir waren sehr froh darüber. Als wir so dahinfuhren und allerlei Scherze machten, sah ich für einen Augenblick vom Weg weg, und als ich wieder den Kopf wendete, sah ich, daß ich ganz hart an einem ungeheuren Abgrund fuhr, an einer 200 bis 300 m senkrecht abfallenden Wand. Ganz unten war ein tiefschwarzer See. Die rechten Räder mußten jeden Augenblick abrutschen – eilig steuerte ich den Wagen nach links – und damit in Sicherheit. Wir sahen uns in die Augen – Du blicktest vielleicht ein wenig vorwurfsvoll –, und dann lachten wir, lachten aus tiefstem Herzen. Wir hielten nicht einmal an, denn es war kein Schreck gewesen, von dem wir uns hätten erholen müssen. Wir lachten darüber, dem alten Sensenmann wieder ein Schnippchen geschlagen zu haben; und weiter ging die herrliche, selige Fahrt durch die Welt. Die Welt selbst bot uns nicht viel, wir fuhren auf schlechten Pfaden, und die Landschaft war öde und steinig, man sah wenig Pflanzen. Aber wir fanden immer zu essen und einen Platz, unser müdes Haupt auszuruhen bis zum nächsten Morgen. Die Fahrt selbst, die Vorwärtsbewegung erfüllten uns mit jauchzender Freude. Und so erwachte ich – mit jauchzender Freude! Und gleich muß ich dies meinem guten Geistchen erzählen, das mich heute doch besucht hat.
Noch selten habe ich einen so langen, schönen Traum mit Dir gehabt. Schade, daß uns niemand mit Glaubwürdigkeit Träume deuten kann. Aber ich bin ganz allein mit dem Traum selbst zufrieden!
Nun ist es Abend geworden, und es kam der Befehl zum erneuten Stellungswechsel. Ich mußte meine Siebensachen wieder zusammenpacken. Der größte Teil der Kameraden ist schon weg; ich werde morgen früh um 3 Uhr mit dem Gefechtsstab fahren. Das Ziel ist noch unbekannt, die Richtung ist Norden – leider!

6.5.1943

Lieber Theo!

Du magst glauben, was Du willst, aber wir haben doch eine unsichtbare Verbindungsbrücke, die die Stimmung gegenseitig übermittelt! Verzeih, aber ich muß wieder einmal Morgenstern zitieren, er weiß in allem so wunderbar Bescheid:

> «So fallen Wanderschwalben wohl zu Rast
> auf eines Seglers Topp und Wanten ein
> und lassen säumig Reise Reise sein
> und sitzen wandermüd auf Rah und Mast.
> Und doch ist ihre Säumigkeit nur Schein;
> sie fühlen's wohl: Wir sind hier nur zu Gast,
> wir sind dir Schifflein nicht gar lang zur Last
> und lassen dich bald abermals allein –
> Wie Liebe manchmal, ihrer selber müd,
> ein Weilchen ausruht, wo's gerade kommt,
> auf ihrem Flug nach ihrem ewigen Süd …
> Sie ahnt, daß ihr nur wenig Rasten frommt,
> doch dünkte sie sich selbst gestorben fast,
> sie weiß, daß ewig Leben in ihr glüht.»

Beziehe aber nun bitte nicht alles wörtlich auf uns! «gestorben fast» ergäbe ja keinen Sinn! – Aber ist es nicht ein wenig so, daß die Liebe doch ab und zu etwas ausruht auf ihrem Flug nach dem «ewigen Süd»?

Du bittest um Lektüre, ich will sehen, daß ich etwas für Dich finden kann. Das ist im Augenblick gar nicht so einfach, weil ich alles, was nicht mehr zu bekommen ist, in des Kellers Tiefe versenkt habe. So leben fast alle Stuttgarter Bürger seit den letzten Angriffen aus Koffern. Schon lange erlebe ich mich «wie auf Besuch» und werde dabei die Empfindung nicht los, die «Reise» müßte bald ein Ende haben.

Etwas ganz anderes: Wie würde Dir eine Tischlampe gefallen, die mit einem leuchtend roten Seidentuch überdeckt ist und an deren

Fuß ein großer, herrlicher Bergkristall steht? Dieser Anblick bietete sich mir im Sprechzimmer meines Arztes. Mir gefällt er! – Schon heute kann ich Dir sagen, daß ich mir später einmal eine «ganz tolle Bude» einrichten werde, in der nur schöne, harmonische Formen und Farben zu sehen sein werden später! Wann wird das wohl sein?

10.5.1943
Meine liebe Erika!

Leider ist die eingetretene Schreibpause ziemlich groß geworden, entschuldige es bitte, das Unentschuldbare. Zu meiner Ausrede sei aber gesagt, da ich fast jeden Tag unterwegs war – mit Sack und Pack. Wir fahren da in der Welt herum – und das Schlimme ist, wir wissen nicht einmal, warum. Denn Kampfhandlungen sind ja noch keine aufgetreten, es sei denn mit den Mädchen in Charkow. Von dieser Stadt aus schreibe ich auch heute. Wir waren zwar schon weiter nördlich, kehrten aber gestern nach hier zurück und werden heute nacht wieder weiter fahren – wieder nach Süden, wo wir hergekommen sind. Man kann nur noch den Kopf schütteln. Es scheint alles so sinnlos – genau wie im letzten Jahr. Aber davon genug. Leider ist nun unsere schöne Postverbindung wieder hinfällig, das war ein kurzes Vergnügen.

Es wird jetzt hier wieder unerträglich heiß; ich bin die Hitze noch gar nicht gewohnt. Und ständig könnte ich schlafen. Zum Lesen komme ich auch nicht; in meiner Mappe warten drei Bücher. Die Möglichkeit, für mich selbst etwas zu arbeiten, ist so weit entfernt wie der Mond! Noch ein paar Jahre diese Verhältnisse, dann bin ich vollkommen verblödet.

Gestern abend habe ich im Nachbarhaus prächtige Musik gehört. Ein zwölfjähriges Mädchen, das das Konservatorium hier besucht, hat gespielt, und zwar ganz ausgezeichnet, sowohl klassische als auch moderne Stücke. Das Klavier ist doch ein herrliches Instrument, wenn man es beherrscht. Hier trifft man auch sonst Leute, die Bildung besitzen; eine Stadt ist da gleich anders. Und dann sind die

Mädchen zum Teil gekleidet – man könnte sie über den Kurfürstendamm führen! Charkow selbst ist ganz hübsch, nur ist es eben weitgehend zerstört.

12.5.1943

Mein lieber Theo!

Vor ein paar Tagen erhielt ich Dein liebes Seifenpäckchen, herzlichen Dank! Seife gehört ja zu den Dingen, die es nur noch durch «Beziehungen» gibt.
Leider kommen in den letzten Tagen gar keine Briefe von Dir. Das ist ein sehr schlechtes Zeichen. Im übrigen kann man ja auch einiges aus dem OKW-Bericht entnehmen, was mich wenig freut. Ich habe aber doch die Hoffnung, daß Du nicht im Angriffsgebiet bist.
Nachdem hier das Wetter zwei Wochen lang sehr schlecht war, wurde es heute plötzlich schön, aber nun sind auch wieder Fliegerangriffe zu befürchten. Wenn alles klappt, kann ich ihnen ab nächsten Sonntag für ein paar Tage entfliehen. Ich bin aber so skeptisch geworden, daß ich heute noch nicht sage, wohin.
Augenblicklich ist mir aber ständig zumute wie einem, der sich auf Reisen befindet, der unruhig ist, weil er gleich wieder weiter muß – der Auftrag ist unbekannt. Daher habe ich auch keine rechte Konzentration zum Briefeschreiben. Das kennt ja mein Ritter, nicht wahr?
Beim Wort Ritter denke ich eben an ein Bild von Sulamith-Wülfing, das einen Ritter zu Pferde zeigt; ein furchtbar durchsichtiges Mädchen (so sind die Frauengestalten von ihr alle) neigt sich zu ihm und spiegelt sich in seiner Rüstung … Ich habe Dir vor langem einmal die Karte davon in ein Buch gelegt – erinnerst Du Dich daran? Es könnte das Geistchen sein.

St. Jakob am Thurn, bei Salzburg, 19.5.1943

Mein lieber Theo!

Hier bin ich also nun vor zwei Tagen gelandet! Von meinen Reiseplänen habe ich fast niemandem erzählt – so skeptisch war ich, ob sie sich verwirklichen lassen würden. Jetzt, nachdem ich in der Ruhe bin, merke ich doch, wie nötig ich eine kleine Ausspannung habe.

Heute stand ich nun in aller Frühe auf, um Dir einen Brief schreiben zu können; tagsüber bin ich hier völlig «eingespannt». Laß Dir erzählen:

Hochgols liegt bezaubernd am Hang mit Blick auf Watzmann, Untersberg, Hohen Göll usw. Die Besitzer sind Anthroposophen. Infolgedessen sind viele interessante Leute hier: ein rheinisches Künstler-Ehepaar Plachner, sie Sängerin, er Dichter; eine Malerin, Frau von Grünwald; eine Kunstgewerblerin aus Essen; einige Berliner – na, ich will Dich nicht damit langweilen. Gleich am ersten Tag wurde ich feierlich zu einem Spaziergang eingeladen, nachdem bekannt wurde, daß ich Waldorfschülerin bin; da gilt man in der «Fremde» gleich etwas! Das Ehepaar Plachner nimmt mich auf Spaziergänge und Ausflüge mit, was ich sehr genieße, denn man kann dabei wunderbar «fachsimpeln». Abends wird fast immer etwas im kleinen Kreis gelesen, unveröffentlichte Dramen usw., aber auch aus dem *Faust*. Du kannst Dir denken, daß ich mich da wohlfühle wie ein Fisch im Wasser.

Morgen darf ich mit Plachners nach Salzburg, dort spielt dessen Freund Prof. Messner die weltberühmte Orgel im Dom. Heute gehe ich mit Frau Plachner über Hallein nach Berchtesgaden, zum Königssee und über Reichenhall zurück. Seit drei Tagen scheint hier strahlend die Sonne. – Nach den Fliegernächten komme ich mir wie ins Paradies versetzt vor!

Wie wunderschön wäre es erst, wenn Du dabei sein könntest! Der Menschenkreis hier würde Dir sicher auch gefallen. Der Humor des Dichters ist übrigens herzerfrischend; meine Lachmuskeln sind nahe am Muskelkater ... Auch die Küche ist noch ausgezeichnet. Herz, was begehrst du mehr?

Wieder hatte ich hier das Erlebnis, diese mir vorher ja ganz un-

bekannten Menschen schon gesehen zu haben, sie zu kennen. Ich glaube daher wirklich, daß man, vielleicht in der vorausgehenden Nacht, die Tageserlebnisse vorausschaut.
Und nun hoffe ich, daß bald ein Brief von Dir kommt!

Hochgols, 23.5.1943

Mein lieber Theo!

Heute ist der erste Regentag, und ich muß ihn nützen, Dir zu schreiben. Ich weiß, daß es schon früher hätte geschehen sollen, aber ich hatte weder Zeit noch Sammlung zum Schreiben.
Gestern haben wir vom Abendbrot an bis etwa 1 Uhr nachts ohne Unterlaß gelacht! Übrigens wurde ich umgetauft, ich heiße jetzt Balthasar.
Neulich zeigte mir Herr Plachner Salzburg. Es gibt da einen alten wunderbaren Friedhof, der ganz von Kirchen umstellt ist. Daneben sind in den Felsen gehauene Katakomben aus dem 4. Jahrhundert und eine ebenso alte Kapelle. Ich war ergriffen von der Weihe, die noch in diesen Katakomben zu spüren ist. Sie kamen mir ganz vertraut vor. Zu meiner Überraschung sagte nachher Herr Plachner, ich hätte so versunken dagestanden, daß man sich vorstellen könnte, ich hätte darin schon ein Meßopfer gefeiert. Nach Hause fuhren wir ein Stück Weit mit einem «Fiakerl».
Ab und zu kommt der Salzburger Zweigleiter mit seiner Frau herauf. Da lasen wir einmal ein Steffen-Drama. Ein andermal erzählt die Malerin von ihren Ägyptenreisen; oder es werden Spukgeschichten erzählt. Herr Plachner brachte seine neueste Novelle zum Vortrag – Du siehst, es ist immer etwas geboten und ich bin im Glück!

24.5.1943

Meine liebe Erika!

Ob bei Dir wohl die Stimmung in den letzten zwei Wochen ebenso schlecht war wie bei mir? Es ist schrecklich, der neue Kommandeur jagt uns herum, daß wir fast keine freie Minute mehr für uns haben; außerdem behandelt er uns wie Schwerverbrecher. Du weißt, daß es schon dick kommen muß, bis mich etwas aufregt. Lange kann es nicht mehr dauern, dann muß es einen Schlag tun – oder ich werde verrückt! So schlecht war es noch gar nie während der ganzen vier Kriegsjahre! Mich wundert es nur immer wieder, daß man sich das alles überhaupt noch gefallen läßt! Aber was kann man denn tun!? Es ist mir dadurch die Lust zu allem vergangen; ich muß mich auch heute zu diesem Brief gewaltsam zwingen, daher wird er auch nichts. – Zwischendurch klingelt das Telefon, und man muß sich wegen unsinnigem Kleinkram herumärgern. Der Papierkrieg ist ins Ungeheuerliche gewachsen; 90 Prozent der getanen Arbeit ist völlig umsonst, nutzlos getan! Und so verbringt man seine kurzen Tage!!!
«Zerbrecht doch die Fenster und springt ins Freie!» sagt Nietzsche. Wenn nicht so manche Rücksichten zu nehmen wären, ich würde es versuchen.
Du schreibst in Deinem letzten Brief geheimnisvoll von einer Reise. Wohin soll sie denn gehen?

Hochgols, 24.5.1943

Mein lieber Theo!

Heute bekam ich Deinen Brief vom 10.5. nachgeschickt, hab lieben Dank. Ja, ich spüre es, daß Du an diesem Tag nicht schreiben konntest, ich spüre die Unruhe in Dir. So gerne möchte ich sie vertreiben und Dir von der Friedsamkeit mitteilen, die in mir ist. Aber Rußland ist so weit.
Während ich am Fenster sitze, braut sich überm Untersberg ein Gewitter zusammen. Ich freue mich, ein solches nach vielen Jahren

einmal wieder im Gebirge zu erleben, wo das Echo des Donners so vielfältig von den Felsen dröhnt. – Jetzt hüllt sich auch der noch schneebedeckte Watzmann in Wolken, er hat eine graue, fahle Mütze auf.

Ich fühle es, auch Du bist zur Zeit in solche Wolkengräue gehüllt, und mein Blick kann nicht mehr ganz bis zu Dir dringen. Es macht mich auch ein wenig traurig, daß bei Dir so manches, das erreicht schien, wieder wie ausgelöscht ist. Selbstverständlich ist das kein Vorwurf, weiß ich doch, daß daran allein die äußeren Verhältnisse schuld sind. Hoffentlich ändern sie sich wirklich bald!

4.6.1943

Meine liebe Erika!

Bitte verzeih mir, daß ich so lange nicht geschrieben habe.
Es herrscht ein Betrieb, schlimmer als in der Kaserne, und ein alles überschwemmender Papierkrieg.
Ich selbst hatte in letzter Zeit sehr viel Arbeit. Gestern beispielsweise arbeitete ich die ganze Nacht durch, ohne zu schlafen. Den ganzen Tag habe ich nicht geschlafen, und jetzt ist es wieder 1 Uhr nachts. In vier Stunden, um fünf Uhr, ist Wecken.
Ja, es ist wirklich schlimm, deshalb verliere ich auch die Lust am Schreiben; ich kann Dir doch nicht immer von der täglichen Trübsal erzählen.
Du mußt Dich noch etwas gedulden, bald werde ich wieder mehr schreiben. Soeben zählte ich meine unbeantworteten Briefe, es sind 33 Stück! Das sagt alles, nicht wahr?

5.6.1943

Mein liebes Geistchen!

Obwohl ich erst gestern nacht an Dich schrieb, sollst Du heute nacht gleich wieder einen Brief bekommen. Ich bin plötzlich wieder voller

Schaffenskraft – alle Müdigkeit ist wie verflogen, obwohl ich in den letzten Tagen sehr viel zu schaffen hatte. Es ist doch merkwürdig, daß die Spannkraft so schwankt. Es hängt aber sehr eng damit zusammen, daß einem irgend etwas nicht paßt, und zwar im tiefsten Innern. Man trägt eine ungelöste Sache mit sich herum und ist dadurch lustlos. – Nun, ich werde versuchen, mir das zu merken.
Was Du mir aus Deinem Urlaub erzählst, ist recht interessant. Ich freue mich sehr darüber, daß Du es so gut getroffen hast und wertvolle Menschen kennenlerntest. Wie bist Du eigentlich dazu gekommen? Das kommt ja nicht von ungefähr! Gibt es noch andere solcher Erholungsplätze für Anthroposophen?
Deine Karte von Berchtesgaden habe ich vor mir liegen. Es überkam mich wieder das grenzenlose Erstaunen darüber, daß die Berge wirklich und wahrhaftig so groß, so erhaben, so voll majestätischer Kraft sind. Ihr Anblick trifft mich bis in den allertiefsten Grund meines Herzens. Ich liebe es, an einem trüben, verhangenen Tag ins Gebirge zu kommen. Wenn sich dann die Nebel allmählich lichten und man ganz oben eine Felswand durchschimmern sieht, so ist mein Herz wild bewegt. Nun, ich hoffe, daß dereinst auch wieder der Tag kommt, da ich die geliebten Berge wiedersehen darf.

9.6.1943
Lieber Theo!

Es muß Dir schon etwas ernstlich die Stimme «verschlagen» haben, da Du so lange nicht schreibst, obwohl Du doch angeblich nicht auf Reisen bist – also Zeit hattest zwischendurch! Aber da ich, wie ich wirklich glaube (obwohl Du früher einmal anderer Meinung warst), großzügig bin, verzeihe ich Dir Deine Sünden und harre geduldig, bis Du einmal wieder mehr Lust hast, mir zu schreiben.
Ich merke soeben, daß ich selbst auch eine Woche lang nicht geschrieben habe – die Zeit fliegt. Aber vielleicht bist Du augenblicklich gar nicht so scharf auf Briefe? Wenn mein innerer Gefühlseindruck richtig anzeigt, bist Du zur Zeit ziemlich weit von mir entfernt …?

Du siehst, ich schreibe das in aller Ruhe. Ob das jetzt von Dir als gutes oder schlechtes Zeichen ausgelegt wird? Ich will das ganz Deinem klugen Kopf überlassen, er wird schon das Richtige treffen! – Ich hoffe nur, daß die Zustände sich bei Dir bessern und sich dadurch auch Deine Stimmung hebt. Meine ist zur Zeit sehr gut, ich bin heiterer denn je. Aber ich habe ja auch vierzehn Tage ganz in meinem Element leben dürfen. Im Augenblick meint es das Schicksal sehr gut mit mir. Nun habe ich auch noch von Bekannten für ein paar Monate eine Theater-Miete bekommen, «ganz groß» Orchestersessel, den ich morgen einweihen werde. Könntest Du doch neben mir sitzen!
Fast jeder Tag ist zur Zeit durch eine andere Freundin «belegt», das ist schon zeitraubend. Es heißt zwar: «Man kann nicht immer andern treu bleiben, wenn man sich selbst treu bleiben will», aber vorläufig kann ich's noch!

14.6.1943

Meine liebe Erika!

Was Du wohl über die Pfingsttage machst? Früher machte man da Ausflüge. Vor vier Jahren fuhr ich im Wagen in die Ostmark, zum Wolfgangsee, auf den Großglockner. Otto war dabei und Werner den ich damals erst kennenlernte. Er läßt Dich grüßen. Im übrigen sagt er, er wasche seine Hände in Unschuld; er will nichts damit zu tun haben, wenn wir uns in die Haare kriegten. Er schreibt immer ganz nette, humorvolle Briefe. – Ja, und dann war noch ein Freund dabei, der im Kaukasus gefallen ist, ganz in der Nähe, wo auch ich lag. – Otto. ist im Nordabschnitt ganz vorne eingesetzt, er ist Leutnant. Um ihn habe ich immer ein wenig Angst, er ist ein Draufgänger.
Von Theo, Berlin, habe ich Dir sicher doch auch schon erzählt, nicht wahr? Er ist jetzt auch Leutnant und hat Zwillinge bekommen. Rudolf schrieb vom Lehrgang in Wien, daß es nicht allzu schlimm sei, er könne mir nur empfehlen, auch nachzukommen.
Nun, etwas muß ich in absehbarer Zeit unternehmen, so kann das nicht weitergehen. Hier ziehen sie eine Art Friedensbetrieb auf:

Appelle in Waffen, Fahrzeugen, Bekleidung; dazu Fußdienst usw. Und da ist man im Mannschaftsgrad der Dumme. Wache muß ich ebenfalls noch schieben.

Mir scheint, ich muß mich auch nach einer militärischen Karriere umsehen, selbst wenn es mir gar nicht liegt und ich kein Interesse dafür aufbringen kann. Sofort würde ich mich zur Ausbildung als Flugzeugführer melden, aber ich bin leider zwei Jahre zu alt dazu. Von meinem Posten hier habe ich mich ziemlich zurückgezogen. Es ist furchtbar, immer für andere einen Mist zu schreiben und immer in dieser umständlichen Methode. So etwas gibt es nur beim Kommiß; ein Privatbetrieb würde in einem Monat Konkurs machen.

So, nun hast Du auch einmal wieder Einblick in mein derzeitiges «Leben» erhalten!

Wie geht es Dir eigentlich? Bist Du nach wie vor unabkömmlich beim GK.? Die Versicherungen wurden doch personell auch reduziert!

Es ist ein weiterer Tag verstrichen. Gestern abend kamen zufällig einige der ganz «Alten», natürlich Schwaben, und einer hatte eine Zither, der andere eine Gitarre bei sich, und da sangen wir all die alten Lieder; es war einmal wieder sehr nett.

17.6.1943

Meine liebe Erika!

Deine Karte vom 30.5. habe ich erhalten, mit der Du den Schluß Deiner wundervollen Ferien anzeigst. Habe vielen Dank. Es geht eben alles vorüber, nur der Krieg bleibt!

Heute habe ich endlich einmal wieder Zeit, in Ruhe zu schreiben. Wirst Du mir meine lange Schreibpause verzeihen? Ich war zu sehr in Anspruch genommen; dauernd lag eine Spannung auf mir, die zunächst nun einmal weg ist.

Wenn ich Deinen Brief vom 29.4. lese, so bin ich wirklich beschämt darüber, daß Du so begeistert schreibst, während ich dagegen allmählich lustlos werde. Ich drohe im Grau dieses unwürdigen Lebens zu ersticken. Deshalb werde ich demnächst eine Änderung vornehmen.

Ich halte es einfach nicht mehr aus. Ich kann mich nicht mehr auf das Kriegsende vertrösten – jetzt muß es anders werden.

Ich bin sehr begierig, einmal mehrere Anthroposophen kennenzulernen; im nächsten Urlaub darfst Du nicht versäumen, mich als Jünger irgendwo einzuführen. Vielleicht könnten wir auch uns einige Tage in einem anthroposophisch orientierten Hause aufhalten, ich meine als Ferienaufenthalt? Sieh mal zu, ob Du so etwas auftreiben kannst. Legen wir also fest, daß Du für unseren nächsten Ferienort sorgst, ja? Wir müssen doch die paar Tage, die wir zusammen haben, weit besser ausnützen als bisher. Anstatt ziellos in der Gegend herumzubummeln, werden wir einmal ganz konzentriert arbeiten, ja?

Du hast recht, mein Schritt hallt in weiter Ferne – langsam, müde. Auch ich habe diesen Eindruck, aber was läßt sich dagegen machen? Kürzlich sollte ich wegen eines Stäubchens an meinem Karabiner strafexerzieren – das wäre die erste Strafe gewesen. Stell Dir das vor, obwohl ich seit Beginn des Krieges dabei bin und noch nie etwas verkommen ließ oder etwas verlor. Andere lassen ihre Wagen in Feindeshand fallen, vernichten durch Fahrlässigkeit große Werte, lassen vieles durch Mangel an Pflege kaputtgehen, und diesen passiert kaum etwas. Und da soll man ruhig bleiben?

Ich kann Dir sagen, der Kommiß ist eine derartig gemeine, verlogene Einrichtung – Du kannst es Dir nicht vorstellen! Nur durch Bestechung kann man etwas erreichen, Lug und Trug sind an der Tagesordnung; Leistung besagt gar nichts. Derjenige hat den besten Charakter, der viel redet und sich zackig aufführt. Es ist ein ganz übles Theater, und hinter den Kulissen ist alles voll Schmutz und Unrat. Aber Schluß damit, entschuldige den nicht beabsichtigten Ausbruch.

18.5.1943

Mein liebes Geistchen!

Recht herzlichen Dank für Deinen Brief vom 9.6., den Du mir schriebst, «obwohl» Du nichts von mir hörtest. Das muß ich natürlich besonders anerkennen! – Daß Du Dich in keiner Weise beunru-

higst, beruhigt mich sehr. Ob ich das als gutes oder schlechtes Zeichen auslege? Die Frage ist sehr klug gesetzt, mein kluges Geistchen, nur – ist sie wirklich notwendig? Meine Antwort sollst Du aber doch haben. Vorbehaltlos und bedingungslos lege ich das als gutes Zeichen aus – es kann ja gar kein schlechtes Zeichen geben!
Du wähnst mich weit von Dir entfernt. Das war ich wohl – doch in meinen innersten Gedanken nie. Die Tagesgedanken schlugen eine andere Richtung ein. Welche, das kann ich Dir später einmal verraten. Meine Stimmung jedenfalls war gut und ist gut. Sie wird sogar immer besser. Im übrigen bin ich eifrig dabei, zu meditieren.

20.6.1943
Mein lieber Theo!

Schändlicherweise sind schon wieder acht Tage vergangen, seit ich Dir geschrieben habe, aber das mußt Du diesmal der «Kunst» zuschreiben, denn ich habe die Malleidenschaft und muß jede freie Minute dafür nützen.
Auch Du hast mir ja schon so lange nicht geschrieben! Aber ich kann es verstehen, wenn Du bei Deinen großen Plänen keine Zeit hast!!! Schlimm ist nur, daß Du keinen Ton davon herausließest! – Woher ich Dein Geheimnis kenne?
Ich komme soeben von der Litzmannstraße. Dein Vater hatte mich verschiedentlich eingeladen, heute hatte es nun geklappt. Er erzählte mir natürlich gleich von Deiner Erfindung und Deinen großen Plänen. Mein Kompliment und meinen Glückwunsch! – Zwar ist alles noch in der Schwebe, aber ich werde natürlich die Daumen drücken!
Ich bin nur sprachlos darüber, daß Du mir gegenüber nichts erwähnt hast! Aber ich habe wohl doch etwas gespürt, weil ich in letzter Zeit immer davon träumte, daß Du plötzlich gekommen seist.
Von Tante Helene soll ich Dich herzlich grüßen. Ist das eigentlich Deine Lieblingstante? Ich könnte mir das gut vorstellen. Es war übrigens recht nett bei Dir zu Hause. Deine Schwester hat sich mächtig angestrengt (Deine Mutter war verreist) und buk Waffeln. Wir haben

sehr viel an Dich gedacht; das müßtest Du eigentlich gespürt haben. Morgen werde ich die Rosen aus Eurem Garten malen, die mir Dein Vater zum Abschied verehrt hat.

20.6.1943

Liebste Erika!

An diesem herrlichen Sonntagmorgen muß ich Dir einen Liebesbrief schreiben.
Auch bei Dir wird die warme Sonne scheinen, so erfreuen wir uns beide an ihren Strahlen. So sehr wünsche ich mir heute, bei Dir zu sein, daß es fast wahr werden müßte! – Wes das Herz voll ist, des gehet der Mund über. So geht es mir heute. Wenn auch unsere Liebe stark und fest ist, stark und fest wie die Tannen, so möchte ich Dich doch einmal wieder an mein Herz ziehen und Dir sacht über das Haar streichen.
Heute nacht, als ich auf Posten stand, habe ich Dir viele Grüße hinauf zu den Sternen gesandt, denn da droben warst Du – mein ewiges Du! – Mächtig ist doch der Wille, nicht wahr, Liebste? So wollen wir denn unseren ganzen Willen aufbieten, uns wiederzusehen. Machst Du mit? Wie schön müßte es sein – in diesen schönen sonnigen Sommertagen!
Durch Wiesen und Wälder möchte ich mit der Liebsten streifen, und so ausgelassen wollten wir sein, daß die Welt widerhallte von unserem Lachen … Herzliebste Du – ich wünsche uns Kraft, unser Glück zu ertragen!

22.6.1943

Mein lieber Theo!

Nach Deinem Brief vom 12.6., für den ich besonders herzlich danke, ahnt man erstmals etwas von geheimnisvollen Plänen, die da im Verborgenen gesponnen werden. Wie denkst Du eigentlich, daß auf einen Uneingeweihten folgende Worte wirken: «deshalb werde ich demnächst eine Änderung vornehmen!» – Es war nur gut, daß ich von Deinem Vater eingeweiht wurde, sonst hätte ich vor Neugierde platzen müssen! (Falls dieser LP-Brief vor meinem letzten bei Dir ankommt: Ich war am Sonntag oben in der Litzmannstraße.) Nun warte ich eben, bis Du mir weiteres mitteilst!

Ansonsten strahlt Dein Brief diesmal eine heiter-revolutionäre Stimmung aus, die mir imponiert. Das Barometer scheint jedenfalls gestiegen, ich habe den Eindruck, daß sich der «heitere Ernst» in «ernste Heiterkeit» verwandeln will.

Mit einem gemeinsamen «anthroposophischen Ferienaufenthalt» ist das so eine Sache; Hochgols ist beispielsweise ab Juni für «Mutter und Kind» beschlagnahmt!

Haben wir uns nicht auch früher schon vorgenommen, «konzentriert zu arbeiten» im Urlaub? Das letzte Mal gelang es ja schon ganz gut, aber wir wollen auf den nächsten in dieser Hinsicht doch keine allzu großer Hoffnungen setzen, sondern abwarten. Man könnte aber allein das Erwähnen des Urlaubs als gutes Zeichen deuten – «könnte», aber wir tun es noch nicht!

Deinem «Ausbruch» nach hat sich ja allerlei bei Dir angesammelt. Wenn Du aber erst einmal wieder beim Dreigespann wärest, würde es nicht lange dauern, bis der müde, langsame Schritt des Ritters wieder kräftig und fest Klänge – auf der Straße, die auf ihn wartet ...

23.6.1943

Meine liebe Erika!

Heute schreibe ich Dir von Stalino, wo ich an einem dreitägigen Lehrgang für Jungakademiker teilnehme. Es ist ganz interessant; ich höre täglich einige Vorträge von Professoren der verschiedensten Fakultäten. Die Teilnehmer der Tagung sind Studenten oder solche, die es werden wollen. Sehr viel wird mit diesen Vorträgen nicht bezweckt, sie dienen höchstens dazu, den Geist etwas anzuregen. Angenehm ist natürlich auch, daß ich dadurch einige Tage von der Truppe weg bin und keinen strengen Dienst habe. Verpflegt werden wir sehr gut.

Es wurde bisher gesprochen über allgemeine Fragen der jungen Studenten, sodann über die «Wissenschaft im bolschewistischen Rußland». Hier wurden von einem Sachkenner die Verhältnisse sehr schön dargestellt. Besonders die Geisteswissenschaften wurden sehr unterdrückt. Sobald die Ansicht eines russischen Gelehrten den Bolschewisten nicht in den Kram paßt, kommt er entweder zu Zwangsarbeit nach Sibirien, oder er wird umgebracht. – Der Professor führt den heute noch so starken Widerstand der Russen nur auf die Propaganda zurück, in welcher der deutsche Soldat als Bestie dargestellt wird.

Marbach, 25.6.1943

Mein lieber Theo!

Bitte nicht die Stirne in Falten legen, wenn Du die Maschinenschrift siehst, ich werde Dir gleich die Gründe dafür mitteilen. Also: Ich genieße soeben eine Praline von Deinem Vater, und er hat mir gesagt, ich soll an Dich denken, wenn ich sie essen würde (was natürlich sonst das ganze Jahr über nicht vorkommt); da ich nun obendrein nicht weiß, wie ich im Augenblick die Zeit totschlagen soll – das kommt also im totalen Krieg auch einmal vor! – bleibt mir nichts anderes übrig, als einen Privatbrief zu schreiben, und da ist es doch besser, ich schreibe ihn Dir als jemand anderem? Darum bitte alle angesetzten Falten wieder glattstreichen und ein freundliches Lächeln aufsetzen!

Während ich mir Dich solcherart beschäftigt vorstelle, fällt mir wieder etwas ein, das mich am Sonntag sehr berührt hat: Um den kleinen Rainer hochzuheben, breitete Dein Vater einmal die Arme aus in einer Geste, die mich ganz stark an Dich erinnerte, so daß mir fast die Gänsehaut über den Rücken lief. Kannst Du Dir das vorstellen? – Der kleine Rainer ist übrigens goldig und springt schon eifrig in der Welt herum. Anscheinend bist Du doch schon lange abgereist!

Du hast mich einmal gefragt, wie mir Deine Eltern gefallen würden. Ich habe Dir darauf auch brav geantwortet, während der höfliche

Ritter meine Gegenfrage überhörte. Ich will das jetzt auch gar nicht mehr wissen, denn inzwischen habe ich mich selbst «orientiert».
Auf Deinen Erfindergeist bin ich natürlich stolz! Es ist nur schade, daß Du Dich bisher nicht ausschließlich wissenschaftlich beschäftigen konntest. – Auf jeden Fall wünsche ich Dir, daß es mit Berlin klappt. Ich würde Dich so gerne einmal in dem Element sehen, in dem Du Dich wohlfühlst und das zu Dir paßt. Ich könnte mir schon vorstellen, daß dies das chem. Labor ist, wenigstens für einen Teil Deines Wesens. Der andere Teil will sich mit Philosophie und Kunst befassen.

26.6.1943
Meine liebe Erika!

Nun bin ich wieder zurück von der Akademiker-Tagung. Es war wirklich sehr interessant. – An dem Tag, an dem ich Dir schrieb, gab es noch einen gemütlichen Abend. Dabei ging es nicht einmal steif zu, es wurde gesungen und gelacht. – Von den Vorträgen will ich Dir nichts weiter berichten, nur soviel: Ein Professor sagte: Von der Entdeckung des eigentlichen Lebenselementes seien wir noch so weit entfernt wie vor 10.000 Jahren. Die Wissenschaft werde wohl auch nie so weit kommen, das zu finden. – Diese Ansicht ist also dieselbe, die ich auch habe. Die exakte Wissenschaft findet hier ihre Grenze. Trotzdem aber gibt es noch so unzählig viele Dinge im Himmel und auch nur auf der Erde, die alle noch zu entdecken sind.
Nun, was meinst Du? Es tut mir so leid, nicht studiert zu haben. Wie kann ich das nachholen? Regulär studieren? Wie lange dauert der Krieg? Werde ich nach dem Krieg überhaupt noch Zeit haben? Solche Fragen drängen sich mir auf.

27.6.1943

Meine liebe Erika!

Als große Überraschung steht in Deinem L-Brief, daß Du letzten Sonntag bei meinem Vater warst. Was geht denn da hinter meinem Rücken vor? Ich bin ja gespannt, Näheres darüber zu hören! Auch wird aus Deinem Brief deutlich, daß mein Einschreibbrief zu Hause angelangt ist, das ist mir sehr wichtig. Du kannst Dir gar nicht vorstellen, wie sehr ich auf die Folter gespannt bin – obwohl ich es genau wie Du mache und so tue, als wäre nichts. Schade ist ja, daß Du davon erfahren hast; ich wollte Dich damit überraschen, wenn es geklappt haben würde; sonst hättest Du erst viel später davon gehört.
Nun kannst Du wohl auch verstehen, daß eine so große Schreibpause eintrat. Ich war Tag und Nacht mit meinen Plänen und deren Ausarbeitung beschäftigt.
Der «müde Schritt» ist schon wieder bedeutend kräftiger und schneller geworden, das hast Du sicher schon bemerkt, und zwar kommt es nur daher, daß ich mich entschlossen habe, etwas zu tun.

29.5.1943

Mein lieber Ritter!

Wie herrlich ist es, wieder von Dir mit Briefen verwöhnt zu werden, und auch wie schön, selber wieder verwöhnen zu können! Anscheinend haben wir beide gleichzeitig diesen Entschluß gefaßt, Jeder trat – äußerlich genommen – ein wenig vom andern zurück und tat dafür einen weiteren Schritt in die eigene Welt. Du hattest stark mit Deinen Plänen zu tun, und ich war mit den neuen Hochgolser Bekanntschaften beschäftigt. Beide waren wir nach außen hin «getrennt» und innerlich doch unerschütterlich zusammen.
Der Artikel über die «Freundschaft» von Bacon ist sehr schön. Mir fällt dabei ein Wort von Graf von Platen ein:

«Liebe ist der höchste aller Triebe,
das wissen selbst die Blinden und die Tauben,
ich aber weiß, was wenig Menschen glauben:
daß wahre Freundschaft schöner ist als Liebe.»

Etwas anderes sagt der Artikel eigentlich auch nicht aus. Dennoch scheint Platen nicht daran gedacht zu haben, daß es in der Liebe auch etwas geben kann, das mit der Freundschaft gleich ist. Man muß nur nicht im Klingsorgarten der Liebe stehen bleiben wollen, da es doch die Gralsburg zu suchen gilt ...
Es freut mich, daß Ihr ab und zu bei einer Laute oder Gitarre die alten Heimatlieder singt, mitten im fernen Rußland. – Mir kommen da Kindheitserinnerungen aus Kesselfeld: Jeden Samstagabend sangen da die Dorfburschen und Mädchen im Sommer bei schönem Wetter unter den Kastanienbäumen bis tief in die Nacht hinein. Ich lag zu Bett, die Fenster weit offen, und lauschte, während die Sterne, groß wie Sonnen, am dunklen Himmel standen. Diese Abende machten mir einen unvergeßlichen Eindruck.

5.7.1943
Meine liebe Erika!

Nach einer weiteren Schreibpause einen ganz kurzen Brief heute. Wir waren nämlich wieder einmal auf Reisen. Ich wurde krank und kam dann ins Lazarett nach Charkow. Einen Tag später wurde ich im Lazarettzug zurückbefördert und liege jetzt in Berditschew (ostwärts Lemberg), und zwar habe ich Gelbsucht. Meine Augäpfel sind zitronengelb, und meine Hautfarbe ist zweimal so gelb wie die eines anständigen Chinesen. Ich bin erst heute eingetroffen; was weiter mit mir geschieht, weiß ich nicht. Die Krankheit soll fünf bis zehn Wochen dauern.
Ausgerechnet jetzt, nachdem ich von jeder Korrespondenz abgeschnitten bin und die Sache mit dem OKH läuft! Aber was kann man machen! Ich bin ganz schwach; schon acht Tage habe ich fast nichts gegessen, da ich keinen Appetit habe.

Ich denke, daß die Postverbindung von hier sehr gut sein wird. Schreibe mir also nach hier: Reserve-Kriegs-Lazarett 4/III, Berditschew Ukraine, Teillazarett 8, Haus III.
Als letzte Nachricht habe ich Deinen Brief vom 21.6. bekommen, zugleich mit dem meines Vaters. Habe besten Dank. Es war sehr hübsch, die beiden Briefe zu vergleichen. Ich werde Dir auf diesen Brief besonders antworten.
Meine Konservengeschichte scheint ja viel Staub aufgewirbelt zu haben. Warum ich Dir nichts davon erzählte? Man soll nicht gackern, solange das Ei nicht gelegt ist. Du hast es immer noch zu früh herausbekommen!

5.7.1943

Mein lieber Theo!

Gestern kam Dein Brief vom 23.5. aus Stalino, hab recht herzlichen Dank! Wie freue ich mich, solche überraschenden Dinge zu hören von einer Tagung, an der sich Studenten «und solche, die es werden wollen», beteiligen. Will der Ritter nun doch etwa allen Ernstes Chemie studieren? So sieht es beinahe aus, und ich würde es gar nicht so übel finden, wenn Du auf Deinem speziellen Gebiet weitermachen könntest. Alles ist besser, als dort zu versumpfen, nicht wahr? Ich habe auch das Gefühl, daß diesmal Deine Pläne klappen könnten. Fast bis nach Stuttgart ist Dein unbeugsamer Wille zu spüren ... Daß Du dann eventuell nach Deutschland kommst, ist natürlich so schön, daß ich nicht weiterzudenken wage.
Es freut mich, daß Du während dieser Tagung auch einmal heiter und gesellig sein konntest. Das reißt doch aus dem Alltagstrott heraus!
Auch ich war neulich in einer Komödie, die aber so komisch endete, daß kein Mensch klatschte noch aufstand, weil niemand fassen konnte, daß das Stück zu Ende war.
Ansonsten nütze ich jede Minute zum Malen und bin sehr glücklich dabei.

7.7.1943

Meine Liebste!

Da liege ich nun in meinem Bett, gelb wie ein Kanarienvogel, und darf nicht aufstehen. Draußen ist das schönste Wetter! Es ist zum «Aus-der-Haut-Fahren»! Dumm ist, daß ich nun keine Verbindung mit meiner Truppe habe; – wie Du im Radio hörst, ist da was los –, also wird die Post wieder monatelang brauchen, bis sie dort anlangt. Und ausgerechnet jetzt muß ich krank werden!
Die Krankheit selbst ist nicht schmerzhaft, ich spüre nur etwas die Leber und die Nieren, und in den ersten acht Tagen konnte ich so gut wie nichts essen. Deshalb bin ich ziemlich schwach auf den Beinen. Aber der Appetit kommt schon wieder.
Nun ist es ganz gut möglich, daß ich nach dieser Krankheit zum Ersatz-Truppenteil nach Ludwigsburg versetzt werde, von wo ich dann natürlich als erstes Urlaub bekommen würde. Mit dieser Möglichkeit ist also durchaus zu rechnen. Wenn andererseits die Anforderung vom OKH bis dahin durchkäme, dann müßte ich gleich anfangen zu arbeiten. Nun, wir müssen eben abwarten. Auf jeden Fall stehen die Chancen für ein baldiges Wiedersehen ganz gut – freust Du Dich?
Nun habe ich Deinen Brief vom 20.6. noch unbeantwortet hier. Es freut mich sehr, daß Du mit meinen Leuten so nett beisammen warst. Mein Vater hatte mich einmal gefragt, ob er Dich einladen dürfe, da schrieb ich ihm, er könne das gerne tun. Er hat mir übrigens auch einen sehr netten Brief geschrieben. Rosen hat er Dir auch verehrt? Da muß ich ja bald eifersüchtig werden!
Ja, Du hast ganz recht, Tante Helene ist meine Lieblingstante; für ihre Grüße danke ich sehr. Sie ist immer lustig und aufrichtig und mischt sich nicht in anderer Leute Dinge.
Es ist nur schade, daß ich Deine Briefe nicht bekomme, hier hätte ich Zeit, viel mit Dir zu plaudern.
Ich muß allerdings immer liegen und kann dadurch schlecht schreiben. Ich habe meinen Hals schon ganz verrenkt. Ich hatte angenommen, in acht Tagen kuriert zu sein, und habe daher alle Privatsachen bei der Truppe gelassen. Nur meine Mappe mit dem Allerwichtigsten

habe ich mitgenommen. Natürlich bin ich hier auch wieder nicht allein, es liegen noch fünf Mann im Zimmer, die den lieben langen Tag nichts als ihre blöden Witze machen. Sag mir nichts mehr von Verinnerlichung oder Vertiefung der Menschen im Kriege! Das sind so wenige, die findet man in der Masse gar nicht.

Daher ist von Konzentration auch hier keine Rede. Ich hatte mit Meditieren schon ganz schön begonnen; es wird auch hier gehen, aber schwer und unvollständig. Nicht einmal an diesem Brief kann ich bleiben, ich werde andauernd gestört!

9.7.1943

Mein lieber Theo!

Wenn ich heute auch nicht viel Zeit habe, so muß ich Dir doch den Freitagsgruß schicken und meine Gedanken sichtbar werden lassen, die heute allerdings ein wenig müde sind wie ich selbst, denn ich bin im Begriff, eine Krankheit auszubrüten. Heute habe ich nur das Bedürfnis, mich hinzulegen und einen langen, dornröschenähnlichen Schlaf zu tun, aus dem mich der Ritter in eine ganz neue, friedliche Welt wachküssen könnte …

Ich wäre gerade dazu aufgelegt, einen bunten Märchenteppich auszubreiten. Vielleicht habe ich Fieber? Es ist schon möglich, denn ich friere wie ein nasser Hund, und Schlucken kann ich auch kaum. Aber meine Englischstunde werde ich absitzen. Und bis Du kommst, bin ich auf jeden Fall wieder völlig gesund!

9.7.1943

Meine liebe Erika!

Hier liege ich immer noch brav im Bett. Ich schicke Dir viele liebe, freundliche Gedanken, die Dich streicheln und liebkosen wollen. Es geht mir so weit ganz gut, aber das ständige Liegen wird mir doch etwas lästig. Gelb bin ich noch, aber das wird nun langsam besser.

Ich bin dabei, den *Zarathustra* nochmals durchzulesen – man sollte ihn eigentlich durcharbeiten. Der letzte und tiefste Gedanke darin ist ja die Wiederkunft, die Wiedergeburt des Menschen. Das wußte ich bisher nicht. Das Ideal des Übermenschen, der einst aus einem höheren Menschengeschlecht hervorgehen soll, ist überaus blutvoll und groß gezeichnet. Nietzsche wendet sich besonders gegen den Geist der Schwere, den er seinen ärgsten Teufel nennt; er preist das befreite, sieghafte Lachen. Wir müßten den *Zarathustra* zusammen lesen! Wann kommen wir wohl einmal wieder zu so etwas? Ich freue mich schon sehr darauf!

10.7.1943

Mein lieber Theo!

Wie Du weißt, liege ich mit fiebriger Halsentzündung zu Bett. Ich hatte am Morgen ein wenig geschlafen und war noch nicht ganz munter, als mir Mutti Deinen Brief brachte – aus dem Lazarett! Seit Tagen schon lag mir etwas auf der Seele, aber ich schob die trübe Stimmung auf das miserable Wetter und dann auf meine beginnende Krankheit. Sie ist natürlich nicht weiter schlimm und in einigen Tagen wieder behoben, aber Du mit Gelbsucht! – Wie sehr hast Du Dir eine Veränderung gewünscht und dafür alle Hebel in Bewegung gesetzt – nun kommt da einfach eine Krankheit und bringt die Veränderung, allerdings anders als gewünscht! Doch «die Zeit ist abgeflossen, wo mir noch Zufälle begegnen durften ...»

Jetzt habe ich das deutliche Gefühl, daß bei Dir die «Umwälzungen» begonnen haben und daß sie nun so schnell nicht wieder zur Ruhe kommen werden. Wenn die Kugel einmal ins Rollen kam ... Aber wie lange war es doch auch immer nach dem gleichen Schema weitergegangen!

Jetzt aber werden meine Gedanken noch mehr als bisher beim Ritter sein und ihm viele gute Kräfte schicken!

11.7.1943

«Seit es Menschen gibt, hat der Mensch sich
zu wenig gefreut: Das allein, meine Brüder,
ist unsere Erbsünde! Und lernen wir besser uns
freuen, so verlernen wir am besten, anderen wehe
zu tun und Wehes auszudenken.»

(Zarathustra)

Herzallerliebste!

Freuen tun wir uns ja, nicht wahr? Die volle überströmende Freude haben wir auf unsere Fahnen geschrieben. Und es ist so: Sobald ich an Dich denke, quillt es heiß aus meinem tiefsten Herzensgrund. Noch bist Du mir so fern, Liebste – wie lange noch?

Der Arzt meinte, es würden zwei Monate vergehen, bis ich ganz wiederhergestellt sei. Aber das ist ja zu lang, so lange wird es bestimmt nicht dauern.

Gestern nacht hab ich einmal wieder von Dir geträumt, ganz wirklichkeitsnah. Wir gingen in ein altes, gutes Restaurant zum Essen, und es waren noch eine ganze Menge Leute da; auch meinen Vater habe ich gesehen und gesprochen. Wir waren jedoch die Hauptpersonen. Es war schade, daß ich gerade aufwachte, als das Essen hereingetragen wurde. Und ich hätte doch so gerne einmal wieder etwas Habhaftes genossen!

Es ist ja kein Wunder, wenn ich von leckeren Speisen träume, denn wir reden hier den halben Tag lang davon.

Es sind einige sehr nette Schwestern hier, die mich ab und zu mit Extra-Obst-Portionen versorgen.

Leider darf ich nicht aufstehen, und ich möchte es doch so gerne. Immer im Bett liegen macht mich ganz krittlig.

So, nun weißt Du wieder, wie es mir geht. Die gelbe Farbe nimmt langsam ab.

Und sonst wühle ich im *Zarathustra*, es macht mir großen Spaß. Der «Wille zum Übermenschen» ist bestimmt nicht das Schlechteste, das gedacht und geschrieben wurde. Es ist ein feuriges, glühendes, weithin leuchtendes Ideal, das einer heißen Begeisterung wert ist. Und somit ist es Ansporn, Antrieb – ein neuer Wert!
Ich komme immer wieder darauf zurück, daß die Stählung, Härtung und Instandsetzung des Willens unsere vordringlichste Aufgabe ist. Ich werde bald wieder gesund, Liebste, glaub es mir!

13.7.1943
Liebes Geistchen!

Heute muß ich Dir unbedingt noch schreiben, Du sollst Dich nicht über mich beklagen, ich habe ja so viel Zeit.
Ich genieße weiterhin Zarathustras herrliche Worte. Diese Sprache, die klingend hart ist und stets die unbedingte Reinheit und Treue zu Erkanntem fordert – und all die menschlichen Schwächen beißend verhöhnt – und darauf hinweist, daß der harte Wille das alles und mehr noch überwinde – diese Sprache begeistert mich und rüttelt an mir mit aller Macht. Zarathustra ist ja auch der Vernichter der alten Werte, insbesondere der Moral, der heuchlerischen, triefenden «Christen»-Moral.
Kürzlich habe ich ein Heft vorgeholt, in das ich 1941 und 1942 Aufzeichnungen gemacht habe, und zwar meist beruflicher Natur. Ich war erstaunt, festzustellen, wie sehr sich meine Blickrichtung wieder geändert hat. Nach wie vor bin ich in einer starken Wandlung begriffen. Heute tut es mir leid, daß ich so wenig Kenntnisse habe.

15.7.1943

Mein liebes Geistchen!

Noch habe ich keine Post von Dir bekommen, aber ich hoffe, daß heute oder morgen ein Briefchen eintrifft. – Bei mir schreitet die Besserung langsam fort, aber ich darf noch nicht aufstehen. Man wird dadurch sehr schwach. Wenn ich morgens vom Waschraum komme, habe ich gerade genug.
Mit meinen Meditationen komme ich schlecht weiter, denn auch hier bin ich nie allein, immer redet jemand. Lust hätte ich zu zeichnen, aber es gehen täglich so viele an meinem Bett vorbei, daß ich dabei auch gestört wäre. Diese ständige unerwünschte Gesellschaft von Menschen, darin man sein Leben fristen muß – ohne einen Platz für sich zu haben, wohin man sich zurückziehen könnte – es ist furchtbar!
Freunde, Schaffende, Gleichgesinnte möchte ich um mich haben – und das werden wir einst verwirklichen!

15.7.1943

Mein lieber Theo!

Während ich ganz allein und fast ohne Arbeit in meinem Zimmer beim G.K. sitze, lasse ich meine Augen aus dem Fenster wandern und denke an Dich. Der Himmel ist wolkenlos blau, jedes Haus liegt in der Sonne, alles scheint zum Greifen nahe. Kindheitserinnerungen steigen in mir auf. Deutlich erinnere ich mich an ein Erlebnis, das ich als Kind hatte und das mich fast beunruhigte. Ich schnitt zum ersten Mal Brot von einem großen Laib, und da hatte ich den starken Eindruck, das schon unendlich oft getan zu haben. – Damals wußte ich natürlich noch nichts von Wiederverkörperung – darum beunruhigte mich das wohl auch.
Wie schön wäre es jetzt, in einer friedlichen Welt mit Dir durch eine Wiese zu gehen … Aber noch bist Du weit fort. Und wir haben Voralarm.

17.7.1943

Meine liebe Erika!

Habe vielen Dank für Deine Briefe, die heute bei mir eintrafen! Du liegst also auch im Bett, mit Halsentzündung? Und was hat diese für «innere» Gründe?
Du bist erschrocken, als Du meinen Lazarettbrief bekamst. Nun, Du kannst Dich beruhigen, es geht mir schon ein wenig besser. Ich fühle mich eigentlich ganz wohl, habe kein Fieber und keine Schmerzen, nur bin ich gelb. Der Doktor sagte heute, es würde noch mindestens 3 bis 4 Wochen dauern. Und jetzt bin ich schon 2 Wochen hier! Aufstehen darf ich noch nicht und muß immer ein Heizkissen auf dem Bauch haben.

19.7.1943

Herzliebste!

Ja, Du sagst es, wenn wir mit unserem Schicksal wollen, ist der Schmerz gebrochen, dann wollen wir auch ihn. «Nichts kann mehr zu mir stoßen, das nicht schon mein Eigen wäre.» Das ist es, das muß es sein!
Ja, auch ich war überrascht, wieviel Zeit man plötzlich zum Lesen, Schreiben und Gedankenwälzen hat. Nur befinden sich eben hier im Zimmer einige laute Kleinst-Geister und ein Radio; im Nebenzimmer spielt einer Ziehharmonika – da ist Gedankenkonzentration schwer, aber nicht unmöglich. Und das ist ja sicher auch eine erstrebenswerte Eigenschaft: auch unter ungünstigen äußeren Verhältnissen zu einer Gedankenkonzentration zu gelangen.
Sonst kann ich Dir von mir berichten, daß es mir ausgezeichnet geht, nur muß ich eben im Bett liegen, und meine Augen sind immer noch trübe und gelb. Aber es wird sich schon geben!

20.7.1943

Mein lieber Ritter!

Ich bin ja so froh, daß es Dir doch langsam immer etwas besser geht!
Es ist ein ganz wonnig-sonniges Stadium, sich auf ein Wiedersehen mit dem Ritter zu freuen! Auch ich sehne mich wie Du nach weiten, lichten Bergeshöhen, aber es ist eine egoistische Einsamkeit, die wir uns da wünschen! Keiner wird ja «ohne den andern» angenommen, also müssen wir uns schon auch um die andern bemühen. Nur zur Stärkung unserer Kräfte sollen wir wohl die einsamen Gipfel aufsuchen, um dann immer wieder still und geduldig zu Tale zu steigen.
Neulich war ich im *Fliegenden Holländer* und traf dann anschließend am Schloßplatz Deinen Vater, der mir sagte, er habe versucht, Dich hierher zu bekommen, aber er habe noch keinen Bescheid. Wie schön wär's, wenn es gelingen würde! – Wie strahlt doch Dein Vater, wenn er von Theo spricht und etwas für ihn tun kann!

21.7.1943

Meine liebe Erika!

Vielen Dank für Deinen Brief vom 14.7, der wirklich übermütig ist! Ja, in einigen Wochen werde ich zu Dir kommen. Etwas in Dir weiß um alle – Schrecken von morgen? Warte nur, bis ich komme, ich werde Dich wieder zu zerdrücken suchen! Die Schrecken läßt Du Dir doch gefallen, nicht wahr?
Ich habe mir ein paar Bildungslehrgänge aus der Bibliothek geholt, etwas Geschichte, Mathematik usw. Man hält so wenigstens den Geist in Bewegung, den ich vermutlich in absehbarer Zeit stark benötigen werde.
Dann habe ich natürlich noch mit meinem «Verfahren» zu tun und Überlegungen anzustellen. Ich bin ja sehr gespannt, was daraus wird. Jedenfalls hätte ich kaum gedacht, daß die Idee in Berlin so gut beurteilt würde. Nur meinen die Herren eben, daß zur Verwirklichung

noch sehr große Schwierigkeiten zu überwinden seien beziehungsweise, es ist eine Lösung bei der jetzigen Knappheit an allem vielleicht gar nicht möglich. Nun, wichtig ist, daß ich Gelegenheit bekommen soll, praktische Versuche durchzuführen. Dazu will mich das OKH anscheinend anfordern. Wenn ich dann natürlich nichts zuwege bringe, dann war es Pech. Auf jeden Fall gibt es eine interessante Arbeit.
Es kommt nun darauf an, wann ich gesund bin und wann die Anforderung durchkommt. Es wäre möglich, daß nach meiner Genesung gleich die Arbeit beginnt. Wir können deshalb zunächst gar keine Pläne machen, sondern wollen hübsch abwarten, wie alles kommt.
Jeder «Volksgenosse» hat also nur noch 14 Tage Urlaub? Aber das gilt ja für Dich nicht, so wenig wie für mich. Wir sind ja keine «Genossen». Wir holen uns, was wir «wollen»! Alles hängt doch nur von unserem Willen ab!
Mir geht es so weit ordentlich, die Genesung geht eben langsam vonstatten. Die Hautfarbe und die Augen sind aber wieder etwas heller geworden.

24.7.1943

Mein lieber Theo!

Zur Zeit liegt es wie ein Alp auf mir, der äußeren Kriegsverhältnisse wegen. Eine pechschwarze Mauer scheint um uns aufgetürmt, und ich habe das Gefühl, daß die schrecklichste Zeit erst noch kommen wird.
Weil Du augenblicklich so viel Zeit hast, gebe ich Dir eine kleine Aufgabe zu lösen, die im Büro zirkuliert: Drei Burschen zechten zusammen und zahlten dem Wirt 30 Mark, so daß auf jeden 10 Mark kamen. Später fiel dem Wirt ein, daß er zuviel berechnet hatte, und gab einem Jungen 5 Mark, die er den drei Burschen zurückgeben sollte. Der Junge dachte: Wenn ich jedem 1 Mark gebe, ist das auch genug, und steckte die übrigen 2 Mark in die eigene Tasche. – Nun hat also jeder der drei Burschen 9 Mark bezahlt. 3 x 9 = 27 + 2 Mark des Jungen = 29 Mark. Wo ist die 30. Mark geblieben?

Hier im GK. haben sie behauptet, das sei ein mathematischer Fehler und nicht zu lösen. Ich habe sie dann aber von der Lösung überzeugt.

25.7.1943

Meine liebe Erika!

Leider habe ich lange keine Post mehr von Dir bekommen. Es ist schade, daß Du nicht länger krank warst … Aber ich will nicht egoistisch sein. – Mein Vater schrieb mir, daß er Dich am Schloßplatz getroffen und gesprochen habe. Du hättest «sehr gut ausgesehen»! Na, bald werde ich mich wohl selbst überzeugen können!
Mir geht es immer etwas besser. Ich darf jetzt ein paar Stunden pro Tag aufstehen. Man ist nach dem langen Liegen – 3 Wochen! – doch etwas wackelig auf den Beinen. Ich schätze, daß ich in 10 bis 14 Tagen hier herauskommen werde, sofern keine Komplikationen eintreten, die im Bereich der Möglichkeit liegen. Aber wir hoffen immer das Beste!

27.7.1943

Mein lieber Theo!

Was sagst Du da: alles hänge von unserem Willen ab? Sei nicht zu übermütig, denn es ist herzlich wenig, was wir mit unserem Willen erzwingen können! Du siehst es ja am Kommiß! Von meinem Willen hängt es leider auch nicht ab, wieviel Urlaub ich bekomme! Wenn Du Glück hast, ist der Bürovorsteher in Ferien; dann würde ich den Chef fragen, von ihm bekäme ich ohne weiteres unbezahlten Urlaub. Natürlich werde ich alles versuchen, um mit dem Ritter einmal den Sommer erleben zu können! Muß das schön sein – obwohl es im August vermutlich in politischer Hinsicht schlimm zugehen wird!

27.7.1943
Mein liebes, gutes Geistchen!

Wo bleiben denn Deine Briefe? Welcher böse, böse Geist hält sie denn auf? Und ich warte Stunde um Stunde, aber keine Post kommt!
Soeben habe ich zwei Partien Schach gespielt, das mache ich jetzt wieder jeden Tag. Dabei ist es erstaunlich festzustellen, wie unterschiedlich man spielt. Heute war ich z.B. glänzend in Form und fertigte meinen Gegner ganz kurz ab.
Auch mit Zeichnen habe ich heute begonnen, mit dem Kopf eines Steppenbauern, der mir vom Winter her noch in Erinnerung ist. – Außerdem versuchte ich mich an Gleichungen mit zwei Unbekannten und Trigonometrie. Man hat doch viel vergessen, aber ich finde mich rasch wieder hinein.
Und sonst? Einmal liege ich still und schicke meine Gedanken zum Geistchen; oder aber in andere Gefilde, wo es etwas zum Knobeln gibt. Dann wieder muß ich mit einer Schwester Unterhaltung pflegen wegen einer Obst-Sonderportion. Und dann schaue ich auch einmal in den *Zarathustra*. Heute abend finde ich: «Und falsch heiße uns jede Wahrheit, bei der es nicht ein Gelächter gab!» Also sprach Zarathustra ...

30.7.1943
Mein lieber Theo!

Deine Briefe, Theo, wie anders sind sie geworden seit einem Jahr – wie anders bist Du geworden! Wie lieb ich den neuen Geist Deiner Briefe, der mich so stürmisch anweht! Zarathustra hat noch das Letzte getan dabei – und ich stürme mit, Du weißt's ja!
Ansonsten: Liegt's nicht wie ein Gewitter in der Luft? Ich meine, jetzt müßte dann ein gewaltiger Donner losbrüllen und ein Blitz die dunkle Erde erhellen, daß jeder voll Schrecken erkennt, wo er überhaupt steht ... Wie soll es mit diesem Krieg denn weitergehen?

3.8.1943

Meine liebe Erika!

Heute reicht es leider nur einen kurzen Gruß, da es schon bald Zeit zum Schlafengehen ist. Den ganzen Tag war ich draußen, ich habe in der Sonne gelegen, dann Bohnen gepflückt und den ganzen Nachmittag diese geschnitten. Morgen gibt es Bohnensalat. – Am Abend saßen wir noch im Garten, es kam der Ziehharmonikaspieler und der Sänger, sie unterhielten alle anwesenden Patienten und Schwestern. Es war recht gemütlich, obwohl ich auf einer Steinstaffel saß.
Meinen Geist habe ich heute in Ruhe gelassen, damit er sich etwas erholen kann. Ich werde jetzt jeden Tag fauler, mag nicht mehr lesen, schreiben noch sonst etwas tun. Bewegung möchte ich jetzt haben! Morgen werde ich das erste Mal die Uniform anziehen und ins Städtchen zum Zahnarzt gehen.
Ich habe keine Ruhe mehr. Was ist es denn? Ich möchte wohl schnell zum Prinzeßchen fahren! Aber der Onkel Doktor sagt, ich müsse noch einige Tage hierbleiben – acht Tage werden es wohl noch werden. Kannst Du noch so lange warten?
O, ich bin ja so gespannt, wie sich alles entwickeln wird! Ich liege hier herum, sehe und höre nichts von der Außenwelt, und draußen erwartet mich eine Aufgabe, die, wenn ich Glück habe, mir zu einer zufriedenstellenden Arbeit verhelfen wird. Und ich kann mich nicht darauf vorbereiten!

5.8.1943

Herzliebste,

heute meinte der Doktor, ich müsse noch acht Tage hierbleiben – das heißt, unter acht Tagen komme ich keinesfalls heraus. Es wird schwierig sein, Dir genau mitzuteilen, wann ich reise; so lange vorher weiß ich das nicht. Auch die Zugverbindungen sind mir gar nicht bekannt. – Wie die Sache mit dem Urlaub laufen wird, kann ich auch noch nicht genau sagen, vermutlich werde ich aber einen

Genesungsurlaub mit Diät haben müssen. Nun, Du mußt eben noch etwas warten, Du ungeduldiges Geistchen!

7.8.1943

Meine liebe Erika!

Du findest mich so verändert? Warte einmal ab, bis ich ankomme, da wirst Du nicht viel feststellen können.
In der nächsten Woche werde ich hier entlassen, muß aber wahrscheinlich mit einem Lazarettzug fahren und von einem anderen Lazarett in Deutschland nach Stuttgart in Marsch gesetzt werden. Es kann also schon noch 14 Tage dauern, bis ich bei Dir bin. Ich habe so genug von hier, am liebsten würde ich gleich fahren! Auch ich bringe keine Konzentration mehr zustande. Nun, seien wir eben noch eine Weile geduldig! Auf baldiges Wiedersehen!

9.8.1943

Meine liebe Erika!

Nein, über Deine Todesgedanken wundere ich mich nicht. Mir ist es schon sehr, sehr oft ebenso ergangen. Eigenartig ist, daß es keine einmalige Einstellung der Gedanken ist, nein, bei jeder neu auftauchenden Gefahr muß man sich immer wieder erneut zur Todesbereitschaft durchringen. Ist sie vorbeigegangen, schwinden auch diese Gedanken; und man ist bereit – allein wieder nur für das Leben! So geht es auch mir. Andauernd schmiede ich Friedens-Zukunftspläne, die natürlich bar aller Voraussetzungen frei in der Luft schweben.
Heute werde ich immer unterbrochen. Gerade war ich mit zwei Kameraden im Garten, wo wir einen Riesen-Unkrautstrauß gepflückt haben: Disteln, Kletten, Brennesseln usw. Diesen Strauß haben wir einer Schwester feierlich überreicht, die heute Geburtstag hat. Es war ein lustiger, herzerfrischender Blödsinn. Dabei muß man ja gesund werden!

Dies gibt keinen ordentlichen Brief! Inzwischen habe ich zu Abend gegessen und habe anschließend den traditionellen Spaziergang im Garten gemacht – da wurden wir von den Schwestern engagiert, ein Beet umzugraben und Salat zu pflanzen!

Mit meinen Meditationen bin ich noch nicht sehr weit gekommen, es ist schwer, sich regelmäßig daran zu halten. Da muß ich auch einmal meinen Willen vorspannen! Bei der Ruhe-Meditation kribbeln mir alle Glieder und Gedanken wie in einem Ameisenhaufen, und die ganze Meditation «explodiert» sozusagen.

Also, am Freitag fahre ich ab. Auf welcher Strecke, weiß ich noch nicht; ich glaube, ich darf von hier nicht direkt fahren, sondern muß noch über ein Genesungsheim, wo ich mich eventuell noch einige Tage aufhalten muß.

11.8.1943

Meine liebe Erika!

Es ist natürlich sträflich: Du hörst einfach auf zu schreiben, und ich bin noch hier bis – übermorgen! Ja, ich fahre also definitiv am Freitag, wie und welche Strecke weiß ich noch nicht. Wenn alles klappt, kann ich bis Sonntag abend oder Montag in Stuttgart sein. Leider höre ich im Radio, daß die Engländer wieder Süddeutschland angreifen, vorgestern Mannheim, gestern Nürnberg. Hoffentlich übersehen sie Stuttgart diesmal, oder finden es nicht! Vielleicht komme ich gerade recht zum Feuerwerk.

Sonst weiß ich nicht mehr viel, meine Gedanken scheinen völlig zu versiegen. Ich denke nur ans Wiedersehen, daran, daß ich Dich bald sehen werde, daß ich Deine Stimme hören werde.

Zarathustra sagt einmal:

«Nicht eure Sünde – eure Genügsamkeit schreit gen Himmel!
Euer Geiz selbst in eurer Sünde schreit gen Himmel!»

Und der Geiz in Fragen des Lebens ist immer der Verstand! Ein überschäumendes Leben wollen wir führen, dazu soll unser Wille uns helfen, nicht wahr, mein Geistchen? Bald bin ich bei Dir!*

Berlin, 7.9.1943

Mein lieber Frechdachs!

Schon sitze ich da, um Dir meine Grüße zu schicken! Bin ich nicht sehr eifrig?
Beim RLM habe ich mich heute früh noch gemeldet, und nun werden als nächstes meine Reise nach Erfurt und die dort stattfindenden wichtigen Verhandlungen kommen. Am Donnerstag soll einer der Erfurter Herren hier sein, solange muß ich noch warten. Als ich mich beim RLM meldete, wollten mich die Herren bei der Horstkompanie unterbringen, ich aber warf gleich ein, daß ich lieber im Hotel wohnen würde. Gesagt, getan, nun sitze ich ganz vornehm im Hotel Esplanade in Berlin und warte der Dinge, die da kommen.
Ich bedaure es tief, daß Du nicht hier bist! Wir könnten dann gemeinsam bummeln gehen. In einer großen Stadt reizt es mich immer, zu bummeln. Nur ist eben in Berlin bei den jetzigen Verhältnissen auch nicht mehr viel los. Nun, ich werde Dir ja laufend über meine Abenteuer berichten.
Hoffentlich geht es Dir gut! Ich drücke Dir laufend sämtliche Daumen, damit kein Angriff stattfindet.
In meinem Zimmer steht sogar ein Telefon, schade, daß ich Dir nicht anrufen kann!

---

* Der Urlauber traf wohl am 16.8.1943 in Stuttgart ein und hatte zunächst Genesungsurlaub. Etwa acht Tage war er zu Hause, dann fuhren wir zusammen nach Dobel im Schwarzwald, wo wir vergnügt eine strahlende Sommerwoche verbrachten. Darauf folgte ein Arbeitsurlaub, in dem sich Theo intensiv mit den Verwirklichungsmöglichkeiten seiner Verpackungsideen befaßte und zu den verschiedenen Ämtern und Firmen reiste.

Berlin, 8.9.1943
Meine liebe Erika!

Der heutige Tag ist weiter nicht aufregend verlaufen, da die Herren, die ich sprechen muß, noch nicht da sind. Einer davon soll morgen kommen. Somit konnte ich heute eigentlich nichts erledigen.
Gestern abend ging ich zum Kurfürstendamm, den ich hin- und herspazierte, ohne besonderes Ziel. Aber ich hatte doch bald genug; durch die Fahrt in der vergangenen Nacht war ich immer noch müde.
Für morgen habe ich mir eine Karte ins Metropol bestellt für «Hochzeitsnacht im Paradiese». Du siehst, daß ich bestrebt bin, den zwischen uns aufgeworfenen «Fragenkomplex»* genau und gründlich zu studieren, und ich hoffe, daß Du dasselbe tust! Sollten sich irgendwelche ungeklärten Fragen ergeben, kannst Du Dich gerne an mich wenden, damit wir der Sache auf den Grund gehen!
Wie lange ich noch hier sein werde, weiß ich natürlich immer noch nicht; jedenfalls wird es keinen Zweck haben, daß Du mir schreibst. Meine Bekannten hier sind fast alle bombengeschädigt und sind nach Sachsen verzogen. Das ist schade, denn ich habe diese schon jahrelang nicht mehr gesehen. Im südlichen Berlin finden sich überhaupt starke Bombenschäden.

Berlin, 9.9.1943
Liebste,

schnell muß ich Dir noch schreiben, obwohl es spät geworden ist. Heute habe ich nun mit einem Herrn vom OKH gesprochen, das ist ganz zufriedenstellend verlaufen. Nur meint der Herr eben – und damit kann er evtl. recht haben –, daß mir wohl unüberwindliche Schwierigkeiten bevorstehen. Aber wegen der Bedeutung der Sache an sich soll mir wohl genügend Spielraum gegeben werden, so viel

---

* Während der Ferien hatten Theo und Erika beschlossen, sich im November zu verloben und dafür bereits das Datum festgesetzt.

Erika Wagner – auf dem Dobel bei Freudenstadt – Sommer 1943.

steht fest. Nur habe ich die genauen Bedingungen noch nicht, die werde ich wohl morgen bekommen. Feststeht auch schon, daß ich anschließend nach München fahren werde für einige Tage. Wenn es irgend geht, werde ich aber Samstag/Sonntag in Stuttgart sein. Wenn möglich, fahre ich morgen nacht zurück. Rufe bitte einmal am Samstag mittag zu Hause an.

München 13.9.1943

Meine liebe Erika!

Schon wieder ist ein Tag vorbei, bald bin ich bei Dir! Es ist wirklich ganz schlimm, was hast Du denn mit mir gemacht, liebe Zauberin? Hast mein Herz verzaubert, und jetzt will es nicht mehr stillhalten, es pocht und pocht, bis es wieder bei Dir ist! – Nun sind es doch erst ein paar Tage, seitdem ich Dich verlassen habe, und doch möchte ich lieber heute nacht noch als morgen zu Dir zurückfahren.

Noch aber habe ich hier zu tun. Leider hatte ich den Leiter des Forschungsinstituts heute nicht angetroffen, ich hoffe aber, ihn morgen zu sehen. Heute habe ich mit einem dort arbeitenden Wissenschaftler gesprochen, der über meine Sache unterrichtet war. Was er mir sagte, hat mich schon etwas erschreckt: Das ganze Institut arbeitet hauptsächlich daran, die Blechdose auszuschalten. Auch in der von mir eingeschlagenen Richtung arbeiten sie schon lange, nur sind sie mit Kunststoffen noch nicht zu einem guten Ergebnis gelangt. Man könnte Angst bekommen! Was soll ich als einzelner, dazu Nichtwissenschaftler, da erreichen können? Du siehst, die Aussichten sind finster, und doch werde ich nicht lockerlassen!

Ludwigsburg, im September 1943,
morgens 2 Uhr

Liebste,

schon viel früher wollte ich Dir schreiben und saß lange nachdenklich vor dem Briefblock, wurde mir aber klar, daß ich das, was mich bewegt, doch nicht zu Papier bringen kann. Auch jetzt kann ich das nicht hoffen.
Soeben war höchste Alarmstufe vor dem Fliegeralarm, aber dieser blieb dann doch aus. Wie schön, daß mein Geistchen nicht aus der schöneren Welt in diese Welt des Schreckens gerufen zu werden brauchte. Ich habe Nachtwache in der Kaserne – und Du schläfst, nur 15 km von mir entfernt. Es ist mir noch immer, als ob ich träumte und im Augenblick in Rußland erwachen könnte. Heute noch werde ich Dich wiedersehen – heute noch! Es ist ein goldenes, glückseliges Wunder. In die Welt hinaussingen möchte ich meine Glückseligkeit. Du Zauberin, hast meine Seele ganz und gar verzaubert. Die zittert ob dem süßen, schweren Glück, ob dem leichten, tanzenden Glück.
Wo bist Du, Liebste? Wo sind Deine guten, liebenden Gedankenkobolde? Wo geistern sie? Soeben meinte ich, sie neben mir kichern zu hören. Ob sie Dir wohl morgen früh beim Erwachen von mir erzählen werden, von mir, den sie in tiefster Nacht umgeistert haben? Ich gebe ihnen viele, viele Gedanken mit.
Liebste, ich muß Dir etwas gestehen, aber so leise, daß ich selbst es nicht höre: Noch nie war meine Liebe zu Dir größer als jetzt, sie wächst und wächst gleich einem herrlichen Baume. – Und jetzt denke ich an unsere Worte, die Du mir und ich Dir einmal schenkten – einmal, weil sie für immer und ewig gelten.
Aber Du weißt das alles, ich bräuchte es gar nicht in meine schwerfälligen Worte zu fassen. Du weißt das alles, denn Du hast das feinste Empfindungsvermögen, das ich je kennengelernt habe. Du hast es mir erst wieder bewiesen, Du – Hexe! Seiner allerliebsten Prinzessin sein ganzes, übervolles Herz!

Ludwigsburg, 13.10.1943

Meine liebe Erika!

Leider war es nicht möglich, Dich heute abend in Ludwigsburg am Bahnsteig zu treffen.* Ich habe mich schon sehr darüber geärgert. Heute nachmittag schaffte ich mit sieben anderen Kameraden 100 Zentner Kartoffeln in den Keller. Von 18 bis 20 Uhr fand im Speisesaal die Vorführung eines dummen Filmes «Die kleine Residenz» statt, wobei Erscheinen Pflicht war. Nun hoffe ich eben, daß ich morgen aus der Kaserne herauskomme, um Dich zu sehen! Ich fühle mich hier durchaus wieder als Zuchthäusler, es ist einfach schrecklich!
Soeben höre ich, daß Fliegeralarm zu erwarten sei; ich hoffe sehr, daß er gnädig vorübergeht; jedenfalls drücke ich Dir beide Daumen. In dem Zimmer, das ich bewohne, sind noch weitere 15 Soldaten – Du siehst, alles nach meinem Geschmack! Ich glaube, es ist gar nicht gut, daß ich so lange zu Hause war, ich empfinde die Fesseln jetzt stärker als je zuvor. Und Du hast mich wohl auch verwöhnt. – Ich hoffe nur auf ein rasches Eintreffen der Urlaubspapiere. Ein paar Tage für uns allein müssen dabei herausschauen.
Obwohl ich mir vorgenommen hatte zu lesen, habe ich gar keine Lust dazu in dieser Umgebung – zu gar nichts habe ich Lust. Nur an Dich zu denken, das allein ist mir möglich. Normalerweise wäre ich jetzt bei Dir. Kurz vor 19.30 Uhr, gerade als Du in Ludwigsburg gewesen sein mußtest, begann der zweite Teil des Films, und ich hatte Gelegenheit, sehr stark an Dich zu denken.

15.10.1943

Mein lieber Theo!

Den ganzen Morgen warte ich schon, daß die Post läute, um mir einen Brief von Dir zu bringen. Leider haben wir jetzt «Landzustellung»,

---

* Der Gerling-Konzern, in welchem Erika arbeitete, war von Stuttgart nach Marbach a.N. verlagert worden. In Ludwigsburg, wo Theo kaserniert war, mußte sie jeweils umsteigen. So konnten sie sich manchmal für fünf Minuten, manchmal auch für längere Zeit am Bahnsteig verabreden.

das heißt, wir bekommen nur noch morgens Post. Nun schaute ich aber doch im Kasten nach, und zu meiner Freude war Dein Brief vom 13.10. darin! Hab vielen Dank, Du lieber gefangener Ritter! Wie gerne würde ich, als Biene beispielsweise, zu Dir in die Kaserne fliegen, um Dir ohne Unterlaß die süßesten Dinge ins Ohr zu summen! – Aber so sind meine ganzen Gedanken darauf gerichtet, daß der Urlaubsschein bald kommt! Jedenfalls gehören meine Gedanken mit zu den Stricken, die ihn herbeiziehen! Lang dauert es ganz bestimmt nicht mehr!

Vorgestern und gestern habe ich leider vergeblich Ausschau nach Dir gehalten. Heute ist das hoffentlich anders! Drücke bitte fleißig den Daumen, daß Du am Samstag / Sonntag herauskommst! Am Mittwoch abend hätte ich Dir gerne einen kleinen Brief geschrieben, aber als ich nachts etwa in Zuffenhausen war, sah ich vom Zug aus Schwaden künstlichen Nebels, der bis Stuttgart nicht abriß. Dort rannte ich aus dem Bahnhof – keine Straßenbahn fuhr –, und unablässig waren Flugzeuge zu hören. Also ging es zu Fuß nach Hause – und wie ich lief! Hundemüde kam ich endlich an und sah dann gerade das Schauspiel mit den Leuchtfallschirmchen am Himmel – dadurch entpuppte sich das ganze Manöver als Übung! Ich habe mich geärgert!

Im übrigen denke ich eben ständig an Dich, und die Zeit der Trennung erscheint mir schon wie eine Ewigkeit. Neben mir steht Deine Rose, die mir die Zeit der Trennung duftend zu überbrücken sucht. Sie ist jetzt gerade aufgeblüht und sieht wunderschön aus mit ihren samtroten Blütenblättern. Wie schön würde Dein Ring in ihr goldenes Herz passen … Ich trage ihn übrigens jede Nacht, und alle meine guten Gedankengeister sind bestimmt schon in ihn eingezogen und sitzen nun alle eng beieinander im Kreis, um nun nie mehr daraus fortzugehen.

Heute morgen bin ich übrigens sehr gutgelaunt erwacht, denn im Traum hatte ich mit Dir eine Reise unternommen. Wir fuhren auf hoher See. Ganz herrlich war's! Wann werden wir wohl einmal eine Seereise zusammen machen können?

15.10.1943, Früh um 3 Uhr

Liebste mein,

Du liegst jetzt in süßem Schlummer, und ich sitze allein hier und wache – und denke an Dich. Ob ich mich einschmuggeln kann in Deinen Traum?

Die Kaserne ist mir wieder eine Stätte des Grauens. Ich habe es nie so stark gefühlt wie jetzt. Man ist mit tausend Stricken gefesselt, wird von mehreren Kontrolleuren dauernd überwacht, und schließlich wird man überall nur als Drückeberger behandelt. Ich hoffe nur, daß der heiß ersehnte Urlaub eintritt, bevor ich verrückt werde.

Gestern war es ja auch wieder nicht möglich gewesen, Dich zu sehen. Nach allen Berechnungen aber sollte es heute gelingen.

Wenn ich nur wieder ein bißchen mit Dir plaudern kann! Das wird der Tropfen sein, an dem der Verschmachtende in der Hölle sich labt.

Jetzt werde ich dann gleich den Hartmann vornehmen, ich kann noch ein Weile ungestört lesen. Es ist schon traurig, wenn man so lange an einer Sache liest! Aber vorher hast Du mir die Zeit gestohlen – das war noch ganz nett, meine liebe kleine Diebin –, und jetzt stiehlt sie der Kommiß, damit bin ich gar nicht einverstanden!

Ob Du wohl meinen Ring trägst und ihn «beschwörst»? Ich tue es jetzt immer des Nachts. Und wie lautet Deine Beschwörungsformel, das Zauberwort?

Nun ist es 6 Uhr geworden, und anstatt zu lesen, habe ich Urlaubsscheine kontrollieren müssen. Nicht einmal nachts hat man seine Ruhe!

Marbach, 23.10.1943

Du Liebster,

ich muß Dir heute noch schnell einen kleinen Gruß schicken, wenn auch die Zeit knapp ist.

Gestern bin ich nach einigen Aufregungen gut nach Hause gekommen. Im Zug stellte ich nämlich fest, daß alle Bahnhöfe völlig abgedunkelt waren, und gleich darauf sagten die Leute, in Stuttgart sei Fliegeralarm und es würde bereits geschossen. Was tun? In den Wagenburgtunnel darf man nicht mehr vom Bahnhof aus, wenn Alarm ist, und die übrigen Bunker – wie weit sind sie? – Auf jeden Fall zeigte sich dann in Stuttgart, daß die Straßenbahnen noch fuhren, also noch kein Alarm war. Ich war froh, kann ich Dir sagen!

Mit unserer Fahrt nach Kesselfeld hat es auch noch viele Haken. Zufällig stellte ich heute früh fest, daß der schon seit 20 Jahren fahrende Samstag-Zug ausfällt. Ich versuchte nach Kesselfeld zu telefonieren, weil die ja keine Ahnung haben, aber – die Sechsernummern sind außer Betrieb! – Man soll eben den Sonntag mit dem Mann seines Herzens verbringen, sonst geht doch alles schief! – Übrigens kann ich Dir jetzt ja ruhig gestehen, daß ich gestern abend am Bahnsteig beinahe zurückgekommen wäre, um Dir zu sagen, daß ich doch hier bleibe. Aber da war's dann schon zu spät.

Berlin, 2.11.1943

Liebste,

ich kam ganz gut hierher, allerdings mit drei Stunden Verspätung. Dadurch konnte ich weniger erledigen heute als geplant war. Dennoch hoffe ich, morgen hier fertig zu werden, um abends nach Dresden fahren zu können (wegen der besseren Zugverbindung).

Hier wohne ich wieder ganz fürstlich im Esplanade, mein Vater bestellte das Zimmer. Aber wozu brauche ich all den Luxus!

Wenn ich zurückkomme, werde ich arbeiten müssen wie ein «Brunnenputzer», sofern Dir dies ein Begriff ist. – Alle Vorbereitungen für unsere Verlobungsreise (ich kann es fast noch immer nicht glauben!) werde ich Dir überlassen. Du bist diesmal der Organisator!

Berlin, 3.11.1943

Mein liebstes Prinzeßchen!

Noch immer sitze ich hier in dieser furchtbaren Stadt, aber heute abend bin ich endgültig fertig geworden. Morgen früh fahre ich mit dem ersten Zug nach Leipzig und hoffe, im Laufe des Vormittags in Leipzig und nachmittags in Dresden fertig zu werden. Die verschiedenen Dinge stehen nicht ungünstig, aber man muß die weitere Entwicklung abwarten.

Ich bin ja gespannt, was meine Reiseleiterin für die kommende Reise organisiert hat! Ich glaube, ich denke schon allzu sehr an diese Reise; mindestens bedeutet sie eine große Ablenkungsgefahr für mich. Dabei muß ich, sobald ich zurückkomme, beginnen, auf vollen Touren zu arbeiten. Du hast ja selbst vorgeschlagen, ich soll die Nächte durcharbeiten – und so weit wird es wohl auch kommen.

Wenn man in Berlin zu tun hat, legt man manchen Kilometer zurück. Die einzelnen Firmen und Behörden sind so weit auseinander gelegen, daß man oft stundenlang fährt. Ich bin gar nicht dazu gekommen, mir etwas anzusehen oder nach Büchern Ausschau zu halten. Ich war ständig unterwegs oder bei Besprechungen.

Ich hoffe nur, bis morgen abend fertig zu werden, dann würde ich in der Nacht noch nach Stuttgart fahren. Sofern ich jedoch Schweinfurt noch günstig besuchen kann, komme ich erst im Laufe des Freitags zurück. Ich werde also am Freitag abend Dich abholen, sofern nichts dazwischenkommt.[*]

---

[*] Die Verlobungsreise – sie fuhren am 13.11.43 – führte Erika und Theo nach Salzburg ins Hotel Pitter. Im Koffer hatten sie eine Torte, hausgemachte Marmelade von der Schwester, ein Heft mit Gedichten von Erika und einige Kaffeebohnen, die sie sich zum Fest brauen und aufs Zimmer bringen ließen. – Das Wetter war meist unfreundlich, es regnete und schneite, aber sie spazierten vergnügt durch den Schnee – sie in Schuhen mit Holzsohlen (!) –, fuhren Fiakerl und besuchten ein Orgelkonzert im Dom. Als Festmenü gab es auf Lebensmittelmarken Spinat mit Salzkartoffeln. – Etwa nach einer Woche mußten sie nach Stuttgart zurückfahren.

Salzburg, am 14.11.43.

Meiner lieben Erika!

Zwei Sterne, zwei Herzen nähern sich heute und ewig — Du und ich.

Dein Theo.

Theo an Erika zur Verlobung.

8.12.1943

Du mein Liebster!

Nun sitze ich also heute zum ersten Mal wieder allein zu Hause, und mir ist zumute, als seien wir durch hundert Mauern voneinander getrennt!
Es geht beinahe auf 22 Uhr, und ich überlege mir, was Du wohl gerade tun wirst. Vielleicht schläfst Du schon und vergißt den ersten grauen Anfangstag wieder in der Kaserne? Wie es Dir wohl ergangen sein mag?
Ich habe heute die dringendsten Sachen erledigen können – Du mein liebster Zeiträuber! Dennoch müßte es recht oft um Dich gespukt haben, und überall müßten Klopfgeisterchen gewesen sein. Hast Du nichts gemerkt? Ansonsten war es gut, daß ich nicht allzuviel Zeit zum Nachdenken hatte, denn sonst hätten die Gedanken doch alle nur graue Gesichter gehabt, weil ihnen der Alltag nicht mehr gefällt ohne Dich.
Morgen abend werde ich Dich wohl am Bahnsteig für ein halbes Stündchen sehen, denke ich. Nun sieht die Welt eben wieder anders aus, die garstige!

Ludwigsburg, 8.12.1943

Liebste Du,

das Papier bleibt mir nur, um heute abend mit Dir zu plaudern. Schwer ist es, fern von Dir zu sein unter fremden, gleichgültigen Menschen, in einem lichtlosen, düsteren Gemäuer. Die Lieblosigkeit wohnt hier, nicht die Kameradschaft, wie man immer hört. Und ist es ein Wunder, daß ich dies besonders stark empfinde, jetzt, da ich Dich erst verlassen habe – da ich mich gewaltsam aus Deinen Armen reißen mußte? Statt bei Dir zu sein, stehe ich auf Wache, um ein Gebäude zu behüten, das mir nicht gefällt, das von schreienden Befehlen widerhallt und das gar nicht bedroht ist. So stelle ich mir ein Irrenhaus vor! Noch kann ich es nicht fassen, daß ich gezwungen bin, hier zu bleiben – daß ich hier bleibe, um überhaupt weiterleben zu dürfen! Und so flüchte ich mich mit meinen Gedanken zu Dir. In dem Augenblick meiner größten Niedergeschlagenheit sah ich Deinen Ring an Finger glänzen, dieser brachte mir so wundersamen Trost! – Der Ring, der Dich und mich verbindet, ist es nicht wunderbar, das zu denken?

Ein Ring, der nur mit dem Deinen zusammen vollständig ist,* der nur allein durch Deinen ergänzt werden kann! Nie habe ich dies Wunder stärker empfunden als jetzt, und es entspricht so ganz dem Wunder unserer Liebe.

10.12.1943
Du Herzliebster,

Wie hast Du mich heute mit Deinem lieben Brief beglückt! Schon den ganzen Tag über spürte ich, daß etwas Erfreuliches auf mich wartet. Hab meinen innigsten Dank! In den letzten Tagen, wenn ich fern von Dir war, kam immer wieder der Gedanke als der süßeste Trost zu mir, daß sich der Ring um uns geschlossen hat, von dem unser goldener nur das Symbol ist. Fortan muß alles, was ich bin und tu, immer wieder und wieder wie Wellenschlag zurückfließen zu Dir, der Du nun so ganz zu mir gehörst; und alles Wandern kann nun nur noch ein ewig gemeinsames sein. So beglückend ist dieser Gedanke, daß er wie ein warmer Schein über allem glänzt und alles Unruhevolle und Hastende, das manche Stunden bringen, einfach auslöscht wie Licht das Dunkel.

Die Entscheidung, die wir getroffen haben, erscheint mir als die größte, als die Hochzeit im Geiste, von der die irdische nur der Abglanz ist. Empfindest Du es auch so, daß wir unsere Ehe schon im Himmel geschlossen haben?

Dieses absolute Wissen von der Zugehörigkeit zueinander macht

---

* In jedem Ring ist die (jeweils andere) Hälfte der Tierkreiszeichen eingraviert und das Zeichen für unendlich.

innerlich so unsagbar ruhig und still. Es ist wie ein Ausruhen nach langer Wanderung. – Aber was sind das alles für arme Worte! In Prosa bringe ich es fast nicht mehr fertig, Dir das zu sagen, was ich denke und was mich bewegt.

16.12.1943

Mein Bester Du!

Wenigstens einen kurzen Gruß sollst Du erhalten, weiß ich doch nicht, ob wir uns morgen sehen werden.
Schon beim Erwachen verdüsterten die Schatten eines Traumes den Morgen: Ich sah unter anderem zwei Tauben, die tollwütig waren, sich auf einen anderen Vogel – vermutlich eine Amsel oder Schwalbe – stürzten, um ihn zu zerhacken. Da griff irgendeine Hand nach diesen Habicht-Tauben und packte sie hinten an den Flügeln; dadurch kam sie mit dem Tollwutsaft des Schnabels nicht in Berührung. – Sofern Du Deine Phantasie gebrauchen willst, wäre dieser Traum auch eventuell mit Personen zu besetzen!
Sei wie es will: Komm bald wieder und denke viel an mich – ach, und «schließ die Augen und hab mich lieb!» Weiter weiß ich heute nichts.

3.1.1944

Herzliebster Du,

wieder ist heute ein Abend ohne Dich, und da sollst Du wenigstens einen kleinen Gruß bekommen.
Wenn ich über die letzte Zeit, die uns so viel gebracht hat, nachdenke, dann habe ich fast ein Schwindelgefühl, so etwa, wie wenn man auf einem Gipfel steht, den man erstiegen hat, und nun weiß, einmal mußt Du Schritt um Schritt wieder zurückgehen, bis Du wieder im kargen Tal – aber immerhin mit dem Gipfelerlebnis in der Seele! – angekommen sein wirst. Das war auch die Angst gewesen, die mich gestern leise überfallen wollte. – Aber – wir steigen einfach nicht

mehr ins Tal! Oder wer weiß, vielleicht sind uns bis dahin auch Adlerschwingen gewachsen, die uns leicht auf unseren Gipfel und leicht auch wieder zu Tale tragen! Glauben wir daran, ja? – Hast nicht auch Du manchmal Angst, daß es fast ein zu schönes, ein zu großes Glück ist, das wir erleben? – Der Gedanke, daß unsere Liebe mit uns wächst – oder daß wir mit unserer Liebe wachsen? –, ist so unsagbar schön, zumal uns wirklich alle Himmel offen sind, um in sie hineinzuwachsen, daß einem schon schwindelig werden könnte! – Du hast gestern so schön gesagt: Um dieses Erlebens willen sei es wert, gelebt zu haben. Besser ist es nicht auszudrücken, was auch ich empfinde. Wie konnte ich glauben, daß dies ein Abend ohne Dich sei! Trage ich Dich doch so ruhig und fest in meinem Herzen, daß Du nicht mehr von mir zu lösen bist!

Stendal, 25.1.1944

Mein liebes Geistchen!

Einmal wieder bist Du mein Geistchen und bist dem menschlichen Auge unsichtbar. Um so mehr spukst Du als lichtes Geistchen immer um mich!
Bis Erfurt konnte ich in meiner Ecke sitzen bleiben, dann wurde ich hinausgeworfen und stand noch zwei Stunden im Gang. Durch eine zweistündige Verspätung waren alle Anschlußzüge weg, so daß schließlich die Verspätung fünf Stunden betrug. Mit knapper Not und unter Zurücklegung der letzten 12 km mit einem geborgten Fahrrad konnte ich meinen Besuch in Tangermünde noch machen, so daß ich heute in Stendal schlafe und morgen früh nach Berlin fahre.
Aber was soll die Umwelt! Ich brauche ja nur meinen Blick nicht auf sie zu richten, dann sehe ich nur Dich, Du Lichte, Hohe, Reine. Unfaßbar immer noch, daß ich Dich fand.[*]

---

[*] Über die Zeit Februar bis Mai 1944 war Theo freigestellt, um für seine neue Verpackungsidee für Nahrungsmittel zu arbeiten, was immer wieder Reisen zu verschiedenen Behörden erforderte. Die Verpackungsidee ließ sich dann doch durch den Kriegsbedingten Mangel an dem notwendigen Rohstoff nicht verwirklichen.

10.5.1944

Mein Herzliebster!

Wie lange habe ich Dir schon keinen Brief mehr geschrieben! Und heute denke ich so sehnsuchtsvoll an Dich, daß ich nicht anders kann, als Dir dies zu schreiben.

Es ist jetzt gleich 22 Uhr, und ich stelle mir vor, daß Du wohl noch auf der Schreibstube sitzest und arbeitest. Du tust mir ja so aufrichtig leid, für so sture Arbeit die Kraft vergeuden zu müssen!

Aber bald, bald soll es ja anders werden, wenigstens für ein paar ganz wundersonnige Tage!* Ich bin so glücklich und freue mich so unbändig, daß ich fast wieder Angst habe vor so viel Glück!

Alles, was mich heute schon den ganzen Tag bewegt, möchte ich zu Papier bringen, aber wenn ich vor den weißen Bogen sitze, ist es nicht mehr zu greifen. Vielleicht ist es zu groß und zu weit, daß es sich nicht in Worte fassen läßt, die immer so klein und begrenzt sind.

Theo, meine ganze Liebe und Sorge soll ein volles Leben lang Dir gehören, und die Liebe wird immer wachsen und wachsen dürfen in alle Himmel und Ewigkeiten hinein, und kein Tod soll uns jemals scheiden.

Die Maienbraut

Lenz, wie du das Land umschmeichelst,
kosend jede Schwalbe streichelst,
jede Hecke, Busch und Baum!

Blüten seh ich nah und ferne.
Überm Haupte weiß ich Sterne
und im Innern süßen Traum.

---

* Auf 27. Mai 1944 war der Hochzeitstag festgelegt und anschließend eine Reise nach Hintertux im Zillertal geplant.

Hab ihm selig nachgesonnen,
da ist mir die Zeit zerronnen
wie im Sonnenlicht der Tau.

Möcht' mir fast das Herz zerspringen!
Liebster, immer muß ich singen:
morgen bin ich deine Frau.

                Am Abend des 26. Mai 1944 (am 27. morgens übergeben)

Mein liebes Geistchen!

Es geht gegen Mitternacht, und ich kann nicht anders, als Dir noch einige Worte zu sagen. Mein ganzes Wesen, mein ganzes Fühlen, Wollen und Denken ist Dir zugewandt, Herzliebste Du! Welcher Tag, welcher bedeutungsschwere Tag liegt vor uns, und welche Unendlichkeit dehnt sich vor unseren Augen! Eine ganz neue Unendlichkeit sehe ich und eine reiche Fülle neuen Geschehens.
Noch immer bin ich der Wahrheits-Sucher, der ich war, aber auf welch einer neuen, höheren Ebene!
Mein liebes gutes Geistchen, gar treulich hast Du mich geführt und warst mir ein helles Licht in der Finsternis. Den hellen Stern, den Du mir zeigtest, sehe ich und will ihn nie mehr aus den Augen verlieren. Er soll mir immer heller erstrahlen.
So schreiten wir über die Schwelle in eine gemeinsame Zukunft. Mein ganzes Sein will ich mit dem Deinen vereinen.
Es ist so, Liebste: Nie habe ich Dich mehr geliebt als heute und – klein und winzig soll diese Liebe sein, gemessen an dem, was einst sein wird.
Heiteren Mutes bin ich und froher Zuversicht. – «Was könnte noch zu uns fallen, das nicht schon unser Eigen wäre!»
Ich küsse Deine Stirn, Erika, mein Du.
Dein Theo

Pfingsten 1944. Trauung in der Waldkirche.

Auf der Hochzeitsreise: Juni 1944.

12.8.1944

Du mein Herzensmann!

Soeben kam ich vom Bahnhof nach Hause und habe nun unten gleich Gutenacht gesagt.* Jetzt sitze ich unter unserer Lampe und bin so sehr, sehr traurig. Alles ist im Zimmer noch so, wie Du es heute Mittag gesehen hast – die kleinen Kapuziner auf dem Tisch, rot, gelb, grün – ach, und ich bin plötzlich wieder so allein und so fern von Dir! Fast will es mir das Herz abdrücken. – Freilich wird es sich ja bessern, wir werden uns nach und nach mit der Trennung abfinden – aber heute ist es noch schlimm.

13.8.1944

Nun bin ich nach all dem väterlichen Sonntagslärm, der heute ganz besonders spürbar war, wieder mit Dir, Du mein Herzensmann, allein. Wie oft habe ich heute an Dich gedacht, Deine Fahrt begleitend. Hoffentlich bist Du inzwischen an Deinem Ziel angekommen!
Ich habe gezögert, ob ich meinen gestrigen Brief fortsetzen soll, aber Du weißt ja doch, wie schwer es mir ums Herz ist. Bis Du diesen Brief erhältst, ist wohl bei Dir und bei mir der erste Schmerz stiller geworden – die Zeit träufelt ihren Balsam ja auf alle Wunden. Aber ganz froh vermag ich erst wieder zu werden, wenn Du erneut bei mir sein kannst. Manchmal frage ich mich ernstlich, ob man auf dieser wunderlichen Welt wirklich alles Glück mit Tränen bezahlen muß!
So viele nüchterne Dinge möchte ich von Dir wissen: Ob es unterwegs Alarm gab? Ob Du zu Essen bekommen hast? Ob Du einen Sitzplatz hattest? Ob Du pünktlich ankamst? Wie der erste Eindruck dort oben im Norden war? – Aber wann werde ich die erste Nachricht von Dir aus Zingst erhalten? Die Tage bis dahin werden mir endlos lang werden.

---

* Nach der Hochzeit konnten sie im elterlichen Haus zwei Zimmer in der Wohnung von Theos Schwester beziehen, die mit ihren Kindern evakuiert war.

Berlin, 13.8.1944, 12 Uhr

Liebs Fraule!

Hier sitze ich im Wartesaal des Stettiner Bahnhofs und habe soeben die belegten Brötchen und als Nachtisch den rotbackigen Pfirsich gegessen, den Du mir gestern so liebevoll eingepackt hast. – Der Anschluß hat leider um einige Minuten nicht geklappt, so daß ich erst heute nacht um 12 Uhr in Zingst eintreffen werde.

Wie ist es Dir gestern ergangen? Und was machst Du jetzt wohl? Sicher war es Dir nicht recht, daß Vater zum Bahnhof mitkam, aber ich glaube, er tat es hauptsächlich deshalb, um Dich zu trösten, und das war sicher nett von ihm.

Es ist mir sehr schwer gefallen, Dich so allein zurückzulassen, sehr schwer – und ich konnte erst nach einer ganzen Weile das Abteil aufsuchen. Auch hatte ich gar keine Lust zu lesen, die ganze Strecke bis hierher. Ich mußte nur immer an Dich denken. – Der beste Trost ist mir immer wieder, daß der Krieg nicht mehr lange dauern kann und daß ich bald wieder bei Dir sein werde – unter welchen Umständen, ist mir nicht wesentlich.

Liebes Geistchen mein, ich bin schon so innig mit Dir verwachsen, und das alles ist so schön, daß ich überströmende Dankbarkeit empfinde, wenn mir auch jetzt das Herz schwer geworden ist. Gestern fiel eine warme, kristallhelle Träne von Dir auf meine Hand – ich sehe sie immer wieder vor mir. Mein Liebstes, gräme Dich nicht mehr zu sehr, bald werde ich wieder bei Dir sein!

Rostock, 13.8.1944, 19.30 Uhr

Liebs Fraule,

hier habe ich ein paar Stunden Aufenthalt, und natürlich muß ich Dir gleich wieder schreiben.

Ich bin kurz mit der Straßenbahn in die Stadt gefahren und habe mir den Hafen angesehen. Es sind auch schon einige Schäden bemerkbar, etwa wie in Stuttgart vor den letzten Angriffen. Den Geruch des

Meeres und von Schiffen habe ich wieder in die Nase bekommen, er ist eigentümlich erregend.

Ja, Du hast schon recht, ich sehe immer wieder Neues, das hilft mir über den Schmerz der Trennung etwas hinweg. Aber als ich eben ging, um Gesicht und Hände zu waschen, und dabei Dein liebes, Dein unbeschreiblich liebes Zettelchen fand, konnte ich mich einiger bitterer Tränen nicht erwehren. – Einmal habe ich Dir erzählt, daß ich nicht weiß, was Heimweh ist – nun erfahre ich es – mit 31 Jahren –, obwohl ich noch gar kein Heim besitze. Ich habe unsagbar Heimweh nach Dir, Liebste, und weiß nicht, was ich eines Tages tun werde, nur um zu Dir zurückzukommen.

Trotz aller Neuheit ödet mich die Gegend hier an, die Stadt, die Menschen, alles. Viel lieber sitze ich hier im Wartesaal, um mit Dir zu plaudern. – Es ist immer noch erst Sonntag, und ich bin schon 800 km von Dir entfernt.

Mir fiel auf der Reise noch ein, daß, solltest Du je eines Tages Stuttgart verlassen müssen, Du mir an einem sicheren Platz Deine nächste Adresse hinterläßt.

14.8.1944

Du mein Herzliebster!

Den ganzen Tag freue ich mich auf die abendliche Stunde, da ich mit Dir allein plaudern darf! – Sehr froh bin ich, daß es mir jetzt ein wenig leichter ist, an Dich zu denken, und es mir nicht gleich das Herz zusammenzieht vor Traurigkeit.

Vater ist bis jetzt äußerst liebenswürdig und zuvorkommend zu mir und sagte vorhin, solange mein Mann nicht da sei, müsse ich selbstverständlich unten essen. Gott sei Dank war ich aber oben schon damit fertig gewesen! Wenn irgend möglich, will ich oben für mich sein, denn dadurch spare ich ungeheuer viel Zeit! Robert und ich – der Strohwitwer und die Strohwitwe – werden uns wohl nun fester zusammenschließen – als Gegengewicht zum Hausgeist! Wir werden auch an den Sonntagen so oft als möglich ausreißen, er auf die Alb, ich nach Kesselfeld.

Ansonsten gäbe es noch zu berichten, daß wir viele Tagalarme und auch einen Nachtalarm hatten – und daß ich auch dabei vor allem Deine liebe Nähe so sehr entbehre.

Ach, Herzliebster, meine Sehnsucht ist so unsagbar groß, daß ich immer noch nicht die kleinen, durchsichtigen Perlen zusammenhalten kann. Spürst Du, wie sie zu Dir rollen und in Deinem Herzen läuten, läuten –?

14.8.1944

Herzliebste,

seit gestern nacht 24 Uhr bin ich hier in Zingst. Eben habe ich mir das Meer angesehen und das Dorf. Es ist sehr idyllisch hier. Zingst ist ein kleiner Badeort, aber selbstverständlich ist so gut wie kein Badebetrieb. Die Kaserne, die übrigens ganz schön angelegt ist, liegt etwa 100 m vom Strand entfernt. Es wird also ohne weiteres möglich sein, abends nach Dienstschluß zu baden. Leider hörte ich, daß in allen Kasernen von jetzt ab auch den ganzen Sonntag Dienst ist. Nun, hier ist es mir gleichgültiger, als es mir in Ludwigsburg gewesen wäre. Meine neue Adresse ist: Lei. Flakersatzabteilung 91, Aufstellungskommando 4, Zingst/Ostsee.

Ich sah heute einen wunderbaren Sonnenuntergang, das Meer dunkelgrün, der Himmel gelbrot-violett. O könntest Du hier sein!

15.8.1944

Mein lieber Herzensmann!

Du hast Dich in Zingst nun wohl schon orientiert und eingerichtet, vielleicht fühlst Du Dich ganz wohl dort. Nur wird Dich das Heimweh so wenig wie mich in Ruhe lassen, das nimmermüde! Immer wieder meine ich, Du müßtest jetzt gleich zur Türe hereinkommen oder ich müßte Deinen Schritt auf der Straße hören. Aber nichts dergleichen geschieht. Deine Frau sitzt allein in ihren vier Wänden, und immer noch stehlen sich ein paar Tränen hervor und verschleiern für kurze Zeit die ganze Welt. Hast Du auch schon daran gedacht, daß eine Zeit kommen könnte, wo in ganz Deutschland eventuell die ganze Postbeförderung aufhört? Es braucht nur eine Bombardierung der Bahnlinien zu erfolgen wie in Frankreich. Heute früh sind ja nun auch Truppen in Südfrankreich gelandet! Vielleicht werden wir in Württemberg doch noch Kriegsgebiet! Herzensmann, ich fürchte, wir werden in der kommenden Zeit doch mehr vom Krieg in unseren Briefen schreiben müssen, als uns lieb ist!

17.8.1944

Meine liebe Erika!

Ich bin erst vor kurzem vom Kohleladen zurückgekommen, ganz verdreckt und hungrig; und jetzt ist es beinahe schon Schlafenszeit. Hier muß ich gerade wieder jede Dreckarbeit machen, das gefällt mir gar nicht. Außerdem habe ich nach Post geschaut, leider wurde ich enttäuscht.

Als ich heute auf dem Kohlenwagen saß und verärgert vor mich hinsah, rief mich ein kleiner Junge an, der neben dem Wagen herlief. Meine Miene muß sich schlagartig aufgehellt haben, denn es war ein sehr netter Junge, und seine blauen Äuglein blitzten mich zutraulich an. Ich griff in die Tasche, wo noch einige Bonbons steckten, und gab sie ihm. Als er stehen blieb und der Wagen weiterrollte, blickte ich noch lange zurück, und wir winkten uns. Es war ein so liebes Intermezzo, daß ich daran dachte, daß Du mir ihn schicktest, um mich aufzuhellen.

Draußen heult der Wind, ich glaube, wir bekommen schlechtes Wetter. Ach wärst Du da! Alles Böse und Schlimme wäre vergessen.

18.8.1944

Mein lieber Herzensmann!

Hab von Herzen Dank für Deine beiden Briefe vom Sonntag, die heute kamen. Wie bin ich glücklich und traurig zugleich, von Dir wieder so liebe Worte zu haben.
Tagsüber im Geschäft bemerkt wohl niemand groß meinen Kummer, nur Frau Ertl, die liebe Seele, weiß darum; aber nachts, wenn ich unter meiner Lampe sitze, ist auch das Heimweh bei mir und läßt mich nicht los, bis mich der Schlaf in seine Arme nimmt. – Ich weiß, alles wäre nicht so schlimm, stünde nicht eine so grauenvolle Zukunft vor uns und die furchtbare Ungewißheit, ob wir sie zusammen meistern können oder ob einer allein bleibt.
Heute bin ich vom Bahnhof aus in die Reinsburgstraße und habe auf den Rest der Mauer, die vom Haus noch geblieben ist, in welchem Mutti wohnte, ihre Kesselfelder Adresse geschrieben ... Falls jemand sie sucht und vor dem Nichts steht ...
Anschließend war ich beim Schuhmacher und beim Uhrmacher, wo ich aber noch eine Stunde auf die Fertigstellung warten mußte. Ich setzte mich auf einige Balken, die an der Straße lagen, und überlegte, wie ich am besten die Zeit verbringe. Da ging ein alter Mann am Stock mit einem Wassereimer und einer Kanne vorbei. Schon dieser Anblick schnitt mir ins Herz. Ich ging zu ihm und fragte, wo er wohne. Er sagte es, und ich nahm den Eimer. Unterwegs erzählte er: «Ich bin jetzt 81 Jahre alt; meine Frau ist vor 14 Jahren gestorben. Meine beiden Kinder sind interniert, eines in Italien, eines in England. Was tu ich noch allein auf der Welt? Ich wünsche mir nur, bald erlöst zu werden.» Was sollte ich diesem armen Mann sagen? Ich stand wehen Herzens da, ohne einen Trost! Nichts vermochte ich zu tun, als seinen schweren Wassereimer zu tragen und mit ihm zu hoffen, daß sich sein sehnlicher Wunsch erfülle.

18.8.1944
Liebs Fraule,

heute abend wurde Fliegeralarm gegeben, so daß ich jetzt nicht am Strand sitze, sondern neben einem Graben. Nachher muß ich zuerst noch nachsehen, ob ein Brief für mich da ist, ich hoffe es sehr.
Hier hört und sieht man nichts von der Welt. Nicht einmal eine Zeitung gibt es.
Soeben kam Entwarnung, und ich sitze nun – eine Stunde später – an meinem einsamen Plätzchen am Meer. Inzwischen hatte ich auch Deinen zweiten Brief erfolgreich abgefangen, hab vielen lieben Dank! Wie gut kenne ich alle die durchsichtigen schimmernden Perlen, die in meiner Herzenskammer läuten!

21.8.1944
Mein lieber Theo!

Heute fand ich nun Deinen ersten Brief mit fester Adresse vor, recht herzlichen Dank! Nachdem er so gar nicht heimwehkrank klingt – die neuen Eindrücke sorgen ja gottlob dafür –, verspreche ich Dir, zumal es jetzt noch hell ist und die Sonne golden am Himmel steht, heute auch keinen «Grauen» an Dich abzusenden. Meine Stimmung beginnt sich doch wohl auch langsam wieder zu heben.
Heute habe ich fünf Briefe bekommen, und es ist eine Illusion, wenn ich glaubte, meiner Briefschulden ledig zu sein. Es war auch ein Brief von Plachner dabei, in welchem er uns gratuliert und Dich bestens grüßen läßt. – Elli stöhnt: Ach, hätte ich doch eine unverheiratete Freundin!

21.8.1944
Du mein liebes Fraule,

Dank für Deinen Brief; er ist vom 15.8. und war fünf Tage unterwegs.
Heute nacht habe ich so stark von Dir geträumt, und zwar merkwürdigerweise in englisch! Vorhin beim Baden mit einem Kameraden stellte sich heraus, daß dieser drei Jahre in Amerika war und auch ganz gut englisch spricht. Es sind überhaupt einige wenige nette Leute hier. Trotz alledem suche ich gar keine Gesellschaft, sondern bin lieber allein.
Heute nachmittag bin ich auf einem Anhänger sitzend auf der Halbinsel herumgefahren. Das Land lag friedlich im Sonnenschein; das Heidekraut blühte, und ein warmer Sommerwind wehte. Da warst Du so intensiv bei mir. Ich war unsagbar froh und bin es jetzt noch. –
Mein liebes, liebes Fraule, sei stark und lasse den Kopf nicht hängen! Du weißt, daß ich immer und ewig bei Dir bin, daß mein ganzes Sein nur Dir gehört. So gerne möchte ich jetzt schnell zu Dir ins Zimmer huschen, Dein Haar streicheln und Deine lieben Augensterne küssen – und Dir viele liebe tröstende Worte sagen …

22.8.1944
Du mein herzlieber Mann,

eine weiße, eben erblühte Rosenknospe habe ich mir aus dem Garten geholt – sie steht nun vor mir, ebenso geheimnisvoll, unergründlich und schön wie das Meer, an dem Du wohl jetzt zur gleichen Stunde sitzen wirst und das Deinen so lieben Briefen einen ganz neuen Zauber verleiht. Heute fand ich, müde vom weiten Weg durch die glühende Sonnenhitze und den trockenen Staub, Deine beiden Briefe vom 15. und 16.8. vor.
Es ist jetzt 20 Uhr, und ich habe eben allein mit Mutter gegessen. Nun bin ich wieder nach oben gegangen – um mit Dir allein zu sein. Ich habe die Fenster weit geöffnet, denn nun wird es langsam kühler

nach der drückenden Sonnenglut des Tages. Die Fenster der Häuser am Wald schimmern golden vom letzten Strahl der untergehenden Sonne. Ob auch Du jetzt nach Westen blickst?

22.8.1944

Mein liebes, liebes Fraule,

in den letzten Tagen fahre ich manchmal mit hinaus, auf einem Anhänger sitzend, um Gemüse, Kartoffeln, Holz oder anderes zu holen. Da sind meine Gedanken immer ganz bei Dir; so nahe bist Du mir, daß ich fast meine, Dich sehen zu können. – Wenn Du kannst, schicke mir bitte die Gedichte, ich möchte sie so gerne haben.
Die Kameraden sind nicht anders als üblich, und Du weißt ja, was das heißt. Allabendlich findet im Dorf eine Jagd der Soldaten auf die Frauen – oder vielleicht mehr noch umgekehrt – statt. Es ist unglaublich, was die Leute da immer erzählen, und auch ein Beweis dafür, daß auch die deutsche Frau sittlich ebenso verkommen ist wie der Mann. Weißt Du noch, wie wir davon sprachen – ich glaube es war bei Familie Rumpus –, daß der lange Krieg die innere Haltlosigkeit der Menschen klar aufdeckt. Davon kann man sich hier überzeugen. Du meine liebe Frau, die Sehnsucht eilt mit meiner Seele zu Dir. Wie unendlich glücklich bin ich, so lieben zu dürfen und so geliebt zu werden! Woher kam mir dieses wunderbare Geschenk?

23.8.1944

Lieber Herzensmann,

wie machen mich Deine lieben Briefe glücklich, wenn ich sie nach dem ermüdenden Tag am Abend vorfinde und als kostbaren Schatz nach oben trage, um sie dann im Badezimmer, wo ich mich zuerst erfrische, in aller heimlichen Einsamkeit und ungestört vor zudringlichen Blicken zu lesen!
Wie leid tut es mir, daß Du wieder zunächst allen «Mist» machen

mußt! Ich möchte aber, daß Du Dich darüber nicht ärgerst noch Dich deprimieren läßt! Du bist doch trotzdem, was Du bist, und erst in dem Augenblick, da Du Dich herabgesetzt fühlst und Dich ärgerst, kann Dich die Arbeit erniedrigen. Leuchtet das wohl meinem Manne ein?

Du schreibst in Deinem Brief von Fliegeralarm, den Du neben einem Graben zubringst. Gibt es da keine Luftschutzräume? Muß sich Deine Frau wieder Sorgen machen? – Zur Zeit haben wir etwas Ruhe vor Fliegern. Wahrscheinlich sind sie in Frankreich zu stark beansprucht.

24.8.1944

Mein Liebster,

warum machst Du Dir Gedanken darüber, daß Du einen Mittag verträumt hast bei mir, anstatt etwas «Vernünftiges» zu tun? Weißt Du denn überhaupt, ob es etwas Vernünftigeres gibt? Was meinst Du wohl, wie oft meine Gedanken nach Norden wandern!

Und sollten sie nicht manchmal vielleicht doch die Kraft sein, die Dir unbewußt über irgend etwas Schweres hinweghilft? Vielleicht haben das Deine Gedanken an jenem Tag bei mir getan. Aber natürlich habe ich dennoch nichts dagegen, wenn Du ab und zu auch etwas anderes Vernünftiges tust.

Ich weiß, daß ich mich heute beim G.K. über Dinge geärgert habe, die mich kalt gelassen hätten, wenn ich innerlich stärker gewesen wäre. So wird also das Geistchen wieder seinen täglichen Flug machen. Es hat zuviel auf der Erde gesessen und zu wenig seine Flügel gebraucht – «und droben wartet man auf uns ...»

24.8.1944

Meine liebe, gute Erika!

Leider habe ich heute wieder vergeblich nach Post ausgeschaut. Nun bin ich wieder zum Strand gewandert. Wunderschön ist der rein blaue Himmel; es weht ein frischer Wind, und die Wellen zeigen weiße Kämme. Es war heute schon einer jener klaren Spätsommertage, die wir beide so sehr lieben. Eben sah ich nach dem Kalender: Heute vor einem Jahr trat ich meinen Genesungsurlaub an; es waren die Ferien auf dem Dobel. Unvergeßliche Tage waren es!
Die Schwalben sammeln sich hier jetzt zum Flug nach dem Süden, trotz Krieg und Wirrsal. Ach, wie gerne würde ich mich ihnen anschließen, um bis Stuttgart mitzufliegen!
Eben hörte ich die Geschichte mit Rumänien. Einer nach dem anderen fällt ab! Trotzdem hoffen wir nach wie vor auf den Sieg! «Denn wir siegen, weil wir siegen müssen!!»

25.8.1944

Du mein Herzensmann,

wieder waren heute zwei Briefe von Dir da, vom 21. und 22.3., hab vielen lieben Dank!
Nach den neuen Bestimmungen des totalen Krieges soll auch unser Betrieb in der Woche 60 Stunden arbeiten, ausschließlich der 22 Stunden Fahrtzeit, die wir haben. Das würde bedeuten:
Morgens 6.24 Uhr in Stuttgart abfahren (um 4.30 Uhr aufstehen!); eine halbe Stunde Mittagspause, dann weiter bis 18 Uhr, so daß ich also um etwa um 21.30 Uhr zu Hause wäre! Da ich dann ja niemals vor 23 Uhr zu Bett käme, würde das täglich nur etwa 5 Stunden Schlaf bedeuten; noch weniger, wenn Alarm gegeben wird. Im übrigen wäre es morgens noch dunkel und abends auch nahezu. Das freut uns natürlich wenig!
Vor mir liegt Dein Montagsbrief, der so unbeschreiblich liebe! Ja, Du hast recht, wie unsagbar reich sind wir beide, und wenn uns alles

genommen würde: Immer und ewig bleibt doch DU und ICH, und dem vermag außer uns niemand etwas anzuhaben.

25.8.1944
Mein liebes Fraule,

auch heute habe ich wieder vergeblich nach einem Brief von Dir ausgeschaut; das ist so schrecklich, wenn man einen ganzen Tag darauf wartet und sich auf diesen Augenblick freut.
Heute entstand ein kleiner Waldbrand. Ich war daher den ganzen Tag unterwegs, ohne etwas zu essen. Das nochmalige Ausbleiben Deines Briefes hat meiner ohnehin gedrückten Stimmung den Rest gegeben. Außerdem feiere ich heute ein trauriges Jubiläum. Heute abend sind es volle fünf Jahre, daß ich Soldat bin. Ich kann es mir gar nicht ganz zum Bewußtsein bringen, was das bedeutet. Fünf Jahre, in denen man hätte eigentlich arbeiten und lernen müssen, die Jahre zwischen 26 und 31. Aber seien wir zufrieden, das Schicksal ließ mich Dich finden. Gerne gebe ich dafür diese fünf Jahre der Mühsal und des Wartens.

26.8.1944
Mein lieber Herzensmann!

Seit Du weg bist, hat sich politisch ja allerhand ereignet!
Hab ich Dir schon geschrieben, was für Fortschritte die Straßenbahn macht? Wir können nun täglich von der Litzmannstraße bis zur Heidehofstraße fahren, immerhin drei Haltestellen!
Morgens ist der Weg zum Bahnhof immer recht schön. Die Sonne geht gerade als blutroter Ball im Osten auf, und die Herbstnebel hängen an allen Bäumen. Ja, es herbstet schon, und die leise Wehmut dieser Zeit bleibt nicht ganz aus. Komme ich dann aber an den Anlagensee, überrascht mich täglich ein eigenartiges Bild: der Frühling ist dort eingekehrt, denn auf der einen Seite des Sees blühen alle Kastanien-

bäume! Es sind jene, die im Frühjahr bei einem Bombenangriff so stark beschädigt wurden. Neben den Trümmern sind diese Blüten im Herbst ein bewegendes Bild.

26.8.1944

Herzliebste!

Heute bei einem politischen Unterricht warf einer die Frage auf, warum, wenn es einen lieben Gott gäbe, es dieser zulasse, daß Frauen und Kinder durch die Luftangriffe ums Leben kommen. Der weitere Verlauf der Debatte ist weniger interessant; sehr interessant war mir dagegen die Tatsache, daß die sonst so träge Menschenmasse plötzlich in Bewegung geriet und einer nach dem andern sich zu Wort meldete. Das wurde aber schnell abgebrochen mit dem Hinweis, daß es verboten sei, über religiöse Dinge zu sprechen.

27.8.1944

Mein Herzliebster,

hast Du daran gedacht, daß heute vor einem Vierteljahr unsere Hochzeit war? – Und heute nacht bist Du auch zum ersten Mal in meinen Träumen gewesen. Da ich, seit Du weg bist, so schlecht wie niemals in meinem Leben schlafe, war ich auch heute nach dem Traum hellwach; aber weil er so schön war, wünschte ich mir, davon weiterzuträumen. Und der Traumgott gewährte mir den Wunsch! Mindestens fünfmal geisterte ich heute nacht herum; einmal war es zu warm, dann stürmte es, und ständig klapperte etwas anderes, dann wieder sprachen Leute auf der Straße – kurz, ich war mehr auf den Beinen als im Bett.
Jetzt sitze ich wieder auf dem Balkon, nachdem ein sehr nettes Frühstück zu dritt auf der unteren Veranda stattgefunden hat; es war noch kühl, und die Sonne schien ein wenig durch die Bäume. Jetzt hat sich der Himmel leider ziemlich bedeckt, und die Sonne sticht ab und zu

aus schwarzen Gewitterwolken hervor. Vielleicht kommt doch der erlösende Regen.

Ja, Theo, und nun wird es wohl doch ernst mit den gehegten Befürchtungen. Du bist dort oben wohl ziemlich von allen Nachrichten abgeschnitten, die beispielsweise Vater veranlassen, Deine Mutter demnächst zu Doris nach Gunzesried zu schicken; sie will dort wirklich längere Zeit bleiben, wenn sie ein Zimmer bekommt. Und ich bereite mich darauf vor, von Marbach aus nach Heilbronn und weiter nach Kesselfeld zu gelangen, denn wir werden schneller als geahnt die gleiche Bombardierung wie Frankreich haben. Dann ist es natürlich mit allem Bahnverkehr und, was noch schlimmer ist, mit allem Postverkehr Schluß. Es ist mir daher auch, als könnte ich Dir nicht oft genug schreiben, solange es noch möglich ist – um Dir immer und immer wieder daßelbe zu sagen! Mache Dir aber vorläufig dennoch um mich keine Sorgen, ich werde schon sehr vorsichtig sein, denn ich will ja nichts anderes, als Dich bald gesund wiedersehen.

Soeben kamen zwei Schmetterlinge angeflogen; friedlich gaukeln sie um die roten Geranien. Von irgendwo her tönt wieder der leise Klang eines Klaviers; ein warmer Wind flüstert in den Birken, die neben dem Haus stehen, und die Sonne ist gerade auch wieder gekommen. Kaum ist's zu fassen, daß rings um uns Krieg ist!

Gestern abend begann ich nun schon in dem neuen Buch von Dr. Steiner zu lesen. Es wurde so interessant, daß ich mich kaum von ihm trennen konnte. Nun bin ich wieder ganz eingetaucht in diese Gedankengänge, die ich doch sehr lange nicht aufgesucht habe. Ich spüre bereits, wie sie mich stärken und aufmerksamer werden lassen für manches, das man sonst im Gang des Tages verträumt. Mir scheint es jedenfalls das geistige Gesetz zu bestätigen, daß jeder nur so viel aufnehmen kann, als es in ihm selbst auf etwas Verwandtes auftrifft. Wir sprachen davon ja schon öfter.

Ähnliches las ich übrigens kürzlich über das nachtodliche Dasein. Auch hier ist es so zunächst, daß wir nur von jenen Mächten angezogen und festgehalten werden, mit denen wir verwandt sind, seien es schlimme oder gute. Wir können daher durch diese Bereiche hindurchgehen wie blind, als seien sie nicht vorhanden. Das ist tröstlich

und erschreckend zugleich. Ich dachte da auch an die vielen Toten dieses Krieges, die unvorbereitet aus dem Leben gerissen werden. Was mögen sie manchmal für Leiden erwarten?
Du mein Herzliebster, denkst Du noch an die Worte, die Herr Borchart heute vor einem Vierteljahr zu uns sagte? «Ihre Seelen haben sich weit über den Tod hinaus verbunden, und Ihr Karma wird Sie auch in einem nachfolgenden Leben wieder zusammenführen.» – Der Ring an meinem Finger sagt mir dieses Geheimnis immer neu, das macht mich innerlich ganz still und unaussprechlich dankbar.

Telegramm 28.8.1944, 15.10 Uhr

Meine Adresse Flak Ersatzabteilung 91 Aufstellungskommando Zingst Ostsee Bekommst Du meine Briefe nicht Bitte drahte zurück Gruß Theo

Telegramm 28.8.1944, 18.10 Uhr

Habe eben 6 Briefe erhalten Herzlichen Dank – Theo

28.8.1944

Mein lieber Theo!

Tief betrübt bin ich heute über Dein Telegramm! Daß Du meine täglichen Briefe nicht bekommst, ist ja grausam!
Die allgemeine Lage beginnt mich allmählich zu belasten und auch meinen Schlaf zu beeinträchtigen. Wie entbehre ich Deine liebe Nähe und Deinen Trost! – Am Samstag werde ich nun doch nach Kesselfeld fahren und noch möglichst viel fortschaffen, auch Anzüge von Dir. Ebenso will ich auch einmal meine Mutter darüber unterrichten, daß ich eines Tages bei ihr auftauchen könnte. Also: Es bleibt bei Kesselfeld.

28.8.1944

Mein liebes, goldiges Fraule,

ein sehr auf- und anregender Tag war heute: Nachdem ich morgens ein verzweifeltes Telegramm aufgab, weil ich fünf volle Tage nichts mehr von Dir hörte und ich doch weiß, daß mein Fraule seinem Mann jeden Tag einen Brief schreibt, gab ich heute Nachmittag wieder ein Telegramm auf, denn fünf Deiner Briefe und ein Päckchen sind angekommen! Hab vielen herzlichen Dank! Ich bin ja so froh und erleichtert, daß es nur an der Post lag! Ich konnte mir wirklich nicht mehr erklären, warum keine Nachricht von Dir kam.
Es sind alles so liebe Briefe, wie Du sie nie schöner geschrieben hast. Sie strahlen eine Wärme aus, daß beim Lesen mir manchmal die Schrift verschwamm. Du herzliebe Frau, wie glücklich Du mich mit Deinen Briefen wieder gemacht hast!
Heute habe ich Wache und bin eben zwei Stunden draußen gestanden.
Es ging mir da alles mögliche durch den Kopf. Ich muß anfangen zu meditieren, es fragt sich nur, was? Zunächst beginne ich mit Gegenständen. Man sollte da wirklich jemand haben, der hilft, das Richtige zu finden.
Gestern abend kamen wir hier auf geistige Kräfte zu sprechen, da wir zufällig einen auf der Wache haben, der nur ein Jahr in der Volksschule war. Er ist aus der Steiermark und ist schon zweimal im Gebirge abgestürzt, was bewirkte, daß er nur schwer etwas aufnehmen kann. Er ist jetzt 34 Jahre alt und macht einen völlig normalen Eindruck, aber er sagt, daß, wenn er zwei Zeilen in einem Buch lese, er nicht mehr sagen könne, was auf der ersten Zeile stand. Vermutlich ist das aber nur Mangel an Übung. – Ein anwesender Student erzählte dagegen von einem Hochschullehrer für Mathematik, daß dieser die unglaublichsten Rechnungen mit Wurzelziehen, addieren, subtrahieren, multiplizieren usw. mit vier- bis sechsstelligen Zahlen in kürzester Zeit im Kopf gelöst habe. Ein Beispiel für die Möglichkeiten des menschlichen Geistes! – Von da ging die Unterhaltung weiter zum Gedankenlesen, über das der Student auch erstaunliche Erlebnisse

hatte. Es würde mich interessieren, durch welche Übungen diese Fähigkeit herausgebildet wird. – Daß Menschen sie benutzen, um in Varietés Geld zu verdienen damit, ist eigentlich seltsam. Oder gibt es vielleicht Menschen, denen diese Fähigkeit angeboren ist?

Marbach, 29.8.1944 Mittagspause

Mein Liebster,

nicht einmal heute sollst Du ohne den täglichen Brief sein. Ich fahre heute abend noch nach Kesselfeld und habe aus diesem Grund mit Nina* einen reichlich schweren Koffer zur Bahn geschleppt. Ich will ihn gleich von Marbach aus nach Kesselfeld bringen und dann morgen um 5 Uhr von dort aus wieder nach Ludwigsburg fahren und zur normalen Zeit im Geschäft sein. Unangenehm ist nur, daß ich morgen früh mutterseelenallein auf der Landstraße zum Bahnhof in Neuenstein gehen muß. Hoffentlich werde ich nicht überfallen …
Im übrigen habe ich vor, in den nächsten Tagen noch ein paarmal auf diese Weise Sachen nach Kesselfeld zu transportieren.

29.8.1944

Herzliebste mein,

auf meiner Wache heute ist sehr viel Aufregendes passiert. Ich ließ als Posten einen Radfahrer herausfahren und kontrollierte ihn. Durch Zufall merkte ich mir sogar seinen Namen. Eine halbe Stunde später kommt dieser Mann wieder zurück, und ich lasse ihn passieren, ohne sein Soldbuch noch einmal zu kontrollieren. Daraufhin wurde ich vom Kommandanten der Kaserne, einem Generalmajor, der dies vom Fenster aus beobachtete, mit zwei Tagen gelinden Arrests bestraft; der

---

* Russisches Dienstmädchen der Schwägerin, das zunächst im Haushalt in der Lintzmannstraße geblieben ist.

Radfahrer ebenfalls, da er auf das Trottoir hinaufgefahren war und so seine Reifen überbeanspruchte. Stell Dir vor, solche Sorgen gibt es im sechsten Kriegsjahr! Wegen einer solchen Lächerlichkeit werde ich zwei Tage meiner «Freiheit», die es ohnehin schon lange nicht mehr gibt, beraubt. Wie gefällt Dir Dein Mann als Arrestant? Eigentlich tut mir der Kommiß eine Ehre damit an. Nun, ich habe mich heute nachmittag bodenlos geärgert und habe jetzt noch eine Wut. Bis morgen muß ich mir ernsthaft überlegen, ob ich eine Beschwerde einreiche. Aber gegen einen General hat sie natürlich wenig Aussicht auf Erfolg; ich könnte dann hier auch nicht mehr bleiben. Andererseits soll man sich auch nichts gefallen lassen, wenn man sich im Recht fühlt. Dem Sinn des Gesetzes nach habe ich recht gehandelt, dem Buchstaben nach unrecht. – Ich glaube, ich muß die Beschwerde doch fallen lassen! – Eben höre ich, daß ich als Arrestant auch schreiben darf, dann ist ja die Sache halb so schlimm.

Es ist gerade jetzt kurz nach 22 Uhr, und ich weiß Deine Gedanken bei mir. Das tröstet mich wieder.

30.8.1944

Herzliebe Erika,

ganz besonders herzlichen Dank für Deinen Sonntagsbrief von 27.8. Ich spiele zur Zeit die Rolle eines Märtyrers gegenüber den Launen des Generals. Alle Sympathien, auch die meines Batteriechefs, sind auf meiner Seite, aber die zwei Tage muß ich demnächst absitzen.

Der Dienst ist immer noch wenig schön. Ich arbeite in der Autowerkstatt mit. Vielleicht bekomme ich später einmal einen Wagen. Was mit mir geschieht, weiß ich nicht; zunächst bleibe ich hier. Wir müssen eben abwarten.

30.8.1944

Mein liebster Mann, Du,

heute hat eine rechte Herzensfreude mich nach dem Kesselfelder Blitzbesuch erwartet: Deine lieben Briefe vom 22., 23. und 24.8. sowie Dein Telegramm, in welchem Du die Ankunft von sechs Briefen meldest! Wie bin ich über letzteres froh!
Im Augenblick trachte ich nur noch danach, alles nach Kesselfeld zu schaffen, das von Wert für uns ist. In absehbarer Zeit sind die Verhältnisse bei uns auch keine anderen als in Frankreich. Und dann will ich kein weiteres «Gepäck» haben als einen Handkoffer. Auch ich sah, daß die Schwalben sich sammeln zum Flug nach dem Süden. Wer für die nächste Zeit mitfliegen könnte! Ob sie im Frühjahr ein friedliches Deutschland vorfinden? Ob die Häuser noch stehen, an denen sie ihre Nester bauen wollen?
Auch ich dachte in den letzten Tagen oft an Dobel, an den Brombeerweg, die großen Farne und die Spaziergänge unter den hohen, feuchten Tannen. Wenn ich mich recht erinnere, war es genau gestern vor einem Jahr, daß ich Dir mein Jawort gegeben habe. – Erinnerst Du Dich noch, wie wir uns am nächsten Tag plötzlich mit ganz anderen Augen sahen? Ganz deutlich entsinne ich mich, daß wir – im Grunde unseres Herzens so gerne und doch zaghaft – von unserer gemeinsamen Zukunft sprachen! Wie unbestimmt war da noch alles – und nun bin ich schon über ein Vierteljahr Deine Frau!
Ja, Theo, ich hatte auch schon den Gedanken, daß wir erst jetzt wissen, wie lieb wir uns haben, seit wir uns entbehren müssen. Ganz unerschütterlich fühle ich, daß wir über Leben und Tod zusammengehören, gleichgültig, welches Schicksal auf uns wartet. Das ist es auch, was in aller Sorge um die dunkle Zukunft die Seele doch wieder ruhig und still werden läßt, daß kein Tod und kein Teufel uns wirklich trennen kann.
Am Samstag werde ich einmal wieder ganz allein mit Vater sein. Das freut mich immer, denn dann ist er viel stärker «anwesend», und ich kann es für ihn sein. Er ist auch sofort ein anderer Mensch, wenn wir zu zweit allein sind. Vielleicht vermag er da doch nicht

das Gute, das von mir zu ihm hinstrahlen will, unbewußt so leicht abzuwehren. – Von Kesselfeld bringe ich übrigens am Samstag einen Gockel mit! Wenn uns nicht alles täuscht, hören wir hier seit gestern aus dem Elsaß Bomben oder den Kanonendonner!

1.9.1944

Meine liebe Erika,

zwar ist es schon nicht mehr der 1.9., sondern der 2.9., 2.30 Uhr, und ich habe G.v.D. und sitze nun ganz mutterseelenallein im Dienstzimmer mit meinen Gedanken an Dich. Leider habe ich wieder keinen Brief von Dir bekommen. Es herrscht bei der Post das Gesetz von Ebbe und Flut. Dagegen bekam ich einen Brief von Vater. Seine Briefe sind eigentümlicherweise im Ton wärmer, als er persönlich ist.
Mir geht es soweit ganz ordentlich. Ich glaube, daß ich hier über das Schlimmste hinweg bin, der Dienst wird langsam angenehmer. Die zwei Tage «Bau» liegen zwar noch vor mir; in den nächsten Tagen werde ich sie wohl absitzen.
Der Krieg rückt immer näher und beschäftigt immer stärker die Gedanken. Sollte er wirklich über uns kommen, bist Du in Kesselfeld und tauchst dort unter. Halte Dich dann zuerst versteckt, bis man weiß, was los ist. Kommt er in raschem Tempo, wirst Du kaum etwas merken; kommt er langsam, brauchst Du auch in Kesselfeld einen Keller.
Was für traurige Betrachtungen sind das!

2.9.1944

Mein lieber Theo!

Auch von Kesselfeld aus sollst Du den täglichen Brief bekommen. Als ich das eben Tante Marie sagte, konnte sie gar nicht begreifen, was man auch jeden Tag «Awas wissen» könnte. Du schreibst ja doch

bloß lauter «dumms Zeigs» … Und wahrscheinlich hat sie recht, was meinst Du?
Herrlich war es gestern abend, um 22 Uhr im Bett zu liegen mit dem Bewußtsein, in der Nacht keinen Alarm zu haben und am Morgen schlafen zu können, bis man genug hat. Das habe ich nun auch getan. Morgens war ich zuerst im Garten, um die reifen Frühzwetschgen vom Baum zu pflücken, nicht ohne bedauernd daran zu denken, daß Du auch so gerne welche essen würdest! – Morgen sollst Du ein kleines Päckchen bekommen, nachdem das noch möglich ist.

3.9.1944

Mein lieber Arrestant!

Deinen Brief vom 28.8. erhielt ich gestern, hab vielen Dank! Zuerst erschrak ich allerdings schon etwas, wenn ich mir Dich bei Wasser und Brot vorstellte! Aber – gräm Dich nicht! Kommt es denn im Ganzen dieser Zeit noch auf eine Ungerechtigkeit mehr oder weniger an? Jedenfalls, Deiner Ehre tut es keinen Abbruch! – Und schließlich: Arrestant bist Du ja ohnehin schon lange, und zwar bis an Dein Lebensende, nämlich der meines Herzens! Also ist das ja gar nichts Neues für Dich!

3.9.1944

Mein liebes Fraule,

heute bin ich einmal «ausgegangen». Ich habe einen sehr netten Kameraden, von Beruf Dipl.-Ingenieur, kennengelernt, mit dem ich mich so recht von Herzen unterhalten konnte. Das war sehr nett, und ich bin froh, wieder einmal einen rechten Menschen kennengelernt zu haben. Er ist auch verheiratet, schon 3 Jahre, und hat einen Buben von eineinhalb Jahren. Es ist einer von denjenigen, die ihren Ehering tragen.
Er ist weniger philosophisch, dafür musikalisch interessiert. A. ist genau so alt wie ich, seine Frau so alt wie Du. Er erzählte so nett von

seinem Heim, das gefiel mir sehr; er scheint auch einer derjenigen zu sein, die eine glückliche Ehe führen. – Leider konnten wir nicht weit spazieren, da es oftmals regnete; außerdem ging ein starker Wind. Es ist richtig Herbst geworden, nur fehlen die farbigen Blätter.

4.9.1944
Du mein Herzliebster,

ich schreibe Dir, während gerade aus dem Westen dumpfes Grollen herübertönt und draußen die Sonne ihre letzten Strahlen golden in alle Fenster schickt, so freundlich, als ob die Erde nichts von Krieg und Kämpfen wüßte. – Mit Vater habe ich eben zu Nacht gegessen: Pfannkuchen und Apfelbrei, Dein Leibgericht! Natürlich dachte ich an Dich.
Vielen Dank für Deinen so lieben Brief vom 30.8.! Vater hast Du ja auch wieder geschrieben; tu das nur so oft als möglich, er freut sich sehr darüber. Er will Dir ein Päckchen schicken und auch Briefpapier dazupacken. Leider mußten wir ab heute unsere 60-Stunden--Woche zuzüglich 15 Stunden Fahrt antreten. Aber wir sind ja alle der Meinung, lange kann das nicht mehr lange dauern …

4.9.1944
Liebs Fraule,

jetzt ist es soweit, ich «sitze» in einer Zelle, und vor dem Fenster sind Eisengitter. Die Tür ist abgeschlossen. Es ist ein eigentümliches Gefühl, hereingeführt zu werden und eingeschlossen zu sein. Der Arrest geht von heute nachmittag 13 Uhr bis übermorgen 13 Uhr. Verpflegung bekomme ich voll.
Der kleine Raum ist hell gestrichen und ist beinahe freundlich zu nennen. Schön ist vor allem die Ruhe, die hier herrscht. Natürlich werde ich die Zeit auch dazu benützen, um zu lesen.

5.9.1944

Mein Herzensmann,

nach Vaters Ansicht, der jetzt wohl auch mehr erfährt als Du, wirst Du doch «demnächst» in Kesselfeld zu erwarten sein. Ich werde nur eine große Seelenangst auszustehen haben, bis Du bei mir anlangst. Heute nacht war übrigens Alarm, dann wieder heute mittag. In Untertürkheim fielen Bomben, von Marbach aus konnten wir die dicken Rauchwolken beobachten. In Stuttgart selbst ist anscheinend außer der Geroksruher Flak nichts getroffen.

6.9.1944

Meine liebe Erika!

Mir geht es soweit ordentlich. Die zwei Tage habe ich ganz gut hinter mich gebracht. Nun scheint auch die Sonne wieder, nur geht ein sehr frischer Wind, und leider kann ich mich nicht mehr an den Strand setzen. Aber ich werde am Abend noch einen Spaziergang dahin machen; ich gehe wieder mit dem neu gewonnenen Kameraden, mit dem es sich sehr gut plaudern läßt.
Nun zur Lektüre über die Pädagogik. Es stehen da wirklich aufregende Dinge; beispielsweise, daß die Kartoffel als Nahrungsmittel so wirkt, daß Intelligenz, aber nur oberflächlicher Natur, entsteht; daß dem Melancholiker eine Zugabe von Zucker gegeben werden soll, dagegen dem Sanguiniker nach und nach eine gewisse Menge Zucker zu entziehen ist; daß der Genuß von Kaffee eine Konzentration der Gedanken bewirkt, Tee das Gegenteil, er befördert Gedankeneinfälle, die dauernd wechseln, aber nicht in die Tiefe dringen. Daher empfiehlt der Autor Kaffee den Journalisten, Tee den Diplomaten. Das ist alles sehr weitgehend, man müßte eigentlich auf solche Angaben die ganze Ernährung einstellen!

Marbach, 6.9.1944

Mein Liebster!

Heute muß ich leider meine Zeit im G.K. bis 18 Uhr absitzen, obwohl ich so gut wie nichts zu tun habe. Ich sitze ganz allein mit unserem alten Buchhalter in dem großen Saal (es ist ja der frühere Tanzsaal eines Gasthofes) zwischen den vielen verstaubten Akten – und denke an Dich.

Nachdem heute Stuttgart im Wehrmachtsbericht genannt ist, wirst Du Dir wieder Sorgen machen. Hoffentlich bekommst Du meinen gestrigen Brief bald, in dem ich Dir ja schon mitteilte, daß in Stuttgart selbst keine Bomben gefallen sind. – Telegramme kann man fast nicht mehr aufgeben; nur in Neuenstein haben sie damals keine Mätzchen gemacht. Übrigens wunderte ich mich sehr, daß Du Deine beiden Telegramme so ohne weiteres aufgeben konntest!

Allgemein liegt eine gewaltige Spannung über den Menschen. Jeder erwartet irgend etwas und ist, wie eine Katze mit gekrümmtem Rücken, stets sprungbereit. Auch Deine Frau!

Abends

Draußen ist nun die blaue Nacht hereingesunken und hat auch mir einen bleiernen Mantel auf die Schultern gelegt, den ich nicht abschütteln kann in seiner Schwere. Wärst Du da! Mein Herz ist heute einmal wieder all des Wartens und Hoffens müde und nur voll Heimweh.

Ach, Herzensmann, nichts kann mich heute wirklich interessieren, was um mich vorgeht. Alles ist dunkel und traurig, und ich fühle mich unsagbar einsam. Fort möchte ich, über alle Berge.

7.9.1944

Mein liebster Mann,

eben sinkt im Westen die Sonne, nicht rot, sondern leuchtend gelb, und alle Wolken sind umrandet mit flüssigem Gold. Dunkelgrau ist ihre eigene Farbe, aber es bleibt ihnen nach einigem Zögern nichts anderes übrig, als im Schein der Sonne zu flammen und sich hundertfach in allen Fenstern zu spiegeln, die da vor mir am Hang sind.

Ach, Liebster, könntest Du heute «in meinen Gedankenbahnen mitlaufen», wie Du es Dir gewünscht hast, Du würdest Dich nicht auskennen in diesem Durcheinander! Eben habe ich ein schweigendes Abendbrot mit Mutter eingenommen, die heute auffallend schlecht aussieht und bedrückt ist.

Was mich heute bedrückt, ist ein Brief von Walter. Es fiel mir schwer auf die Seele, daß ich mir sagen mußte, daß ich der einzige Mensch bin, auf den er hört und von dem er etwas annimmt; ich muß mich um ihn kümmern, nachdem er mit sich und seinem Schicksal nicht zurechtzukommen scheint.

Ich weiß, daß Du mich kennst und verstehst und mich nicht überheblich nennst. – Ich habe ihm nun geschrieben und nicht unterlassen, ihn aufzustacheln und anzuspornen. Ich schrieb von Dir und dem Heimweh, das ich habe, von den glücklichen letzten Wochen und sonst noch allerlei Philosophisches, wie ich eben dachte, daß es für ihn gut sein könnte. – Ihm gegenüber habe ich immer die Empfindung, als müßte ich für ihn sorgen wie für einen Sohn. Er sprach daßelbe mir gegenüber ja auch einmal aus. Und nun kommt da heute ein kurzer Brief folgenden Inhalts: «Gestern erhielt ich mit viel Freude Deinen schönen Brief, als ich von der Schule von Weimar zurückkam. Leider kann ich nicht darauf eingehen, da ich heute schon zur Front abgestellt werde. Alles ist zerrissen, und ich habe nicht mal Zeit, die Sachen in Ordnung bringen zulassen. Es eilt, es brennt. Der Panzergrenadier ist ja nie lange Zeit an der Front … Die Gedanken, die mich in der schweren Zeit bewegen, sind folgende: Wenn ich falle, dann kann ich sagen, ich habe bewußt als Mensch gelebt. Und Dein Bild soll in der schwersten Stunde vor meinem

Auge stehen, dann weiß ich, wofür ich mein Leben gebe. Mein Dank für alles gehört Dir! Es ist zwecklos, große Worte zu machen in solch schweren Zeiten. Aber wenn Du sagst, daß Du mich geschätzt hast, so bin ich glücklich.» Er glaubt also, nicht mehr heimzukommen, und seine Todesahnung läßt ihn nun etwas aussprechen, wohl mehr noch zwischen den Zeilen, das mich erschüttert und unglücklich macht. Warum hat dieser Mensch nun auch noch eine unglückliche Liebe? Was ich ihm damals im April vielleicht auf der einen Seite helfen konnte, das verursacht ihm nun auf der anderen Schmerzen. Warum muß ich es gerade sein, die ihn auch noch unglücklich macht?
Ich möchte Walter gewaltsam aus dem Rachen des Todes reißen, auf den er wie ein Schlafwandler zugeht – so, wie man ein Kind in letzter Minute unter einem fahrenden Zug hervorreißt.
Du bist der einzige Mensch, der mich wirklich kennt, Du wirst mich verstehen! Ich möchte diese Menschenseele, die unablässig an einem Abgrund wandelt, zurückreißen – und doch vermag ich es nicht. Warum aber spielt mir das Schicksal trotzdem diese Aufgabe zu?
Ich bin nur froh darüber, daß Walter vor seiner Frontabstellung noch meinen Brief bekam, der ihm Freude bereitet hat und vielleicht auch ein wenig Lebensfrohmut gab – neben dem Schmerzlichen, das natürlich nun auch für ihn darin stand.
Herzensmann, sag mir, daß Du Deine Frau verstehst, und ein zweites, daß auch Du mit guten Gedanken an Walter denkst! Er ist in einer Situation, da er auch Deine guten Gedankenkräfte braucht. Willst Du das aus Liebe zu mir tun und deshalb, weil «keiner ohne den andern angenommen wird» und man «droben auf uns wartet»? Ich bitte Dich herzlich darum! – Wie ist das Leben so wunderlich und so schwer!

8.9.1944

Mein Herzens-Arrestant!

Heute kam also nun Dein lieber Brief aus der Zelle, hab herzlichen Dank. Wie bin ich froh zu wissen, daß Du die beiden Tage nun hinter Dich gebracht hast!

Zur Zeit haben wir hier viel Alarm, nachts einmal, tags ein paar Mal. Solange keine Bomben fallen, sind wir ja noch zufrieden. Aber darauf werden wir ja warten können. – Ja, wer hätte es gedacht, daß Frankreich so rasch erobert würde! – Ich fürchte nur, daß Du eines Tages von mir abgeschnitten werden könntest, weil dazwischen Kriegsgebiet liegt! Hoffentlich kommt es nicht so weit.

9.9.1944

Mein liebs Fraule,

um 15 Uhr heute nachmittag konnte ich die Kaserne schon verlassen, und da bin ich gleich hinausgestürmt in den sonnig-wolkigen Herbsttag. Es wehte ein frischer Wind, der ein Niedersitzen nicht erlaubte. So bin ich denn weit, weit hinausgewandert am Strand, wo keine Spuren menschlicher Ansiedlung oder Spuren im Sand mehr zu sehen waren – immer weiter hinaus, so daß ich Dir immer näher kam und ich schließlich mit Dir allein war. Ich lebte eine Stunde ganz mit Dir, es war so schön, und doch ward mir das Herz schwer. Daß ich in diesem dunklen, unberechenbaren Kriegsgeschehen fern von Dir sein muß, es bedrückt so sehr. Die Gegenwart bedrückt mich mehr als die Zukunft, in diese schaue ich eigentlich sehr zuversichtlich.
Ja, das Meer hat mich trotz seines Rauschens nicht getröstet. Mir scheint überhaupt, daß unser Element – Deines und meines – der Wald ist, der grüne, duftende Wald. Das ist lebendige Natur. – Sollte uns nicht auch deshalb Dobel in so lieber Erinnerung sein? Oder erinnerst Du Dich an die Geißlein auf dem Waldweg zum Tuxer Joch? An die blühenden Alpenwiesen? Wenn ich daran denke oder daran, wie sich jetzt unsere Wälder färben – 100 Meere würde ich dafür verschenken!

10.9.1944

Mein liebster Herzensmann!

Kurz nachdem ich heute den verspäteten Samstagsbrief geschrieben hatte, heulten die Sirenen, und es gab wieder einmal einen Angriff auf Stuttgarts Außenbezirke, auf Feuerbach usw. Näheres kann ich Dir noch nicht berichten, aber auf jeden Fall so viel, daß wir heil davongekommen sind und auch das Licht noch brennt sowie das Wasser läuft! Hier in unserer Nähe fielen keine Bomben; es war auch im Bunker zu merken, daß das Bombardement weiter weg lag. Sicher hast Du Dich gesorgt, Herzensmann! Ich will auch sehen, ob ich ein Telegramm aufgeben kann.

Gestern war ich bei Gertrud, und wir haben einmal wieder einen sehr netten Nachmittag verbracht, zumal der Wirbelwind Hanni ganz unerwartet auftauchte und ihre reizende Verlobungsgeschichte erzählte. «Er» ist Ingenieur und hatte bei ihr Geigenunterricht. Sie war bei seinen Eltern eingeladen und wurde dabei förmlich überrumpelt mit der Verlobung. Dabei hätte er ihr noch nicht einmal einen Kuß gegeben gehabt! Na, wir haben uns so recht an ihrem heiteren Wesen gesonnt und herzerfrischend gelacht. Sie ist wirklich ein tanzender Sonnenstrahl, ohne alle Schwere.

Heute nachmittag sind die Eltern nach Zuffenhausen gegangen, ich war mit Robert allein. Wir verstehen uns allmählich immer besser und bilden eine verschworene Gemeinschaft.

Robert sitzt auch gerade unten bei mir und schreibt an Irene; ab und zu unterbrechen wir uns, wenn einer etwas Wichtiges zu bemerken hat. Am Nachmittag hatten wir unsere Gemüter dadurch beruhigt, daß wir auf neue, raffinierte Weise die «Chinesische Mauer» aufbauten. Und soeben waren wir zusammen an die Nougatkiste gegangen, die einmal wieder gefüllt unten steht! Ich komme also nicht zu kurz, wenn es mir auch nicht so gut geht, wie wenn mein Herzensmann für mich sorgte!

Jetzt sind die Eltern zurückgekommen und erzählen, daß in Zuffenhausen viele Brandbomben gefallen und die Häuser um die Onkels herum alle abgebrannt sind. Diese haben sehr großes Glück gehabt. –

Auch Feuerbach soll sehr stark mitgenommen worden sein. Morgen werde ich jedenfalls nicht nach Marbach fahren!

11.9.1944

Meine liebe Erika,

es kamen drei liebe Briefe, und denk Dir, was noch kam – Dein Telegramm von heute, das Du um 11.40 Uhr in Stuttgart aufgegeben hast. Um 17 Uhr hörte ich im Nachrichtendienst von der Bombardierung Stuttgarts, und eine halbe Stunde später hatte ich schon ein Telegramm in Händen! Das hat mich sehr erleichtert.
Nun zu dem Brief von Walter.
Du bittest mich, und ich verspreche es Dir aus der Tiefe meines Herzens, mit guten Gedanken an Walter zu denken. Ich war ihm ja noch nie böse, ich hatte und habe ja keine Veranlassung dazu. Er steht mir nur als Mensch ziemlich fern, da er zu verschieden von mir ist. – Vor einiger Zeit sagte ich Dir einmal, daß Walter Dich liebe, erinnerst Du Dich? Und Du wolltest das nicht glauben. Dieses Mal habe ich also recht gehabt. Und ich glaube auch, daß ich darin recht haben werde, daß Walter diesen Krieg überlebt – und ich glaube das ganz sicher. Ich glaube einfach nicht, daß Walter fällt!* Du willst ihm helfen aus seinen Nöten, wie gut kann ich das verstehen, mein liebes Fraule mit dem goldenen Herzen. Und ich heiße alles gut, was Du je für ihn tust und tun wirst. Denn ich kenne ja mein Fraule und ihr gutes, reines Herz.
Und ich kann Dir auch versichern, daß ich Walter gegenüber nie Vorbehalte oder Hintergedanken hatte. Nur – er zieht mich nicht an und ich ihn anscheinend auch nicht, unsere Naturen sind zu verschieden. Daß Du ein Magnet für beide bist, ist seltsam. Aber seltsam ist das Leben.
Jedenfalls macht es mich sehr, sehr glücklich, daß wir so offen über alles reden dürfen. Es wäre die schmerzlichste Stunde meines Lebens, wenn das einmal nicht mehr so wäre.

* Und in der Tat: Walter Eisele kehrte lebend aus dem Krieg zurück.

Fraule, verstehst Du mich auch richtig? Alles darfst Du tun, das Du für notwendig hältst, um Walter zu helfen, um ihm einen Halt zu geben. Dies sage ich reinen Herzens, ohne jeden Vorbehalt. Schreibe ihm also ruhig, und schreibe auch einmal einen Gruß von mir mit hinein.

12.9.1944

Gestern abend wurde ich durch Fliegeralarm unterbrochen, nun muß ich den Brief rasch fertigmachen.
Ob Du nicht bald nach Kesselfeld übersiedeln willst? Denn so wie es aussieht, werden jetzt die Bahnlinien zerstört. Wann wohl dieser Brief in Deine lieben Hände kommt?

11.9.1944

Mein lieber Theo,

es ist heller Montagmittag, da ich auf dem Balkon sitze, wo mich freundlich die Sonne bescheint. Leider ist sonst die Stimmung schon ziemlich herbstlich, draußen und drinnen, und ich fühle mich recht ausgepumpt.
Heute früh erfuhren wir zu unserer Enttäuschung, daß der Zug nach Ludwigsburg bereits wieder fährt. Meine Kollegin und ich marschierten also nun um 11 Uhr zum Bahnhof, wo ich dann auch ein Telegramm für Dich aufgeben konnte. Ich werde in Zukunft nun bei jedem Telegramm den Satz bringen «Dieter gefallen», damit es angenommen wird.
Mit der Fahrt nach Marbach war es aber dann doch nichts, denn kaum waren wir am Bahnsteig, heulten die Sirenen, und wir rannten in den Wagenburgtunnel. Bald aber wurde entwarnt. Auf diese Weise kamen wir zu einem «freien» Nachmittag! Manchmal möchte ich aus der Haut fahren ob solcher «Freiheit»!

12.9.1944

Meine liebe Erika,

zu einer lieberen Anrede komme ich leider deshalb nicht, weil noch andere am Tisch sitzen und natürlich auf das Papier schauen können. Aber Du weißt, was mein Herz sagt, Du mein liebes, liebes Fraule! – Leider kam heute kein Brief von Dir; bald werden sich wohl schon die Bombardierungen auswirken.

Heute mußte ich sehr lange arbeiten, dann sah ich mir am Strand noch die wunderschöne Abendstimmung an. Die Sonne war schon gesunken, aber der Horizont zeigte Violett, Gelb, Orange, und darüber schwebten einige karminrote Wolken, nur Wölkchen eigentlich; sonst war der Himmel klar und von einem tiefen Blau. Hoch am Firmament leuchteten die ersten Sterne.

Die See lag ruhig da, nur kleine Wellen rollten an den Strand, und das leise Rauschen legte sich wundersanft auf meine Seele. Frieden fühlte ich, tiefster Friede war in meinem Gemüt, und meine Seele weilte bei Dir. Es war ein Ausruhen von diesen stürmischen Zeiten. – Als ich dann langsam zurück ging, leuchteten tröstlich die Sterne, und eine Sternschnuppe kam über den ganzen Himmel geflogen. Da stieg, wie immer, ein heiser Wunsch aus meinem Herzen auf …

12.9.1944

Herzensmann, Du mein lieber!

Wir haben hier nun sehr viel Alarm und bringen jede Nacht einige Stunden oder wenigstens halbe im Bunker zu. Tagsüber, wenn ich in Marbach bin, stört es mich nicht weiter. Unsere Arbeitszeit wurde übrigens wieder etwas reduziert, so daß ich morgens nicht mehr um 4.30 Uhr aufstehen muß. Durch die Zerstörungen in Feuerbach und Zuffenhausen und natürlich auch durch die ständigen Alarme haben die Züge immer große Verspätung. Aber was macht es heute schließlich noch aus, ob ein Abend länger oder kürzer ist? Niemand ist mehr imstande, sich über solche Lappalien wirklich aufzuregen.

Die Zukunft liegt bleiern auf jeder Seele, und kein Tag vergeht ohne tiefe Herzenstrauet.

13.9.1944
Mein lieber Theo!

Heute nacht haben wir also nun tatsächlich den Untergang Stuttgarts erlebt. Dieser Angriff ist in seiner Schauerlichkeit mit den drei letzten nicht zu messen. Ganz Stuttgart, ausgenommen unsere Anhöhe, brannte lohend zusammen, es gibt kein Haus mehr, das noch ganz wäre. Man kann genau feststellen, daß der Kessel getroffen werden sollte; sobald es ein wenig ansteigt, vor allem auf unserer Seite, werden die Brandherde geringer. Sprengbomben wurden verhältnismäßig wenig geworfen, dafür aber eine Unzahl von Stabbrandbomben. Alles ist übersät damit. Und wir hier oben leben wieder wie im Paradies; anders kann man es nach dieser Hölle nicht ausdrücken. Zwar sind in der Pischekstraße auch starke Sprengbomben gefallen und am Bubenbad brannte es, aber hier in unserer nächsten Umgebung ist es so schön wie je! Gas und Strom sind ausgefallen, aber Wunder über Wunder, das Wasser läuft! Nun haben wir eben wieder hinten im Garten unseren russischen Herd, den Du gebaut hast, angesteckt, und alle Mahlzeiten schmecken nach Rauch, was beispielsweise bei der Suppe fast gar nicht, beim Kaffee um so mehr stört …
Aus dem Bunker durften Frauen sehr lange nicht heraus, weil hier oben ständig Blindgänger bzw. Zeitzünder losgingen. Vater wäre beinahe von einem großen Stein am Kopf getroffen worden. – Nun bleibt natürlich die Post, wenn nicht wochen-, so doch tagelang aus. Ich habe Dir daher heute auf der Eilkarte mitgeteilt, daß Du nach Kesselfeld schreiben sollst. Ich habe das Gefühl, als wäre ich doch demnächst dort unten. Nur, wie findet man den richtigen Augenblick für die Abreise!?
Mir ist es ein unsagbar bedrückender Gedanke, nicht zu wissen, wo *Du* bist! Wenn ich mir vorstelle, daß Du womöglich schon irgendwo an der Front sein könntest! Ich vermag da wirklich nicht weiterzu-

denken! Aber ganz, ganz fest hoffen und vertrauen will ich, daß wir uns beide bald gesund wiedersehen! Alles, was wir eventuell dann nicht mehr besitzen, soll uns ganz gleichgültig sein, gelt, Du mein lieber Mann?

Daß die Fabrik noch steht und nur ein paar Fenster fehlen, kommt mir immer noch ganz unglaublich vor bei den Bränden in dieser Nacht. Allerdings hat Cannstatt diesmal überhaupt weniger abgekommen. Nur die Neckarstraße ist jetzt vollends zerstört.

Heute ist ununterbrochen Alarm, Entwarnung, Alarm, und ich bin schon erledigt vom ständigen Koffer-Hin- und -Hertragen. Natürlich ist es im Bunker stockfinster, und nur da und dort flackert nach und nach eine Kerze auf.

Trotz allem Schrecklichen läßt mich dieser furchtbare Angriff gegenüber den letzten viel ruhiger; wird man denn tatsächlich so abgestumpft? Es geht mir nämlich nicht allein so.

Herzensmann, wann Du wohl diesen Brief erhalten wirst? Vorläufig wird überhaupt keine Post befördert; wenn wir ganz großes Glück haben, vielleicht die Eilkarte. Züge verkehren keine, der Hauptbahnhof sieht wüst aus! Dort sind sehr viele Sprengbomben gefallen.

Ich kann natürlich im Augenblick nicht nach Marbach fahren.

Heute ist die Sonne fast farblos und unscheinbar gesunken. Der Himmel ist leicht bedeckt, und über der Stadt liegt eine zusammenhängende dicke Rauchfahne. Überall ist der häßliche Brandgeruch zu spüren. Alles ist wahrhaft trostlos, vor allem jetzt, da es schon wieder so dunkel ist, daß ich kaum mehr die Schrift erkenne. Nun läuft wieder jeder mit einer Kerze im Haus herum.

Eilnachricht an Obergefr. Theo Beltle.
Lebenszeichen von Erika Beltle, 13.9.44, 17 Uhr

Wir alle sowie Haus und Fabrik unbeschädigt. Schreibe nach Kesselfeld.

| Deutlich schreiben! |

Eilnachricht an Obergfr. Thes Belile
bei. Flakersatzabt. 91 Aufstellungsstab.
(F.) Zingst /Ostsee
(Feldpostnummer)

Raum für Prüf- oder Beglaubigungsvermerk

Dieser Raum muß für Dienstvermerke frei bleiben

| Deutlich schreiben! |

Lebenszeichen von Erika (Zuname) Belle (Vorname)

aus Stuttgart (Ortsangabe) Litzmannstr. 5 (Straße)

Datum: 13.9.44. 17 Uhr (Inhalt zugelassen höchstens 10 Worte Klartext)

Wir alle sowie Haus und Fabrik
unbeschädigt. Schreibe nach
Kesselfeld.

13.9.1944

Mein Herzensmann,

heute muß ich mich einmal wieder an Dein Herz flüchten, flüchten vor der garstigen, traurigen Alltagswelt, in der es nur Verdruß und Leid und nicht einmal einen Brief von Dir gibt. Und da stelle ich mir nun einfach vor, daß ich meine Arme um Deinen Hals lege und mich an Dich schmiege; ganz deutlich höre ich Deine ruhigen, gleichmäßigen Herzschläge.

Draußen sinkt die Nacht herein, sie hat nichts Befreiendes, worin man sich ausruhen könnte. Lediglich die Trümmer der Stadt, unter denen noch unzählige Tote liegen, verbirgt sie.

Heute war ich übrigens wieder in Marbach. Bis Nordbahnhof mußte ich zu Fuß gehen, morgens um 6 Uhr, durch die zertrümmerte, stockdunkle Stadt! Das ist sehr unheimlich. Am liebsten möchte ich allem davonlaufen. Dazu soll man noch eine solch lächerliche Büroarbeit machen, wenn es um Leben und Tod geht! Aber das Leben scheint ja ohnehin seinen Sinn verloren zu haben, da kommt es auf ein bißchen mehr Unsinn nicht an. Große Hoffnung habe ich auf morgen, da soll zum ersten Mal wieder die Post kommen.

14.9.1944

Mein Herzensmann,

es ist wieder Zeit, mich zu Dir zu flüchten. Der Tag ist mir heute vergangen – ich weiß nicht wie! Gleich nach dem Frühstück begann ich, unser Speiseservice in eine Kiste zu packen, die Vater demnächst nach Ohmden mitnehmen muß. Dann habe ich oben Dein Junggesellen-Zimmer «gemistet», denn wir bekommen jetzt drei Ausgebombte unters Dach von der T.H.., irgendeinen Professor, den Robert kennt. – Dann ging es weiter mit Packen. Vater hat Deinen schwarzen Koffer mit Anzügen usw. immer noch nicht fortgebracht. Ich entschloß mich daher, ihn mit anderen Sachen von uns nach Kesselfeld zu schaffen. Robert soll morgen Deine Mutter nach Gunzesried bringen, dazu will Dein Vater bis nach Untertürkheim mit dem Wagen fahren, weil von da ab der Zug fährt. Wenn ich Glück habe, nimmt er mich auch noch mit bis nach Fellbach. Von dort aus könnte ich weiterkommen. Wenn also dieser Brief in Schwäbisch Hall abgestempelt ist, dann bin ich fortgekommen!

Du kannst Dir kaum vorstellen, was das für eine Packerei ist im Haus! Mutter ist auch ganz erledigt; für sie ist es ja auch wirklich nicht leicht, das meiste zurückzulassen und selbst ins Ungewisse zu fahren. Wann werden wir alle einmal wieder beieinander sein? Diese Frage bedrückt uns alle.

Seit heute regnet es den echten herbstlichen Sprühregen, und die ganze Stadt ist in grauen Nebel gehüllt; kaum vermag ich von hier aus den Wald zu sehen. Aber ich weine dem schönen Wetter nicht nach, denn seit heut haben wir nun auch Fliegerruhe. Wie lange?

Draußen an den elektrischen Drähten hängen unzählige Tropfen, die ganz langsam weiterziehen, dabei kommt einer dem andern zu nahe, sie verschmelzen, werden zu schwer und fallen zur Erde ... Wie oft habe ich mich schon in das Anschauen dieser Perlenkette verloren, und immer wieder bezaubert mich dieses Spiel. Man kann ihm unendlich lange zuschauen, ohne zu merken, wie auch die Minuten so vertropfen.

Jetzt schreibe ich im Schein einer Kerze weiter. Inzwischen ist die «Einquartierung» gekommen. – Ferner wurde Dein Bett abgeschlagen, weil morgen Möbel fortgefahren werden sollen nach Gunzesried.

15.9.1944

Herzliebste Du,

immer noch fehlt mir jede Nachricht seit den letzten Angriffen auf Stuttgart. Ich bin so sehr in Sorge, und nichts kann ich tun als warten, warten auf ein Lebenszeichen von Dir. Ich muß annehmen, daß Du gar kein Telegramm in Stuttgart aufgeben kannst und daß auch sonst alle Verbindungen abgeschnitten sind. Und hier sitze ich, weit entfernt von Dir, und kann nichts tun als hoffen – hoffen, daß Du noch lebst und gesund bist. Das ist alles, was ich vom Schicksal erbitte – Dich.

Kesselfeld, 16.9.1944,

Du mein lieber Mann!

Gestern bin ich leider nicht dazu gekommen, Dir zu schreiben, denn ich war von morgens 7.30 Uhr bis 15 Uhr unterwegs, ohne etwas zu essen zu bekommen. In Kesselfeld eingetroffen, futterte ich gleich so viel, daß ich anschließend die bekannten Leibschmerzen bekam, die mich dann auch bis spät in die Nacht hinein plagten.
Ich hatte nur noch den Wunsch zu schlafen, und 11 Stunden lang störte mich auch niemand! Nun sollst Du aber gleich Deinen Brief bekommen, Mutti wird ihn nach Neuenstein mitnehmen.
Vater hat also gestern früh um 4 Uhr Mutter und Robert zur Bahn nach Cannstatt gefahren. Es war stockdunkel und ein Nebel, daß man kaum die Hand vor den Augen sah. Und so mußte er durch die zerstörte Stadt mit den herabhängenden Drähten und den Löchern auf den Straßen fahren! Anschließend kam Vater wieder zurück und lud die Möbel von Doris auf seinen Lieferwagen. Ich thronte hoch oben auf den Möbeln und mußte den Tisch halten, damit er nicht vom Wagen fiel. Es war eine lustige Fahrt! Mein Zug fuhr erst um 11.30 Uhr in Cannstatt weg, so hatte ich über 3 Stunden Zeit. Ich besuchte Gertrud, die sich sehr freute. Ihr Vater machte wieder seine Witze und erzählte, daß er Deine Briefe an Gertrud lesen dürfe, aber nicht meine an sie. Ich solle aber nur aufpassen, es stünde schon darin: «Meine liebe Gertrud» und «Dein Theo».
Ach, Herzensmann, es läßt mir keine Ruhe, daß ich nicht weiß, ob Du fortgekommen bist oder nicht! – Meine Eilkarten hast Du hoffentlich inzwischen erhalten! Gestern habe ich in Schwäbisch Hall auch noch ein Telegramm erkämpft; vielleicht bekommst Du dann doch rasch die Nachricht, daß wir alle gesund sind. – Hier in Kesselfeld gibt es so viel Obst, wie gerne würde ich Dir welches schicken, wenn ich könnte! Ich futtere pausenlos Geißhirtle und Zwetschgen.

Noch ein kleines, seltsames Reiseerlebnis muß ich Dir erzählen. Es war folgendes: In Waiblingen stiegen etwa 100 Leute ein, und ein junges Mädchen mit einem Spinnrad, das sie zerlegt hatte, kam in mein Abteil. Plötzlich hatte ich den Einfall: Wenn das Mädchen einen Verlobungsring trägt, ist es die Braut von Karl Eisele. Tatsächlich trug sie einen. Ich betrachtete sie mir lange, immer mit meinen «Hintergedanken». Schließlich bot ich ihr für eine Weile meinen Platz an, und da konnte ich mich nicht mehr enthalten, sie direkt zu fragen, ob sie in Waiblingen in der Fugger-Straße wohne. «Ich nicht, aber mein Verlobter», war ihre Antwort. Ich sagte ihr, daß ich die Schwägerin von Robert sei, und wir kamen dann in eine sehr angeregte Unterhaltung. Es ist wirklich ein sehr nettes Mädchen. Sie fuhr auch bis Hessenthal.

Was mir an der Sache interessant war, ist die Sicherheit, mit der ich innerlich wußte, daß dies die Braut von Karl Eisele ist. Ich hatte ja keine Ahnung, wie sie aussieht, ich wußte lediglich, daß sie Kunstgewerblerin ist. – Jedenfalls werde ich in Zukunft wieder stärker auf solche «Einfälle» achten. – Hätte ich nur auch den entsprechenden «Einfall», wann der Krieg zu Ende ist!

Telegramm an Obergefr. Theo Beltle

Dieter ist gefallen. Angriffe gut überstanden. Erika

17.9.1944

Du Frau meines Herzens,

eben wurde mir Dein Telegramm aus Schwäb. Hall telefonisch durchgegeben. Ich bin ja so froh, daß Du die Angriffe gut überstanden hast! Natürlich ist seit dem 11.9. noch kein Brief gekommen. Wie kamst Du überhaupt nach Schwäbisch Hall? Bist Du dahin gelaufen? Du ahnst es kaum, wie sehr erleichtert ich bin! Was waren die ganzen Tage der Ungewißheit eine Last, die mich Tag und Nacht drückte! Heute

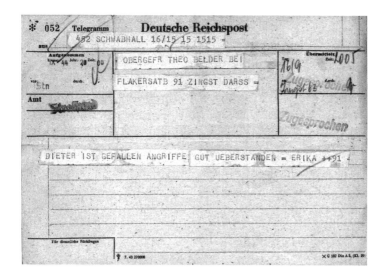

kamen Deine «Lebenszeichen», und sie erweckten auch das Leben in mir wieder. Außerdem kam heute ein Paket von Deiner Mutti mit guten «Gutsle», die ich eben futtere. – So unendlich leid tut es mir aber, daß Dein Päckchen nicht ankam, in dem die Gedichte sind. Ich wartete so sehr darauf. Neulich hatte ich eine große Diskussion mit einem Kameraden über die Ehe. Er ist schon sieben Jahre verheiratet und gestand mir natürlich kein Urteil zu. Er ist der Ansicht, wie wohl alle, daß der Mann sich ein Idealbild der Frau in seiner Phantasie ausmale und daß die Wirklichkeit nie diesem Idealbild entspreche. – Ich habe für mich heftig widersprochen und ihm gesagt, daß bei mir die Wirklichkeit das Ideal übertroffen habe, aber er lachte natürlich und meinte, ich solle ihn in sieben Jahren nochmals sprechen. Gestern habe ich mit einem etwas jüngeren Kameraden gesprochen, der schon «Gesichte» hatte, wovon er eines erzählte, das ihm erschien, als seine Frau bei einem Bombenangriff verschüttet wurde. Diesen Menschen muß ich mir etwas näher ansehen. – Es freut mich immer, Menschen zu finden, die sich irgendwie aus der Masse herausheben.

17.9.1944

Mein geliebter Herzensmann!

Um die Mittagszeit bin ich wieder zu Hause eingetroffen. Vom Stöckach mußte ich mit meinem schweren Koffer zu Fuß gehen. Allmählich hört man Einzelheiten von dem schrecklichen Terrorangriff. Es müssen dabei die Menschen zu Hunderten in den Straßen verbrannt sein, weil sie aus dem Feuermeer keinen Ausweg fanden. Ach, ich will Dir diese Dinge gar nicht schildern!
An Post ist natürlich noch lange nicht zu denken! Immerhin steht bei uns oben in der Pischekstraße ein fahrbares Postamt, das ist ein Glück, sonst müßte ich jeden Tag weißgottwohin laufen, um den Brief an Dich aufzugeben.
Ob und wie ich in nächster Zeit nach Marbach komme, weiß ich nicht. Die Züge fahren erst von Feuerbach ab. Daß ich morgens, wenn es stockdunkel ist, durch die zerstörte Stadt bis zur Prag laufe, das ist einem ja kaum zuzumuten. Und wenn ich erst mittags um 12 Uhr fahre, ist bestimmt Alarm. Was tun?
Eben erklingt im Radio (wir haben seit kurzem wieder Strom) die «Morgenstimmung» von Edward Grieg. Wie bezaubert sie mich selbst in dieser trostlosen Zeit!

18.9.1944

Herzliebste Du,

es ist gerade 1 Uhr und Fliegeralarm. Wir laufen da immer ziemlich weit von der Kaserne weg. Der Weg führt durch ein Wäldchen mit kleinen Kiefern, und der Boden ist weich mit Gras und Moos bedeckt. O, wie schön ist doch ein Wald! Gleich kommen Erinnerungen, frühe und spätere: Das sonnige Dobel steht vor meinem Blick und auch die fernen Tage, da ich als kleiner Junge im Wald spielte.
Von allen Landschaften paßt der Wald – nicht der finstere, der sonnige Laub- und Tannenwald, am besten zu Dir. Was meinst Du?
Die Gräser, die mich umgeben, werfen zitternde Schatten aufs Papier.

Die Sonnigkeit tritt eigentlich erst recht hervor durch die Schatten. Erst der Gegensatz von Licht und Schatten gibt Leben. Erst durch Schatten erhält das Licht seinen Wert.

Der Abend und der Morgen, das sind die beiden Zauberer, die auf geheimnisvolle Weise die Natur aufklingen lassen. So ähnlich sich die beiden sind, so gegensätzlich sind sie auch. Der Abend und der Morgen sind eigentlich die reichsten, die bewegtesten Tageszeiten.

Hier wurde ich durch Entwarnung unterbrochen; langsam ging ich vom Strand zur Kaserne zurück.

Ich habe Vater geschrieben, daß es vielleicht auch richtig wäre, in Stuttgart zu bleiben, nachdem der gute Bunker so nahe ist. Dieser ist jedenfalls absolut sicher. Habt Ihr in Kesselfeld eigentlich einen einigermaßen guten Keller? Ich denke jetzt an Artilleriefeuer. Wenn je eine Schießerei käme, mußt Du wenigstens einen Platz haben, wo Du relativ sicher bist, obwohl das mit einem Bombenangriff nicht zu vergleichen ist. Aber ich glaube kaum, daß es in der dortigen Gegend zu größerem Widerstand kommt. Jedenfalls habe ich es an der Front selbst erlebt und oft gehört, daß es richtig ist, bei seinem Haus zu bleiben. Das Flüchtlingselend ist tausendmal schlimmer und auch nicht sicherer.

19.9.1944

Du mein liebs, liebs Fraule,

heute kamen Deine Briefe vom 11. und 17.9., die mich so sehr gefreut haben! Ich hatte morgens versucht, Dir ein Telegramm zu schicken, aber es wurde nicht angenommen. Es tut mir so leid, daß Du so lange keine Post von mir bekommst. Die dunklen Stunden rücken nun immer näher, das ist es wohl, was auch mich bedrückt. Allen Kameraden fällt auf, daß ich so ernst bin, und ich dagegen kann es nicht verstehen, daß sie so tun, als ob nichts wäre! In meinen Gedanken sind immer das Elend und der Jammer der Menschen und, so wie der Krieg näher rückt, die Sorge um Dich und um die Nächsten.

Es sieht nicht so aus, als ob ich in der nächsten Zeit versetzt würde.

Wenn es also irgend möglich ist, schicke mir bitte den Anorak und etwas Süßes, aber nur per Einschreiben oder als Wertpaket, alles andere kommt nicht an. Das Päckchen von Vater ist auch nicht gekommen, obwohl es längst da sein müßte. Und die Gedichte sind wohl leider verloren, das schmerzt mich tief.
Deine Schilderung über den Angriff auf Stuttgart vom 12./13.9. sagt mir genug!

19.9.1944
Du mein Herzliebster!

Nach der bitteren Enttäuschung, daß die so sehnlich erwartete Post heute doch nicht kam, sondern morgen erst ausgetragen wird, mußte ich mich zuerst in etwas Vernünftiges vertiefen. Neulich habe ich beim Räumen Deines Zimmers noch etwas sehr Gutes gefunden, nämlich ein Tieck-Büchlein (eine Sammlung von Sprüchen), und da sagte mir soeben das «Orakel»: «Wie du im Herzen glaubst, so wird dir das Schicksal begegnen; was du an anderen tust, wird dir von andern geschehn» (Herder). Darin steckt eine tiefe Wahrheit, das kann man immer wieder erleben. Heute früh bin ich, wie Du weißt, bald nach 5 Uhr aus dem Haus gegangen. Es war so unheimlich still hier oben, und weit und breit kein Schritt zu hören! Dabei herrschte eine Dunkelheit, daß man wirklich kaum 10 m weit sah. Kein Mondschein, nichts. Und so muß man durch die zertrümmerte Stadt laufen und dabei über Schutt und Löcher steigen. – Morgen fährt nun wieder der Zug ab Hauptbahnhof, aber man muß am Nordbahnhof umsteigen, das heißt warten, stehen, warten, stehen; so ist es ungewiß, ob man in Ludwigsburg den Bus erreicht.
Und bei all diesen Kümmernissen lebe ich ständig in der Ungewißheit, wo Du bist! – Zur Zeit gehen wieder so viele Gerüchte um, auch von einer neuen Waffe, die demnächst eingesetzt würde ... Was hat das Dasein für ein düsteres Gesicht bekommen! Wir sollen wohl alle fest werden wie eherne Schilde, die immer heller klingen, je mehr Speere gegen sie anprallen? Es ist viel, was das Leben von uns verlangt!

20.9.1944

Liebste Frau,

wie danke ich Dir für Deine lieben Briefe, die mich immer wieder trösten, selbst wenn sie manchmal auch aus trauriger Stimmung entstanden sind. Heute früh kam Dein Brief vom 16.9. und – rate, was heute nachmittag kam? – Dein lang erwartetes, lang ersehntes Päckchen mit den Gedichten, mit den «Gutsle» und mit den einstigen Birnen! Diese hatten die Farbe schwarzen Kaffees angenommen, hatten das Päckchen total aufgeweicht, an allen Seiten war es offen – und doch habe ich Glück gehabt: Dank des guten Papiers sind nur zwei Seiten durchgeweicht, so daß ich alles lesen kann. Auch die «Gutsle» kann ich beinahe alle essen. Bei Verwendung einer Papierschnur wäre nichts mehr angekommen. Unser Postminister meinte, es sei vielleicht ein toter Hund darin! Es sah schlimmer aus als es war.

Lange bin ich heute schon über den «gereimten Liebesbriefen» gesessen und habe mich so von Herzen gefreut – und habe so von Herzen geweint … Sprache in gebundener Form wirkt sehr stark; ich glaube, Du hast da einige sehr gute Sachen gemacht! Ich bin natürlich nicht objektiv genug, so viel aber kann ich sagen: Du hast die Stimmungen zauberhaft eingefangen.

Ganz besonders gut gefällt mir «Abschied», «Über Zeit und Tod», «Ich und Du», und auch «Ein Gleiches» ist sehr, sehr gut. Es ist ein Gedicht über den Krieg, das man lesen kann. Nur die letze Zeile sollte eine etwas stärkere Wirkung haben; dann ist es vollkommen. – Später werde ich mehr darüber schreiben. Ich bin ja so froh, daß die Gedichte doch noch gekommen sind, und danke Dir von ganzem Herzen!

20.9.1944

Mein lieber Herzensmann,

endlich traf nun heute Die erste Post ein! Es kamen Deine lieben Briefe vom 9., 10., 11. und 12.9., hab vielen innigen Dank! Deine lieben Brief haben mich aus der traurigen Stimmung herausgerissen und wieder glücklich gemacht. So froh bin ich darüber, daß Du anscheinend doch noch nicht weg kommst. Ich schaute zuerst nach dem Absender, und Steine fielen mir vom Herzen.
Auch im Büro hörten wir heute Erfreuliches: Die Arbeitszeit hat wieder ihre normale Länge! – Eben kam Nina und brachte einen Brief von Deiner Mutter. Diese fragt auch nach Dir, und ich möge sofort schreiben, wenn ich von Dir etwas höre. Bitte schreibe Mutter recht bald einmal nach Gunzesried. Nina hängt sich zur Zeit etwas an mich. Sie ist noch ein Kind, und dazu ein armes. Ich fragte sie eben nach ihrem Schatz in Rußland; sie sagte, er würde nicht mehr schreiben. Es standen ihr dabei Tränen in den Augen. «Nun neuer Schatz!» Anscheinend gefällt ihr aber der alte besser; wahrscheinlich war er ihre erste Liebe. Ich sagte, sie soll lieber nicht so viel zum Schatz gehen. «Doch, doch, das ja alles egal. Das Leben ist doch nix für uns, ob jetzt tot oder später, das egal.» Ich entgegnete, daß sie auch keine schlechtere Zukunft zu erwarten habe wie wir. «Doch», sagte sie. Ich habe Mitleid mit diesem russischen Mädchen, es ist fleißig und hat ein warmes Herz.
Und nun, mein lieber Herzensmann, möchte ich Dir danken für das, was Du zu Walter schreibst. Ich habe es ja nicht anders erwartet, aber ich bin doch tief dankbar dafür, daß wir uns so rückhaltlos vertrauen können. Nun möchte ich aber doch noch einiges zu dieser Sache bemerken. Wenn ich mich in Frühjahr und auch jetzt ein wenig scheute, über Walter zu sprechen, so ist es deshalb, weil ich empfinde: mit jeder Liebe, die mir ein anderer Mensch entgegenbringt, besitzt er einen Teil von mir, ganz unabhängig davon, was ich für ihn empfinde. Sieh, und nicht einmal von diesem Teil möchte ich, daß er Dir «abgeht» – daß ein Mensch außer Dir noch irgend etwas von mir «besitzt» … Ob Du solche Empfindungen verstehen kannst, weiß ich aber nun wirklich nicht.

Eigentlich war es nicht richtig, wenn ich bei Walter von einer «unglücklichen Liebe» sprach bzw. schrieb, denn im gewöhnlichen Sinne ist es das nicht. Walter verehrt mich sehr, das ist nicht abzuleugnen, aber wie etwas Unberührbares, zumindest für ihn. Er hielt mich ja früher schon für «zu gut» für sich, und heute ist das noch in einem viel stärkerem Maß der Fall. Er ist wirklich wie ein müdes, heimatloses Kind.

Für ihn bin ich jemand, der ihm den verlorenen Glauben an den Menschen aufrecht erhält! Er machte sich immer Gedanken darüber, daß es die Frauen in der Heimat nicht wert seien, daß man an der Front für sie blute und sein Leben gebe; er sieht die einzige ihm bekannte Ausnahme in mir.

Wie Du sagst, seid Ihr beide gewiß sehr verschieden, in mancher Beziehung aber auch sehr ähnlich. Walter findet es vielleicht unbegreiflich, daß nicht alle Männer so soldatisch sind wie er. Er kannte eben keine anderen Ideale – und das ist das Bedauerliche – als die politischen, und diesen verschrieb er sich mit glühender Seele. Aber das weiche Herz, das berührbare Gemüt habt Ihr beide gleicherweise, nur hat er das seine grimmig gepanzert. Außerdem hattest Du ein weit glücklicheres Schicksal, Du konntest andere, tragende Ideale finden! – Tragisch ist, daß er mit seinen Idealen zugrunde gehen könnte.

Vor kurzem habe ich Walter geschrieben, ich hoffe, daß der Brief in seine Hände gelangt und ihn aufrüttelt. Ich war darin sanft und streng, wie zu einem Patienten. Wie verschieden ist doch die Medizin, die ein Mensch braucht! Daran merkt man erst, an wievielen Stellen man erkranken kann.

Dich, mein Herzensmann, liebe ich mit einer Liebe, wie man sie nur einmal für einen Menschen empfinden kann, eben für den ewigen Sternenbruder. Aber ich könnte nicht sagen, daß ich Walter nicht auch gern hätte, nur ganz, ganz anders. Er wird für mich immer der zu Beschützende sein. Ich bin glücklich darüber, in so verschiedener Weise lieben zu dürfen, Liebe kennenzulernen.

22.9.1944

Mein lieber Mann,

jetzt ist wieder die Erholungsstunde des Tages für mich angebrochen, die Briefstunde mit Dir. Doris wird zwar etwas enttäuscht sein, daß ich mich immer gleich nach dem Nachtessen nach oben verziehe, aber das ist notwendig. Ich muß wenigstens diese Stunde des Tages allein haben – mit Dir!
Leider kam heute kein Brief. Ich fürchte, daß sie alle nach Kesselfeld reisen. Dorthin kann ich nun am Samstag doch nicht fahren, weil ich zu Gertruds Geburtstag eingeladen bin. Hanni, der nunmehr glücklich verlobte Sonnenschein, wird da sein und Melitta, die kleine schwermütige Madonna französischen Stils. Ich freue mich darauf.
Wir befürchten übrigens, daß wir auf unserem Stockwerk noch Einquartierung bekommen werden. Dann möchte Doris haben, daß ich die beiden vorderen Zimmer bewohne. Das werde ich dann eben im Ernstfall tun. Daß wir oben drei Leute von Roberts Hochschule haben, weißt Du ja schon.
Zur Zeit haben wir in Stuttgart einigermaßen Ruhe vor Fliegerangriffen. Die Kampfverbände bombardieren Westdeutschland. Ab heute verkehren die Züge von Köln südlich nur noch ab 19 Uhr, sie können tagsüber nicht mehr fahren. Nördlich von Köln verkehrt kein Zug mehr. Weißt Du das? Heute wurde wieder Mannheim angegriffen; wir hatten da lediglich Voralarm. Wir müssen damit rechnen, daß in Zukunft die Alarmzeiten erheblich kurz werden. Aber ich bin ja, wie Du weißt, rasch in meinen Kleidern und im Bunker. In Köln und Umgebung gibt es bereits gar keine Warnung mehr; wenn Bomben fallen und Bordwaffen zu hören sind, ist Alarm!
Überall herrscht das Chaos, und eigentlich sollte sich jeder ernsthaft fragen: Was ist nun in Wirklichkeit das Allerwichtigste und Nächste?

24.9.1944

Mein Liebster,

gestern bin ich von Gertruds Geburtstag spät nach Hause gekommen, und da war es höchste Zeit, daß ich mich noch ein wenig unten zu der Familie setzte. So ist gestern mein Herzensmann ohne Brief ausgegangen; aber hiermit wird der Brief in kühler Morgenfrühe nachgeholt und dann gleich dem «Fahrenden Postamt» übergeben, das bei uns vorne an der Litzmannstraße steht. Heute ist ein recht windiger Herbstsonntag. Die Wolken jagen grau und tief über der Stadt. Vater ist im Garten und erntet Birnen. Niemals erscheint er mir innerlich freier, als wenn er die Leiter am Baum stehen hat und Birne um Birne sorgsam in den Korb legt. Man spürt, wie ihm diese Arbeit Freude macht.

Abends

Es ist 21 Uhr, und ich sitze jetzt oben. Da muß ich Dir nun gleich etwas verraten: Ich werde das Gefühl nicht los, daß Du bald wieder bei mir sein wirst! Neulich schrieb ich ja schon davon. Wenn ich diesen Gedanken durch meinen Kopf gehen lasse, dann sagt es dort unablässig «Nein», aber wenn er durch das Herz geht, höre ich ein heimliches «Ja»! Und nun, Herzensmann, lache ruhig, wenn Du hörst, wie abergläubig Deine Frau ist, sofern es um erfreuliche Dinge geht! Gestern hat Gertrud nämlich dem ganzen Damenkranz die Karten gelegt, und was haben wir über ihre weisheitsvollen Sprüche gelacht! Es fehlten auf Gertruds Schultern lediglich noch die schwarze Katze mit gekrümmtem Rücken und die Eule mit den großen Augen! Kurzum, mir prophezeite sie, daß mein Glücksritter auf dem Wege zu mir sei! Tatsächlich lagen die Karten so!
Heute nachmittag war Vater in Waiblingen, da spielten Doris, Robert und ich leidenschaftlich «Chinesische Mauer». Da ich fast immer gewann (Robert verlor jedes Spiel), sagte Robert, sicher würdest Du mir untreu, denn anders sei mein Glück im Spiel nicht zu erklären! Ganz so denke ich natürlich auch! – Nebenbei dachte ich immer

wieder an meine «Ahnung» von Deinem baldigen Kommen, und so habe ich weiter «orakelt»: Wenn Robert den ersten Blumenstein von uns dreien hat, dann ist die Ahnung zutreffend! Tatsächlich hatte nur er einen Blumenstein! Nochmals wurde das Orakel gefragt: Wenn ich von allen am häufigsten gewinne, kommst Du! – Ich tat es!
Siehst Du ein, mein allerliebster Herzensmann, daß Dir nun gar nichts anderes übrig bleibt, als bei mir zu erscheinen?!
Ach, wie schön wäre das! Ich lasse diese Vorstellung ganz still und sanft wie einen Schmetterling über die Herzenswiese gaukeln und verscheuche ihn nicht. Kannst Du nicht kommen, dann warst Du in süßen Träumen bei mir!
Robert hat heute den ganzen Bücherschrank durchgewühlt nach einer guten Landkarte für die Strecke Stuttgart – Lochau unter Vermeidung der Hauptstraßen. Er will seinen «Ausflug» auf idyllischen kleinen Nebenstraßen machen. Vielleicht tritt er ihn doch bald an, wer weiß!

26.9.1944

Mein Herzensmann,

am Morgen amüsierte ich mich in der Straßenbahn über einen jungen Leutnant, der schon in aller Frühe Anschluß suchte und mich – Deine alte Ehefrau! – nicht aus den Augen ließ. Sein Gesicht verdunkelte sich erkennbar, als ich plötzlich «einfach» ausstieg. Ich muß zur Zeit mit der Linie 1 bis Cannstatt und dann mit der 13 nach Feuerbach fahren. Dort aber war heute der Zug weg, ebenso der Bus in Ludwigsburg. Zwei Kolleginnen war es ebenso ergangen, und so versuchten wir, per pedes und per Anhalter nach Marbach zu kommen.
Bald tauchte ein Militärwagen mit zwei Pferden auf, den wir natürlich anhielten. Es regnete in Strömen, und bald saßen wir mit aufgespannten Regenschirmen vorne auf dem Kutschbock. Na, Du kannst Dir etwa die Fahrt vorstellen und ebenso die Unterhaltung, die geführt wurde! Wir kamen aus dem Lachen nicht heraus. Unterwegs wurde an jedem Apfelbaum gehalten, aber leider mußten wir feststel-

len, daß die schönsten Äpfel die sauersten waren. – Nicht weit von Marbach wurden wir abgesetzt.

Den ganzen Tag und noch auf der Heimfahrt gab es etwas zu lachen. Denn im Zugabteil erschien Leutnant Nr. 2, und der machte es ähnlich wie der am Morgen, er suchte Anschluß. Doch das Ende war ein jähes: In Feuerbach kam Leutnant Nr. 3 auf mich zu, grinste über das ganze Gesicht und sagte: «Grüß Gott, Erika!» Arnold, der Bruder von Irene, stand vor mir, frisch und gut gelaunt wie immer. Er befand sich auf der Durchreise nach Berlin. Unterwegs machte er natürlich auch seine Sprüche. Er läßt Dich grüßen.

Ein Brief ist heute leider wieder nicht gekommen. Das war der erste Dämpfer auf meine gute Laune. Und jetzt steht schwarz die Nacht ums Haus. Mir ist immer, als richte sie wirklich tausend schwarze Augen auf mich.

27.9.1944

Du meine liebe Frau!

Es ist ein sehr dunkler Brief, der vor mir liegt, liebe Erika, und doch ist er mutig und entschlossen. Nichts möchte ich, als Dir helfen, Deine Sorgen zu mildern. Es ist wie Du sagst, wir spüren jetzt, wie es ist, wenn man sich so sehr ans Leben klammert – ist doch das Leben, unser Leben schön geworden wie nie zuvor, und gleichzeitig wird es von außen so stark bedroht! – Trotz allem, sagten wir nicht einmal, daß wir so Schönes erlebt haben, daß es sich gelohnt hat, zu leben? – Aber das Leben ist stark und mächtig, immer wird es uns in seinem Bann halten. Tief, tief in meinem Herzen leuchtet die Sonne, und da ist gute, starke Zuversicht! Ich glaube felsenfest an unsere Waldwiese und an die Verwirklichung unserer goldenen Träume. Ach, dürfte ich nur einmal beginnen, und wenn es aus dem Nichts heraus wäre, für unsere Zukunft zu arbeiten und für uns einen Ort zu suchen, eine Insel des Friedens, von der aus wir wirken könnten.

28.9.1944

Herzensmann!

In den Straßen wurde heute durch Lautsprecherwagen bekanntgegeben, daß man innerhalb von sechs Minuten im Bunker sein müsse, sonst könnte es im Ernstfall nicht reichen. So weit sind wir nun schon!
Als ich heute abend allein vom Bahnhof nach Hause ging, genoß ich es, ungestört meinen Gedanken nachgehen zu können. Die Abendsonne schien noch warm vom klaren Himmel; nur einige Wolken waren zu sehen, gesäumt mit goldenen Rändern. – Als ich am Theater vorbeikam, saß auf einem Mauerrest ein Mann, der die Ruinen zeichnete. Was ihn wohl dazu bewogen hat? Die Trümmer des zerstörten Gebäudes stachen schwarz vom blauen Himmel ab.
Unweit davon begegnete mir wieder das Wunder der Natur: Bäume, die nach ihrer Zerstörung nun zu blühen beginnen. Auch in verwüsteten Gärten kann man weiße Fliederblüten sehen. Will die Natur uns zeigen, wie man auf Brutalität antwortet?
Auch ein Kaminfeger ist mir dort begegnet. Kannst Du Dir vorstellen, wie komisch der wirkte – in einer Stadt, in der es gar keine Kamine mehr gibt?

Telegramm 28.9.1944

Eintreffe auf kurzen Besuch – Gruß Theo

1.10.1944

Herzensmann,

Du hast mir gestern mit deinem Telegramm einen nicht geringen Freudenschreck verursacht! Seither warte ich nun und warte und horche auf jeden Schritt auf der Straße. Ich glaube, ich habe in meinen ganzen Leben noch niemals so viele Straßenbahnen kommen

> **Deutsche Reichspost — Telegramm**
> 5659 ZINGST DARSS 2 11 28 1730 = DOPPEL =
> ERIKA BELTLE LITZMANNSTR 5 STUTTGART =
> Amt Nürnberg
>
> EINTREFFE AUF KURZEN BESUCH = GRUSS THEO + 5 +

hören wie heute! Und wieviele Tage mag das wohl noch so gehen? Weil ich dem Glück erst traue, wenn ich Dich in meinen Armen halte, darum schreibe ich trotzdem! Schon einmal hörte ich nach Deiner Urlaubsankündigung damit auf – und Du bist nicht gekommen.

Wäre ich nicht schon eine so gesetzte Ehefrau, ich wüßte jetzt bestimmt nicht mehr, was ich vor einer Minute zu tun beabsichtigt hatte, so aufgeregt wäre ich. Aber nun arbeite ich natürlich ganz konzentriert, um ja alles bereit und gerichtet zu haben, bis der Mann meines Herzens eintrifft. Waschen, Bügeln, Putzen, Flicken, Backen, das war meine gestrige und heutige Beschäftigung.

Herzensmann, bist Du Dir bewußt, daß ich Dein Kommen vorausgespürt habe? Ich schrieb es Dir. Auch die Orakel würden stimmen, wenn Du wirklich einträfest ... Ach, wärst Du schon da!

2.10.1944

Liebster,

welchen Höllenqualen setzt Du mich aus! Seit über zwei Tagen warte ich, warte, warte, warte ich! Jeder Straßenbahn lausche ich, jedem Schritt auf der Straße. Wenn es läutet, erschrecke ich freudiggespannt, aber Du warst es nicht!
Langsam beginne auch ich die Hoffnung aufzugeben, nachdem mir jeder einredet, es sei bei Dir etwas dazwischengekommen. Hättest Du mir wenigstens telegrafiert, wann Du abfährst! Nun hänge ich in der Luft wie ein Verbrecher am Strick. In der festen Zuversicht, daß Du heute eintreffen wirst, fuhr ich nicht nach Marbach; das gibt natürlich einige Schwierigkeiten. – Leider ist mein inneres Gefühlsorakel völlig durcheinander und nicht mehr zu befragen. Denken kann ich auch nichts Vernünftiges mehr und noch weniger etwas Gescheites schreiben!
Hoffentlich erlöst mich Dein Kommen doch noch aus diesem Zustand!

Telegramm 2.10.1944
Von Augsburg mit Post befördert

Ankomme Mittwoch Donnerstag Brauche Pullover Anorak Schuhe Theo

10.10.1944

Du mein lieber Mann,

wenn Du diesen Brief in Händen hast, dann sind schon wieder viele Tage drüber hingegangen, daß wir Abschied genommen haben. Aber während ich ihn schreibe, bist Du noch kaum eine Stunde von mir gegangen, und ich weiß Dich im Zuge sitzend, der Dich immer weiter und weiter fort von mir trägt. Noch fließen die Tränen, aber ich will durchhalten! Herzensmann, das will ich ganz fest!

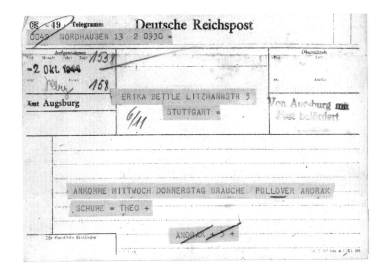

11.10.1944

Mein herzlieber Mann,

noch spüre ich Deine liebe Nähe auf Schritt und Tritt, und ich habe noch nicht das Empfinden des Alleinseins, das so traurig macht. Auch Dein Antlitz steht ganz klar vor meinem inneren Auge, und hättest Du vor einigen Minuten zärtlich zu mir «liebs Fraule» gesagt, Deine Stimme könnte mir nicht stärker vorstellbar sein.
Diesmal bin ich irgendwie zuversichtlicher. Ich glaube daran, daß Du wieder zu mir kommen wirst. Einmal wird uns doch die Waldwiese blühen! Und wenn wir dann einmal unseren ganzen Erdenweg ausgewandert haben werden, dann erst finden wir die letzte selige Verschmelzung.
Auch darauf freue ich mich, ich könnte es nicht leugnen! Aber vorher wollen wir viel, viel Sonne sammeln auf unserer Waldwiese, damit vielleicht auch die Welt ein wenig reicher dadurch werden kann.

Stralsund, 12.10.1944
Mitternacht

Herzliebs Fraule,

immer noch nicht bin ich am Ziel angelangt. Es ist eine lange Fahrt, aber ich habe sie ganz gut überstanden. Morgen früh bin ich in Zingst. Hier sitze ich sieben Stunden im Wartesaal. Nach meiner Ankunft in Leipzig blieb ich dort im Bahnhof, davon auch eine Stunde im Luftschutzkeller. Frühmorgens fuhr ich nach Halle.

In den langen Stunden im Zug gingen meine Gedanken, liebe und ernste, immer zu Dir. – Immer wieder, Erika, fühle ich mich neu gestärkt und gefestigt – auch das ist mir eine Quelle der Beglückung. Auf allen Wegen bist Du mir Kraft, die mir unaufhörlich zuströmt. Du mein Alles, wie liebe ich Dich, und wie sehr habe ich den Wunsch, Dich immer mehr und stärker zu lieben.

In den besonderen Stunden, die wir erlebt haben, meinte ich, eine lange, lange Trennung vom geliebten Menschen und meine nimmermüde, ewige Suche nach ihm zu spüren. Ging sie zu Ende, als ich Dich – wiederfand? Dieses Gefühl ist mir so bekannt, daß ich glaube, es schon durchlebt zu haben. Erinnerst Du Dich noch des Buches *Das Schwert von Thule*, das mich in frühen Jahren so stark erschüttert hat? Es handelt vom hohen Lied der Treue – und ich glaube, daß Treue meine vornehmste Tugend ist. Ich vermag gar nicht anders, als treu zu sein; anderes verstehe ich nicht.

12.10.1944

Mein Herzensmann,

wieder habe ich Dich heute auf allen Wegen mit meinen schützenden Gedanken begleitet, und ich habe das starke Gefühl, es wird Dir nichts geschehen und Du wirst in nicht zu ferner Zeit wieder bei mir sein. Im Zimmer steht noch der Herbststrauß, aber die goldenen Blätter sind braun geworden und fallen ab.

Alles Irdische vergeht in der Raumeswelt, in der geistigen aber ist es doch nicht ausgelöscht. So ist es mir auch ganz selbstverständlich, daß wir an all unseren Erinnerungen einmal wieder vorübergehen müssen – oder dürfen, wie man es nimmt.

13.10.1944

Mein liebs Fraule,

nun bin ich wieder glücklich in Zingst gelandet beim alten Verein und habe keine Veränderung vorgefunden. Ich wurde auch nicht unnütz nach meinem langen Verbleib gefragt – es bleibt also dabei, daß ich auch ferner hier bleibe.
Und hier fand ich Deine lieben Briefe – eine ganze Menge, und ich las und las Deine lieben Worte, die alle zu meinem Herzen drangen und die alle dort aufbewahrt werden.
Auch ein Päckchen fand ich vor, mit vielen verfaulten Birnen – man kann geradezu von einem «toten Hund Nr. 2» reden! Schade drum. Übrigens waren auch die Birnen, die ich selbst mitnahm, schon am nächsten Tage weich, ich mußte sie sofort aufessen. Dagegen haben sich die Äpfel gut gehalten. Du kannst mir also gelegentlich ruhig mal einige harte Äpfel schicken, am besten per Expreß.
Heut abend haben wir zusammen die Flasche Rotwein geleert – es war eine recht gemütliche Plauderstunde. Nur bin ich leider um die Zeit gekommen, Dir zu schreiben. Es ist schon fast 12 Uhr, und nachdem ich die letzten Nächte keinen Schlaf hatte, muß ich bald ins Bett kriechen. – Übrigens brachte mir Freimut (der Ingenieur) Deine Briefe entgegen und sagte mir, daß Du eine sehr sympathische Schrift habest. – Er war ja in Urlaub gewesen, und nun 2 Tage vor mir zurückgekommen. Ich habe den Eindruck, daß ich ihm ziemlich viel bedeute und daß ich ihm in einer Hinsicht sogar helfen kann. Z.B. wollte er heut abend ins Kino gehen, als ich aber ablehnte, hatte er plötzlich auch keine Lust mehr und blieb bei mir, um zu plaudern. Er will übrigens auch Mokatschio einst auf seiner Reise begleiten.
Es bedrückt mich, daß Du wieder so lange auf Post warten mußt und daß Du so allein in der «eisigen» Litzmannstraße bist. Es wäre viel

besser, wenn Du hier sein könntest. Und wie geht es Dir sonst? Ich warte so sehr auf Deine Briefe. Den Du mir mitgabst, öffne ich erst morgen, wie Du wünschtest – es kostete mich eine große Überwindung, so lange zu warten. –
Mein liebes Herz, alle meine Wünsche und zärtlichsten Gedanken gehen zu Dir – es küßt Dich
Dein Theo

13.10.1944
Mein Herzensmann,

in den vergangenen Tagen wurde mir einmal wieder deutlich, wie unser Leben doch hauptsächlich auf Warten beruht. Man kann es ja, je nachdem, auch in Erwarten wandeln. Immerzu wartet man auf etwas. So geht das ganze Leben dahin. Und was war dann zuletzt das ganz groß Erwartete – von sich, von der Welt? Jedenfalls wurde mir deutlich, daß man auch heute die Tage nicht ver-warten darf, sondern sie bewußt gestalten sollte. Aber wer bringt das wirklich fertig? Gleich meldet sich dann das sehnsuchtskranke Herz und behauptet, für all das viel zu müde zu sein, und flattert fort, dorthin, wo es zu Hause ist.
Auf der Heimfahrt im Zug habe ich heute lange hinausgeträumt. Der Himmel hing grau überm Land, und überall sah man die Kartoffelfeuer rauchen. Das erinnerte mich an die Kinderzeit, wo wir auch in dem kleinen Feuer die ersten Äpfel brieten und uns daran wärmten. Aus diesen Erinnerungen schreckte mich im Vorbeifahren ein Zug, vollständig fensterlos und zerschossen; er war zwischen Marbach und Ludwigsburg angegriffen worden. Viel wird hier wieder vom Sieg und von neuen Waffen gesprochen, in vier Wochen soll der Feind geschlagen sein ...

Freitag, 13.10.44

Mein lieber Frauke,

nun bin ich wieder glücklich in Zingst gelandet bei dem alten Verein und habe keine Veränderung vorgefunden. Ich wurde auch nicht unnütz nach meinem langen Verbleib gefragt — es bleibt also dabei, dass ich auch ferner hier bleibe.

Und hier fand ich Deine lieben Briefe — eine ganze Menge und ich las und las Deine lieben Worte, die alle in meinem Herzen drangen und die alle dort aufbewahrt werden.
Auch ein Päckchen fand ich vor, mit vielen verfaulten Birnen — man kann geradezu von einem „toten Hund Nr. 2" reden! Schade drum. Übrigens waren auch die Birnen, die ich selbst mitnahm schon am nächsten Tage weich, ich musste sie sofort aufessen. Dagegen haben sich die Äpfel gut gehalten. Du kannst mir also gelegentlich ruhig mal einige harte Äpfel schicken, am besten per Express.

Heut abend haben wir zusammen die Flasche Rotwein geleert — es war eine recht gemütliche Plauderstunde. Nur bin ich leider um die Zeit gekommen, Dir zu schreiben. Es ist schon fast 12 Uhr und nachdem ich die letzten Nächte keinen Schlaf hatte, muss ich bald ins Bett kriechen. — Übrigens brachte mir Freimut (der Ingenieur) Deine Briefe entgegen und sagte mir, dass Du eine sehr sympathische Schrift habest. — Er war ja in Urlaub gewesen, und um 2 Tage vor mir zurückgekommen. Ich habe d Eindruck, dass ich ihm ziemlich viel bedeute und dass ich ihm in einer Hinsicht sogar helfen kann. Z.B. wollte er heut abend ins Kino gehen, als ich aber ablehnte, hatte er plötzlich auch keine Lust mehr und blieb bei mir um zu plaudern. Er will übrigens auch Moccatulio einst auf seiner Reise begleiten.

Es bedrückt mich, dass Du wieder so lange auf Post warten musst und dass Du so allein in der „eisigen" Litzmannstrasse bist. Es wäre viel besser, wenn Du hier sein könntest. Und wie geht es Dir sonst? Ich warte so sehr auf Deine Briefe. Den Du mir mitgabst, öffne ich erst morgen, wie Du wünschtest — es kostete mich eine grosse Überwindung, so lange zu warten. — Mein lieber Heinz alle

14.10.1944
Herzliebste Du,

wenn ich Deinen lieben Brief lese, dann kommt mir die Stunde des Abschieds so lebhaft in Erinnerung, daß die Wunden des Herzens alle wieder aufbrechen und ich mein Haupt stützen muß, um meine Augen vor fremden Blicken zu verbergen.
Die ersten Tränen, die ich seit meiner Kindheit vergoß – aber ich schäme mich ihrer nicht. Wie weh war es mir zumute, als ich in der dunklen Straßenbahn von Dir wegfuhr!
So gerne möchte ich jetzt Deine Gedichte haben, um in ihnen zu lesen. Erika, es sind wirklich Kostbarkeiten, ich weiß es ganz sicher, ich meine nun für die Welt, nicht nur für mich.

Heilbronn, 15.10.1944, 12 Uhr
Lieber Herzensmann,

da sitze ich nun und versäume bereits den zweiten Tag «umsonst» auf der Bahn! Gestern mittag um 14 Uhr bin ich von zu Hause weggegangen, und um 17 Uhr stand ich immer noch auf dem Bahnhof in Ludwigsburg. Wenn es etwas genützt hätte, hätte ich geheult. Aber so blieb mir eben nichts anderes übrig, als zu warten.
Aber man soll seine Frau nicht alleine reisen lassen. Ein junger Ingenieur, wie sich im Lauf der Fahrt herausstellte, meinte, mir unter allen Umständen die Zeit verkürzen zu müssen, und versuchte alles, um in eine Unterhaltung mit mir zu kommen. Er fuhr auch bis Öhringen. Beim Umsteigen in Heilbronn schleppte er meinen Koffer, das war schon sehr angenehm. Er ist mit einer Amerikanerin verlobt, die interniert ist, und an meiner Hand sah er den Ehering. Der Fall war klar. Dennoch wagte er es, mich eine Station vor Öhringen zu fragen, ob ich nicht Lust hätte, einmal an einem Sonntag nach Göppingen (dort wohnt und arbeitet er) zu kommen zu einem guten Mittagessen und einem Kinobesuch! Er hätte keinerlei Nebengedanken dabei; er denke nicht daran, seine Braut zu betrügen. Ja, so geht's, wenn man

sein Fraule «einfach» allein läßt! Ich habe es ihm natürlich rundweg abgeschlagen. Er könne das ja verstehen usw. usw., aber er habe eben gedacht, daß ich wohl auch viel allein sei; darum sei er über meine Absage auch nicht böse. Er scheint ein tüchtiger Mathematiker zu sein, und er malt auch. Alles in allem ein durchaus sympathischer Mensch. Er besuchte über Sonntag seine Schwester und hoffte nun, daß ich abends mit dem gleichen Zug zurückführe wie er. Ich ließ ihn auf dem Glauben, und fuhr morgens.

Wir kamen anstatt gegen 19 Uhr erst um 21 Uhr in Neuenstein an, und da war es natürlich stockdunkle Nacht. Kein Mensch wußte von meinem Kommen, und ich hatte einen schweren Koffer und eine noch schwerere Tasche zu tragen! Mutterseelenallein machte ich mich also auf den Weg nach Kesselfeld. Du kennst ja die Strecke! Unterwegs begegnete mir kein Mensch.

In Kesselfeld waren sie bereits schlafen gegangen. Mutti bekam noch nachträglich einen Schreck, als sie mich so spät ankommen sah. Na, ich lebte ja noch. – Unterwegs sah ich übrigens einmal zwei, dann ein drittes Leuchtkäferchen. Ich vergaß alle Angst und stellte mein Gepäck ab, um sie näher betrachten zu können. Aber sofort erlosch das Laternchen. Kaum war ich weg, strahlte es wieder in die Nacht hinein.

Von Mutti und allen Kesselfeldern soll ich Dich vielmals grüßen! Wie schön ist es jetzt dort! Der Laubwald ist golden und rot, dazwischen stehen Gruppen von dunkler Tannen. Auch die Birnbäume haben viele rote Blätter und die Äpfel in den Zweigen rote Backen. Immer wieder fällt einer raschelnd zur Erde.

Heute bin ich von Waldenburg aus gefahren. Mutti hat mich begleitet und wartete dann, bis der Zug kam. In Heilbronn geht es erst um 14 Uhr weiter. Wenn ich Glück habe, bin ich dann um 17 Uhr in Stuttgart.

19.10.1944

Herzensmann, lieber,

heute bin ich leider ohne Brief ausgegangen. Da hab ich eben meine Gedanken auf die Reise geschickt, und sie wanderten seltsamerweise nach Freudenstadt. Plötzlich stand ganz deutlich das Sägewerk im Tal vor meinem inneren Auge und der weiße, nasse Schnee, die schwerbeladenen Äste der Tannen, das schöne Hotel … Der Urlaub in Freudenstadt war doch auch sehr nett gewesen – unser erster! Läßt man die verschiedenen Urlaube an sich vorüberziehen, haben sie alle eine andere Farbe und Stimmung. Das kam nicht nur durch die andere Umgebung und die andere Jahreszeit – wir selbst waren jedesmal ein wenig anders geworden; stets kam eine neue Saite zum Erklingen. Welcher Klang mag uns einmal, wenn wir steinalte Leutchen geworden sind, als der schönste in Erinnerung geblieben sein?

20.10.1944

So weit bin ich gestern abend gekommen, dann war Hauptalarm, und es folgten die beiden furchtbaren Angriffe! Inzwischen hast Du ja sicher mein «Lebenszeichen» oder ein Telegramm von mir erhalten. – Ja, Herzensmann, diesmal hat es also die beiden Betriebe getroffen, sie sind total zerstört, und nichts konnte gerettet werden. In der Litzmannstraße sieht es auch schlimm aus. Wir selber hatten ganz großes Glück, denn rings ums Haus liegen ausgebrannte Brandbomben, kaum einen Meter entfernt! Auch Baumanns Haus brannte, konnte aber mit Vaters Hilfe gerettet werden. Das Haus gegenüber ist ganz zerstört. Doch ich will Dir nicht alle Schäden aufzählen, wir hatten jedenfalls unwahrscheinliches Glück.
Aber der Betrieb! Es ist einfach furchtbar, doch Vater ist viel ruhiger und gefaßter als beim letzten Brand. Ich kann mir das nur so erklären, daß es ihn innerlich so stark getroffen hat und er wie betäubt ist, aber daß er keinesfalls seinen Schmerz zeigen will.
Herzensmann, wie wirst Du wohl gebangt haben, bis Du von mir

hörtest! Vater will morgen ein Telegramm an Dich senden, um Dich kommen zu lassen. Ach, ich glaub noch nicht, daß es gelingen wird. Jetzt fällt schon die Dämmerung auf den inzwischen fast blutrot gefärbten Wald, und natürlich leben wir wieder ohne Licht, Wasser und Gas. Es ist etwa alle 2 bis 4 Stunden Alarm, wir sind ständig auf dem Weg vom und zum Bunker.

20.10.1944
Du meine liebe Frau!

Ich war heute abend im Kinosaal hier in der Kaserne und sah «Wildvogel», ein mittelmäßiger Liebesfilm. Dennoch war er durch seine Problemstellung etwas anregend, und Freimut und ich kamen darüber in eine Unterhaltung.

Das waren zwei Typen, die beide ins Extrem fielen; der eine vertrat reine Sinnlichkeit, der andere die gemeinsamen Interessen. Wieder dachte ich an die große wunderbare Liebe, die wir erleben dürfen und von deren Möglichkeit die wenigsten etwas ahnen.

Auch Freimut ist, wie ich heraushören konnte, nicht restlos glücklich. Ihm fehlte wohl auch nur die Frau, die aus ihm «etwas machen» könnte – so, wie Du mir gefehlt hast. Natürlich nur in seinem tiefsten Innern hegt er Zweifel, und er sagt, daß eine Ehe nach den ersten Jahren nicht mehr durch die Liebe, sondern durch die Kinder zusammengehalten werde. Ich höre eine leise Melancholie aus ihm, und er tut mir leid. Ich glaube, er beneidet mich auch und sagt, er müsse Dich unbedingt einmal sehen.

Lebenszeichen von Erika, 20.10.1944

Alle gesund. Fabrik zerstört. Schreibe nach Stuttgart.
Herzliche Grüße Erika

Lebenszeichen von Erika, 21.10.1944:

Haus unbeschädigt. Fabrik zerstört. Vater braucht Dich dringend.
Grüße Erika

21.10.1944

Mein Herzensmann!

Heute ist Robert zu Irene gefahren für eine Woche – und in letzter Minute sagte er mir, daß er Dich bitten wolle, die Patenschaft zu übernehmen. Du und Doris!
Ich habe Robert noch ein Telegramm und eine Eilkarte mitgegeben an Dich. Hoffentlich kann er sie irgendwo aufgeben.
Nun hoffe ich, daß Vater von der Ortsgruppe eine Bescheinigung erhält über den Totalschaden, um damit einen Urlaub für Dich zu erreichen. Die Züge fahren nur ab Kornwestheim und Fellbach bzw. Untertürkheim. An eine Fahrt nach Marbach ist also vorläufig nicht zu denken.

21.10.1944

Mein lieber Herzensmann,

denk, ich schreibe Dir beim Schein – einer Kerze, meinst Du, nein beim Schein unserer Stehlampe, denn wider Erwarten war heute mittag plötzlich wieder Strom da! Daß ich den Brief mit diesem Ereignis beginne, sagt Dir, wie groß die Erleichterung und die Freude darüber war! Nun sieht die Welt schon wieder etwas froher aus – zumal auch wegen des Telegramms, das von Vater heute an Dich abging. O, wenn mein Gefühl auch diesmal richtig wäre und Du tatsächlich bald kommen würdest! Allerdings, daß der Anlaß ein so trauriger ist, das schmerzt mich sehr. – Vater tut mir so von Herzen leid! Es ist bestimmt für ihn nicht viel anders, als wenn ein Kind gestorben wäre. Darüber wird er wohl nie ganz hinwegkommen. Das Büro soll nun nach Westheim verlagert werden.

Deutlich schreiben!

Lebenszeichen von Belke Erika
(Zuname) (Vorname)

aus Stuttgart O Litzmannstr. 5
(Ortsangabe) (Straße)

Datum: 20.10.44 (Inhalt zugelassen höchstens 10 Worte Klartext)

Alle gesund. Fabrik zerstört.
Schreibe nach Stuttgart! Herzliche Grüße
Erika.

Deutlich schreiben!

Lebenszeichen von Belke Erika
(Zuname) (Vorname)

aus Stuttgart O Litzmannstr. 5
(Ortsangabe) (Straße)

Datum: 31.10.44. (Inhalt zugelassen höchstens 10 Worte Klartext)

Haus unbeschädigt. Fabrik zerstört.
Vater braucht Dich dringend. Grüße Erika.

Cannstatt ist diesmal furchtbar mitgenommen. Die Rosensteinbrücke hat einen Volltreffer bekommen und liegt im Wasser.

24.10.1944

Meine liebe Erika!

Heute erreichte mich Dein Telegramm aus Lochau, worin Du mir mitteilst, daß beide Betriebe total zerstört sind. Nun ist es eingetreten, was wir lange befürchtet haben! Obwohl ich mich längst mit diesem Gedanken vertraut gemacht habe, ist es doch sehr bitter, daß es nun vollendete Tatsache ist. Wie hat es wohl Vater aufgenommen? Für ihn muß es ja viel schrecklicher sein, da es seine Lebensarbeit, sein Alles ist. Er hat ja sonst nichts. Er tut mir ja so leid, und mehr als je bin ich ihm verpflichtet.

Nun muß ich sehen, daß ich bald kommen kann. Morgen früh werde ich gleich mit dem Hauptmann sprechen. Ich hoffe zwar, daß ich schon bei Dir bin, ehe Dich dieser Brief erreicht. Als Du kürzlich schriebst, daß ich sicher bald wieder kommen würde, hatte ich gleich den Gedanken, daß dies aufgrund von Bombenschäden sein könnte.

24.10.1944

Herzliebster,

heute bin ich nach der überaus anstrengenden Bahnfahrt nach und von Marbach leider ohne Brief ausgegangen. Und ein Brief von Dir wäre doch mein einziger Trost gewesen! Die Fahrerei war tatsächlich grauenhaft. Bis zum Bahnhof mußten wir selbstverständlich zu Fuß gehen; von dort gibt es dann einen Bus bis Feuerbach. In Ludwigsburg aber war unser Werkomnibus nicht mehr zu sehen. Glücklicherweise war es allen weiblichen Mitgliedern des G.K. ebenso ergangen. Da haben wir zuerst einmal zusammen gefrühstückt, bevor wir losmarschierten. Unterwegs nahm uns ab und zu ein Auto ein Stück weit mit, und so kamen wir schließlich, da wir viel gelacht hatten trotz allem, gutgelaunt in Marbach an.

Abends ging es auf die gleiche Wiese nach Stuttgart; um 19.30 Uhr war ich zu Hause. Vater, der heute nach Westheim fuhr, ist noch nicht zurückgekommen. Er tut mir so leid, nicht nur der Verlust, die ganzen Verhältnisse gehen fast über seine Kraft. Es wäre wirklich notwendig, daß Du kommst!

25.10.1944

Mein Herzensmann,

nun erhielt ich heute Deinen lieben Brief vom 20.10., dem grauenvollen Schreckenstag des Angriffs bei uns. Und weißt Du, wo Du Dich befandest, während Brand und Tod um uns tobten? Im Kino, in «Wildvogel»! Und dabei hat mein Mann nicht gefühlt, in welcher Gefahr sich seine Frau befindet? Und daß sein Betrieb ausbrannte? Ja, mein Mann hat wirklich ein dickes Fell, das sieht man! Nein, Liebster, glaub nicht alles, was Dein Fraule schreibt, es stimmt nämlich nicht ganz! Du hast gerade an diesem Abend besonders stark Deine tröstenden, starken Gedanken zu mir geschickt! Dennoch bin ich davon überzeugt, daß ich es stärker fühle, wenn Dich etwas bedrückt. Damals bei der Arrest-Geschichte (ich wußte noch nichts von ihr) wurde ich den Druck auf meiner Seele einfach nicht los, obwohl ich keinen unmittelbaren Grund dafür sah. Hier muß ich immer an meine Mutter denken, die ganz besonders aus der Ferne mitempfand, was mich bewegte. Sie konnte mich oft fragen, ob ich einen Kummer gehabt hätte, was dann auch stimmte.

Deine Unterhaltung mit Freimut im Anschlag an «Wildvogel» war mir sehr interessant. – Ja, die Welt weiß schon etwas von einer geistigen Liebe neben der sinnlichen, aber sie weiß im allgemeinen das noch nicht, was ich schon oft zitierte: «Es gibt noch eine größere Liebe als die nach dem Besitz des geliebten Gegenstandes sich sehnende: die, die geliebte Seele erlösen wollende. Und diese Liebe ist so göttlich schön, daß es nichts Schöneres auf Erden gibt.» Diese Liebe steht weder auf der einen noch auf der andern Seite der beiden Extreme, sondern hoch darüber.

Willst Du Deinem Freimut nicht einmal diese Worte von Morgenstern zitieren, damit er überhaupt erfaßt, was wir erstreben? – Ich weiß übrigens noch recht gut, daß ich sehr jung schon etwas von dieser Liebe ahnte, ganz unklar und nicht mit Worten zu formulieren. Als ich dann dieses Zitat bei Morgenstern fand, traf es mich wie ein Blitz: das ist es!

Die Fahrt nach Marbach war übrigens heute wieder furchtbar, ich mußte acht Kilometer zu Fuß gehen! – Aber in der Frühe hatte ich ein nettes Erlebnis. Ich ging mit meiner Kollegin – es war 6 Uhr früh – in Richtung Bahnhof. Plötzlich stand ein Soldat vor uns und breitete seine Arme aus, so daß ich mir «empört» überlegte, wie ich ausweichen soll. Aber, o Schreck, plötzlich jubelte es: «Fritz!» – «Liesel!» – und dann lag meine Kollegin in den Armen des Soldaten. – Es war ihr Mann, der überraschend aus Italien kam! – Diese Begrüßung war so reizend und so herzerfreuend, daß sie meinen ganzen Tag überstrahlte. Und nun freue ich mich unsagbar, bis ich in Deine Arme fallen werde!

Telegramm 25.10.1944

Ankomme etwa Freitag abend – Gruß Theo

11.12.1944

Du mein lieber Mann,

nun sitze ich also wieder beim letzten Sonnenstrahl eines regennassen Tages über einem Brief an Dich. Lange habe ich mich eben der Novemberstimmung draußen hingegeben.

Ach, kalt ist's Deiner Frau, so recht herzenskalt, nachdem sie nun wieder all die Wärme Deiner Nähe entbehren muß! Und dennoch, ich bin heute weit gefaßter als früher und konnte mich schon ein wenig dareinschicken, daß Du nun wieder so fern von mir bist. Mag seinen Teil daran der arbeitsreiche Tag haben, der hinter mir liegt, und die Befriedigung nach getaner Arbeit.

Ich fühle so etwas wie Galgenhumor über unser Glück mitten in der Sinnlosigkeit dieser Zeit! Ein Wort von Morgenstern will mir einfallen: «Das nenn ich Lebenskunst; fein hinzulächeln übers große Muß.» Ist das nicht die einzige Haltung, mit diesem Leben fertig zu werden?

12.11.1944

Du mein liebes Fraule,

ich hoffe, daß Du Dich nicht erkältet hast bei dem langen Warten auf dem kalten Bahnsteig. Schreib mir, daß es Dir gut geht! Ich sitze jetzt in Rostock fest. Heute früh um 8 Uhr kam ich an, und am Abend um 18.30 Uhr kann ich erst weiterfahren. So bin ich im Wartesaal, von lauter fremden Menschen umgeben «und mein Herz kommt zu Dir». Ganz fühle ich mich eingehüllt von dem warmen Mantel Deiner Liebe, der mich die trübselige Umgebung gar nicht empfinden läßt.

13.11.1944

Mein liebes Fraule,

hoffentlich hast Du meine Briefe von unterwegs erhalten. Hier habe ich alles so vorgefunden, wie ich es verlassen hatte.
Von Dir waren vier Briefe da und von Mutter zwei. Deine Ahnung über mein baldiges Kommen hat sich also wieder als richtig erwiesen! Freimut ist bis Ende November in Berlin, aber ich habe ja sonst viele Bekannte hier, die ich aber nur zum Leben an der Oberfläche brauche. Abends flüchte ich mich in Deine Gefilde. Daß ich mich immer noch inniger mit Dir verbunden fühle, ich begreife es kaum. Würden das Außenstehende verstehen können? Ich glaube es nicht.

14.11.1944

Mein lieber Herzensmann,

heute ist es ein Jahr her, daß wir in Salzburg die Domorgel hörten, Fiakerl fuhren und in seliger Zweisamkeit unsere Verlobungstorte von Doris aßen! Ganz bin ich heute in der Stimmung jener Tage, und immer wieder fallen mir irgend welche kleine Gegebenheiten daraus ein. Deutlich sehe ich die winkeligen Gäßchen vor mir und an der Salzach die Möwen! Leider ist zum Jahrestag noch kein Brief von Dir gekommen. Aber das wäre wohl auch zuviel verlangt gewesen von der Schneckenpost!

Viel haben wir in diesem Jahr gewartet, aber auch er-wartet. Man hofft, man arbeitet, aber wahrscheinlich empfindet man am Ende die Lebensernte doch als sehr mager. Vielleicht muß es so sein, wo käme sonst der Antrieb her, einmal wieder auf diese Erde zurückzuwollen.

29.11.1944

Herzliebste,

wieder hat mich der Zug weit weggebracht von Dir.[*]
Immer mußte ich daran denken, ob Du wohl vom Bahnhof gut nach Hause gekommen bist? Sicher hast Du keine Straßenbahn mehr bekommen! – Ich stand im Gang des Wagens bis Halle, wo ich erst um 3 Uhr nachmittags eintraf. In Berlin kam ich erst um 4 Uhr an, um 10 Uhr früh hätte der Zug eintreffen sollen! Erst um 5.50 Uhr kann ich weiterfahren; so muß ich eben im Wartesaal schlafen! Bis ich am Ziel angelangt bin, werde ich wohl einen ganzen Tag Verspätung haben. Dieses Briefpapier habe ich von einem Soldaten hier eingetauscht gegen eine der guten Zigarren, die ich eingesteckt hatte. Liebs Fraule, bleib mir gesund und sei stark! Denke immer daran, daß ich bald, bald wiederkomme, um für immer bei Dir zu bleiben.

---

[*] Zum zweiten Mal konnte Theo wegen des Totalschadens der Betriebe nach Stuttgart fahren für wohl 8 bis 10 Tage.

30.11.1944
Herzliebste Du,

lange hast Du sicher wieder auf meinen Brief gewartet. Ich wollte von unterwegs nochmal schreiben, hatte aber dann wider Erwarten überall Anschluß. Ich bin also gut am Ziel angelangt, nur bin ich müde. Müde von der langen Reise und müde des Nachdenkens über den gegenwärtigen Sinn des Lebens.
Ob Du noch sehr traurig bist? Ich wurde es doch wieder sehr stark beim Lesen Deiner lieben Briefe, die Du mir nach unserer letzten Trennung schriebst. – Was mich auf dem trüben, matterleuchteten kalten Bahnsteig in Kornwestheim wieder so sehr traurig machte, war der Gedanke, der mögliche Gedanke, daß es das letzte Mal sein könnte, daß wir uns sehen. Obwohl dieser Gedanke nicht in mir wurzelt, tauchte er doch plötzlich auf, gewissermaßen von außen herein. Tief in meinem Innern weiß ich aber, wir werden uns wiedersehen. Du meine liebe Frau, noch stärker will ich an Dich denken, noch voller will ich Dein liebes Wesen in mich einströmen lassen. An allem, was ich denke, fühle und tue, sollst Du Anteil haben. Was wäre mein Leben ohne Dich! Wenn ich daran denke, erschrecke ich tief. Sehr leicht hätte es oberflächlich werden können.
Ich sehe aber auch, daß ich vielleicht noch mehr verlieren muß, um vom alten Leben loszukommen, denn jeder Besitz fesselt mich an das alte Leben. – Nach äußeren Erfolgen strebe ich nicht, sondern ich will Positives schaffen, ich möchte schöpferisch sein und Erkenntnisse gewinnen. Aber welche Übung, welches geduldige Lernen gehört dazu!

30.11.1944
Liebster Herzensmann,

ich schreibe auf unserem Tischchen, und ich muß sagen, je länger es dasteht, desto besser gefällt mir's! Vor allem wohl auch deshalb, weil ich noch immer vor mir sehe, wie Du es auf Deinem Rücken von der Stadt heraufgetragen hast!

So ist es ja fast mit allen Dingen: Wir haben sie lieb, weil irgendeine Erinnerung daran haftet, mag sie noch so harmloser Art sein. Auf diese Weise beginnen wir sogar, die Fehler des andern liebzugewinnen; stimmt's nicht? Bis zu einem gewissen Grad sicher.

Und nun, Du mein einziger Herzensmann, weißt Du, was ich heute noch mit Dir vorhabe? Ich möchte Dir zum Geburtstag gratulieren, ganz, ganz von Herzen! Und mein Wunsch für Dich soll sein, daß wir beide gesund und bald vereint dieses neue Lebensjahr erleben, dann wird sich alles andere schon von selbst erfüllen. Nichts möchte ich sein, als allein Dein Fraule, Dein Geistchen.

1.12.1944

Liebs Fraule,

nun habe ich wieder einen Tag der Arbeit hinter mir, und die Schmerzen des Abschieds lindert die Zeit. Man steht irgendwie auf «höherer Warte» – «ich fühle mein Schicksal, mein Schicksal findet mich ...» Und doch liegt ein Ernst auf mir, den ich wohl erst wieder ablegen kann, wenn ich ganz bei Dir sein darf. Ich kann über die seichten Sprüche und Witze der Menschen nicht mehr lachen – weinen möchte ich vielmehr über sie.

Leider wohne ich jetzt wieder mit zehn anderen auf einem Zimmer, da ist es schwer, sich zu konzentrieren. Unwillkürlich wird man immer wieder ins Gespräch gezogen. Ich muß mir erst wieder einen Platz suchen, wo ich ganz allein mit Dir sein kann. Ob wohl schon eine Nachricht von Mutter aus Freiburg gekommen ist? Ich warte so ungeduldig darauf. Ein Kamerad von meiner Stube ist aus Freiburg, auch er hat noch nichts gehört.

Von Gertrud habe ich wieder einen sehr netten Brief bekommen, ich muß ihn bald beantworten. Sie ist nicht nur Deine, sondern auch meine Schülerin, und zwar in Englisch. Half the letter is written in that language and it certainly is a good exercise. Don't you want to do a little work in that direction?

1.12.1944

Herzensmann, liebster,

zuerst eine erfreuliche und doch auch wieder ernste Nachricht: Mutter ist mit einer anderen Patientin heute morgen ausgehungert, ausgefroren und in Decken gehüllt hier angekommen! Das Sanatorium ist total ausgebombt, und Mutter hat außer dem nackten Leben überhaupt nichts retten können. Alle waren im Keller, in den aber infolge eines Rohrbruchs Wasser eindrang. Das Haus bekam einen Volltreffer und brannte total aus. Zu essen gab es für die Patienten so gut wie nichts, Mutter kam ohne Mantel und ohne alle sonstigen Habseligkeiten an. Die Leute seien bei ihrem Anblick auf der Straße stehengeblieben. Gott sei Dank hat sie sich nicht erkältet.
Der ganze Tag war heute schwierig. So standen wir auch noch nach Geschäftsschluß nahezu eine Stunde wartend auf dem Bahnsteig in Marbach, und zwar in dichtem Nebel, der uns eiskalt in die Kleider kroch. Dabei hörte man die Front so stark, daß alle zuerst dachten, es sei die Flak, die irgendwo in der Nähe schieße. Als ich nach endloser Verspätung zu Hause ankam, hörte ich von der Ankunft Mutters, fand einen Brief von Walter für mich auf Vaters Schreibtisch (!), in dem er nur kurz schreibt, daß er noch keine Feldpostnummer habe («vorn, hinten, rechts, links», überall seien amerikanische Panzer). Kaum war ich oben, gab es Voralarm. Gott sei Dank dauerte er aber nicht allzulange, und wir konnten zu Nacht essen. Anschließend half ich bis 21 Uhr Sophie in der Küche – und nun sitze ich endlich wieder oben bei Dir!
Eine traurige Nachricht kam heute; Nina ist bei dem letzten Angriff in einem Keller ums Leben gekommen! Tage später hat man sie ausgegraben. Es ist, als hätte dieses Mädchen seinen Tod geahnt. Sie selbst bedaure ich eigentlich nicht, denn sollten wir die Toten beklagen? Sie haben es jedenfalls überstanden. – Verzeih meine schwarzen Gedanken – der Tag war heute sehr anstrengend!

2.12.1944

Du meine liebe Frau,

bei einem Kameraden habe ich gestern Nietzsches *Menschliches, Allzumenschliches* gefunden und es mir sogleich entliehen. Auf meine Frage, wie er dazu komme, meinte er, man müsse doch auch einmal wieder etwas für seinen Geist tun. Nun weiß ich genau, daß er deswegen das Buch von zu Hause mitbrachte, weil ich einmal seine seichte Komiker-Literatur verspottet hatte, von der er so begeistert war. – Auch wieder ein kleiner Erfolg, nicht wahr?

Überhaupt finde ich plötzlich, daß ich ein einigermaßen stichfestes Weltbild habe, und mehr noch, daß ich dies auch überzeugend darlegen kann.

Offen gestanden ist das nur durch meine anthroposophischen Studien möglich. Vor allen Dingen habe ich erkannt, daß aller Fortschritt, und damit der Sinn des Lebens, die eigene Vervollkommnung ist. Ebenso habe ich mir den Standpunkt des Karma ganz zu eigen gemacht. Es sind dies wirklich Felsenfundamente, auf denen man stehen kann und auf denen man bauen kann – ein ganzes Leben lang.

In meinem Büro sitzt mir ein Mädchen gegenüber, mit dem ich gelegentlich über die Verkommenheit der Menschen zu sprechen kam aufgrund irgendeines Vorfalles, wie sie ja viel zu beobachten sind. Im Gespräch war aus den Worten des Mädchens herauszuhören, daß es eine große Enttäuschung erlebt hat. Ich sprach dann vom Schicksal und von der Arbeit an sich selbst, und ich konnte sehen, wie es sehr aufmerksam meinen Worten lauschte und wie ihm Tränen in die Augen traten, als ich von meiner lieben Frau sprach. Ich habe das Gefühl, daß dieses Gespräch das Mädchen sehr berührt hat, und bin froh darüber, wenn es ihm ein wenig half und ihm gezeigt hat, daß es auch noch edle Menschen auf der Welt gibt. Es scheint in einer sehr harmonischen Familie aufgewachsen zu sein und empfindet nun die Schlechtigkeit der Menschen besonders stark, man kann schon sagen, mit Entsetzen. Das schrecklichste Erlebnis seien drei Tage in einem großen Mädchenlager gewesen; dort sei ihr erst die Augen aufgegangen. – Obwohl nicht altmodisch, hat das Mädchen doch wenig Selbstbewußtsein, aber es ist strebend.

2.12.1944

Mein liebster Mann!

Heute kam vom Arbeitsamt der Bescheid, daß Sophie ab 5.12. woanders arbeiten muß und daß das Beschäftigungsverhältnis ab diesem Tag als gelöst zu betrachten ist. – Das eröffnet nun eine ganz neue Perspektive, und mich dünkt, eine gar nicht so ungünstige für Mutter.

Zum Fall Freiburg ist noch interessant: Der große Nervenarzt hat nach der Zerstörung seines Lebenswerkes einen Nervenzusammenbruch bekommen und wurde von seiner Gattin im Auto fortgebracht. Die Patienten wurden ohne alle Ausweise heimgeschickt, auch ohne Kleidung, Essen, Marken, Geld! Mutter hat alles verloren.

3.12.1944

Mein liebes Fraule,

der Sonntag, der zwar hier von keinem anderen Tag unterschieden werden kann, ist nahezu vorüber. Das Wetter ist kalt und regnerisch, sonst wäre ich noch an die See gegangen, um sie einmal wieder zu sehen, die ewig wechselnde.

Du warst heute wohl bei Gertrud oder sie bei Dir? Aus einem Brief weiß ich, daß ihr heute das zehnjährige Jubiläum feiern wolltet. Wir beide erwarten erst noch das fünfjährige!

Erst jetzt sehe ich die weltweite Bedeutung der Anthroposophie, und ab jetzt gehöre ich selbst vollständig und unbedingt dazu. Ich könnte mir sogar gut vorstellen, mich ihr ganz zu verschreiben oder mindestens in ihrem Sinne naturwissenschaftliche Studien zu treiben. Heute bin ich begeistert!

Und nun möchte ich gerne meine eigene Schulung weitertreiben, aber wie am günstigsten? Nun, ich muß mich in dieses Problem versenken, vielleicht finde ich selbst, was mir da am besten nützt.

Fraule, und nun möchte ich Dir einen Kuß geben und Dich ganz fest in meine Arme nehmen! Ich weiß, wir sind uns jetzt noch näher, als wir uns jemals waren; trotzdem sage ich, noch näher werden wir uns kommen! Wie herrlich ist diese Welt, und wie schön ist es, Mensch zu sein! Ich grüße Dich – jubelnd!

3.12.1944

Herzensmann, liebster,

gestern habe ich gebacken und Dein Weihnachtspäckchen gepackt. Ich hoffe, daß es trotz des Überschreitens des Absendetermins rechtzeitig in Deine Hände gelangt. Heulen hätte ich mögen, weil so wenig hineingeht; deshalb machte ich auch zwei Päckchen, damit ich zweimal Übergewicht schmuggeln kann.
Aber ich bin traurig darüber, daß ich Dir außer diesem Backwerk gar nichts schicken kann! Wöge die Liebe, die hineingebacken ist, dann würde das Päckchen von vornherein nicht angenommen. Aber so kennst nur Du das wahre Gutsles-Gewicht!

4.12.1944

Liebs Fraule,

eine große Freude erwartete mich heute: Dein erster Brief! Hab vielen herzlichen Dank für Deine lieben Worte! Wie wohl hat es meinem Herzen getan, wieder von meinem Fraule zu hören.
Du erwähnst einmal, daß alle Jahrgänge ab 1920 eingezogen werden sollen. Ist es demnach wahrscheinlich, daß Du auch geholt wirst? Was läßt sich denn dagegen tun? Mein Fraule darf einfach nicht zur Wehrmacht! Aber ich hoffe, daß zuvor der Krieg zu Ende ist.
Eben habe ich Deinen Jubiläumsbrief zum Verlobungstag in Händen. Ja, wir haben einen weiten Weg inzwischen zurückgelegt, aber er war, trotz aller Entbehrungen und Trennungen, schön! Wenn ich an unsere Salzburger Tage denke, höre ich immer die Worte:
«So a verliabts Paarl!», und damit komme ich wieder ganz in die erwartungsfrohe Stimmung, in der wir uns damals befanden und in der

wir eigentlich bisher gelebt haben und leben. Erwartungsfroh – welch ein schöner Zustand ist das doch, nicht wahr?

4.12.1944

Mein Herzliebster,

denk Dir, heute kam Dein erster Brief an, vom 29.11., aus Berlin! Augenblicklich gibt es jeden Tag etwas Neues. Heute nachmittag kreisten bei Voralarm sechs Flugzeuge ständig über Marbach, da wurde es uns doch langsam ungemütlich. Schließlich stießen sie im Sturzflug herab und schossen mit Bordwaffen. So nahe hab ich noch niemals M.G.-Feuer gehört, und ich dachte daran, daß so etwas in nächster Zeit vermutlich öfter geschehen würde. Bomben sind in Marbach nicht gefallen, aber anscheinend in Kornwestheim und Ludwigsburg vereinzelt, ebenso heute abend in Stuttgart. Vermutlich kann ich morgen daher nicht nach Marbach fahren.
Und nun die Hauptneuigkeit: Vater war wegen Sophie auf dem Arbeitsamt. Er hat es schließlich erreicht, daß Sophie wenigstens bis Ende Januar hierbleiben kann. Die Dame auf dem Amt sagte nun, daß sie mich freibekommen könnte, da Versicherungen nicht kriegswichtig seien! Soll ich nun den Vorstoß wagen und zu Hause bleiben? Einesteils hätte ich ja große Lust, andernteils fürchte ich mich auch gewaltig davor, denn es wird zweifellos nicht leicht sein.
Schreibe mir bitte umgehend, wie Du über diese Sache denkst. Immerhin wäre es eine Möglichkeit, vom Geschäft freizukommen. Wenn ich den ganzen Tag zu Hause wäre, hätte ich wohl doch mehr Zeit für mich. Vater selbst wäre es sehr recht, wenn ich im Hause bliebe, aber er stellt es mir doch frei, wozu ich mich entscheiden will.
Nun ist natürlich die große Frage, wie sich mein Chef zu allem stellt. Ich weiß ja, daß er es von vornherein abschlagen wird. Es durchzusetzen, würde bittere Kämpfe kosten, vor denen ich mich fürchte. Aber wer nicht wagt …

5.12.1944
Du mein herzliebster Mann!

Wenn heute kein Alarm kommt, habe ich wirklich einmal Zeit und Ruhe, Dir zu schreiben, Du mein lieber Geburtstagsmann! Zuerst nimm meinen ganzen Herzensdank für Deinen ersten Brief nach Deiner Ankunft, für all Deine lieben Worte!
(Puh, draußen kreist gerade unablässig ein Flugzeug, das ist sehr ungemütlich! Das Motorengeräusch ist immer in gleichen Abständen lauter und leiser zu hören. Hoffentlich geht es ohne Alarm ab!)
Heute habe ich mir lange Zeit darüber Gedanken gemacht, wie ich mich entschließen soll: den G.K. verlassen und hierbleiben, oder dort vollends ausharren ... Ich bin tatsächlich noch ganz unentschieden, was ich tun soll. Besprechen muß ich das ja bald mit meinem Chef, weil der Prozeß sicher ein langwieriger ist. Es berührt mich seltsam, daß es in den letzten Jahren immer Anfang Dezember für mich etwas Umwälzendes gibt, etwas, das mir viel Nachdenken verursacht!
Heute nacht, das hat sich nun inzwischen herausgestellt, wurde nicht Ludwigsburg und Kornwestheim, sondern Heilbronn angegriffen, so daß also am Morgen unser Zug gefahren ist. Nun hatte ich mir aber vorgenommen, am kommenden Samstag nach Kesselfeld zu reisen von Marbach aus. Ob das möglich ist, nachdem Heilbronn so stark beschädigt wurde, weiß ich ja nun nicht. Aber ich werde schon irgendwie hinkommen, es muß sein. Mutti wartet sehnsüchtig auf ihre Tochter, und ich selbst freue mich auf meine Mutti auch recht sehr. Heute früh, als ich aus dem Haus trat, fiel eine Sternschnuppe und Dir galten all meine Wünsche! Ist das nicht hübsch an Deinem Geburtstagsmorgen?

6.12.1944
Mein Herzensmann,

gestern kam ein Aufruf in der Zeitung zur freiwilligen Meldung zum sogenannten Wehrmachts-Helferinnen-Corps, oder wie die neuen

Frauenregimenter heißen! Ich bin gespannt, wann wir alle noch kurzerhand zur Flak kommandiert werden! Vielleicht treffen wir uns dann einmal wieder an irgendeinem Ende der Welt!

Inzwischen war Voralarm, und ich habe währenddessen zu Nacht gegessen. Gott sei Dank hat es wieder entwarnt. Wenn es allerdings wie gestern geht, haben wir bis Mitternacht einen Voralarm am andern. Du kannst Dir nicht vorstellen, wie schlaftrunken ich daher bin!

7.12.1944

Du meine Herzensfrau,

hab tausend Dank für Deinen lieben Brief vom 1.12., der heute eintrudelte. Wie froh machte es mich, Deine lieben Worte zu lesen, und beim Lesen höre ich geradezu Deine Stimme.

So ist Mutter also zu Hause eingetroffen, die Ärmste, so Schweres mußte sie durchstehen.

Und Nina ist tot – ihre Mutter wird nun vergebens auf ihre Rückkehr warten. Wieviel Leid wird doch über die Erde verbreitet. Auch mir geht es so, daß ich die Toten nicht beklage, das habe ich auch schon in Rußland gesagt. Sie haben diese unsäglichen Leiden hinter sich gebracht.

Die zu Beginn des Krieges starben, waren wohl besonders vom Schicksal begünstigt, so will es mir fast scheinen. Auch ich würde den Tod nicht aus dem Wege gehen, wenn es nicht für Dich wäre. Für Dich will ich leben, Du meine liebe Frau, und wenn es im tiefsten Dunkel wäre. Bin ich an deiner Seite, mag «die Welt voll Teufel sein» – wir werden es schaffen!

Daß auch Du einmal gedrückter Stimmung bist, kann Dein Mann gut verstehen! Zudem nähert sich uns stetig die Lawine des Krieges. Nur oberflächliche Menschen können dabei lustig bleiben. Der Wehrmachtsbericht liest sich so leicht in der warmen Stube, und niemand macht sich klar, was dahinter steht: Tausende von Todesopfern jeden Tag, Tausende von zerstörten Wohnungen jeden Tag, die Tränen und Seufzer von Hunderttausenden jeden Tag, deren Herzen über dem

allzu großen Leid zu brechen drohen. Darüber lesen die Menschen so
spielend hinweg – es ist einfach eine Schande.

                                                        7.12 944

Mein Herzliebster!

Ich bin sehr traurig, daß auch heute kein Brief von Dir kam.
Vorgestern war ein Angriff auf Nürnberg, anschließend einer auf Heilbronn, das machte wohl die Postwege unpassierbar.
Heilbronn muß übrigens furchtbar aussehen, etwa ebenso schlimm wie Freiburg. Die Toten liegen wirklich auf der Straße, und keiner schafft sie weg. Ich stelle es mir für einen Angehörigen furchtbar vor, so vor einem geliebten Toten zu stehen und niemand zu haben, der ihn begräbt! – Man könnte schon am Leben verzweifeln und sich wünschen, nicht mehr auf diesem Planeten sein zu müssen.

                                               11.12.1944

Herzensmann, lieber!

Meinen gestrigen Brief aus Kesselfeld, den ich heute früh in Neuenstein einwarf, wirst Du inzwischen erhalten haben. Nach vielen, vielen «Haltstationen» bin ich heute nach 10 bis 11 Stunden Fahrt in Stuttgart angekommen! So lange dauert das jetzt! Wie am Samstag, war auch heute fast immer Vor- und Hauptalarm, während ich geduldig im Zug saß. Es ging alles glatt ab, aber am Samstag war auf Stuttgart und Umgebung ja wieder ein Angriff gewesen, und ich war in größter Sorge, ob noch alles steht, wenn ich heimkomme. Gott sie Dank war dies der Fall. Hier oben fielen keine Bomben.
Du wirst Dir wieder Sorgen gemacht haben! Aber leider konnte ich Dir nicht telegrafieren noch eine Eilkarte schicken, da es sich diesmal nicht um einen Terrorangriff gehandelt hat.
Deine englischen Sätze im Brief würden mich ja schon verlocken, mich auch darin weiter zu üben. Aber leider ist es aus Zeitgründen

völlig ausgeschlossen. Wenn ich abends um 19 Uhr nach Hause komme, gibt es noch so viel zu erledigen, daß ich nie dazu komme, ein Buch auch nur aufzuschlagen!

Heute habe ich im Zug so furchtbare Dinge von allen Seiten gehört, daß mir wieder aller Zukunfts-Mut geschwunden ist. Vor allem muß der Angriff auf Heilbronn furchtbar gewesen sein.

In der Oststraße, wo Rolf wohnte, steht auch kein einziges Haus mehr. Vielleicht ist Rolfs Mutter nun schon mit ihrem so über alles geliebten Sohn vereint, wer weiß.

Es ist auch recht ungemütlich, im Zug zu sitzen, während über einem die feindlichen Flugzeugmotoren donnern. Man geht einer so ungewissen Zukunft entgegen, daß man sich eben immer wieder fragt: Werden wir durchkommen? Manchmal meine ich wirklich, alles Hoffen und Wollen sei umsonst, eines Tages käme es doch, daß wir das Schicksal der Millionen teilen werden. Es erscheint mir dann so unsinnig, noch alle möglichen Pläne zu schmieden und sich schöne Dinge auszumalen, ja, überhaupt noch für die nächsten Wochen zu sorgen.

«Wenn die Abendschatten steigen, / überhaucht von Zeit zu Zeit / meiner Seele sinnend Schweigen! / unversehne Traurigkeit. / Und wie sich die Fackeln neigen / draußen zu des Tags Geleit, / fühl ich auch auf mich sie zeigen / und mir winken: Sei bereit // Wenn die Abendschatten steigen ...» (Morgenstern)

Man müßte in solchen Zeiten eigentlich so leben und handeln, wie man leben und handeln würde, wüßte man: du hast nur noch einen Tag, nur eine Stunde Zeit. – Aber wer bringt das wirklich fertig?

Dein Brief vom 3.12. ist in meiner augenblicklichen Stimmung genau entgegengesetzt. Du bist glücklich, ein erkennender Mensch zu sein, und liebst die Erde, trotz ihrer Grausamkeit. Ach, behalte diese Begeisterung recht lange und entzünde diese warme Lebensflamme auch wieder Deinem Fraule!

12.12.1944
Herzliebster,

leider bin ich heute ohne Brief ausgegangen, und Du weißt ja, diese Tage zählen nicht! Sie werden übersprungen. So sind Briefe gleichsam die Marksteine der Woche, alles, was dazwischen liegt, ist Alarm – und Warten.

Am Abend sieht es leider düster in mir aus, und die Zukunft dünkt mich ein unübersteigbarer Berg – am Abend. Tagsüber ist es besser. Aber heute erzählte eine Kollegin, die in Osterburken war über Sonntag, Schreckliches. Weil kein Zug ging, mußte sie durch Heilbronn laufen, und kam noch an Bergen von unidentifizierten Leichen vorbei, die Zettel an den Füßen hatten: Wenn sie bis zu einem bestimmten Termin nicht abgeholt und begraben seien, würden sie in ein Massengrab geschafft.

Die Welt ist allmählich so grauenhaft, daß es mir ganz sinnlos erscheint, noch weiter zu leben ohne Dich.

Meine Geduld wird kürzer und kürzer – wie ein Faden, den man am einen Ende angezündet hat.

13.12.1944
Du liebster Herzensmann!

Die Front ist nun auch hier immer stärker zu hören. Langsam wird es unheimlich. Vor allem höre ich sie nachts, wenn ich allein in meinem Zimmer bin und meine Sehnsucht zu Dir wandert, unermüdlich. So schnell ist sie bei Dir, und doch ist der Weg so weit!

Nun möchte ich auch einmal wissen, was Ihr jetzt im Winter bei Fliegeralarm macht: Ihr könnt ja jetzt schlecht in den Dünen auf dem Boden liegen! Bitte vergiß nicht, mir darauf zu antworten! Heute früh im Zug hatte ich eine nette kleine Begegnung. Ein seit zehn Jahren aus meinem Gesichtskreis verschwundener «Freund» aus der dritten Klasse sprach mich plötzlich an: «Sind Sie nicht Erika Wagner?» «Ja, die war ich einmal ...» Ich hätte ihn ja nicht wiedererkannt, den

Helmut Horn! Das war noch zu jener Zeit, als man «Liebesbriefe» folgenden Inhalts erhielt: «Ich würde Dir mein Herz schenken, wenn ich nicht dabei sterben müßte.» Ach, und jetzt habe ich mein Herz ganz und gar verschenkt und lebe erst wirklich!

13.12.1944

Du mein herzliebes Fraule,

wieder habe ich keinen Brief von Dir, obwohl vielleicht einer gekommen sein könnte. Ich bin heute auf Fahrzeug-Wache im Wald, die 24 Stunden läuft. Das ist ganz schön, es gibt dabei kein Pfeifen und kein Hetzen, alles ist still und ruhig, und ich habe Zeit, an meine Liebste zu schreiben. Außer mir ist noch ein Kamerad da; wir sitzen in einer kleinen Stube, und das Feuer prasselt im Ofen.
Im Nietzsche-Buch habe ich wieder gelesen heute. Es war mir interessant, daß er alle übersinnlichen Dinge, wie beispielsweise Ahnungen usw., ablehnt. Hellsichtigkeit ist ihm nur ein Vorgaukeln der eigenen Phantasie und nicht ernst zu nehmen. Er stellt sich also ganz auf den kalten Boden der Wissenschaft. Er liebt es, alte Werte zu zerstören, ohne etwas Neues dafür zu geben. Seine spätere Schöpfung – der Übermensch – bietet auch keinen Ersatz für das von ihm Zerstörte. – Trotz allem, Nietzsche hat wunderbare Gedanken, die sehr oft den Nagel auf den Kopf treffen.
Als ich vorhin auf dem Weg zwischen den Bäumen dahinschritt und emporschaute, fiel eine Sternschnuppe überm Waldrand. Ein heißer Wunsch stieg zum Himmel – ich war glücklich! Es war wie ein Gruß von Dir.

14.12.1944

Mein Herzensmann,

Vater erzählte, daß ihm in Westheim angerufen worden sei, wieviel Frauen zwischen 20 und 42 Jahren in seinem Betrieb tätig seien! So

fängt's an! Und zwar kommen alle Frauen in Frage, die keine Kinder haben und nicht in Rüstungsbetrieben arbeiten. Vermutlich erhalte ich eines Tages auch den Befehl, mich zu stellen!
Sehr nah steht nun schon Weihnachten vor der Tür. Es wäre mir so lieb, am heiligen Abend ganz allein zu sein, aber das geht natürlich nicht an.

15.12.1944

Herzliebste,

all meine Gedanken, meine Sehnsucht – mein ganzes volles Herz kommen zu Dir und wünschen Dir ein starkes Erleben des Weihnachtsfestes. Wie sehr hätte ich mir gewünscht, bei Dir zu sein in diesen Tagen! Trotz allem, mehr als je zuvor wird mir bewußt, daß ein Licht in all dieser Finsternis leuchtet und daß seine Strahlen uns erwärmen.
Das Weihnachtsfest, das Fest der Christgeburt, will ich ganz still für mich feiern – mit Dir. Am Abend des 24. Dezember werde ich mich in die ganze Bedeutung dieses Ereignisses versenken, so gut ich das mit meinen schwachen Kräften vermag. Ob Du daßelbe tun wirst? – Hier wird leider auch eine Weihnachtsfeier sein, sehr banal, wie ich jetzt schon überblicken kann. Hoffentlich stört sie mich nicht allzu sehr in meinen eigenen Gedanken.

16.12.1944

Liebster mein,

wieder rückt der Zeiger schon auf 23 Uhr, aber ich muß Dir unbedingt noch schreiben. Wahrscheinlich kommt morgen im Wehrmachtsbericht, daß wieder ein Angriff auf Stuttgarts Umgebung war, und Du wirst Dich sorgen. Denk, welches Glück ich hatte: Eigentlich hätte ich heute Dienst gehabt, aber weil die Kohlen so knapp sind, wurde heute im G.K. nicht geheizt, und wir bekamen frei. Genau um diese Zeit, da ich heimgefahren wäre, fand der Angriff statt, und zwar auf den Verschiebebahnhof Kornwestheim usw.! Es ist mir noch nicht bekannt, ob dort Personenzüge getroffen wurden. In Stuttgart selbst fielen keine Bomben. Aber nun ist anscheinend wieder unser Gebiet an der Reihe.

19.12.1944

Mein liebes Fraule,

hab recht herzlichen Dank für Deinen Brief vom 13.12., der heute ankam. Du fragst darin, was wir bei Fliegeralarm machen. Das kann ich Dir ganz frisch erzählen, da ich eben von draußen hereinkomme. Es war das erste Mal Alarm heute, seitdem ich da bin. Es wird immer noch so gehandelt wie früher. Die frostigen Tage sind vorbei, es ist wieder wärmer geworden. Nebel hängt jetzt über der ganzen Landschaft, und immerzu tönt das Nebelhorn, das die Schiffe warnt.
Denk mal, Deine lieben Weihnachtspäckchen sind heute eingetroffen! Ich danke Dir so von Herzen, Liebste! Einige Versucherle habe ich mir erlaubt, wie gut haben sie geschmeckt! Aber im übrigen werde ich sie aufbewahren bis Weihnachten. Auch die Briefe werde ich am Heiligen Abend lesen. Da werde ich mit all meinen Gedanken und Wünschen bei Dir sein. Hoffentlich ist es mir vergönnt, dann allein zu sein. Die Weihnachtsfeier wird volksfestartig.
Morgen gehe ich wieder in den Wald auf die einsame Wache. Ich freue mich schon darauf, denn dort habe ich Ruhe. Hier wohnen 12 Mann in einer Stube, das ist einfach grauenhaft.

20.12.1944

Herzensmann!

Kaum begann die Dämmerstunde, und schon sitze ich bei Dir! Ahnst Du es, aus welchem Grunde? Horch, ich sag es Dir:

Weil erneut die Flieger waren / wiederum in unserem Gau, / konnten keine Züge fahren / sehr zum Kummer Deiner Frau! Frei auf freiem Felde ging sie / kurz nach Mittag durch das Land; / an der Menschenkette hing sie, / die auch keinen Anschlug fand / Kahle Felder, grauer Himmel, / doch im Munde lustig Wort.
Lustig zog sie das Gewimmel / all der Menschen mit sich fort. Ach, der ganze Rummel wallte / immer weiter querfeldein. / Einmal mußte doch die Halte / unsres Zugs zu finden sein! / Und sie fand sich! Ach, was spendet! / solch ein Zug doch Müden Ruh! / Endlich sitzt man, und er wendet / sich gemach der Heimat zu …
Wie Du Obigem entnehmen kannst, haben wir einen langen nachmittäglichen Fußmarsch mit viel Humor hinter uns gebracht. Wir sind um 1 Uhr heimgeschickt worden von Marbach, das wir morgens schon nur mit großem Kraftaufwand und viel Glück erreichen konnten, und trafen dann etwa um 17 Uhr hier ein. Morgen werden wir nun gar nicht fahren.
Du sprichst in Deinem Brief davon, daß Du doch sicher ein Telegramm erhalten hättest, wenn etwas passiert wäre beim Angriff. Wie soll ich Dir aber ein Telegramm schicken können, da Du doch eine Feldpostnummer hast! – Hoffentlich bekommst Du das Päckchen von Deinen Eltern, das an die alte Adresse gerichtet ist, noch in die Hände!
Ach, Du kannst Dir nicht vorstellen, wie brennend ich darauf warte, einmal nach dem Krieg mit Dir Vorträge usw. erleben zu können! Sie werden bald wieder möglich sein, das ist sicher! Dann werden viele alte Gesichter wieder auftauchen – viele werden auch nicht mehr dabei sein –, aber dann leben wir endlich! Ich glaube, daß Du sehr, sehr glücklich in dieser Umgebung sein wirst!
Kommst Du eigentlich öfter auf solche Wald-Wachen? Ich finde das – wenigstens Deiner Schilderung nach – sehr schön. Immer wieder bezaubern uns die Sternschnuppen. – Weißt Du noch, wie wir im Sommer vor vielen Jahren eine zusammen gesehen haben, die erste? Damals dachten wir an das alte Sprichwort: Zwei Liebende, die eine Sternschnuppe zusammen sehen, trennen sich nie wieder. – Sie hat recht gehabt, die große goldene Sternschnuppe – obwohl damals für uns nichts ferner lag!

20.12.1944

Herzliebste Du,

es ist jetzt wieder 21 Uhr, und ich sitze auf einsamem Posten im Walde und denke Dein.

In dem Nietzsche-Buch, das ich jetzt ausgelesen habe, stehen im Anhang einige Notizen Nietzsches. Darin schreibt er beispielsweise, daß er zu einer bestimmten Art der Anschauung gekommen wäre und daß er die Dinge anders sähe als andere Menschen. Dann schreibt er vom Genius der Meditation, der einst zurückkommen werde, da dieses gehetzte, nervöse Leben sich auf die Dauer nicht halten lasse. Auch schreibt er von furchtbarsten Kriegen, die kommen würden. Eine Schriftprobe findet sich darin ebenfalls, und ich war überrascht, wie sympathisch seine Schriftzüge sind.

Den Geist immer weiter zu schulen, das ist mir ein brennendes Bedürfnis! Dies habe ich bereits zu meiner Hauptaufgabe gemacht für die Zeit nach dem Kriege, wenn wir wieder leben, anstatt nur zu vegetieren.

Was pflegst eigentlich Du zu meditieren? Jetzt wirst Du wohl auch nur schwer dazu kommen, da Dir die nötige Ruhe und Konzentration fehlen. Mir geht es im allgemeinen ja ebenso, aber gerade heute abend habe ich Ruhe, und schon seit Tagen habe ich mich vorbereitet, so daß ich heute ganz lebendig und unternehmungslustig bin. Ich werde wohl die ganze Nacht wach sein und arbeiten, Pläne machen und auch wieder verwerfen.

Immer wieder aber werde ich an Dich denken. Alle Gedanken kehren schließlich zu Dir zurück, von wo sie auch ihren Ausgang genommen haben. Gleichsam beschreiben sie einen ungeheuren Kreis von und nach ihrer Heimat.

Nietzsche sagt: «Nichts ist süßer als Erkennen, und der es gekostet hat, will nie mehr davon lassen.» – So spricht der Einsiedler, welche Wunder müssen da erst den Zweisiedler erwarten?

21.12.1944

Liebs Fraule,

schon wieder verging ein Tag ohne Brief von Dir – ich bin sehr enttäuscht. – Leider ist auch meine ruhige Wache wieder vorbei. Ich wurde ganz gerne einige Wochen im Wald sitzen, dort könnte ich mich einmal wieder auf mich selbst besinnen und mir all das ausdenken, das auszudenken ist.

Wenn ich mein bisheriges Dasein betrachte, kommt es mir immer lächerlicher und unnützer vor, und so, wie ich heute die Welt betrachte, halte ich es für gut möglich, daß ich einmal ganz andere Dinge tun werde als die von meinem Vater für mich freundlicherweise vorgesehenen.

Aber trotz allem, so wie es kam, ist es gut, so sollte es sein, denn Dich habe ich gefunden! Meine Heimat habe ich gefunden, trotz mancher scheinbarer Irrwege – und so ist es gut!

22.12.1944

Mein Herzensmann,

eben hatte ich das Bedürfnis, die Verdunkelung im Zimmer hochzuziehen, aus dem Fenster zu schauen und den Sternenhimmel zu betrachten. Lange habe ich hinausgeträumt zu den blitzenden Lichtern, den freundlichen, gütigen. Weit in der Ferne gaben ein paar Sirenen Entwarnung. Mit meinem Heimweh nach Dir im Herzen dachte ich an die vielen, die auch an diesem Weihnachtsfest getrennt sind – und plötzlich grüßte mich eine große, leuchtende Sternschnuppe! Ein einziger Wunsch brannte in meiner Seele.

In Deinem Brief vom 5.12., der heute kam, schreibst Du wörtlich: «... und daß ich an einem nicht zu fernen Tage nach Hause kommen werde ...» Das klingt in meinen Ohren so schön wie eine Sternschnuppe singen müßte, wäre sie nicht nur schön, sondern auch stimmbegabt! Wie kommst Du auf diesen ‹nicht zu fernen Tag»? Hast Du eine Geschäftsreise vor? Ach, Liebster, es ist schon wieder so furchtbar lange her, daß Du fort bist, und meine Sehnsucht wird mit jedem Tag größer. Sie wächst wie die Schatten, wenn die Sonne sinkt ...

Denkst Du auch daran, daß wir während der Heiligen Nächte auf unsere Träume achten wollten? Erinnerst Du Dich, daß ich vor einem Jahr träumte, wir würden heiraten? Ganz deutlich sehe ich noch heute die Hochzeitsgäste vor mir, darunter vor allem Doris. Ich träumte, daß mich jemand gefragt habe, wie alt ich sei. Ich sagte 23, obwohl ich in der Traumnacht ja erst 22 Jahre alt war ...

22.12.1944

Herzliebs Fraule,

da sitzen nun die anderen acht «Kameraden» in der Stube und am Tisch, qualmen und spielen Karten, während ich aus dem engen Zimmer mit den Flügeln des Geistes zu Deinem Herzen fliehe.
Nun aber etwas sehr Wichtiges. Gehe in den ersten Januartagen nicht weg, etwa nach Kesselfeld, denn es könnte ganz eventuell sein, wenn alles, alles klappt, daß ich für einen Tag oder für eine Nacht bei Dir bin und «Grüß Gott» sagen kann. Es könnte der 2., 3. Januar sein. Eigentlich wollte ich dies noch nicht schreiben, da es noch nicht ganz sicher ist und noch mancherlei dazwischenkommen kann. Andererseits wäre es natürlich ganz schlimm, wenn Du nicht da wärest.
Und jetzt habe ich Dir wieder einen Floh ins Ohr gesetzt, und wenn ich nicht komme, ist es schrecklich!
Anliegend schicke ich Dir eine Päckchenmarke für 2 kg; bis 15.1. kann sie verwendet werden, warte also damit bis zum kritischen Tag. – Weißt Du, Deine Gutsle schmecken einfach verführerisch! Ich habe aber nur wenige versucht; sie liegen mit den Tannenzweigen und Deinen Briefen im Päckchen.
Am Sonntag werde ich Weihnachten feiern. Hoffentlich kann ich es einrichten, daß ich auf die einsame Wache komme im Wald. Die lärmende Feier der ganzen Batterie möchte ich nicht mitmachen.
Ich bin so froh, daß Du bei diesem Angriff auf Kornwestheim zu

Hause warst. Wie muß ich immer in Sorge leben, bis Nachricht von Dir eintrifft! – Nachdem allmählich das Reisen so gefährlich wird, wäre es günstig, wenn Du immer zu Hause sein könntest – in Bunkernähe. Aber daran hast Du sicher auch längst schon gedacht.

Nun hoffe ich nur noch aus tiefstem Herzensgrund, daß es klappen möge Anfang Januar, es wäre zu schön! Laß Dir die Zeit nicht zu lang werden, und verlasse Dich nicht auf mein verratenes Geheimnis, aber – schlage es auch nicht in den Wind. Der Wind aber bringt Dir viele herzliche Grüße …

23.12.1944

Herzliebster mein,

nun sitze ich am Vorweihnachtstag bei Dir – so nah, und doch durch so viele Ruinenstädte und Wegstunden getrennt.

Von morgens 9 Uhr war ich heute den ganzen Tag – ohne Mittagessen – unterwegs gewesen, zuerst bei Gertrud, die Dich übrigens herzlich grüßen läßt, und dann im Bunker, anschließend in Waiblingen, wo ich den verschiedenen Bekannten und Verwandten die Weihnachtsbonbons zu bringen hatte.

Gestärkt durch einen sehr guten, hausgemachten Likör ging ich dann bei sinkender Dunkelheit zu Fuß nach Fellbach. Nur im Westen war eine Zeitlang noch ein gelber Schimmer zu sehen. Bald waren aber nur die Mondsichel am Himmel und ein paar helle Sterne. Die Straße war ganz menschenleer und weiß vom Mondlicht. Eisigkalt war die Nacht, aber es fror mich nicht beim Gehen. Eine Frau, die mit mir ging, als ich sie nach dem richtigen Weg fragte, erzählte mir unterwegs, daß sie morgen auf dem Grab ihres Mannes Weihnachten feiern würde. Er hatte im Oktober drei Tage Urlaub bekommen, war zwei zu Hause und einen Tag in Stuttgart. In dieser Nacht war der große Angriff, und er kam bei Bergungsarbeiten ums Leben. Dieser Frau war ein dreijähriges Kind gestorben, und im letzten Jahr hatte sie eine Frühgeburt. Was für traurige Schicksale überall!

Zur Zeit lese ich jede Nacht noch eine Viertelstunde in den Schriften, die ich bekommen habe. So schlafe ich unter anderen Gedanken ein. Ich fasse es kaum, wieviel anthroposophisches Leben es in den Jahren 1920-22 schon gab; in den Zeitschriften finden sich Besprechungen von ausgezeichneten eurythmischen Darbietungen Dornacher Künstler im Stuttgarter Schauspielhaus sowie von Szenen aus *Faust* II. Teil – stelle Dir das heute einmal vor.

Doch morgen ist Weihnachten – und «Christ ist erstanden aus der Verwesung Schoß ...» Angelus Silesius ruft uns zu: «Wird Christus tausendmal zu Bethlehem geboren und nicht in dir: du bleibst doch ewiglich verloren.»

Hast Du Dir eigentlich schon einmal Gedanken über das geheimnisvolle Wort ICH gemacht? ICH = Jesus CHristus. Bedeutet diese Bezeichnung nicht, daß in jedem Menschen der Christus-Sonnen-Funke leben will? Bewegend ist für mich auch immer wieder, daß das kleine Kind noch nicht Ich sagen kann, weil es sich selbst noch nicht von innen her erfaßt.

23.12.1944

Herzliebste Du,

ist's denn möglich – heute ist der Vorweihnachtstag, aber meine Stimmung ist noch gar nicht weihnachtlich.

Ich schreibe wieder in der überfüllten Stube; die Tische sind voll besetzt, und es herrscht ein großer Lärm. Aber morgen gehe ich auf die einsame Wache im Wald, dort werde ich mit Dir Weihnachten feiern. Ich freue mich darauf. So brauche ich mir die Weihnachtsfeier nicht anzusehen, und ich brauche mich über die Taktlosigkeiten, die da begangen werden, nicht zu ärgern.

Um noch einmal auf meine Indiskretion von gestern zurückzukommen: Wenn ich je erscheinen sollte am 2. bzw. 3.1., dann brauche ich eventuell meinen Wintermantel. Wenn es Dir aber nicht reicht, ihn zu holen, ist es auch nicht so schlimm.

Ich hätte doch nichts davon schreiben sollen, immer wenn ich etwas im voraus ausplaudere, dann fällt es ins Wasser! Jedenfalls schicke ich noch ein Telegramm, wenn ich komme. Aber nochmals, es sind höchstens Stunden, die ich da sein kann, und dann würde ich einige Wochen in München sein. Ob ich von dort nochmals zu Dir kommen kann, steht noch im Ungewissen. Was meinst Du zu diesen Aussichten?

Heute bekam niemand Ausgang, deshalb sitzen alle hier in der Stube und stören mich. Es ist einfach unmöglich, einen ordentlichen Brief zustande zu bringen.

24.12.1944

Du mein lieber Mann!

Jetzt habe ich mich unauffällig nach oben geschlichen, fort von den Sektgläsern – zu Dir. Zwar sitzt er (der Sekt) noch leicht in den Beinen, aber mein Kopf ist unberührt davon.

Es war ein sehr stiller und für alle wohl ziemlich trauriger Weihnachtsabend, und meine Gedanken waren fast allzeit bei Dir. Vor allem um 19 Uhr etwa hatte ich die ganz starke Empfindung, als ob Du besonders sehnsüchtig an mich dachtest. Ob es wohl so war? Kannst Du Dich noch erinnern?

Über Deinen Brief haben sich die Eltern sehr gefreut. – Vater sucht ja im Grunde auch nichts anderes als Liebe. So gerne möchte ich ihn diese ganz warm fühlen lassen.

Einen Baum hatten wir nicht, aber Mutter stellte in den großen gelben Übertopf viele Tannen und Kiefernzweige. Als die Kerzen darauf brannten und Vater spielte, war es doch ganz weihnachtlich. Er begann mit «unserem» Lied «Süßer die Glocken nie klingen … », als könnte es gar nicht anders sein! Ich dachte daran, wie wir im letzten Jahr Hand in Hand nebeneinander saßen, als Vater dieses Lied auch spielte.

Trotz allem Fernsein, Herzensmann, fühlte ich Dich heute doch unmittelbar nahe. Für das selige Wissen dieses Sich-ewig-nahe-Seins wollen wir dankbar sein! Wie wenigen Menschen ist das beschieden. Und nun gute Nacht, Herzensmann, ich darf die andern nicht länger allein lassen. Aber mit all meinen Gedanken bleibe ich bei Dir, und wenn ich einschlafe, «darf, was am Tage getrennt ist, sich einen ...»

24.12.1944

Herzliebste,

wie danke ich Dir für Deine Weihnachtsgrüße, für Deine lieben Worte und Gedanken! So nahe bist Du mir!
Nun will ich Dir von mir erzählen. Ich hatte mich für heute auf die einsame Wache im Wald gemeldet, aber ich durfte nicht gleich hinausfahren. Ich mußte mit zur Weihnachtsfeier und durfte erst nach der Ansprache des Kommandeurs weg, und zwar, weil ich zum – Stabsgefreiten befördert wurde. Was sagst Du zu meinem meteorgleichen Aufstieg? – Bis dahin war gegen die Feier auch nichts einzuwenden, der komische Teil kam erst, nachdem ich weg war. Und nun kam Weihnachten für mich. Ich packte mein Bündel aufs Rad und fuhr in die Nacht hinaus, in die stille, heilige Nacht. Helles Mondlicht ergoß sich auf die Erde, und die Sterne funkelten vom klaren Himmel. So fuhr ich lautlos durchs Dünenwäldchen. Leichter Rauhreif lag auf den Kiefern, Tannen und Gräsern, die Natur ruhte in tiefstem Frieden. Zauberhaft sah die Landschaft aus. Im Hochwald standen zwischen Laubbäumen die hohen festen Tannen und bildeten eine zierliche schwarze Silhouette gegen den hellen Himmel. – Ein Bild, das meinem Herzen besonders nahe ist: hellfunkelnde Sterne über dem Waldessaum – über den schwarzen Tannenspitzen.
So kam ich an, im Herzen mit aller Welt versöhnt, und löste den Kameraden ab. Dieser fuhr zum lauten Fest, zum Lärm, zum schalen Vergnügen – ich aber blieb einsam im Walde zum Weihnachtsfest des Herzens, zum Weihnachtsfest mit Dir. – Eine Tanne gab mir einen Zweig, den legte ich auf den Tisch und stellte eine Kerze in die Mitte. Tannenduft durchzog den Raum. – Dann las ich Deinen Weihnachtsbrief und las «Beim Läuten der Glocken».
Froh und voller Dankbarkeit war mein Herz, und doch wehmutsvoll. Aber der Wald und der Mond und die Sterne sahen es und tröste-

ten mich. Dann versenkte ich mich in das Mysterium der geweihten Nacht.

25.12.1944

Mein Liebster,

Nun ist der erste Weihnachtsfeiertag auch beinahe vorüber. Unten sitzen noch die letzten Kaffeebesucher.
Ach, Theo, ich hab heute sehr viel an Dich gedacht und sehr sehnsuchtsvoll, denn Du weißt ja, oft ist man unter vielen Menschen weit einsamer, als wenn man allein ist. Zwar gewinne ich die Zuffenhäuser Tanten allmählich immer lieber, aber der übliche Kaffeetratsch, den die Geschwister veranstalten, ist meinem Wesen eben doch sehr fremd. «Bedenke, Freund, was wir zusammen sprachen, war's wert, daß wir den Bann des Schweigens brachen, um solche Nichtigkeiten auszutauschen …?» Vater wirkt bei diesen Kaffeestunden auch sehr gezwungen und ist nicht eigentlich er selbst. Manchmal, wenn ich ihn fest anschaue, meine ich, ich könnte ihn herholen, ich könnte bewirken, daß er so locker wird, wie er sein kann, wenn ich mit ihm allein bin. Aber das Netz scheint doch sehr fest zu sein, das er um sich gesponnen hat. Wenn Du Dir ein Weihnachtsfest vorstellst, so gehört das doch sicher in eine verschneite Landschaft mit einem verhangenen Himmel. So ist es dieses Jahr aber durchaus nicht. Der Himmel ist makellos blau, und die Sonne strahlt warm und frühjährlich. Gefroren hat es zwar in der Nacht, und der Reif ist den ganzen Tag nicht geschwunden, aber weihnachtlich sieht die Landschaft nicht aus. – Bald wird es doch wieder Frühling werden! Ob aber der Krieg zu Ende sein wird, wenn wir unser fünfjähriges Maijubiläum feiern können?
Gestern am Heiligen Abend war die Fliegertätigkeit so rege wie heute; Voralarm und Entwarnung wechselten ständig.
Herzliebster, nächstes Weihnachten sind wir hoffentlich nicht mehr getrennt! Wenn mein Traum aus der ersten heiligen Nacht in Erfüllung geht, dann gibt es im Januar großen Krach im Geschäft, aber Du

bist bei mir, und wir kaufen ein schwarzes afrikanisches Schlangenarmband mit goldenen Punkten ...

25.12.1944
Herzliebste mein,

ein prächtiger Tag war auch heute. In ganz zarten Pastelltönen war der Himmel übermalt heute früh kurz vor Sonnenaufgang und die ganze Landschaft mit leichtem Rauhreif bedeckt; dunkelgrün ragten die Tannen in den zartblauen Äther, ganz zauberhaft und unwirklich. Ich bewegte mich in der Landschaft wie in einem Bild. Heute früh hatte ich einmal wieder stark das Gefühl, mir selbst zuzuschauen.
Dann kam ich ans Meer, ausgebreitet lag es vor meinen Blicken, ein blasses Blaugrün in verschiedenen Tönen. Leise rollten die Wellen an den Strand, am äußersten Ende eine schneeweiße Eiskruste bildend. Hellen Sand und dunklen Tang brachten die Wellen daher, Lebendiges und Totes. Ewig zwiespältig ist das Meer und ewig sich wandelnd sein Gesicht.
Schön war es, und doch kalt, keine Wärme gebend. Selbst das Rauschen der Wellen schien nur in weiter Ferne zu sein. Weihnachten ist das Fest des Baumes, des grünen Tannenbaumes inmitten der erstarrten weißen Welt. Der Wald gibt Wärme, darin fühle ich mich immer wohler.
Gestern habe ich es vergessen, ich soll Dich von dem Mädchen in meinem Geschäftszimmer grüßen. Du weißt, ich habe mich mit ihr über den Schreibtisch schon ausgiebig unterhalten, wobei ich natürlich wieder von meinem Fraule schwärmte. Übrigens ließ ich sie einige Gedichte lesen, sie war ganz gerührt und des Lobes voll.
Wann erscheinen wohl Deine ersten Gedichte im Druck?
Heute nachmittag betrachtete ich zuerst meine Weihnachtsgeschenke: ein Buch, Kekse, Bonbons, zwei Zigaretten, Äpfel – es war ganz beachtlich für das sechste Kriegsjahr, gleichfalls das Essen. Das Buch dagegen ist ein ganz seichter moderner Roman – schlecht.

Abends geriet ich mit einem Stubenkameraden in ziemlich lebhafte Unterhaltung.
Ich freue mich immer wieder darüber, daß ich jetzt einen so festen Stand habe, von wo aus ich die anthroposophischen Gedanken vortragen kann – ich erkenne mich nicht wieder!

27.12.1944

Mein lieber Herzensmann,

heute kommt ein ganz und gar ausgefrorenes und sehr sehnsüchtiges Fraule zu Dir, das doppelt enttäuscht ist, nach diesem anstrengenden Frost-Tag keinen Brief von Dir vorzufinden. Ich hatte mich so darauf gefreut und mich auf den eisigen Bahnsteigen und ungeheizten Zügen, in denen ich noch um 19 Uhr saß, damit getröstet, daß daheim sicher eine Freude auf mich warte.
Wie schön wäre es, Du könntest wieder einmal während einer Dienstreise hier sein! Irgendwie meine ich auch, Du müßtest bald kommen. Aber vielleicht gaukelt mir das nur meine Sehnsucht vor.
Bald ist Silvester, und diesmal werden wir das neue Jahr nicht zusammen beginnen können.
Damals hatte ich Figuren gegossen, die an Bomben oder Tränen erinnerten; weißt Du noch, wie ich es sagte? Und der Spruch: «Wie wohl und wie wehe, wird manchem in der Ehe» hat sich seltsamerweise auch bewahrheitet, obwohl wir damals ja nicht entfernt daran dachten, daß wir bald heiraten würden! – Hattest Du nicht eine Gondel oder ein Schiff gegossen? Heute können wir das deuten: Sie symbolisierten Deine Fahrt in den Hafen der Ehe!

28.12.1944

Mein liebster Herzensmann,

heute hat sich Deine Frau einen gemütlichen Tag gemacht. Als ich gerade aus dem Haus gehen wollte, kam Voralarm. Bis es entwarnte, war die Zeit sehr knapp geworden für die Bahn, aber pflichtbewußt, wie ich bin, zog ich dennoch los. Es war eiskalt, und bis ich zum Bahnhof kam, war der Zug weg. (Zu Fuß gehen wir nun grundsätzlich nicht mehr nach Marbach!) So ging ich wieder nach Hause und hatte nur einen Vorsatz: mir ein Paar Norweger Fäustlinge zu stricken, und wenn ich dazu die halbe Nacht bräuchte! Ich strickte wie wild, und bis zum Nachtessen waren sie fertig. Wie Du sicher bemerkt hast, ist meine Verfassung nun wieder eine bessere. Ich wußte es, wenn ich abends wieder etwas lesen kann und tagsüber nicht so gehetzt bin, werde ich widerstandsfähiger. Auch der Pegasus scharrt zuweilen vor meiner Türe.

Natürlich freue ich mich mit Dir über Deine immer größere Festigkeit! Diese spüre ich auch aus Deinen Briefen, und wenn ich sie mit früheren vergleiche, so ist der Unterschied sehr groß. Ich denke jetzt nicht allein an Deine gewandelten Ansichten, sondern vor allem an die ganz neue Art, Dich in und zu der Welt zu stellen. Im übrigen glaube ich auch, daß Du noch ganz andere Dinge tun wirst, als ursprünglich vorgesehen war! Jedenfalls wird Dich Dein Weg immer zum Wesentlichen und Wahren führen. – Du sagst, daß Du jetzt so fest dastündest, wie ich damals schon bei unseren großen Auseinandersetzungen: Für einen Menschen, der es nicht selbst erfahren hat, ist es wirklich nicht zu verstehen, daß ein anderer so sicher sein kann. Deshalb wird von den Anthroposophen wohl auch gesagt, sie seien überheblich oder hochmütig. Mancher mag ja auch die Anthroposophie im Kopf statt im Herzen haben, aber das sind dann die rechten nicht.

In Deinem Brief schreibst Du einen besonders aufregenden Satz: «Wenn es irgendwie geht, werde ich zu Dir kommen.» Leider funktioniert meine Magnetnadel augenblicklich nicht richtig, ich kann mich nicht darauf verlassen, da sie «einfach» nach der Seite ausschlägt, die ihr am liebsten ist ...

29.12.1944

Herzensmann, lieber,

mit Deinem Brief vom 23.12., der heute kam, hast Du mir ja einen schönen Freuden-Schreck eingejagt!
Ach Herzensmann, «etwas in uns weiß» – doch – «um alle Schrecken von morgen!» Nun weiß aber leider mein Kopf noch gar nichts Näheres, da Dein vorhergehender Brief fehlt, in dem Du wohl davon geschrieben hast. – Wegen Deines Wintermantels werde ich nun morgen mit Mutter nach Ohmden fahren, um ihn zu holen. Die Sache scheint zwar noch ungewiß, aber mein Herz glaubt natürlich so gerne an die Verwirklichung!
Tatsächlich, wenn ich nachts nach Hause komme, schaue ich schon von weitem, ob vielleicht die Rolläden schon heruntergelassen sind – von Dir … Nun muß ich eben wieder geduldig ausharren und auf ein Telegramm warten. Liebster, ich freue mich unsagbar!

29.12.1944

Mein liebs Fraule,

hab recht herzlichen Dank für Deinen lieben Brief vom 22.12., der mich heute trösten muß, denn ich bin sehr traurig – ich komme nicht zu Dir! Das schwankende Schiff ist an der letzten Klippe gescheitert. Der Kommandeur hat es nicht genehmigt, daß ich fahre, heute abend habe ich es erfahren. All die schönen Träume zerstieben, meine Sehnsucht ist nun mächtiger denn je. Und gar keine Aussicht besteht mehr, in absehbarer Zeit zu Dir zu kommen.
Wie erwartungsvoll war ich noch vor einer Stunde, und wie leer stehe ich jetzt da. Ich bin sehr betrübt, daß ich den schönen Traum, Dich zu sehen, begraben muß.

30.12.1944

Herzliebste Du,

noch einen Tag, dann ist dieses Jahr zu Ende, das uns hohes Glück und tiefe Sorge brachte – und zum Schluß noch eine große Enttäuschung. Ach, ich habe es noch nicht verwunden, daß ich nicht zu Dir fahren darf.

Auch der Himmel ist heute verhangen, der in den letzten Tagen so strahlend hell war. Gestern war ein ganz seltener Tag, das Land schien gleichsam in Licht gebadet, alles war ganz nah dem entzückten Auge. Schon morgens, als der volle Mond noch am Himmel hing, kündete die Sonne sich an. Überaus zarte karminrote Federwölkchen waren am tiefblauen Himmel, und dazwischen funkelten die Feuer der fernen Sterne – der geheimnisvolle Zustand der sinkenden Nacht und des kommenden Tages. Und am Abend wiederholte sich das Spiel, der Tag ging, die Nacht kam: die eine Hälfte des Himmels erleuchtet in warmen rot-goldenen Farben, die andere Hälfte in dunklem, geheimnisvollen Blau, darin der volle Mond und die strahlenden Sternfeuer.

Fast niemand sieht es, niemand freut sich daran, stumpf lebt die Menschheit dahin, unempfänglich für Schönheit. Es ist sehr wahr, was Du mir einmal sagtest, daß es nicht gleichgültig ist, was wir mit unseren Sinnen aufnehmen. Wir bilden es innerlich nach, und so muß das Sehen und Bewundern von Schönem auch zur Schönheit führen. Früher konnte ich das nicht verstehen, jetzt ist es mir selbstverständlich! Ich habe gelernt, besser zu sehen, zu beobachten – mich selbst und die Menschen.

Du mein liebs Fraule, wie sehr sehne ich mich nach Dir, nach Deinem lieben, reinen Herzen.

31.12.1944

Du meine liebe Frau,

einen guten Morgen wünsche ich Dir an diesem letzten Tag des ereignisreichen Jahres 1944!
Heute früh wütet hier ein starker Nordsturm, der die Schneereste auf den Straßen wegfegt. Auch den Himmel hat er geputzt, wie ja das Reinemachen üblich ist an Silvester. Vom Strand her hört man das Gebrüll des Meeres, das das Tosen des Sturmes übertönt. Am Himmel stehen silberhell der Mond und die Sterne, und im Osten zeigt sich der lichte Schein des nahenden Tages, noch ohne Farbe. Bald aber wird das Farbenspiel am Himmel beginnen. – Sei es auch noch so kalt, es lohnt sich, ab und zu draußen zu sein um der wunderbaren, leuchtenden Farben willen!

Nachmittags

Vor wenigen Minuten bin ich mit dem Rad bei der einsamen Wache im Walde eingetroffen. Heute ist wieder ein lauter Feiertag mit Schnaps und Zigaretten, den ich viel lieber ohne diese Dinge allein hier draußen verbringe. Ich freue mich darüber, weil ich Dir hier viel näher sein kann. – Über die Streichung meiner Fahrt zu Dir habe ich mich nun getröstet. Es waren an der Sache auch einige Haken, vielleicht ist es so doch besser. Ich wollte eben um jeden Preis zu Dir, und eventuell wäre dieser Preis eben doch zu hoch geworden.
Aber ich muß Dir erzählen – ich war am Meer! Der rasende Sturm von See her dauert immer noch an in gleicher Stärke. Mächtige Wellenberge rollen an den Strand, und gewaltig rauscht die Brandung. Das ganze Meer ist bedeckt mit weißen Schaumkronen, die sich gegen das überaus dunkle Grün des Wassers scharf abzeichnen. Der ganze Strand ist überflutet, das Wasser leckt am Fuß des Deiches. Der Wind ist so stark, daß man sich auf dem Deich kaum aufrecht erhalten kann. Die Möwen aber sind in ihrem Element. Sie breiten die Schwingen und lassen sich von den Fittichen des Sturmes über die Wellen tragen – ein göttlicher Anblick, worin die Wucht und

Gewalt der Naturkräfte und die graziöse Leichtigkeit des weißen Vogels zusammenklingen. Einzelne sonnbeschienene Wölkchen eilen über den klarblauen Himmel, und das gelbgrüne Gras auf dem Deich beugt und bewegt sich unter der Gewalt des Windes. Die schönen scheuen Möwen – wie oft haben wir zusammen ihren mühelosen harmonischen Flug bewundert, wie liebe ich sie!

Schnellen Fußes durcheilte ich den durchsonnten Wald, wo Tannen, Birken und Eichen die Häupter schüttelten über den ungebärdigen Wildfang, den Wind.

Jetzt sitze ich in der kleinen warmen Stube und schaue den Tannen zu und den Wölkchen, die von der sinkenden Sonne goldig angehaucht sind. Erst durch die Goldwölkchen kommt die tiefe Bläue des Himmels recht zum Ausdruck. Selig sind alle, die da Augen haben, zu sehen!

Liebs Fraule, nun ist es Abend geworden, und ich bin wieder bei Dir. Schön ist es, mit dem Brief an Dich schon am Morgen zu beginnen – so nimmst Du teil an allem, was ich tue.

Eine kleine Flamme erhellt den Raum, im Ofen knistert das Feuer, draußen heult der Sturm, und hell liegt die Landschaft im Schein des Mondes.

Die letzte Nacht im alten Jahr ist so stürmisch wie das ganze Jahr war. Ein ereignisreiches Jahr! – Weißt Du noch, daß ich gleich mit großem Arbeitsurlaub begann? Das war eine Freude! Damals fuhren wir 14 Tage nach Bregenz und wohnten im «Weißen Kreuz». Erinnerst Du Dich noch an die gefräßigen Möwen und die Ausflüge per Bahn auf den Pfänder? Und an die Sonnenuntergänge im Spiegel des Wassers? Und daß wir dort unser Hochzeitsdatum festlegten? Heute noch muß ich mich wundern, wie alles so schön geklappt hat: die ganzen Vorbereitungen, das Hochzeitsfest selbst, die Reise anschließend. So deutlich sehe ich Dich ankommen am Morgen des 27.5. – die Sonne lachte, und wir waren so von Herzensgrund glücklich! Und an den Vorabend denke ich, wo wir leise, unbemerkt von allen, zu Herrn Borchart gingen, wo von ihm, dem edlen Menschen, liebe, ernste, bedeutungsvolle Worte zu uns gesprochen wurden. Dies war unsere Hochzeits-Weihe-Stunde.

Meine helle Freude hatte ich auch an unserem «öffentlichen» Fest mit den Verkleidungen und mit den gutgemeinten Worten des Herrn Oberkirchenrates. Die Versammlung der Verwandten und Freunde, die Einführung von Irene, das gute Essen und besonders des Nachtischs – das waren alles aufregende Dinge, nicht wahr? Und dann die Hintertuxer Berge! Ich denke an die Kraxelei auf der «Wand», am «Tuxer Joch» und auf der «Gamskarspitze», an die blauen Enzianwiesen, das friedliche Geläut der Kuhglocken, die lustigen Geißlein – ach, dort war Friede auf Erden! – Zurück aus diesem Paradies richteten wir «unser» Zimmer ein, und wie lange dauerte unser Eheleben? Gerade drei Wochen!

Nun sind es nur noch wenige Minuten im alten Jahr. Ich werde jetzt in die helle Winternacht hinausgehen, zu den Sternen hinaufschauen und Dir zurufen: Ein glückliches, frohes neues Jahr und Friede auf Erden!

1.1.1945

Mein herzlieber Mann!

Es ist die erste Stunde des neuen Jahres, in der ich Dir schreibe. Alle sind zu Bett gegangen, und Tante Helene hat sich in unserem Zimmer niedergelassen.

Heute bin ich ja nicht in Ruhe zum Schreiben gekommen, und ich überlegte es mir in Anbetracht Deines wahrscheinlichen Kommens auch jetzt nochmals, ob ich Dir schreiben soll.

Wie im letzten Jahr hatte sich Vater an den Flügel gesetzt, einige Volks-, dann Kirchenlieder gespielt und Punkt 24 Uhr «Süßer die Glocken nie klingen ...» Als ob er inspiriert wäre, spielte er mit schlafwandlerischer Sicherheit unser Lied! – Dann haben wir angestoßen und uns alles Gute gewünscht. Anschließend bin ich in die helle Nacht hinausgetreten, «um die Glocken läuten zu hören», in Wirklichkeit, um Dir alles, alles Liebe zu wünschen. – Es hatte geschneit, und alles lag in sanftem Weiß. Von weitem hörte man tatsächlich eine Glocke läuten. Auf den Höhen wurde geschossen, und von Westen hörte man das Donnergrollen der Front. Fürwahr, ein seltsamer Silvesterabend!

1.1.1945

Herzliebste mein,

so, wie ich in den letzten Minuten des alten Jahres bei Dir war, so bin ich auch in den ersten Minuten des neuen Jahres bei Dir. Um 24 Uhr war ich draußen in der mondhellen Nacht und schaute empor zum klaren, unendlichen Sternenzelt und gedachte Deiner, gedachte meines ewigen Du.
Immer noch geht der Wind, aber seine Macht scheint gebrochen. Mehrere Male ging ich auf und ab, plötzlich drehte ich mich ohne Ursache um – und o Wunder, eine hellstrahlende Sternschnuppe kam aus der Unendlichkeit und fiel in nördlicher Richtung! Dies rührte wie ein Zeichen tief an meine Seele!
Jetzt ist es Morgen, der Sturm hat sich gelegt, und am Himmel ziehen einzelne sonndurchstrahle Wolken. Die Sonne hat noch nicht die Kraft, durchzudringen – es ist ein eigenartiges Bild. Wie ein Versprechen liegt es über der Landschaft.
Geträumt habe ich auch wieder vielerlei, aber nur an den letzten Traum erinnere ich mich noch. Mit fünf anderen Kameraden verließ ich die Kaserne, um für immer nach Hause zu fahren. Ich saß im Zug, der mich zu Dir tragen sollte ...
An jenen Stern muß ich wieder denken, der um Mitternacht herabkam mit unwahrscheinlicher Leuchtkraft, so, als würde er die ganze Landschaft erhellen. Er kam langsam zuerst, dann immer schneller herab, und zwar genau senkrecht – es grenzte ans Wunderbare. Und ich – ich jubelte ein Wort hinaus in die Nacht, über das Land, gegen den Sturm – hinauf zu den Sternen.
Es ist Abend geworden, und wieder bin ich bei Dir. Zwischen 10 und 11 Uhr brach die Sonne wirklich durch, und am Mittag war der Himmel wolkenlos. Ein leichter Wind kam von See her. Um 1 Uhr fuhr ich von der Wache zurück. Der erste Tag des neuen Jahres glich einem

Frühlingstag, und fröhlich schaute ich in die Welt. Ach, möchte es in ihr auch bald Frühling werden!

Heute nachmittag sprach ich mit dem Freiburger über Anthroposophie, es war eine sehr angeregte Unterhaltung. Er hörte sehr aufmerksam zu. Jedenfalls konnte ich mich deutlich machen, und ich bin überzeugt, ein Samenkorn in guten Boden gelegt zu haben. Er meinte, daß man im normalen Verlauf des Lebens an solche Dinge gar nicht komme, und interessierte sich sehr für meine Darlegungen des Karma, der Pädagogik, der Meditation; auch die vier Wesensglieder erklärte ich ihm, das erschien ihm sehr plausibel. – Jedenfalls habe ich den Eindruck, daß ich ihn stark interessiert habe, nicht zuletzt auch deshalb, weil er mich persönlich schätzt.

2.1.1945

Mein Herzensmann,

was treibst Du für einen geheimnisvollen Kult um Deine bevorstehende Reise! Wie hältst Du mich in Spannung! Gestern abend habe ich nicht mehr geschrieben, weil ich erstens sehr müde war und weil ich eben doch die Hoffnung habe, Du möchtest kommen. – Ein Telegramm traf bisher nicht ein, aber Deine lieben Briefe vom 24., 25. und 26.12., hab heißen Herzensdank dafür!

Du warst also doch in rechter Weihnachtsstimmung in Deiner Waldeinsamkeit – mein lieber neugebackener Stabsgefreiter!

Zu Deiner Beförderung gratuliert Dir Deine Frau Stabsgefreitin ganz herzlich! –

Bis hier kam ich, dann gab es Hauptalarm, und wir saßen im Bunker. Aber diesmal hat es uns nicht gegolten.

Wie schön Du Deinen Weihnachtswald beschrieben hast!

Auf dem Heimweg heute abend – es war ja früher als sonst – sah ich auch einen ganz zauberhaften Winter-Abendhimmel. Über mir war schon tiefblaue Nacht, und je weiter es nach Westen ging, desto stärker hellte sich der Himmel über Hellblau – Grüngold in Rot auf.

Ich konnte tatsächlich nicht anders, als über die menschenleere Straße immer wieder laut zu sagen: Wie schön! Wie schön!
Wie sehr ich mich über Deine Aktivität freue, kann ich gar nicht sagen! So habe ich mir Dich immer gewünscht!

3.1.1945
Liebster Herzensmann!

Nun ist der aufregende 2. und auch fast schon der 3. Januar vorüber, aber vom Herzensritter kam kein Telegramm noch er selbst! Jetzt ist mir die Hoffnung doch sehr gesunken, und ich glaube nicht mehr recht daran, daß Du die gefährlichen Klippen mit Deinem Glückskahn umschiffen konntest. Da Du sowieso alles ziemlich in Frage gestellt hattest, machte ich mir auch keine allzu große Hoffnungen. Im übrigen ist meine Magnetnadel, wie immer, wenn der «Pol» zu nahe kommt, zerbrochen und sagt mir somit nichts mehr. Da habe ich denn wieder Schreibpapier geholt und mich auf diese Art zu Dir gesetzt. Das helle, freudige Erwartungsflämmchen habe ich aber noch nicht ausgelöscht, sondern es heimlich neben mir weiterbrennen lassen.
Gerade denke ich daran, daß vor einem Jahr Mutti die Lungenentzündung bekam und ich die Halsentzündung. Damals hat mir Vater sein Bett geräumt, damit es für den Arzt und überhaupt für die Pflege praktischer ist. Ich war sehr gerührt darüber und hatte ihm ein Gedicht geschrieben und auf den Nachttisch gelegt. Das hat nun wieder ihn bewegt, so daß er drei Tage weich und wie verwandelt war und mir Dinge aus seiner Jugend erzählte, von denen sonst niemand wußte. – Ja, und jetzt habe ich wohl eine Nervenentzündung oder ähnliches an der Schulter, was mir leider ziemliche Schmerzen verursacht. Wahrscheinlich werde ich doch zu Dr. Schickler gehen müssen. Alle Jahre einmal …

3.1.1945

Liebs Fraule,

wie geht es Dir wohl? Wahrscheinlich hast Du Dich auf den heutigen Tag gefreut und hast gewartet – und ich kam nicht! Bitte verzeih mir meine Voreiligkeit; ich werde in Zukunft alles für mich behalten und – plötzlich eines Tages auftauchen.
Von Vater habe ich kürzlich einen Brief bekommen, er hat sehr nett geschrieben; mein Brief hat ihn wohl gefreut.
Er schreibt, daß Du da seist, sei ein schöner Lichtblick in all der trostlosen Zeit.
Ferner: Abends, wenn er nicht einschlafen könne, würde er seine Gedanken in seine Jugendzeit lenken, so könne er das Elend leichter ertragen. Armer Vater – er lebt nur noch in Erinnerungen an früher. Da das, was ihm allein wert war, die Fabrik, vernichtet ist, hat das Dasein jeden Sinn verloren. – Ich habe das Empfinden, daß er nun bei uns Stütze und Halt sucht; er fürchtet, eines Tages von allen Kindern verlassen zu sein. –
Du wunderst Dich, daß ich mich durch das Nietzsche-Buch «durchgebissen» habe? Aber nein, das trinke ich wie Wein in mich hinein (das reimt sich sogar). Das lese ich wie einen Roman – nur daß ich Romane eigentlich nicht mehr lese … Wirst Du aus meinen Worten klug? – Jetzt möchte ich anthroposophische Bücher, einen ganzen Stapel, in dem ich wühlen könnte! Wie lang dauert es noch, bis das möglich ist?
Gute Nacht, liebs Fraule, ganz und gar bin ich bei Dir. Ich küsse Deine lieben Hände, Deine lieben, lieben Augen!

4.1.1945

Mein lieber Herzensmann!

Heute erhielt ich Deinen lieben Brief vom 29.12., in dem Du mir die traurige Mitteilung machst, daß Du nicht kommen wirst. Am meisten tut es mir jetzt weh, daß Du so traurig bist! Wahrscheinlich hattest

Du Dir noch größere Hoffnung gemacht, als ich es nach Deinen vorsichtigen Andeutungen tat. Nun müssen wir uns eben wieder sagen: Wie es kommt, wird es immer am besten sein! Darauf wollen wir in allem Schmerz vertrauen. Wenn Du nach München gekommen wärest, hätte ich vielleicht wegen der Angriffe viel Angst ausstehen müssen. Vergessen wir den süßen Traum und hoffen wir darauf, daß der Krieg in diesem Jahr zu Ende gehe und wir gesund unser Leben beginnen dürfen.

Nun werde ich Dir bald das Paket schicken. Vater wollte die Marke kurzerhand haben, aber das mache ich nicht, denn Deine Frau will Dir schließlich auch etwas schicken. Er kann ja seine Sachen dazu geben. Es tut mir so leid, daß ich nun die Schokolade-Schäumchen, die ich meinem Liebsten als Betthupferl gebacken habe, fortschicken muß, denn sie werden unterwegs natürlich zerfallen.

4.1.1945

Liebs Fraule,

hab recht herzlichen Dank für Deine lieben, lieben Briefe! Es kamen gleich deren vier.

Neues kann ich von mir nicht berichten.

Die Schriftzüge Nietzsches, die ich sah, waren recht sympathisch. Ein wenig ähnelten sie den meinen – lache nicht! Aber sie sind sauberer und geordneter, einfach kühn. Dies zeigt, daß es mir noch an Ordnung mangelt, an Selbstdisziplin. – Kurz, ich muß mehr an mir arbeiten! O wie kurz ist die Strecke Wegs erst, die ich zurückgelegt habe. Du meine liebe Frau, mit Dir zusammen arbeiten und an uns bilden zu dürfen – bald! –, das ist mein höchster Wunsch!

6.1.1945

Mein lieber Herzensmann,

heute kamen schon wieder zwei Briefe von Dir, wie habe ich mich darüber gefreut! Wenn ich schon allein Deine Schrift betrachte, bin ich glücklich. Da steht ein so liebes, beschützendes B und ein so beruhigendes A nebeneinander! Ganze Geschichten erzählen sie mir. – Früher waren beispielsweise die linken Briefränder bzw. Zeilenanfänge voll mit langen Anstrichen. Jeder Buchstabe, bei dem es möglich war, bekam einen solchen. Das ist nun ganz weggefallen. Mir war das immer wie die Silhouette einer Burgfeste erschienen, auf der Dein gesichertes, uneinnehmbares Schlößchen stand. Mochten die Angreifer ihr Heil versuchen! Sie hatten einen ganz schönen Anstieg – und Du derweilen Deine Ruhe.
Dann kam eines Tages ein Fräulein, das behauptete, ein Schloß über den Wolken zu haben. Wie ungläubig und überlegen hat er es angeschaut und es ihm nicht glauben wollen! Krieg haben sie miteinander angefangen und so lange gekämpft, bis seine Burg Risse bekam ... Doch das ist schon lange her! Inzwischen ist der Burgherr längst zum Ritter geschlagen und hat damit begonnen, sich gleichfalls ein Schloß zu bauen – über den Wolken. Für dieses braucht er keinen steilen Felsenweg anzubringen, denn dort, wo es steht, sind die Kriege ausgestorben ...

Später

An Deiner Entwicklung lebe ich noch einmal all die Stationen mit, die auch ich durchgemacht habe, kurz bevor ich Dich kennenlernte. Du glühst für die anthroposophische Sache – und möchtest gerne noch so viel mehr wissen! Jetzt erst, wenn man anderen Menschen davon sprechen will, merkt man, wie wenig man noch weiß, wieviel man wissen sollte! – Ach, wie freue ich mich so unbeschreiblich! Aber es mußte ja so kommen, daß wir auf dem gleichen Weg wandern dürfen! Wie überglücklich bin ich darüber!

6.1.1945

Mein liebster Herzensmann!

Leider muß ich heute unten im Eßzimmer bei allen anderen am Tisch sitzen, es ist das einzige Zimmer, das Licht hat. Plötzlich war heute der Strom weggeblieben. – Auch sonst war ein unfreundlicher Winter-Sonntag, der zwar zuerst mit schönem Rauhreif begann, aber sich dann bald verdüsterte. Ein eiskalter Sturm fegte in alle Ritzen. Den ganzen Tag saß ich bei 14 Grad Wärme; ich wollte oben bei meiner Arbeit allein sein. Übrigens ist nun unten im Eßzimmer ein Ofen gesetzt worden, weil vermutlich die Zentralheizung nicht mehr für alle Zimmer reichen wird demnächst. Überhaupt herrscht so große Kohlennot überall, daß die meisten Leute frierend in ihren Zimmern sitzen. Wer einmal in diesem Winter Kohlen erhalten hat, gleichgültig wieviel, bekommt keine weiteren. Sehe jeder, wie er's treibe!

8.1.1945

Herzensmann!

Heute erzählte meine «nette Kollegin», daß sie die Nachricht erhalten hat, daß ihr Mann in amerikanischer Gefangenschaft ist. Zwar gibt es dabei auch Beruhigendes, und sie ist auch, wie immer, durchaus tapfer, aber die weite Entfernung und das lange, lange Warten auf Post! Da haben wir beide es noch direkt gut!
Rate, wo ich Dir diesen Brief schreibe. Ich sitze bei Kerzenbeleuchtung im Bad neben der Zentralheizung, lasse mich von Deinem warmen Bademantel wärmen und – warte aufs Nachtessen, das wieder einmal mit viel Aufwand und Mühe im Keller zubereitet werden muß, weil «einfach» kein Strom da ist. Im übrigen macht meine kleine Kerzenflamme das Badezimmer recht gemütlich, zudem überhaucht sie meine halb erstarrten Finger mit ein wenig Wärme; auch freue ich mich, daß ich Dir heute viel früher als sonst schreiben kann. Ich war nämlich, obwohl meine Schulter besser geworden ist, bei Dr. Schickler und fuhr schon am Mittag in Marbach weg. Dr. Schickler war

sehr nett, er kam, als er mich im vollbesetzten Wartezimmer sitzen sah, nochmals zurück und begrüßte mich mit Handschlag. Die Wartenden guckten sehr erstaunt.

Es war mir sehr interessant, was Du mir aus Vaters Brief erzählt hast. Armer Vater! Dennoch, bitte schreibe ihm das nicht, was Du vorhast, es würde ihm tiefen Schmerz bereiten! Freilich wollen wir unser eigenes Leben beginnen, aber wir wollen doch keinen Menschen abweisen, wenn er uns braucht. Vater wird uns vermutlich in Zukunft brauchen, und wir wollen ihm von Herzen das geben, was er bei uns sucht: Wärme, Liebe! Es wäre egoistisch, wollten wir uns tatsächlich von allen zurückziehen. Vater hat augenblicklich wirklich nichts als seine Erinnerung an die Kindheit und Jugend. Gelt, Du schreibst ihm nichts von dem, was Du vorhattest. Manchmal habe ich das brennende Bedürfnis, Vater kurzerhand in die Arme zu nehmen und ihn einfach zu überrumpeln mit «unerwarteter» Liebe. – Ich denke jetzt wieder an jenen 4.2.44, als ich ihm das Gedicht auf den Nachttisch legte und er mich am nächsten Morgen oben in meinem Zimmer, zu Tränen gerührt, in die Arme nahm – «das sei er nicht gewohnt». – Das war vielleicht in vielen Jahren einmal ein Augenblick für ihn gewesen, wo ihm ganz unmittelbar und rückhaltlos in wirklicher Liebe ein Du entgegenkam, das auch seine Ich-Flamme aufleuchten ließ.

Daß er mein Hiersein als «schönen Lichtblick in der trostlosen Zeit» bezeichnet, macht mich glücklich, weil ich fühle, daß ich ihm etwas bedeute.

Mutter wartet jeden Abend, daß ich mich noch eine Weile nach unten setze, aber meist komme ich nicht mehr dazu. Gestern abend z.B. waren wir von 19.30 bis 23.30 Uhr ununterbrochen im Bunker. Um 16 Uhr hatten wir Kaffee getrunken – um 24 Uhr gab es Nachtessen. Jeder fühlte sich so ausgehungert, schwach und überreizt, daß wir vor lauter Lachen (!) über Bagatellen kaum essen konnten, und Vater lachte am meisten! So habe ich ihn noch gar nie gesehen.

10.1.1945

Mein lieber Herzensmann,

heute kam ein wahrer Briefsegen über mich, insgesamt sieben an der Zahl, darunter vier von Dir.

Ja, es ist schon traurig, daß Du auch gar keine Zeit hast, Briefe zu schreiben; denen, die aus dem Wald kommen, merkt man es schon an, daß es da anders war! Bei mir gibt es abends immerhin keinen Zapfenstreich, insofern habe ich es besser.

Erinnerst Du Dich daran – es war in der Zeit vor oder kurz nach unserer Verlobung –, daß Du sagtest, Du würdest nicht glauben, daß ich Vater einmal für mich gewinnen würde. Ich hatte Dir widersprochen. Es war dann doch sehr bald geschehen, daß er seine Vorurteile vergaß. (Ein armes Mädchen wirft das Geld zum Fenster hinaus, wenn es da ist; ein Mädchen, das malt, wird keine gute Hausfrau!) Wie rasch hat er doch seine Einstellung geändert. Erst vor kurzem schrieb er anscheinend auch an Mutti außerordentlich lobend von mir; sie würden nur Freude an mir erleben. – Das alles zeigt, daß Vater selbst ein anderer geworden ist. Er hat in letzter Zeit viel durchgemacht. Aber wenn das Schicksal an uns feilt und feilt und feilt, dann begleitet uns ein guter Engel, meinst Du nicht auch? – Übrigens zieht mich Vater immer in den Familienrat und gibt auf mein Urteil viel. Das freut mich natürlich auch.

Auch von Walter kam ein kurzer Brief. Es ginge ihm noch gut bis dato und er sei bei einer neuen Einheit. – Wann wird diese zerrissene Seele sich wohl einmal selber finden? Leider kann ich unter den gegebenen Verhältnissen von mir aus nicht dazu helfen, so gerne ich es möchte.

11.1.1945

Liebs Fraule,

einen guten Morgen rufe ich Dir zu über die verschneite Landschaft! Heute nacht habe ich sehr lebhaft von Dir geträumt. Wir beide fuhren mit dem Rad nach Heilbronn zu einer Hochzeit. Dann erinnere ich

mich noch daran, daß ich Dich auf meinem Rücken trug, auf steilen Wegen und ungezählte Treppen empor. Wir machten Späße und lachten. Wie das alles für mich mit solcher «Last» auf dem Rücken möglich war, ist mir ein Rätsel. Jedenfalls war es sehr schön!
Du wolltest über den Zweck der Reise hören: Ich sollte evtl. eine Art Lehrgang mitmachen und wäre etwa vier Wochen in München gewesen und hätte wahrscheinlich jeweils über das Wochenende zu Dir fahren können. Das ist alles. – Mit Dienstreisen sieht es schlecht aus; die Südwestecke des Reiches ist ziemlich abgelegen.
Du hast recht, an dem kulturellen Niedergang ist zu einem größeren Teil wohl die Frau schuldig; denn auch da stimme ich mit Dir überein, daß die Frau maßgeblich die Sitte und durch ihre Einwirkung auf den Mann auch die ganze Kultur beeinflußt. Im Mann ist das treibende Element, das Prinzip der Bewegung stärker ausgebildet; die Frau aber hat es in der Hand, diese Kräfte zu lenken. Und es scheint, daß sie sich dieser Aufgabe gar nicht mehr bewußt ist.
Da Du ihn gerade in Deinem Brief erwähnt: Der «Kamerad», der Hochzeit gefeiert hat, ist zurückgekommen. Gestern hat er den Papierkorb durchwühlt, weil er die Adresse einer Arbeitsmaid weggeworfen hat, die er auf der Herfahrt von seiner Hochzeit im Zug kennengelernt hatte und der er nun schreiben wollte, weil sie so interessant war und ihn so «gereizt» hatte! … – So sieht es in der Welt im allgemeinen aus. Alle Menschen, die besser sind, sind Ausnahmen!!!

11.1.1945

Lieber Herzensmann,

nach dem gestrigen Postsegen bin ich heute natürlich leer ausgegangen, aber ich bin hübsch bescheiden und lese nochmals alle «alten» Briefe. Dabei sitze ich übrigens wieder am Familientisch im Eßzimmer, in dem es mollig warm ist und wo ich meine halb erfrorenen Füße auftaue. Vater sitzt bei der Stehlampe im Ledersessel und liest. Alles macht einen recht gemütlichen Eindruck. Anfangs war es mir nämlich ein wenig bange gewesen, wie sich das winterliche Gemeinschaftsleben im Eßzimmer wohl gestalten wird. Aber da die Woche über doch niemand zu Hause ist, läßt es sich ganz gut an. – Vater kam heute Mittag schon zurück von Westheim. Er war bei der Volkssturm-Musterung, wurde aber als untauglich erklärt. Darüber ist er natürlich sehr froh, ich bin es gleichfalls.

12.1.1945
Du mein lieber Herzensmann!

Leider bin ich heute auch wieder ohne Post ausgegangen. Aber ich tröste mich damit, daß ich morgen schon in der Frühe Deinen Brief in Empfang nehmen kann, wenn einer kommt, denn ich habe frei. Und am Montag haben wir Kohlenferien.
Ich muß allerlei in der Stadt erledigen. Wie schön sich das anhört! Dabei muß ich in den Ruinen suchen, ob ich die Geschäfte überhaupt noch irgendwo vorfinde!
Ja, Herzensmann, das sind so meine Alltagssorgen, aber denke nicht, daß sie mich allein ausfüllen. Im Gegenteil, ich bin mit meinen Gedanken fast den ganzen Tag auf Reisen und in schöneren Welten, als es diese ist. Heute z.B. in der «Post» beim Mittagstisch war ich so mit Dir beschäftigt und in eine sehr, sehr liebe Briefstelle ganz versunken, daß ich still vergnügt und herzensheiter in mich hineinlächeln mußte. Der Reihe nach betrachtete ich die Menschen, die um den Tisch herum saßen, und fragte mich bei jedem einzelnen: Kennst du das Glück? Weißt du, was Leben ist? Alle kamen mir mehr tot als lebendig vor. – Überhaupt interessieren mich zur Zeit wieder sehr die menschlichen Gesichter, die «vielen Spiegel unendlicher Torheit» …
Ich kann mir gut vorstellen, daß Zeiten in der Menschheitsentwicklung anbrechen, da keiner mehr vor dem andern etwas verbergen, ihn irgendwie durch eine Maske täuschen kann, weil man mehr sieht als jetzt.
Heute morgen im Zug nach Ludwigsburg hatte ich einen beglückenden Anblick direkt vor der Nase: Die Neubildung von Eisblumen am Fenster. Anfangs war es ganz frei, dann entstanden so etwas wie

Fontänen, die sich streckten und schließlich zu wunderbaren Farnen entwickelten. Sie wuchsen immer weiter, und jedes dieser Gebilde schien von der Gegenwart des nächststehenden zu «wissen» und es zu respektieren. Alles entfaltete sich in schönster Harmonie, kein Zweig drängte den andern zur Seite. Ich war bezaubert!
Im Eßzimmer, in dem ich jetzt sitze, ist es direkt gemütlich. Mutter strickt Wollstrümpfe für Robert, und Vater sitzt in seinem Ledersessel unter der Stehlampe und liest von Cronin *Der Tyrann, Roman eines Vaters*. Die Lektüre muß sehr spannend sein, er legt sie nicht mehr aus der Hand.

13.1.1945

Mein liebes Fraule,

heute muß ich mich gleich in der Mittagspause zu Dir setzen und mit Dir plaudern. Es wurde mir nämlich wieder für einen Moment ganz bewußt, daß ich Dich, mein ewiges Du, gefunden habe – und daß wir für immer und alle Zeiten zusammengehören! Das ist so wunderbar, daß ein Gefühl tiefster Beseligung mich erfüllt. Ach, nie werde ich das als selbstverständliche Tatsache hinnehmen; immer wieder gibt es mir Anlaß zu einem dankbaren Staunen!
Ein prächtiger Tag kam heute über die Welt, der erste, an dem man spürt, daß die längste Nacht vorüber ist, daß die Sonne wieder an Kraft gewinnt. Klar war der Himmel heute früh, klirrender Frost hatte all die Wasserpfützen in Eisflächen verwandelt. Am Mittag aber scheint nun die Sonne so warm wie an einem Frühlingstag.
Ich habe heute früh wieder ausführlich mit Frl. K., die mir im Geschäftszimmer gegenüber sitzt, gesprochen, und zwar über Anthroposophie. Sie hörte sehr aufmerksam zu und schien auch oft zuzustimmen. Jetzt aber kommt wieder das alte Lied: Ich sollte viel, viel mehr selbst wissen! Immerhin habe ich die Grundbegriffe dargelegt und auch den Weg gezeigt, den ich gekommen bin. Ich habe den Eindruck, daß sie sehr offen wäre und auch ein sehr feines Empfinden hat. – Beispielsweise träumte sie vor einigen Monaten, daß es ihrer

Großmutter, mit der sie sehr verbunden war, schlecht gehe und daß sie von ihr um Hilfe angerufen werde. Später stellte sich heraus, daß ihre Großmutter um diese Stunde starb und in ihrer letzten Stunde in Phantasien von ihr gesprochen hatte.

Auch mit dem Freiburger habe ich heute abend wieder lange gesprochen. Er sitzt neben mir und schreibt auch; die ganze andere wertlose Bande ist ausgegangen. Er meinte heute, daß er sich wohl auch im Laufe der Zeit mehr und mehr den Geisteswissenschaften zuwenden werde, aber zunächst müsse er eben einen Beruf haben.

Nun ist der Tag wieder zu Ende, und ich werde mich in andere Welten begeben ...

13.1.1945

Mein Liebster,

nachdem die Fliegertätigkeit längere Zeit bei uns weniger spürbar war, ging es heute – wie meistens samstags – recht lebhaft zu. Oft erleben wir es, daß alle Fenster und Türen klappern, ohne daß Voralarm war. Die Bombenteppiche fallen dann natürlich nicht in Stuttgart direkt, aber immerhin ziemlich in der Nähe. Man gewöhnt sich auch daran!

Gestern haben wir zum ersten Mal etwas ganz Neues erlebt: V1- oder V2-Geschosse, die über uns wegbrummten nach England. Gesehen haben wir davon selbst zwar nichts, aber um so mehr hörten wir sie, denn sie verursachen einen ganz gewaltigen Lärm. Vater raste jedesmal ins Freie, konnte sie aber natürlich auch nicht sehen.

Heute stand ich lange am unverdunkelten Fenster unseres Zimmers und schaute in die Nacht hinaus, um wenigstens einen Augenblick zu mir selber zu finden. Daraus schöpfe ich Kraft. Ich werde mir in Zukunft diese Ruhe-Augenblicke zu verschaffen suchen. Man hat dabei die Empfindung, wirklich einmal zu stehen. Tod und Teufel rasen an einem vorbei, aber sie können uns dann nicht mitreißen.

Sonntag, 14.1.1944 [1945]

Mein liebster Herzensritter!

Nun ist wieder einer jener Sonntage vergangen, bei denen man jenes fatale Gefühl hat, ihn nicht richtig «begangen» zu haben. Zwar habe ich ziemlich alles das gearbeitet, was ich mir vorgenommen hatte, aber – eine Lücke ist irgendwo geblieben, die ich nicht füllen kann. Wärst Du hier gewesen – ich glaube, meine Verfassung wäre eine ganz andere; wenn ich auch weit weniger getan hätte! Es liegt also an ganz anderen Dingen – womit der Spruch widerlegt wäre, daß erfüllte Pflichten allein das Glück ausmachen!
Was mein Herzensmann wohl heute getan hat? Ich hoffe nicht, daß Du auch den ganzen Sonntag über Dienst hattest. Ob Du dann wohl ans Meer gegangen bist?
Heute war es vielleicht schön. Bei uns schien den ganzen Tag über die Sonne so warm, daß man schon ein ganz leises Frühlingsahnen, trotz allen weißen Gärten, haben konnte! O, wenn es erst einmal wieder Februar ist, dann geht's schon erheblich aufwärts. Und dann blühen bald die März-Veilchen, denk ... Und dann ist vielleicht doch auch bald der Krieg zu Ende, wer weiß ...! Wenn der Frühling erst wieder naht, kommt auch wieder ein kleines Hoffnungspflänzchen aus der dunklen Erde und will in der Sonne leben, gelt? Auch unsers!
Eigentlich hätte ich heute eine ganze Menge Briefe zu schreiben, aber wenn im Eßzimmer am Tisch alle 4 Seiten besetzt sind, bringe ich die dazu nötige Sammlung nicht auf. Auch mir selbst macht das Schreiben dann gar keine Freude. Und das will man doch schließlich auch dabei haben, nicht wahr?
Robert sitzt mir gegenüber und brütet auch gerade an der 7. Seite. Ihm wird es wohl ähnlich ergehen. Er ist z. Zt. sehr häufig an den Sonntagen zu Hause wegen dem Volkssturm; das ärgert ihn natürlich gewaltig und er ächzt und stöhnt wie ein alter Baum im Sturm – über die mißratenen Sonntage. – Vater stöhnt natürlich auch am laufenden Band – und ich verschweige mich immer mehr. Ich glaube, so kennst Du mich gar nicht, da ich in Deiner Nähe immer geschwätzig und ausgelassen werden, wie ein Buchfink im Frühling, wenn er sein

Weiblein in der Nähe weiß… Ach, würde erst einmal wieder so ein kleiner Kerl sein Liedlein schmettern!

Die einzige, die immer etwas zu sprechen weiß (in der Hauptsache natürlich Thema 1: die Sünden von Sofie), ist Mutter. Aber solange ihr Zustand so ist, bin ich schon zufrieden und will nichts weiter! – Nächste Woche wird sie übrigens nun wohl doch nach Gunzesried fahren. Da hab ich dann wieder meinen werten Schwager Robert zu betreuen und an den Sonntagen Vater zu versorgen … Das gefällt mir an sich schon ganz gut, nur ist die Sache einigermaßen zeitraubend.

Vater sagte heute wieder sehr deutlich, daß es ihm viel lieber wäre, wenn Sofie ginge und ich dann da sei. – Aber – vorläufig ist es mir eigentlich doch lieber so, wenn die Umstände so bleiben, wie sie jetzt gerade sind, ich meine jetzt auch in punkto Fahrt usw. nach Marbach. Im Augenblick ist die Verbindung ganz annehmbar. Die Straßenbahn fährt wieder ordentlich – und gestern hat sogar das Telefon geläutet – stell Dir vor! Zwar meldete sich dann niemand, aber immerhin, es scheint wieder intakt zu sein, was – zweifellos bald einen Angriff auf unser Stuttgart nach sich ziehen wird! Jedenfalls warten wir bei jedem Alarm darauf.

Moggeli, Dein Fraule bringt heut auch keinen ordentlichen Brief zusammen! Ist es nicht so, als ob einem die andern, die noch im Zimmer sind, gleichsam die Gedanken aus dem Kopfe stehlen? Woher das kommt, dieses Nicht-Konzentrieren-Können? Eigentlich müßten uns die Menschen, solange sie nicht reden, doch genau so wenig stören wie ein Stuhl, der im Zimmer steht. Aber so ist das leider nicht.

Morgen hab ich nun ja Kohlenferien, aber mein Tag ist leider schon restlos ausgefüllt. Zuerst muß ich Gertrud im Krankenhaus besuchen, Dein Paket richten und zur Post bringen, dann aufs Kriegsschädenamt und zu Dr. Schickler. Da bleibt dann recht wenig Zeit für schönere Dinge übrig – trotz der «Ferien»!!

Nun einmal eine Gewissens-Frage, Herzensmann, die ich genau beantwortet haben möchte: Hast Du eigentlich Aussicht, einmal wieder auf Dienstreise zu kommen??? Bitte mache mir ein wenig Hoffnung, wenn es Dein Gewissen zuläßt, denn es ist wirklich viel schöner, wenigstens eine ganz kleine Aussicht auf ein Wiedersehen zu haben, wenn es auch

Sonntag, 14. Jan. 1944.

Mein liebster Herzensritter!

Nun ist wieder einer jener Sonntage vergangen, bei denen man jenes fatale Gefühl hat, ihn nicht richtig "begangen" zu haben. Zwar habe ich ziemlich alles das gearbeitet, was ich mir vorgenommen hatte, aber – eine Lücke ist irgendwo geblieben, die ich nicht füllen kann. Längst Du hier gewesen – ich glaube, meine Verfassung wäre eine ganz andere, wenn ich auch weit weniger getan hätte! Es liegt also an ganz anderen Dingen – womit der Spruch widerlegt wäre, daß erfüllte Pflichten allein das Glück ausmachen!

Was mein Herzensmann wohl heute getan hat? Ich hoffe nicht, daß Du auch den ganzen Sonntag über

Dienstag, Karfreitag. Ob Du dann wohl an's Meer gegangen bist? Heute war es vielleicht schön. Bei uns schien den ganzen Tag über die Sonne so warm, daß man schon ein ganz leises Frühlingsahnen, trotz allem weißen Gärten, haben konnte! O, wenn es erst einmal wieder Februar ist, dann geht's schon herrlich aufwärts. Und dann blühen bald die März-Veilchen denk... Und dann ist vielleicht über auch bald der Krieg zu Ende, wer weiß...! Wenn der Frühling erst wieder naht, kommt auch wieder ein kleines Hoffnungspflänzchen aus der dunklen Erde und will in der Sonne blühn, gelt? Auch unser!
Eigentlich hätte ich heute eine ganze Menge Briefe zu schreiben, aber wenn im Eßzimmer am Tisch alle 4 Seiten besetzt sind, bringe ich die dazu nötige Sammlung nicht auf. Ach nun

II.

selbst macht das Schreiben dann
gar keine Freude. Und das will
man doch schließlich auch dabei
haben, nicht wahr?
Robert sitzt mir gegenüber und brütet
mich grade an die 7. Seite. Ihm
wird es wohl ähnlich ergehen. Er ist
z.B. sehr häufig an den Sonntagen
zu Hause wegen dem Volkssturm,
das ängst ihn natürlich gewaltig
und er ächzt und stöhnt wie ein alter
Baum im Sturm – über die nächsten
Sonntage. – Vater stöhnt natürlich
auch am laufenden Band – und
ich verschweige mich immer mehr.
Ich glaube, so kennst Du mich gar-
nicht, da ich in Deiner Nähe immer
geschwätzig und ausgelassen werde,
wie ein Buchfink im Frühling, wenn
er sein Weiblein in der Nähe weiß....
Ach, würde er einmal wieder so
ein kleiner Kerl sein Liedlein

schwatzen!
Die Einzige, die in mir etwas zu sprechen
weiß (in der Hauptsache natürlich
Thema 1: die Kinder von Sofie) ist
Lenette. Aber solange ihr Zustand
so ist, bin ich schon zufrieden und
will nichts weiter! — Nächste Woche
wird sie übrigens nun wohl doch
nach Grunzwied fahren. Da
hab ich dann wieder meinen werten
Schwager Robert zu betreuen und
an den Sonntagen Babsi zu versorgen....
Das gefällt mir an sich schon
ganz gut, nur ist die Sache einigermaßen zeitraubend.
Babsi sagte heute wieder sehr deutlich,
daß es ihr viel lieber wäre, wenn
Sofie ginge und ich dann da sei. —
Aber — vorläufig ist es mir eigentlich
doch lieber so wenn die Umstände
so bleiben, wie sie jetzt gerade sind,
ich meine jetzt auch in Punkto
Fahrt usw. nach Marbach.

1/1

Im Augenblick ist die Verbindung
ganz annehmbar. Die Stephansbahn
fährt wieder ordentlich — und gestern
hat sogar das Telefon geläutet -
stell Dir vor! Zwar meldete sich
dann niemand, aber immerhin, es
scheint wieder intakt zu sein, was
— zweifellos bald einem Angriff
auf unsere Rgs. nach sich ziehen
wird! Jedenfalls warten wir bei jedem
Alarm darauf.

Muggeli, denn Haube bringt heut
auch keinen ordentlichen Brief zusammen!
Ist es nicht so, als ob einem die
anderen, die noch im Zimmer sind,
gleichsam die Gedanken aus dem Kopf
stehlen? Woher das kommt, dieses
Nicht-Konzentrieren-Können? Eigentlich
müßten uns die Menschen, solange
sie nicht reden, doch genau so
wenig stören wie ein Stuhl, der im

Zimmer steht. Aber so ist das
leider nichts.
Morgen hab ich nun ja Kohlenferien, aber mein Tag ist leider schon
restlos ausgefüllt. Zuerst muß ich
Gertrud im Krankenhaus besuchen
Dein Paket sichern und zur Pos-
bringen, dann auf's Kreisschul-
amt und zu Dr. Schickler. Da
bleibt dann recht wenig Zeit für
schöne Dinge übrig - trotz der
Ferien!!
Nun einmal eine Gewissens-frage,
die ich genau beantwortet
haben möchte: Hast Du eigentlich Aussicht, einmal wieder auf Dienstreise
zu kommen??? Bitte mach mir ein
wenig Hoffnung, wenn es Dein Gewissen
zuläßt, denn es ist wirklich viel schöner,
wenigstens eine ganz kleine Aussicht
auf ein Wiedersehen zu haben, wenn
es auch ganz ungewiß ist. -
Lebwohl, Du mein alter Sturmvater,
und sei herzlichst gegrüßt.
              von Deinem Traudl

ganz ungewiß ist. – Leb wohl, Du mein alter Sternenritter, und sei herzlichst gegrüßt von Deinem Fraule

15.1.1945
Liebs Fraule,

eben komme ich von draußen, wo so wunderbar hell und klar die Sterne strahlen. Ich schaute nach dem Nordlicht, aber es war nicht mehr zu sehen. Nur der Himmel war am nördlichen Horizont ganz hell. Mein Kamerad, der Astronom, der vom Kino kam, sah noch rote Strahlen daraus emporleuchten. Schade, daß ich es nicht gesehen habe!
Heute kamen liebe Briefe, hab meinen ganzen Herzensdank! Wie gerne lese ich Deine Worte immer und immer wieder!
Wie habe ich mich doch gewandelt in den Jahren des Krieges – fast erscheint es mir unwirklich! – Wie hast Du mich gewandelt, oder vielmehr zurückverwandelt, dem Urgrund des Lebens wieder nähergebracht! Oft muß ich an meine Kindheit denken, da ich jetzt mit demselben großen Staunen wie damals die Dinge um mich her betrachte, als schaute ich sie zum ersten Male und das tue ich ja auch!

15.1.1945
Du mein Herzensmann,

heute früh war ich im Krankenhaus bei Gertrud Ich hatte gerade Deine Briefe an sie gelesen, die sie extra hervorkramte, einen sechs Seiten langen, eben beendeten für mich in Empfang genommen, samt einem neuen Eintrag ins Gedichtbüchlein – als die Sirene ertönte. Ich verbrachte dann zwei Stunden etwa im Hochbunker beim Krankenhaus, kam zu Hause gerade noch zum kalten Mittagessen (kalt, weil der Strom ja «einfach» abgeschaltet wird) und nahm vier liebe Briefe von Dir in Empfang, hab meinen allerherzlichsten Dank dafür! Es sind sehr, sehr liebe Briefe, die mich so von Herzen freuen! Du mein Liebster wenn ich Dich nicht hätte!

Ich freue mich ja so über Deine «heimliche Arbeit» in pädagogischer Hinsicht an Deinen lieben Mitmenschen! Und ich staune über die Erfolge, die Du verzeichnen kannst. – An Dir selbst haben sich Morgensterns Worte tief bestätigt: «Eine Wahrheit kann erst wirken, wenn der Empfänger für sie reif ist ...» Was haben wir beispielsweise einst doch über den Sinn des Lebens gestritten! Alles Reden von außen hat sozusagen nur Samenwert; selbst wenn er nicht auf Steine fällt, sondern keimt, kann dies nicht sogleich geschehen, sondern erst nach und nach. – Bei Dir aber ist das Pflänzlein nun wirklich ganz entfaltet!

16.1.1945

Mein liebster Herzensmann,

so, Du hast mich in Deinen Träumen als schwere Last auf Deinem Rücken geschleppt! Das ist schon sehr vielsagend, nachdem wir erst ein halbes Jahr verheiratet sind!
An meine Träume erinnere ich mich zur Zeit nicht. Aber um so lebhafter spukst Du in den Träumen von Sophie! Sie sah Dich im blau-rot-gestreiften Morgenmantel an unserer Glastüre stehen. Du packtest Koffer, und als sie Dich fragte, ob Du abreisen würdest, sagtest Du: Nein, verreisen!
Etwas Komisches ist mir passiert. Es war Montagmorgen, an dem Vater immer früh nach Westheim zu fahren pflegt. Ich hörte Vaters Tür unten gehen – ich war daran aufgewacht –, sah auf die Uhr und dachte, wenn Vater sich rührt, wird es gleich 6 Uhr sein. Auf meinem Wecker aber war es 2 Uhr. Ein Blick auf meine Armbanduhr sagte mir, daß auch diese stehe. Also raus aus den Federn, um unten auf die Uhr zu schauen. In Deinem Bademantel und meinen warmen Pelzhausschuhen stand ich – vor verschlossener Glastür. Also läutete ich in dem Gedanken, daß Mutter sich auch gerade erst wieder hingelegt haben müsse, nachdem Vater gegangen war, folglich würde mein Klingeln sie nicht so sehr stören. Es öffnete aber niemand. Nach nochmaligem Läuten – stand Vater im Schlafanzug vor mir und

schaute mich mindestens ebenso verwundert an wie ich ihn … «Du bist noch da?» fragte ich überrascht und erklärte, daß meine Uhren stehengeblieben seien, ich ja aber die Zeit wissen müsse. –Er schaute nach – es war 2 Uhr!! Ich war wie vor den Kopf gestoßen und stieg einigermaßen beschämt wieder nach oben. Dort stellte ich fest, daß der Wecker lustig tickte und gar nicht stehengeblieben war … Ja, solche Spukgeschichten macht Deine Frau!

17.1.1945

Du meine liebe Frau,

hab meinen herzlichen Dank für das Päckchen, das mich heute erreichte! Immer wieder knabbere ich ein Gutsle, und gleich bekommst Du einen Kuß dafür, so …
Und da habe ich nun einstens leise befürchtet, es könnte vielleicht etwas hapern mit hausfraulichen Qualitäten!! Trotz allem war ich aber bereit, das ohne weiteres in Kauf zu nehmen! Sag, was ist eigentlich Deine schwächste Seite?
So, und nun werde ich vor dem Einschlafen noch in den «gereimten Liebesbriefen» lesen, und mein Herz und all meine Gedanken werden bei Dir sein. – Mein ewiges Du – manchmal gerate ich in eine Art ungläubigen Staunens, wenn ich daran denke, daß ich, ausgerechnet ich, Dein Du sein darf!

17.1.1945

Mein liebster Herzensmann,

kurz nachdem ich gestern den Brief an Dich beendet hatte, war Fliegeralarm, und wir saßen bis nach 24 Uhr im Bunker, so daß ich dann erst nach 1 Uhr zum Schlafen kam. Ich bin deshalb auch heute recht müde, und außerdem habe ich ziemliche Schmerzen, fast bei jeder Bewegung. Ein Wunder ist das ja nicht bei dieser ständigen Kälte und dem Stehen auf kalten Bahnhöfen und in ungeheizten Zügen!

Leider kam heute auch kein Brief von Dir, der mich hätte trösten können.

Vermutlich überarbeite ich mich zur Zeit auch ein bißchen, denn es ist wieder einmal jede Minute des Tages ausgefüllt mit alltäglichen Dingen. Und daraus vermag ich mich heute – Du merkst es – nicht zu erheben.

18.1.1945
Liebs Fraule,

immer wieder greife ich ins süße Päckchen. Zwar sage ich mir, ich sollte das nicht so oft tun, aber ich kann nicht widerstehen. – Die Zigaretten habe ich auch entdeckt und habe sie gleich in meinen Koffer gepackt. Ich habe nun fünf Schachteln darin, das sind 120 Zigaretten, diese sind nach den derzeitigen Preisen 500 bis 600 Mark wert. Stell Dir das vor: 5 RM, werden für eine Zigarette bezahlt! Ich aber bewahre sie auf, sie sind dazu bestimmt, mir eventuell wichtige Dienste zu leisten. Du hättest sie aber nicht schicken sollen, denn Du könntest sie auch einmal benötigen!

18.1.1945
Du mein Herzensmann,

als wir heute um 16 Uhr in Marbach zum Bahnhof gingen, war ein rechtes Frühlingswetter. Plötzlich war Föhnwind gekommen, der die wunderbarsten Wolken vor sich hertrieb. Die Äcker sahen alle seltsam blau-braun aus mit den kleinen weißen Schneefleckchen darin, die Hügel in der Ferne waren föhnblau. Wirklich, die allererste Frühlingsstimmung war's, und ganz sehnsüchtig wurde mein Herz. Den letzten Frühling haben wir zusammen erlebt – und ein rechter Frühling ist's gewesen, in jeder Beziehung! Im Mai haben dann sogar schon die ersten Rosen geblüht – auch unsere Rosen, Herzensmann! – Ach, und sie müssen doch auch in diesem Jahr wieder für uns blühen!

Doch zuerst kommen noch die Christrosen, dann die Schneeglöckchen, bald die Märzveilchen – und dann? Dann kommst Du vielleicht für immer!

19.1.1945

Du mein Herzliebster,

nun habe ich mich wieder schnell vor dem Abendbrot zu Dir gesetzt, ganz nah – und lege meinen Kopf wie ein müdes Vöglein an Deine Brust, daß Du mir ganz sacht darüberstreichen möchtest, Liebster Du!
Heute war ein so anstrengender Tag, und ich bin hundemüde. Denk, ohne daß es vorher groß bekanntgegeben wurde, kam ab heute für zehn Tage Stromsperre (nur für ein paar Stunden ist er da), und die Züge fielen aus. Die Menschen standen auf den Bahnsteigen, ohne eine Ahnung davon zu haben! Die Vorortzüge fuhren wohl, aber die Züge nach Marbach fielen bis auf einen abends um 19 Uhr aus. Bis 16 Uhr saßen wir in Marbach, noch immer in der Hoffnung, wir könnten die Erlaubnis erhalten, mit dem Werkomnibus zu fahren, aber das war nicht möglich. Da sind wir – fünf Frauen – zusammen losmarschiert Richtung Ludwigsburg. Zufällig hatten wir Glück und konnten auf einen Lieferwagen hinten aufsitzen; wir froren wie die Hunde, aber waren doch froh, bis Ludwigsburg fahren zu können. – So bleiben die Verhältnisse nun zehn Tage lang! – Am Montag haben wir frei, aber am Dienstag müssen wir erscheinen. Wenn sich bis dahin aber keine andere Fahrmöglichkeit gefunden hat, werden wir zu Hause bleiben!
Die kalte Fahrt, bei welcher uns ein eisiger Wind ins Gesicht blies, war natürlich gerade das Richtige für mein Rheuma! Es zwackt mich auch entsprechend; ich werde bald ins Bett gehen. Vater konnte vermutlich wegen der Zugsperre auch nicht heimfahren. Das tut mir aufrichtig leid. Allmählich ist es so, daß ich mich immer freue, bis er am Donnerstag kommt. Wer hätte das einst gedacht!
Sobald ich nach Kesselfeld fahren kann, werde ich wieder einige Bücher

mit heraufbringen, denn was hilft es mir schließlich, sie jetzt zu missen und später sie womöglich gar nicht mehr zu brauchen?

20.1.1945

Mein herzlieber Mann!

Ich habe mich im Eßzimmer ans Fenster gesetzt (es stehen jetzt dort zwei Sessel und in der Mitte eines der kleinen schwarzen Tischchen), im Rücken auf dem Tisch den Heizofen, der die Dienste eines Föhns zu versehen hat, und so schaue ich immer wieder den leise fallenden Schneeflocken zu. Es ist noch hell draußen, also für mich eine ungewöhnliche Stunde, meinem Herzensmann zu schreiben. Lange wird's aber nicht dauern, bis die Dämmerung ins Land kommt.
Eines hat diesem Tag Wert verliehen: die Freude, die mir Dein Brief und auch einer von Gertrud bereitet hat. Freude ist etwas wie das Öl für Radspeichen: unser Lebenswagen bewegt sich leichter in Richtung zum Guten mit diesem Öl ...
Ich glaube, man sollte den Menschen viel, viel wahre Freude geben, wenn man sie bessern will. Aber freilich, es sollte nicht nur Freude am Primitiven sein. Wahrscheinlich müßte man die meisten Menschen erst zu höheren Freuden erziehen!
Gestern abend ist übrigens Vater doch gekommen. Ich hatte richtig Heimweh nach ihm. Auch er schließt den Betrieb während der zehn Tage, an denen der Strom gesperrt ist. So weit sind wir also nun!

21.1.1945

Mein liebes Fraule,

ab morgen wird kein D-Zug mehr fahren – alles hört so langsam auf. Ich glaube, ich werde Dich erst nach Kriegsende wiedersehen – was meinst Du? Erst wieder im Frieden – kannst Du es Dir vorstellen?
Ja, ich bin jetzt dauernd beschäftigt, dadurch werden meine Briefe inhaltlich und stilistisch stark leiden. Auch Du wirst das in Kauf neh-

men, denn Du weißt, daß alles seine guten Gründe hat, gelt? Überdies befürchte ich, daß die Post auch bald nicht mehr funktionieren wird. Auch Du, liebs Fraule, mußt jetzt alle notwendigen Vorbereitungen treffen und stark in der diesseitigen Welt leben. Du mußt alles genau beobachten, das Gras wachsen hören und Dich wohl am besten Vater anschließen. Das sind die Dinge, die Du mir versprechen mußt, gelt? Der Sturm aus dem Osten ist ja ganz gewaltig; Breslau wird wohl bald bedroht sein, ferner das ganze oberschlesische Industriegebiet.
Es ist erschreckend. Die nächsten Wochen und Monate werden wohl Entscheidendes bringen.
Wenn je einmal die Briefe aufhören, so wird das tägliche Gedenken doch da sein. Ach, ich sehe dieser Zeit bang entgegen und doch in gewisser Hinsicht auch mit frohem Herzen, wird sie doch endlich unter dieses sechs Jahre währende Warten einen Schlußstrich setzen. Was danach kommt, wissen wir nicht; schlimmer kann es wohl kaum werden.
Bitte denke an die Nachricht links der Tür unter dem bestimmten Zeichen; ferner an die Adressen, die ich Dir nannte.
Sollten die Russen zu weit hereinkommen, halte Dich lieber westlich, gelt? Ja, ich glaube, daß es allmählich ernst wird!

21.1.1945

Mein liebster Herzensmann!

Damit Du nicht vergißt, daß ich einmal anders geheißen habe, werde ich nun diese Briefbogen mit meinem Mädchennamen bei Dir vollends aufbrauchen. Ihr Anblick versetzt mich ganz in jene Zeit, als ich von Dir noch nichts wußte und noch an andere Freunde Briefe schrieb. Damals war meine Schrift noch eine andere, und ich selber stak auch noch ein wenig – in Kinderschuhen. Dennoch, zurückblickend, möchte ich nicht eine Stunde missen, denn insgeheim gehörten sie alle dazu – und letztlich führten sie mich doch nur hin zu Dir – meinem lieben, lieben Du!
Rußland kommt mir in den Sinn, die erbitterten Kämpfe dort, und

Rolfs Grab in Jelnja – weit hinter der deutschen Grenze. Seine Eltern sind total ausgebombt, wenn sie überhaupt den Angriff überstanden haben. Und gestern wurde Heilbronn nochmals angegriffen.

Heute war einmal wieder ein ziemlich bewegter Sonntag. Schon gestern nacht begann es heftig zu schneien, und heute früh lag ein dicker, dicker weißer Teppich auf dem ganzen Land. Die Tannen im Garten sahen wunderbar aus. Gleich nach dem Frühstück kam die Sonne, und die Welt war golden und blau. – Weil Sophie heute einmal zur Abwechslung krank war, schippten wir alle drei Schnee, und zwar fast den ganzen Vormittag. Kaum waren wir fertig, kam Fliegeralarm, und wir saßen nahezu zwei Stunden im Bunker. Zur Zeit sind es wieder sehr ausgedehnte Sitzungen, die wir dort über uns ergehen lassen müssen.

22.1.1945

Mein liebes Fraule,

… Ich erinnere mich noch gut an jenen Sonntag, als wir darüber sprachen, daß ich noch nicht von Anthroposophie überzeugt sei. Und ich erinnere mich auch an den Sonntagsspaziergang im Geroksruhewald, als ich Dich bat, mich nicht mit Anthroposophie zu bedrängen, da ich noch nicht wüßte, ob ich Anthroposoph werden würde. Du hast damals zugestimmt, schweren Herzens, wie ich sah; doch Du wußtest wohl, daß ich einmal dazu kommen würde. Das war vor unserer Verlobung. – Du hast Dein Versprechen gehalten, und ich konnte objektiv prüfen und mich im Lauf der Zeit ganz überzeugen. Und nun könnte ich auf anderer Grundlage gar nicht mehr leben! Nur möchte ich Zeit haben, um zu lernen, um von Erkenntnis zu Erkenntnis weiterzuschreiten.

22.1.1945

Du mein Liebster,

wenn sich Dein Traum, von dem Du schriebst, in die Wirklichkeit verwandeln würde und Du mich tatsächlich auf dem Rücken – oder auch auf Händen – die Treppe hochtragen würdest, dann wäre das heute eine große Erleichterung für mich, denn ich weiß bald keine Stelle mehr, die mir nicht weh täte! Die Rheumaschmerzen sind noch vorhanden, außerdem hat sich mein Muskelkater durch das neuerliche Schneeschippen noch verstärkt; ferner niese ich am laufenden Band. Meine Nase putze ich in Dein großes blaues Taschentuch, weil meine zu klein sind; außerdem stütze ich meinen Kopf in die Hand, hoffend, er zerspringe nicht ...
Nicht einmal ein Brief kam, der mich hätte trösten können. –
Nun, vielleicht habe ich ihn morgen nach meiner Marbach-Reise noch nötiger, denn sehr wahrscheinlich müssen wir wieder zu Fuß gehen! Aber das ist dann das letzte Mal in dieser Woche, das weiß ich sicher! Alle größeren Betriebe haben in Württemberg zehn Tage lang geschlossen, aber wir müssen uns, trotz der unmöglichen Zugverbindung, in Marbach einfinden! Daß Vater auch zehn Tage zugemacht hat, schrieb ich Dir, nicht wahr?
Heute fahren ja auch die letzten Schnellzüge, und ab sofort kann man nur 7 km mit dem Personenzug fahren. Da ist es also ohnehin ausgeschlossen, daß Du «vorher» noch einmal zu mir kommen wirst. – Ich kann nun auch nicht mehr nach Kesselfeld fahren. Mutter wollte nach Gunzesried, nun hat sie auch diese Möglichkeit verpaßt.
Herzensmann, ich fürchte, daß wir jetzt wirklich den allerschwersten Zeiten entgegengehen; vielleicht wird es lange dauern, bis wir beisammen sein können. – Deine Nähe fehlt mir so sehr!
Aber ich denke auch an meine Mutti. So nett hier auch alle sind, sie geht mir doch ab, und manchmal hätte ich gerne ein wenig von dem, was sie früher zuviel für mich gesorgt hat!

23.1.1945
Herzliebste!

Daß Sophie so oft von mir träumt, ist tatsächlich verdächtig; vielleicht hat sie auch Vorahnungen! Nicht daß ich selbst etwas in Vorbereitung hätte, aber ich glaube, daß ich bald erscheine.
Der Krieg nimmt ein ungeheures Tempo an, vor Posen schon steht der Russe, 240 km vor Berlin. Wie wird das weitergehen? Nun ist es schon wieder Zeit zu schließen. Es tut mir so leid, daß ich nur so wenig schreiben kann. Aber Du weißt ja, mein Herz ist für immer bei Dir und wird mich wieder zu Dir bringen, was auch kommen mag. Starke Gedanken und all meine Herzenswünsche sind bei Dir und werden in den kommenden schweren Tagen zu Dir eilen auf nimmermüden Schwingen – so wie ich weiß, daß auch Deine Gedanken bei mir sein werden.

23.1.1945
Lieber Herzensmann,

leider bin ich heute abermals leer ausgegangen. Vermutlich wirkt sich schon der Wegfall der Schnellzüge aus. – Heute wurde nun auch bekanntgegeben, daß keine Briefe mehr befördert werden, die weiter als 75 km Luftlinie reisen müßten. Es ist nur gut, daß wenigstens die Feldpost uneingeschränkt intakt bleibt. Aber auch die Straßenbahn fährt beschränkt, nämlich von 9 bis 17 Uhr an Sonntagen und werktags von 1 bis 17 Uhr gar nicht! Man kann sich nun den Sturm auf die Bahnen vorstellen, wenn wir abends um 17.15 ankommen! Ja, es wird immer schöner in der Welt, immer, immer schöner!
Ach, Liebster, meine Sehnsucht läßt sich durch keine Übung mehr besänftigen! Wie lange soll das denn alles noch gehen? Die größten Rüstungsbetriebe hier sind «einfach» zehn Tage stillgelegt; Züge fahren «einfach» nicht mehr; Post wird «einfach» eingestellt; Bäcker schließen «einfach» für ein paar Tage den Laden, weil sie kein Mehl und kein Salz mehr haben u.s.f. Mir scheint, nun beginne wirklich das Chaos! Im übrigen ist hier die Kohlennot so groß, daß die aller-

meisten Menschen im Kalten, das heißt bei weniger als 10 Grad sitzen und auch in Betrieben so arbeiten!

Zur Zeit gehen wieder einige Gedichte «in mir um», aber ich kann sie nicht aufschreiben, weil ich nie Zeit und nie die Möglichkeit habe zu einer ruhigen Konzentration. Wie bin ich froh, wenn es wieder wärmer ist und ich oben sein kann! Erst gegen 23 Uhr, wenn ich in meinem Bett liege, können meine Gedanken ungestört ihre Wanderung antreten für eine kurze Zeit, denn ich werde dann doch bald müde.

24.1.1945

Liebs Fraule,

heute kam leider kein Gruß von Dir, außer den unsichtbaren Grüßen, die immer zu mir strömen und die mich stärken. Ich selber habe den Eindruck, immer häufiger an Dich zu denken. Deutlich sehe ich Dich vor mir mit Deinem schelmischen Lächeln auf den Lippen, mit Deinen strahlenden Augen – und immer wieder begleitet mich ein Vers aus Deinen Gedichten. In den paar Minuten der Mittagspause, der Ruhe, war es mir ein starkes Bedürfnis, in Deinen Gedichten zu lesen. Ich muß Dir sagen, daß ich das Heftchen nicht zurückschicke, denn ich möchte gern etwas bei mir haben, worin ich immer Trost finden kann und worin ich wie nirgends sonst Dein goldenes Herz erkenne, das so stark schlägt für mich Glücklichsten unter der Sonne!

25.1.1945

Liebster Herzensmann,

heute sitze ich wieder einmal äußerst deprimiert über dem Brief an Dich, und zwar vor allem wegen der äußeren Verhältnisse. Ich hörte eben einen Bericht über das Flüchtlingselend in Breslau, das ja ganz furchtbar sein muß. Alles kam für sie doch sehr schnell und unvorbereitet. Und das bei dieser Kälte und dem Schnee! Die armen, armen Menschen, die da wohl zu Hunderten erfrieren. Und wir sitzen noch immer fern davon in einem warmen Zimmer, können sogar noch lachen, wenn einer mitmacht ...

Ich habe heute wohl auch deshalb ein noch stärkeres Mitgefühl, weil ich schon von den Verhältnissen hier gerade genug habe. Kannst Du es Dir vorstellen, daß ich – nach langen Zugverspätungen und dem Sitzen bzw. Stehen in ungeheizten Zügen – eine volle Dreiviertelstunde am Bahnhof stand, bis ich endlich mit einer Straßenbahn fahren konnte? Drei Bahnen waren gekommen in dieser Zeit; zwei davon waren so voll, daß es unmöglich war, noch mitzukommen, und die dritte fuhr leer ohne Halt vorbei. Eine Unmenge von Menschen stand im 10 cm hohen Schnee und fror an die Füße – einschließlich Deiner Frau. Es ist einfach Wahnsinn und nicht zu beschreiben, was wir schon hier ausstehen. Und wie mag es da erst in den Frontgebieten sein!

Heute abend in der Straßenbahn hatte ich eine Begegnung, von der ich Dir noch berichten muß; sie hat etwas mit uns beiden zu tun. – Erinnerst Du Dich, daß ich Dir einmal schrieb, warum ich am 1.5.40 im Weißenhof auftauchte? Ich hoffte, eventuell einen Waldorfschüler zu treffen, den ich eine Woche vorher dort kennengelernt hatte. Es war eine «Sympathie auf Gegenseitigkeit», aber durch besondere Umstände sind wir uns sogleich wieder aus den Augen gekommen. Er hatte Mittler-Dienste zu leisten, damit ich Dich finde! – Und heute war dieser Mann nun in der Straßenbahn. Zunächst erkannte ich ihn gar nicht, bis es mir wie Schuppen von den Augen fiel. Ihm schien es ähnlich zu gehen, denn er blickte mich auch unentwegt über alle Köpfe hinweg sinnend an. Wenn er wüßte, was er für eine Mission zu erfüllen hatte! – Wie oft wohl wir selber schon in ähnlicher Weise Schicksal bewirkt haben?

25.1.1945

Du mein liebs Fraule,

der Krieg rückt immer nähe; und die Zukunft ist sorgenvoll; dennoch lasse ich die Hoffnung und meinen guten Mut nicht sinken. Eher das Gegenteil ist der Fall – frohen Herzens denke ich an Dich, an ein baldiges Wiedersehen.

Deine Briefe sende ich morgen in einem gesonderten Kuvert, bitte bewahre sie auf für mich. Nur Dein weißes Heftchen behalte ich bei mir und werde es mit mir tragen in die schwere Zukunft. Daraus will ich meine Kraft schöpfen.

Es geht mir heute mit diesem Brief, wie wenn ich am Bahnsteig vor dem abfahrenden Zug stehe: Ich möchte das Wichtigste noch sagen, kann es aber nicht in Worte bringen. Ich glaube, es ist schon gesagt, nicht wahr. Zweifellos kennst Du all die ungesagten Worte. Ich hab Dich lieb – diese Worte schließen alles ein – und: bleib mir gesund! Der Krieg geht seinen Gang, und die Menschen und wir beide stehen bangend und doch voll Zuversicht vor dem Unbekannten. Stark wollen wir sein und bleiben!

26.1.1945

Du mein lieber Mann,

kannst Du Dir vorstellen, daß es zu dem vielen Schnee der letzten Tage noch weitere 15 cm dazugeschneit hat? Heute früh bin ich in der weißen Wüste buchstäblich versunken. Meine Kollegin und ich gingen um 6.30 Uhr zur Haltestelle, aber um 7.30 Uhr standen wir immer noch. Durch die Schneemassen konnten die Bahnen nicht mehr fahren. Unser Zug war nicht mehr zu erreichen; der nächste fährt erst abends um 17 Uhr … So sind wir wieder nach Hause gegangen. Meine Kollegin wollte sich nochmals schlafenlegen, ich frühstückte mit den andern.

Ich Laufe des Vormittags wollte ich den Pegasus einmal aus dem Stall holen, aber leider wurde er immer wieder vertrieben – wie üblicherweise auch alle meine eigenen Gedanken. Dann habe ich Schnee geschippt. Das machte mich am Nachmittag so müde, daß ich während des Strickens im warmen Zimmer für einen Augenblick einschlief und auch sofort träumte, von Dir natürlich! Ich sah Dich im dunklen Anzug oben im Bad stehen und war eben im Begriff, Dich in meine

Arme zu schließen – als meine Stricknadel klappernd zu Boden fiel und mich aufweckte. Das war natürlich sehr häßlich gerade in diesem Augenblick!

26.1.1945

Liebs Fraule,

denkst Du eigentlich einmal ganz bewußt darüber nach, daß nichts mehr so sein wird wie früher, daß wir wohl ganz neu anfangen müssen, vielleicht in ganz anderer Umgebung, unter anderen Verhältnissen? Viel kann man ja nicht voraussehen, aber doch das eine, daß die bisherigen Grundmauern wanken und wir uns ganz neue Gründe suchen müssen.

Wie werden wir einst wohl leben? Diese Frage entsteht in mir immer wieder. Was denkst Du darüber? – Auf jeden Fall steht mein Entschluß fest, daß ich in anthroposophischer Richtung sehr viel lernen will! Das habe ich Dir ja schon geschrieben. Da Du denselben Wunsch hast, so liegt eigentlich der Weg klar vor uns. – Wenn ich nur über mehr Wissen verfügen würde, das ist mein großer Kummer! Und darauf komme ich mit 31 Jahren! Nun, ich will die Hoffnung nicht sinken lassen!

Draußen tobt der eisige Sturm, und ich muß an die vielen Menschen denken, die von Haus und Herd vertrieben werden, Frauen und Kinder aus den Städten und Dörfern – es ist grausam. Wie viele finden den Tod durch die Kälte auf den Straßen, wie viele durch die Panik, wie viele durch die mörderischen Waffen! Ach, wie brennend ist der Wunsch, der Not und den Leiden abhelfen zu können.

27.1.1945

Mein Liebster,

leider ist heute wieder kein Brief gekommen von Dir! Bei diesen Schneeverhältnissen fahren natürlich noch weniger Züge! Auch ich komme gerade vom Schippen. Die ganzen Anwohner der Litzmannstraße waren auf den Beinen mit Schaufeln und Schippen; es mußte die Straße freigemacht werden.

Heute hatte ich das starke Bedürfnis, einmal wieder den *Mond aufgang* von der Droste zu lesen – und er hat mich wie gereinigt von all dem leeren Gerede des Alltags, das tagaus und -ein über einen hereinbricht, oft wie Abwasser einer schmutzigen Stadt. Wirklich, die Droste hat eine ganz wunderbare Sprache, immer und immer wieder begeistere ich mich daran. Sie muß eine große Frau gewesen sein mit viel Gemüt, mit zuviel vielleicht, so daß es ans Krankhafte grenzte. Kennst Du ihr Schicksal? Sie hatte eine große unglückliche Liebe; daraus ist wohl auch ihr Bestes entsprungen, das sie schuf.

28.1.1945

Mein lieber Herzensmann!

Es ist Mittag vorüber, und still ist's, wie fast nie in diesem Haus. Jeder ist über ein Buch geneigt, ich hatte lange in einer kleinen Droste-Biographie gelesen. Diese Frau hat sehr viel gelitten aber wer käme zur Reife ohne Leiderleben!
Immer wieder einmal beschäftigt mich die Mission des Schmerzes. Hast Du Dir schon darüber Gedanken gemacht? Er war mir lange Zeit eines der vielen Rätsel des Lebens, bis ich von Karma-Gesetzen erfuhr und der Notwendigkeit, Verfehlungen aus alten Leben auszugleichen. Aber geheimnisvoll und rätselhaft bleibt sein Wesen doch; denn in dem Augenblick, da man seinen Schmerz will, da man ihn als Erziehungsmittel bejaht, hat er seinen tiefsten Stachel verloren, als beginne er, sich selber leise aufzuheben. Damit müßte auch seine Mission erfüllt sein … Aber wer ist es, der Schmerz in unser Leben bringt in Form von Krankheiten usw.? Ahriman und Luzifer!
Vor Jahren habe ich dieses Thema schon einmal berührt, aber Du wirst Dich kaum daran erinnern. Jetzt aber kannst Du sicher nachempfinden, wie erschüttert ich war, in den Karma-Vorträgen zu lesen, daß Ahriman und Luzifer, im «Gewand des Bösen» das Gute bewirkend,

erlöst werden können, indem wir ihnen gleichsam die Arbeit abnehmen, nicht etwa, indem wir Böses tun, sondern indem wir ihnen keine Gelegenheit geben, in dieser Weise in unser Schicksal einzugreifen! Wie gerne möchte ich mit Dir zusammen wieder die Karma-Vorträge lesen: Heute würden sie ganz anders auf Dich wirken.

28.1.1945

Du meine liebe, liebe Frau,

ich möchte so gerne einmal wieder mit Dir sprechen über alle Dinge, die uns bewegen, insbesondere über die Zukunft, unsere Zukunft! Was Du wohl darüber denkst? Mir kommt es vor, als ob die Vergangenheit tief versunken sei, als ob wir wirklich ganz neu würden in jeder Hinsicht. Was soll all das Hasten und Jagen unserer modernen Zivilisation, wohin führt es? Nur in Gedankenlosigkeit. Ich sehne mich derartig stark nach Ruhe und Einkehr, nach persönlicher Freiheit – ich glaube, Du kannst das gar nicht ganz ermessen. Die Tage vergehen mir immer langsamer. Ich zähle die Tage, die Stunden, die Minuten mit einer Begierde, die sich nur mit einem Verdurstenden vergleichen läßt, der nach Wasser lechzt.

Bald sind es sechs Jahre, daß ich wie ein Sklave hinter Gittern schmachte; und vorher war ich der väterlichen Bevormundung ausgeliefert. Kannst Du verstehen, wenn ich ausbrechen will? Daß ich einen Ort ersehne, wo mich meine Peiniger nicht mehr finden? Wo ich ganz und gar für – Dich leben kann? Du bist mir goldene Freiheit – die anderen sind mir Gefängniswärter!

29.1.1943

Liebs Fraule,

hab Dank für Deine lieben Briefe vom 20.1. und 21.1. – ach, wie froh bin ich, daß ich von Dir wieder Nachricht habe!
Eben höre ich, daß morgen ein Kamerad nach Nürnberg fährt, diesem

werde ich den Brief mitgeben; dadurch kann ich wieder etwas deutlicher werden.

Vor kurzem schrieb ich Dir einige Adressen, da ich befürchtete, die Entwicklung würde schneller vor sich gehen. Trotzdem wird es nicht mehr allzu lange dauern, daß ich bei Dir mit einem Köfferchen in der Hand ankomme. Denn zweifellos ist es nicht möglich, die ins Rollen geratene Lawine noch einmal aufzuhalten – höchstens noch für ganz kurze Dauer. Unser wichtigstes Industriegebiet ist inzwischen auch verlorengegangen. Ich glaube, es wird sich nur noch um Wochen handeln. Wenn doch nur die Amerikaner und Engländer kommen wollten!

Unsere Treffpunkte sind also evtl. Kesselfeld, Ohmden, Gunzesried, Lochau, Dornach, Genf. Sollten wider Erwarten die Russen ganz Deutschland besetzen, so müßtest Du am besten wohl versuchen, nach Genf durchzukommen. Die Adressen von England und Amerika sind ja wohl nicht nötig. Man weiß eben nicht, wie die Dinge kommen werden! Auf alle Fälle müssen wir uns auf jede Möglichkeit vorbereiten.

30.1.1945

Mein lieber Theo!

Heute sind nun endlich die Langerwarteten gekommen, hab vielen herzlichen Dank. Ich konnte sie sogar selbst in Empfang nehmen, denn ich bin nochmals ans Haus gebannt; mein Marsch heute früh um 6 Uhr durch die hier oben ganz menschenleere Stadt, die fast schön war in ihrem mondbeschienenen Weiß, war wieder einmal vergeblich. Als ich in Feuerbach – bei 12 Grad Kälte in eiskaltem Zug – ankam, standen die Menschen schon zwei Stunden und warteten auf den Omnibus, der sie nach Ludwigsburg bringen sollte. Da hab ich mich gar nicht mehr angestellt, zumal empfohlen wurde, zu Fuß zu gehen, sondern begab mich auf den Heimweg. Nach Marbach laufen bei dieser Eiseskälte – nein!

Nun werde ich mit meiner Kollegin erst übermorgen wieder versuchen, nach Marbach zu gelangen. Ich habe den Eindruck, bald die Fahrten nach Marbach zählen zu können.

Gerade heute lese ich auch in Deinen Briefen das erste Echo auf die Verhältnisse im Osten. Ich habe mir alles bestens vermerkt und werde eifrig bemüht sein, das Gras wachsen zu hören. Auch die Adressen habe ich mir aufgeschrieben; selbstverständlich werde ich mich an die angegebene Richtung halten. Vater ist aber gar nicht so unbedingt gegen die andere! Auf jeden Fall schließe ich mich ihm an, sofern das möglich ist. Er könnte unter Umständen auch in Westheim sein, was aber kaum anzunehmen ist, denn vermutlich sieht man die Sache auf sich zukommen. – Im übrigen glaube ich kaum, daß wir hier in Süddeutschland wandern müssen. Wenn die Front bis zu uns heranrückt, dann Gnade uns Gott! Wo sollen die Menschen denn da noch hinflüchten?

Aber um Dich mache ich mir ganz erhebliche Sorgen! Du bist so sehr weit nördlich und so weit weg von mir! Aber ich vertraue ganz, ganz fest auf unseren guten Stern. Er wird uns auch weiterhin begleiten.

Heute schicke ich Dir nun noch Marken für ein halbes Pfund Butter und für 800 Gramm Fleisch. Ich bin nun damit einverstanden, daß Du sie noch eine Weile aufbewahrst. Kaufe Dir aber, solange es noch möglich ist, eine Hartwurst; im Kühlen läßt sie sich lange Zeit aufbewahren. Es könnte ja auch sein, daß die Marken von heute auf morgen ihre Gültigkeit verlieren.

Da fällt mir noch etwas ein: Kannst Du einen Taschenkalender brauchen? Ich konnte zufällig zwei bekommen. Wenn Du willst, schicke ich Dir gelegentlich einen davon.

Weißt Du, was ich fürchte und wovor es mir leise graut? Vor der Zeit unmittelbar nach dem Kriegsende. Ich denke, daß es lange Zeit sehr sorgenvoll und ungemütlich werden wird, selbst wenn wir beisammen sind und in diesem Haus wohnten!

30.1.1945

Mein liebes Fraule,

denk Dir, heute ist es schon 21.30 Uhr, und ich kann nur deshalb schreiben, weil um 22.15 Uhr der Führer spricht und wir dann die Rede hören. Was er sagen wird, wissen wir ja; trotzdem ist es interessant, sie zu vernehmen.

Nun aber gleich zu Deinen Briefen. Ja, manchmal schon war es mir so, als ob Du besonders sehnsüchtig an mich dachtest, und jedesmal hab ich Dir dann ganz sacht übers Haar gestrichen und Dich fest in meinen Armen gehalten! Bald, bald werde ich es wirklich tun können! – Aber Du bist mir ja niemals mehr ferne, Du meine liebe Frau! Ich kann es nicht in Worte fassen, so wenig wie die Unendlichkeit in Worte zu fassen ist.

Frühmorgens

Gestern hörte ich die Rede und mußte dann zu Bett. Neues gab es nicht zu hören – ganz wie erwartet. Es war das alte, alte Lied, und müde der Vortragende.

2.2.1945

Du mein geliebter Mann!

Auch mir ist heute zumute wie beim Abschied auf dem Bahnsteig – darum fallen mir auch keine rechten Worte ein! Ich bange mich um Dich, sehr, sehr – aber doch vertraue ich darauf, daß ein gutes Schicksal mit uns ist und uns behütet. – Noch einmal möchte ich Dich bitten, sehr, sehr vorsichtig zu sein und niemals in sehnsüchtiger Ungeduld das Letzte zu wagen, wenn es mit etwas Geduld später besser und leichter geht!

Im übrigen mache Du Dir um mich keine Sorgen. Ich werde schon durchkommen. Auf jeden Fall schließe ich mich immer Vater an. Sehr wahrscheinlich werde ich doch nach Kesselfeld gehen, und ich erwarte Dich auch dort – sehr bald sogar!

2.2.1945

Du meine liebe Frau,

eben erhasche ich den letzten Schimmer des sinkenden Tages, da ich mich zum Schreiben setze. Bei uns ist es jetzt auch so, daß kein Strom mehr da ist, und dadurch auch – kein Wasser! Das ist das Schlimmste. – Gestern arbeitete ich wieder durch und konnte Dir deshalb nicht schreiben. Wer weiß, ob dieser Brief überhaupt noch in Deine Hände gelangt.

Denk Dir, heute abend erhielt ich vier Briefe von Dir, hab Dank, mein liebs Fraule! Wie schön ist es, Deine lieben Worte zu lesen. – Nur muß ich aus jedem Deiner Briefe sehen, daß Du gesundheitlich gar nicht auf der Höhe bist, daß Dein Rheuma schlechter wird und daß sogar Dein Herz angegriffen ist. Und immer wieder läufst Du nach Marbach! Denkst Du denn gar nicht an mich? Du wirst auf diese Weise noch ernstlich krank werden. Bitte sei etwas vorsichtiger – Du mußt mir das versprechen, sonst muß ich mich so sehr um Dich sorgen, auch in dieser Hinsicht!

3.2.1945

Mein Herzensmann,

heute morgen kam Dein Brief vom 26.1., hab innigen Dank! Bei dem Gedanken, daß es vielleicht der letzte sein könnte, der transportiert wird, ist mir Dein Brief noch kostbarer.

Auch ich lebe jetzt irgendwie anders, ich schrieb es Dir schon. Jetzt ist mir das Beste gerade gut genug, und ich tendiere dazu, die Bestände «vorher» noch aufzubrauchen. So mache ich es auch mit meinen Lebensmittelmarken – und eigentlich mit jeder Stunde, die es wert ist, sie auszukosten. Noch kaum jemals habe ich alles so bewußt erlebt und aufgenommen wie augenblicklich. Leider werde ich in mancher Hinsicht auch egoistischer; so schreibe ich beispielsweise wieder oben, und Mutter sitzt allein im vollgeheizten Zimmer.

Am Freitag hatten meine Kollegin und ich versucht, nach Marbach zu gelangen. Wir waren, obwohl wir etwa um 6 Uhr weggingen, erst um 8.30 Uhr in Ludwigsburg. Da wurde Voralarm gegeben, und es begann sogleich zu schießen. Wir hörten das Brummen der Flugzeuge, hörten Bombeneinschläge in einiger Entfernung und das Getöse der Flak. Alles rannte in die nächsten Keller. Dabei merkte ich wieder, daß ich im Augenblick der Gefahr ganz wach bin und nicht den Kopf verliere, sondern im Gegenteil scharf beobachte, was am besten zu tun ist. Im Keller saßen die Leute dann mit zitternden Knien, und ich selbst verwunderte mich, daß es bei mir nicht der Fall war. Nachdem endlich Entwarnung gegeben wurde, begaben wir uns nach dem vergeblichen Ausflug nach Marbach auf den Heimweg. Um 14 Uhr waren wir zu Hause!

Du fragst, ob ich über unsere Zukunft schon bewußt nachgedacht habe. Freilich tat ich das. Aber ich mache mir wenig konkrete Vorstellungen, weil man ja gar nicht weiß, wie alles kommen wird. Eines ist aber sicher, daß ich materielle Güter abgeschrieben habe. Nichts wünsche ich, als mit Dir vereint zu bleiben und einigermaßen erträglich leben zu können. Wo, das ist mir dann gar nicht so wichtig. Ich bin auch durchaus für das einfache Leben, das weißt Du ja. Aber doch soll z.B. die Umgebung, d.h. die Wohnung, so schön als möglich sein! Oder bezeichnest Du das als «Komfort»?

Wenn die Verhältnisse nur einigermaßen erträglich sind, dann werden wir schon durchkommen miteinander, da ist mir nicht bange. Nur müssen die nächsten Zeiten erst einmal überstanden sein! Berufliche Fragen beschäftigen mich vorläufig eigentlich nicht, weil noch der große «Berg» vor uns liegt, über den wir zu steigen haben.

Meine Sorge um Dich ist so groß – und ich kann mir nur helfen, indem ich auf unseren guten Stern vertraue, der uns ja noch lange zu unserem gemeinsamen Ziel leuchten muß. Unablässig ziehen Ströme von guten Gedanken zu Dir, Dich zu behüten.

4.2.1945

Herzliebste Du,

wie sehnsüchtig denke ich Deiner, wie beneide ich diesen meinen Brief, den Du in einigen Tagen in Deinen lieben, zärtlichen Händen halten wirst ...

Ich hörte, daß jemand nach München fährt, diesem gebe ich den Brief mit allen guten Wünschen für mein Fraule mit. Allerdings muß ich ihn in zehn Minuten geschrieben haben, deshalb erwarte nicht viel von ihm.

Was ist nun schnell das Wichtigste? Es fällt mir natürlich nichts ein als das eine, daß ich Tag und Nacht an Dich denke und daß ich zuversichtlich einem baldigen Wiedersehen entgegensehe. Und dann komme, was mag – zusammen mit Dir wird mich nichts schrecken. Zuerst komme ich wohl nach Kesselfeld, dann Stuttgart, dann vielleicht Gunzesried oder ... was eben auf dem Wegweiser links von der Haustüre steht ...

4.2.1945

Mein liebster Herzensmann,

nun darf ich mich endlich nach des Tages Müh und Lasten noch ein wenig zu Dir setzen. Es geht – obwohl es Sonntag ist – schon auf 22 Uhr, aber immerhin hat heute meine Arbeit ein sehr schönes Resultat gezeigt, und zwar eine Strickjacke, die zum Verlieben hübsch geworden ist. Und das in einer Zeit wie dieser, wo das alles seinen Sinn verloren hat ... Mutter, die ja wegen ihrer besonderen Geschicklichkeit in Handarbeiten bekannt ist, sieht sich nun gar in den Schatten gestellt. Sie meinte, wir sollten ein Handarbeitsgeschäft zusammen aufmachen: ich entwerfe, sie arbeitet die Sachen. – Nun, ganz im Ernst, wer weiß, ob wir nach dem Krieg nicht noch auf so etwas zurückkommen! Durchschlagen werden wir uns schon! – Du siehst, ich bin heute wieder optimistischer gestimmt.

Gestern nacht stand ich eine gute Viertelstunde am Fenster und blickte zum Sternhimmel hinauf. Während dieser Zeit sah ich zwei Sternschnuppen – eine für Dich, eine für mich!

5.2.1945

Mein Herzensmann,

heute sind wir wieder einmal mit dem Zug nach Marbach gelangt. Dort bekamen wir im Laufe des Tages die Eröffnung, entweder ganz nach Marbach zu ziehen oder abwechslungsweise drei Tage in der Woche dort zu bleiben. Wir haben ersteres natürlich strikt abgelehnt und uns mit letzterem – in Anbetracht der Kürze, die das Ganze doch schließlich nur noch dauern kann – abgefunden. Es fehlen ja auch noch die Zimmer, die wir dazu benötigen. Im übrigen kann mich dergleichen nicht mehr erschüttern!
Heute bin ich wieder leer ausgegangen. Es ist seltsam, gleich ist es ein Tag, der nicht zählt, mag sonst noch so viel Schönes oder Schlimmes passiert sein. – Aber nichts dergleichen war heute der Fall; lediglich unsere Rückfahrt von Marbach war erfreulich, indem wir schon kurz nach 17 Uhr in Stuttgart ankamen. Ansonsten war es heute mittag wieder so gewesen, daß die Kampfverbände bereits über Marbach flogen, ohne daß auch nur Voralarm gegeben war. Nun, in Marbach ist das ja vielleicht nicht weiter gefährlich, aber auch nicht gerade gemütlich.
Meine nette Kollegin Paula, die Du ja auch kennst, hat heute schüchtern die Frage gestellt, ob ich ihr nicht einmal wieder «etwas zu lesen» hätte (aus meinen Gedichten). Sie ist natürlich die einzige im G.K., die etwas davon weiß. Ich stellte ihr etwas zusammen, und da sie mir gegenüber sitzt, konnte ich sie beim Lesen ab und zu beobachten. Sie ist ein Mensch, der seine Gefühle nicht zeigt, auch nicht persönlichen Kummer. Um so bewegender war es für mich zu sehen, wie die Verse auf sie wirkten. Sie las ganz versunken und selbstvergessen. Die letzten Gedichte waren sehr ernste; als sie zu Ende gelesen hatte, war sie blaß bis in die Lippen. Sie war bis ins Innerste ergriffen. Und das war es, was mich freute,

denn daran konnte ich sehen, daß die Sprache lebendig ist und dahin dringt, wo ich es einzig sinnvoll finde: in die Seelentiefen eines Menschen, dorthin, wo ich immer anpochen möchte. Was ist schließlich ein Gedicht, das nur in den Ohren klingt oder nur zum Kopf spricht; ich möchte den ganzen Menschen ergreifen. Wenn mir Zeit gelassen wird in diesem Leben, will ich schon etwas schaffen in dieser Richtung. – Übrigens ist es auch so, daß ich bezüglich der Entstehung von Gedichten sagen möchte: nicht mein Kopf, sondern mein Herz hat sie geschrieben. Die Verse werden am besten, wenn ich nicht grüble und nachsinne, sondern wenn ich irgend etwas anderes in mir «denken» lasse, das viel weiser als mein Kopf ist. Ob Du das verstehen kannst?

Aber was ist das für ein nebensächliches Thema in solcher Zeit! Wer weiß, ob uns nicht längst die Feder aus der Hand genommen wurde, bevor wir das schreiben können, wozu wir vielleicht fähig wären! Doch sei beruhigt, im allgemeinen sehe ich nicht so schwarz, ich glaube an unsere Zukunft!

5.2.1945

Liebs Fraule,

leider konnte ich Dir gestern nicht schreiben, da ich die halbe Nacht hindurch wieder gearbeitet habe. Desto stärker habe ich aber an Dich gedacht, als ich endlich zur Ruhe kam, und der kurze Schlummer belohnte mich mit lieblichen Träumen und sandte Dich zu mir. Wir waren sehr glücklich und froh zusammen. Sehr deutlich ist mir noch folgendes: Wir streiften durch einen Wald, und plötzlich sahen wir ein ganz wunderschönes Bild: Die Bäume standen nicht sehr dicht, die Erde bedeckte ein grüner Moosboden, und leichter Nebel lag über der Landschaft. Es muß eine Morgenstunde gewesen sein. Im Gegenlicht schien die Sonne durch die Bäume, und das Moos hatte eine so wundersame grüne Farbe, daß ich schnell nach Hause rannte, um meine Farben zu holen, dies zu malen. Unser Haus lag wohl in der Nähe dieses Waldes – wohl an der Waldwiese! Außer uns war noch

jemand dort, wohl fremde Leute, aber es ging fröhlich und lustig zu. Schön war der Traum! Und wann wird er zur Wirklichkeit?
Im Geschäftszimmer sind jetzt außer mir zwei Unteroffiziere, beides Reservisten. Der eine ist aus der Gegend von München, mit ihm habe ich schon länger zu tun. Vor dem Krieg fuhr er einen Omnibus. Er interessiert sich für alle möglichen Dinge, über die andere Menschen nicht nachdenken. Insofern ist er außergewöhnlich und interessiert mich, trotz seiner einfachen Denkweise, denn – er denkt. Der andere Unteroffizier ist aus Westfalen, ist 40 Jahre alt und hat zu Hause ein Elektrogeschäft. Er ist im Umgang sehr nett. Als nun heute das Gespräch auf die Kirche kam und auf die Religion, sagte er, daß er überhaupt nichts glaube, auch nicht an ein Weiterleben nach dem Tode, an keine christliche Religion, an nichts. Dieser Mensch war ehrlich und sagte das, wovon er überzeugt war. Die meisten denken wohl auch so wie er, nur geben sie es nicht so leicht zu. Wie arm muß doch solch ein Mensch sein! Es ist ihm aber auch anzusehen, daß er keine Lebensfreude hat; er blickt aus glanzlosen Augen und hat abfallende Mundwinkel. Ich werde mich demnächst näher mit ihm unterhalten, um ihn besser kennenzulernen.

8.2.1945

Du mein Herzliebster,

wieder ist heute kein Brief gekommen von Dir.
Leider bin ich zur Zeit wieder einmal in größter Sorge um Dich, weil ich fürchte, Du kommst weg und vielleicht zum Einsatz. Wenn wenigstens ein Brief von Dir käme!
Es wurde nun festgestellt, daß Sophie am Montag in einer Woche endgültig gehen wird. Von meiner Freistellung war bisher nicht mehr die Rede. Vermutlich sieht auch Vater ein, daß sie nicht durchgehen wird, und ich bin froh darüber.
Vater hat eine traurig-ernste Stimmung mitgebracht, sie hat sich über alle ausgebreitet. Auch ich möchte die Flügel hängen lassen, aber das Geschäft reißt mich immer wieder aus der Trübnis heraus. Paula,

die tapfere Seele, ist daran nicht unbeteiligt. Nach den Aussagen eines Kameraden ist ihr Mann in amerikanische Gefangenschaft gekommen. Für ihn ist wohl der Krieg überstanden, aber er ist so weit fort von ihr!

8.2.1945

Liebs Fraule,

heute vormittag hatte ich Gelegenheit, mit dem Fahrrad durch den Wald zu fahren zur einsamen Wache, um etwas zu erledigen. Dabei erholte ich mich richtig. Zwar war das Wetter trübe, aber warm, und wie eine Vorahnung des Frühlings lag es über allem. Zu beiden Seiten des schmalen Weges waren kleine grüne Tännchen und etwas dunklere Kiefern. Verwelkte Farne, Eichen- und Buchenblätter leuchteten rostrot dazwischen, und am Wegrand gähnten schwarze Tümpel, deren Eisdecke schon verschwunden war. Im Hochwald duftete es dann frisch nach Tannennadeln. Der gute Wald sandte mir seine Kräfte zu, und ich sog sie begierig ein! Der Nachmittag und Abend brachte mir aber so viel Arbeit, daß der Wald fast wieder vergessen ist. Vergessen sind auch die vielen Gedanken, die darin auftauchten; so gerne hätte ich gleich anschließend geschrieben, aber es war nicht möglich. Auch die See habe ich wieder kurz angeschaut, still und grau lag sie da, als ob sie fröre, und am Strand häuften sich noch Berge von Eis und Schnee. Insgesamt war es ein reichlich kühler Anblick.

9.2.1945

Du mein herzensgutes, liebes Fraule,

hier geht es zu wie in einem Irrenhaus, und zwar im wahrsten Sinne des Wortes! Kürzlich konnte ich gerade zwei Stunden schlafen, das spüre ich heute noch. Ich muß feststellen, daß ich in dieser Hinsicht nicht mehr viel vertrage, die körperliche Verfassung wird eben auch schlechter. Zwar ist sie noch nicht so schlecht wie bei Dir: Rheuma habe ich noch nicht bekommen! Dagegen habe ich einen handfesten Husten; aber ich werde ihn schon wieder vertreiben.

Du liebe Erika, so sehr oft denke ich Deiner und hole mir aus der Erinnerung die Kraft zu leben. Wahrscheinlich werden dies mit die letzten Briefe sein, die zwischen uns reisen.

Wann wohl dieser Brief in Deine Hände gelangt? Vielleicht kommt er gerade zu Deinem Geburtstag. Ach, könnte ich Dir doch mich dazu mitbringen! Reichen wird es ja leider nicht, aber ich werde es schnellstens nachholen! – Nochmals gratuliere ich Dir zum 24. Jahrestag Deiner Geburt! Diesen Tag, der Dich der Erde schenkte, werde ich immer mit tiefster Dankbarkeit im Herzen feiern.

Einen Deiner Briefe lege ich hier noch bei; immer den letzten werde ich behalten.

Trotz all der Dunkelheit und der grauen Tage der Gegenwart sehe ich doch den Silberstreif am Horizont. Ich rufe Dir zu: Auf ein baldiges gesundes Wiedersehen!

10.2.1945

Mein Liebster,

heute sitze ich einmal wieder unter unserer Lampe, und ein Strauß blühender Haselzweige und sonstiger erster Frühlingsblütchen wirft ganz feine Schatten auf das Papier. Alles sieht so freundlich aus, und es ist so still und heimelig bei mir oben, daß ich mich wirklich ein wenig freuen könnte, wenn die Zeit nicht gar so traurig und ernst wäre.

Leider ist heute wieder kein Brief gekommen. Nun muß ich bis Montag warten – und so vergeht die Zeit, man weiß gar nicht, wo sie geblieben ist.

Vater sagte neulich, daß er bereits viele Seiten vollgeschrieben habe mit all den Dingen, die nach Kriegsende als erstes zu tun seien. Er denkt nichts anderes mehr.

Mutti schrieb, daß sie eine sehr starke Grippe habe und sich einfach nicht erhole. Karl mußte nun auch einrücken! Ich weiß nicht, ob

Du Dir den Jammer vorstellen kannst, den das auf einem Bauernhof bedeutet! Elend, wohin man schaut.

Liebs Fraule,   10.2.1945

schon lange habe ich nichts mehr gehört von Dir, es ist schlimm! Heute ist es etwas ruhiger hier, und ich hätte schön Zeit, Dir einen langen Brief zu schreiben – statt dessen will ich mich aber nachher gleich ins Bett legen, da ich mich etwas erkältet habe und einer stärkeren Bronchitis vorbeugen will. Dann verzeiht mir mein Fraule den kurzen Brief, gelt? Um 19 Uhr will ich im Bett sein, mir einen Wickel machen und mich schön zudecken; dann werden meine Gedanken zum Fraule wandern, das mich so gerne ein bißchen pflegen möchte, wenn es das könnte, nicht wahr? Nicht daß Du Dir etwa Sorgen machst, ich bin nicht krank, ich will nur verhindern, es zu werden. Du weißt ja, wie vorsichtig Dein Mann ist, er ist nicht so leichtsinnig wie sein Fraule! – Ich denke daran, daß Schlaf ein großer Heilkünstler ist. Übrigens muß ich mir die Erkältung in jener Nacht zugezogen haben, als ich nur zwei Stunden schlafen konnte – von 23 bis 1Uhr – und dann wieder rausgeworfen wurde.

Mein lieber Herzensmann!   11.2.1945

Jetzt ist wieder eine Woche zu Ende und ein Sonntag totgeschlagen beziehungsweise totgearbeitet. Zur Erholung setze ich mich nun zu Dir – mit wenig Gedanken, aber mit einer um so größeren Sehnsucht! Immer wieder war ich heute versucht, wenn ich draußen einen Soldatenstiefel hörte, ans Fenster zu laufen ...
Am Morgen war die herrlichste Frühlingsstimmung, jagende Wolken und zwischen wunderbar blaugrünem Himmel goldene Sonnenstrahlen. Gestern träumte mir von einer Unmenge weißer Blumen,

Christrosen, blühenden Kirschzweigen usw., die Vater gekauft und im Keller aufgestellt hatte. Und heute nacht träumte ich, daß ich eine große Portion schwarzer Kirschen aß! Wenn ich nun abergläubig wäre, würde ich ein Unglück erwarten – aber ich glaube nur an gute Omen! Denk, gestern Abend waren meine «nächtlichen Erscheinungen» einmal wieder sehr intensiv und lange vorhanden und ich beobachtete alles wach und scharf. – Könnte ich Dir doch einmal wirklich mit Worten beschreiben, wie das ist! Anscheinend habe ich augenblicklich wieder ein «Organ» dafür; sie waren ja jahrelang ausgeblieben.

12.2.1945

Liebs Fraule,

schon eine ganze Woche ist keine Post mehr gekommen, ich bin sehr traurig darüber. Dazuhin habe ich immer noch einen sehr starken Schnupfen – so ist meine Stimmung ziemlich gedrückt. Nun steht das schreckliche Ende dieses unseligen Krieges gerade vor uns. Zwar hoffe ich zuversichtlich, daß wir gut hindurchkommen, doch werden die Sorgen riesengroß auf uns einstürmen.

Ich ahne wohl auch, was Dich in diesen Tagen bewegt. Sei versichert, ich werde vorsichtig sein und mir alles zweimal ansehen. Auch auf meine Gesundheit werde ich achten. (Zur Zeit mache ich jeden Abend einen heißen Wickel, um meinen Husten loszuwerden.) Und dann werde ich mich meinem – unserem guten Stern anvertrauen, der mich sicher durch alle Fährnisse führen wird.

Du meine liebe Frau, alle meine Wünsche sind bei Dir, immer werde ich mit meinen Gedanken um Dich sein. Was ich Dir noch alles sagen möchte, ist nicht in Worte zu fassen. Du weißt es aber.

13.2.1945, Marbach, Mittagspause

Herzensmann,

gestern war ein so aufregender Tag, daß ich nicht einmal dazu kam, Dir den täglichen Brief zu schreiben. Wir kamen erst 20 Minuten nach 19 Uhr zu Hause an. Ich war gerade im Begriff, den ersten Löffel Suppe zu essen, als ich ausländische Flieger hörte. Gleich darauf fielen die ersten Bomben. Wir packten schnell alles Greifbare, und ich wollte noch in den Bunker, aber alle sagten, ich dürfe das nicht mehr. Jetzt wurde Voralarm gegeben, als schon der ganze Himmel voll mit Leuchtkugeln war. Wir rannten in unseren Keller, während die Bomben nur so prasselten. Wir knieten auf dem Boden, jeder mit dem Gedanken, daß es vielleicht das letzte Stündchen ist, das uns schlägt. Was für eigentümliche Gedanken einem doch in solchen Augenblicken durch die Seele ziehen! Ich dachte viel an Dich – ach, an alles mögliche, und wurde plötzlich ganz ruhig innerlich.
Es waren vielleicht 30 Flugzeuge gewesen, und das Ganze mochte 20 Minuten gedauert haben. Als es draußen etwas ruhiger wurde, ging ich nach oben. Dort lagen die Verdunkelungen und Scherben am Boden. Ich horchte, und als ich nur entfernter noch ein Flugzeug hörte, rannte ich in den Bunker, falls weiteres folgen sollte. Kein Mensch war mehr dahin gekommen, erst jetzt bevölkerte er sich.
Nun, wir sind nochmals mit dem Schrecken und vielen Scherben davongekommen. Die große Scheibe im Herrnzimmer, die sechs Kriegsjahre gehalten hat, ist nun kaputt. Nun, sie hat die längste Zeit des Krieges überstanden, das ist sicher!
Gestern abend erhielt ich zwei Briefe von Dir, die ich dann endlich nach dem Angriff lesen konnte, hab vielen lieben Dank, Du mein Herzensmann! Wie tröstlich war es, Deine lieben Worte nach dem Schrecken lesen zu können! Heute abend – wenn Gott will – werde ich Dir ausführlicher schreiben.

13.2.1945

Mein lieber Herzensmann!

Dies ist heute schon der zweite Brief, den ich an Dich schreibe, in Gedanken schrieb ich noch ein halbes Dutzend dazu im Lauf des langen Tages, der langen Stunden, der langen Minuten …
Ich zähle sie ungeduldig wie Du!
Gestern früh schien ich etwas von den kommenden Schrecken zu ahnen. Ich war so voller Unruhe, daß ich im Geschäft kaum auf den Stuhl sitzen und arbeiten konnte und mehrmals zu Paula sagte: Ich glaube, heute ereignet sich noch etwas! Das waren wirklich meine Worte. Allerdings, an einen Angriff, den ich im Keller statt im Bunker erleben müßte, hatte ich nicht gedacht. –
Nun, Du wirst meinen Brief aus der Mittagspause erhalten und daraus ersehen haben, daß wir, bis auf Scherben, heil davongekommen sind. Am Morgen bin ich dann bei stockfinsterer Nacht mit meiner Kollegin zum Bahnhof gelaufen; nicht eine Menschenseele ist uns dabei begegnet.
Mein Liebster, leider muß ich Dich noch enttäuschen: Ich hatte angekündigt, Gutsle zu backen und Dir ein Päckchen für 200 Gramm zu schicken. Ich nahm es heute nach Marbach mit, erfuhr aber dort, daß überhaupt nur noch Briefe bis 20 Gramm befördert werden! Traurigen Herzens trug ich es wieder nach Hause!
Hast Du eigentlich noch keinen Kameraden gefunden, der Dir etwas mehr bedeutet? Ich gehe jetzt beispielsweise schon aus dem Grunde gerne nach Marbach, weil ich Paula immer lieber gewinne und wir uns gegenseitig aufheitern. Sie sagt, wenn sie einige Tage nicht bei mir sei, würde ihr ganz trübselig zumute und sie lebe erst bei mir wieder auf. Ebenso ergeht es mir mit ihr! – Solch einen Kameraden wünsche ich meinem Herzensmann!

14.2.1945
Mein Liebster!

Heute nacht kamen wir erst nach 4 Uhr in die Betten. Es gab ständig Alarm, und wir schleppten unsere Koffer mehrmals in den Bunker und wieder nach Hause ... Jetzt aber sitze ich mit bloßen Armen in der warmen Frühlingssonne am offenen Fenster und freue mich des ersten Frühlingstages! Wir sind – wegen der gestörten Nacht – heute zu Hause geblieben. Immer häufiger denken wir: Nach uns die Sintflut ...
Der Tag ist so bezaubernd schön, daß ich nicht anders kann, als einmal wieder voll Hoffnung in eine gute Zukunft zu blicken! Daher kann ich Dir auch einmal wieder aus einer frohen Stimmung heraus einen Brief schreiben; Du hast ja eine Aufmunterung auch nötig, nicht wahr!
Inzwischen hat mich die Sirene für eine Weile von meinem Sonnenplatz weg in den Bunker gescheucht, aber nun habe ich ihn schnell wieder bezogen. – Der Himmel ist heute so wunderbar blau, daß er mich an Hintertux erinnert, und zwar an unsere letzte große Wanderung. Wie schön war's doch!
Und mit welchen Empfindungen mögen wir später wohl einmal an diese heutigen Zeiten zurückdenken?

14.2.1945
Du mein liebes Fraule,

heute habe ich so viel an Dich gedacht, und den ganzen Tag fielen mir Dinge ein, die ich Dir schreiben wollte. Aber der Abend kam und damit die Arbeit, ich kam nicht los davon, und jetzt ist es 10 Minuten vor 24 Uhr. Wenn ich mich heute nicht wieder so wohlfühlen würde, hätte ich gar nicht zu schreiben begonnen. So aber mußt Du doch einen kleinen Gruß haben. Meine Bronchitis ist überwunden. Ich bin sehr froh darüber und Du wirst es gleichfalls sein.
In der letzten Nacht habe ich besonders lebhaft von Dir geträumt. Wir

waren irgendwo in den Bergen, und es gab viel Wald. Wir machten herrliche Spaziergänge und Touren und planten immer neue. Es war paradiesisch. – Eigentümlich ist es, daß ich plötzlich wieder so viel von Dir träume.

Es ändert sich viel hier, aber ich bleibe. Du kannst also ganz beruhigt sein. Nur meine Briefe leiden darunter; die Zeit fehlt eben. Heute abend war auch einmal wieder Fliegeralarm; er ist immer noch sehr selten hier oben. Dagegen muß ich wieder sehr in Sorge leben, bis ich Deine Nachricht habe.

15.2.1945

Mein liebster Herzensmann!

Wir hatten durch die nicht klappenden Zugverbindungen öfter frei. Da konnte ich die laufende Arbeit wenigstens erledigen. Nun haben wir aber seit dem letzten Angriff vor ein paar Tagen ständig Alarm, bei Nacht und bei Tag. Beispielsweise saßen wir heute nacht von 20 Uhr bis 3 Uhr früh im Bunker. Um 5.30 Uhr sollte bereits wieder mein Wecker läuten – aber er tat's nicht. Da hörte ich die Hausklingel – im ersten Augenblick dachte ich natürlich: Wenn es Theo wäre! Ich fuhr in Pantoffeln und Morgenrock, sah auf die Uhr – es war 6.30 Uhr! Meine Kollegin hatte geläutet. Was meinst Du, wie rasch ich in die Kleider kam – und auf den Bahnhof! Fünf Minuten vor sieben war ich auf dem Bahnsteig – und war zu Fuß gekommen! Alles klappte, und ich hatte statt drei Stunden vier geschlafen.

Du fragst, wie es mir geht. Nun, mein Rheuma ist nach den ersten Strahlen der Frühlingssonne ausgerissen!

Heute morgen habe ich das erste Frühlingslied einer Amsel gehört, trotz meiner Jagd durch die Anlagen ist es mir nicht entgangen. Und heute abend beim Nachhauseweg sang in den Ruinen über dem Wagenburgtunnel eine zweite Amsel, ebenso frühlingstrunken wie die erste. Es war so beglückend, daß ich ein Gedicht nicht «unterdrücken» konnte.

15.2.1945

Herzliebste,

wieder ist es sehr spät, bis ich mich zu Dir setzen kann. Ich hoffe aber, daß dieser Zustand der Nachtarbeit bald einmal wieder aufhört. Wie lange soll man das aushalten? – Ich bin nur froh, daß ich schon immer wenig esse; die meisten kommen mit der Verpflegung nicht durch.
Leider kam wieder keine Post heute. Ich möchte wissen, ob Du wenigstens meine Briefe bekommst. Das wäre mir ein Trost! Mit Schmerzen warte ich auf ein Lebenszeichen von Dir, es war ja wieder ein Angriff auf Stuttgart. Ich möchte nur wissen, was da noch zu zerstören ist! – So lebe ich, zwischen Arbeit und Sorge eingezwängt, und sehe kein Stückchen blauen Himmels mehr.
Heute wurde hier die Frage nach dem glücklichsten Augenblick des Lebens gestellt. Einer beantwortete sie dahin, daß es der Moment war, in dem er in seinem neuen, eigenen Wagen saß und damit zu einer Ferienreise startete. Sepp, der Bayer, erzählte von seinem Hochzeitstag. Und ich – konnte mich gar nicht so leicht entscheiden, es standen so viele schöne Augenblicke in meiner Erinnerung auf. War es Traifelberg, Bregenz, Hintertux – oder Salzburg mit dem Fiakerl, in dem «a so a verliabts Paarl» saß? – Ich muß an unsere Wege denken, die sich einst so fern schienen und sich nun vereinigt haben. Wie schön ist es, dieses Wunder immer wieder zu betrachten. Welch heißer Dank entströmt meinem Herzen zum Lenker des Lebens.

16.2.1945

Liebster Herzensmann,

allmählich werden die Zeiten doch immer aufregender bei uns, und man merkt deutlich, daß die Front näher rückt. Heute nacht hatten wir beispielsweise keinen Alarm, aber dafür gingen zwei Zeitbomben mit so gewaltiger Detonation los, daß das ganze Haus zusammenlief. Gestern früh wurde ein Triebwagen zwischen Kornwestheim und Marbach beschossen; und heute in der Mittagszeit lagen Paula und ich oben auf der Schillerhöhe in Marbach auf den Knien unter einigen schützenden Nadelbäumen und schauten feindlichen Fliegern zu, wie sie in nicht allzu großer Ferne Bomben warfen und mit Bordwaffen schossen. Wir befürchteten, sie würden auch die Marbacher Brücke oder die EVS angreifen, als sie im Sturzflug heruntersausten. Überall waren hohe Staubwolken zu sehen und in Ludwigsburg ein Brand. An was man sich doch so nach und nach alles gewöhnt! Als ich heute abend gegen 19.30 Uhr mit meiner Kollegin vom Bahnhof nach Hause ging, war ein ganz wunderbarer Sternenhimmel über uns. Das stimmte uns wohl so feierlich, daß wir in eine Unterhaltung kamen über die tiefsten Dinge. Natürlich sprachen wir auch von unseren Männern, unser ganzes Denken und Trachten kreist ja doch um sie. Frau Herbers ist eine gebildete Frau, die auch Gemüt hat und mit ihrem Mann in bester Ehe lebt. Man kann sich mit ihr unterhalten, ohne den faden Geschmack auf die Zunge zu bekommen.

17.2.1945

Mein liebs Fraule!

Oft während des Tages eilen meine Gedanken zurück zu gemeinsam erlebten Tagen, und immer wieder erfreue ich mich daran. Schließe ich die Augen und versetze mich in die Hintertuxer Berge, dann höre ich friedlich die Kuhglocken um mich her läuten, spüre den sanften Hauch des Windes, atme den würzigen Duft der Matten und spüre vor allem Deine Nähe – die ganze Welt ist so friedlich, die Sonne so warm. – Es ist schön, die Erinnerung zu beschwören. – Sicher weilst auch Du oft in jenen Tagen, da wir so viel zusammen lachten.
Und dann wieder gehen meine Gedanken in die Zukunft, die düstere, und wollen sie ein wenig aufhellen. Es will aber nicht gut gelingen, alles ist noch zu undeutlich. Das oft gesehene kleine Häuschen am Waldrand: wird es Wirklichkeit werden, wird es ein Wunschtraum bleiben? – So viele Dinge wollen wir tun: lassen die sich alle am Waldrand unternehmen? Diese Fragen sollte man fast bejahen können. Ach, wie wird sich wohl alles gestalten?

18.2.1945

Herzliebste,

wieder ist es Sonntag geworden, und wir sind wieder eine Woche näher unserem Wiedersehen. Es ist sonnig draußen und frisch, aber nicht kalt; es liegt kein Schnee, alles ist abgetrocknet – ein wirklicher Sonntag. Und heute habe ich auch etwas mehr Zeit, an mein Fraule zu schreiben. Gerne würde ich ja ein wenig hinausgehen, aber ich bleibe doch lieber hier bei Dir, Du hast ja so lange auf einen richtigen Brief warten müssen. Hoffentlich bleibt es nun eine Weile so, daß ich mehr Zeit habe. Es ist jetzt ein anderer Mitarbeiter da, der mir etwas von der Arbeit abnehmen wird, hoffentlich.
Solche Tage wie heute, die ein leises Frühlingsahnen in sich tragen, gefallen mir auch besonders gut. Sie erinnern mich an Traifelberg, das in meiner Erinnerung einen ganz besonderen Duft hat. Weißt Du noch, wie wir in dem kleinen Gärtchen auf meinem dicken Mantel in der Sonne lagen? Wie Du mir vorgelesen hast und ich einzuschlafen begann –? Es waren wunderbar reiche Tage, aber doch noch voll innerer Spannung. Ich denke an jenen Tag, über dem schon leise der Abschied stand, an dem wir uns wieder bittere Worte sagten und in aller Heimlichkeit, aber desto stärker gegeneinander kämpften. Damals löste eine klingende Melodie das Eis: «Süßer die Glocken nie klingen ...» Wir fanden uns wieder. – Das war ein Tag, der eigentlich auch zu unseren Feiertagen zählen müßte.
Ich blätterte heute nachmittag ein wenig im Nietzsche und fand mich belohnt dafür. Sogleich fühlt man sich der engen Atmosphäre enthoben und spürt reine Luft um sich wehen. Immer mehr wird mir bewußt: Wir müssen einmal ganz und gar zur Ruhe kommen, dann erst können wir mit der eigentlichen Arbeit beginnen!
Neulich las ich eine kleine Schrift, in der auch von deutschen Dichtern und Denkern die Rede war. Darin wurde berichtet, wie auch sie der Absonderung bedurft hatten, um sich selbst zu finden. Darunter war übrigens Droste-Hülshoff als die größte deutsche Dichterin aufgeführt. Es tut mir geradezu leide, von ihr noch nichts gelesen zu haben.

Denk Dir, heute kam Freimut von seiner Reise zurück, ich war ordentlich erfreut, ihn zu sehen. Er überreichte mir gleich in rührender Weise einen Brief, den er mir als Antwort auf meinen Weihnachtsbrief geschrieben hat. Es war ein sehr, sehr netter Brief. Ich werde mich nun natürlich wieder mit ihm unterhalten, nur ist eben die Zeit so knapp; wenn ich eine freie Minute habe, so gehört sie in erster Linie meinem Fraule.

Es bedrückt mich aber sehr, daß ich gar nichts mehr von Dir höre; Dein letzter Brief ist vom 6.2. und Dein vorletzter vom 29.1. Ist das nicht überaus traurig, da ich doch an jedem Tag einen Brief von Dir unterwegs weiß?

Nun ist auch dieser Sonntag zu Ende. Wieder steht eine Woche vor mir, deren Stunden ich zählen werde. Wo werden wir am nächsten Sonntag stehen?

19.2.1945

Mein lieber Herzensmann!

So gerne hätte ich heute einen Brief von Dir als Trost gehabt, aber ich bin nach diesem langen, anstrengenden Tag leer ausgegangen.

Schon die Fahrt am Morgen nach Marbach war schwierig und aufregend, wir kamen sehr spät an. Als wir dann um 16 Uhr aus dem Haus gingen, um zum Bahnhof zu laufen, kreisten plötzlich vier Flugzeuge über uns, die im Sturzflug herabkamen und mit Bordwaffen schossen. Als es wieder ruhig war, begaben wir uns zum Bahnhof. Dort hörten wir, daß der Zug, den wir hätten besteigen wollen, zwischen Backnang und Marbach beschossen worden sei. Der Zugverkehr fiel aus. Nun konnten wir wieder sehen, wie wir nach Hause kommen! Kurz vor 21 Uhr war ich schließlich in der Litzmannstraße.

Voralarm! – Ich habe mich angezogen und auf das Garderobe-Bänkchen gesetzt (falls Hauptalarm folgt und ich schnell in den Bunker rennen muß), das Briefpapier auf den Knien. Sehr gemütlich ist das nicht; es sind gerade acht Tage vergangen seit dem letzten Angriff, der mir noch leicht in den Knochen sitzt.

19.2.1945
Du mein liebes Fraule!

Eben war ich unten beim Postempfang, und wie groß war meine Freude, sieben Briefe von Dir und einen von Vater vorzufinden! Es ist mir fast, als ob ich Geburtstag und ein ganz kostbares Geschenk erhalten hätte!
Ach, ich bin so glücklich, von Dir wieder liebe Worte zu lesen!
Trotzdem habe ich noch keine Nachricht seit dem letzten Angriff auf Stuttgart – die Sorge weicht nicht von mir.
Habe auch vielen Dank für die Butter- und Fleischmarken. Ob ich einmal damit meinen Reiseproviant kaufen werde? Es ist ja eine ganze Menge, was ich habe, ich kann mir wenigstens ein halbes Kalb dafür kaufen! – Übrigens bin ich nun auch bald mit meinen Bonbons am Ende; es sind immer noch die, die ich selbst hergebracht habe. War ich nicht sparsam? Die Schokolade befindet sich natürlich immer noch unangetastet im Koffer.
Du fragst mich so nebenbei, ob ich wohl einen Taschenkalender brauchen könnte. Da gibt es doch keine Frage!
Neulich hatte ich Dir von dem Münchner Unteroffizier erzählt. Dieser ist sehr stark von der Raucherleidenschaft besessen und kommt dadurch oft in Schwierigkeiten, weil er alles tut, um eine Zigarette zu ergattern. Vor einiger Zeit hatte ich ihm das Unabhängigsein von Leidenschaften in den schönsten Farben geschildert. Heute kam er nun plötzlich zu mir, um – mit Handschlag – zu versprechen, daß er von nun ab sich das Rauchen abgewöhnen wolle. Ich bin nun gespannt, ob er es durchhalten wird; es erscheint mir fraglich. Aber ich werde ihn so gut als möglich stärken. Es rührte mich, daß er damit zu mir kam.

21.2.1945
Mein lieber Herzensmann!

Im Geschäft, so oft es nur angängig ist, betone ich eine Tugend oder sonst eine schöne Eigenschaft von Dir; die geduldige und mit ganzer

Seele meinem Gerede hingegebene Frau Ertl hört sich alles an und lacht oder freut sich so herzlich mit! Sie kennt Dich nun schon ziemlich gut und ist von Deiner Originalität und Güte restlos überzeugt! Sie interessiert alles, was mich bewegt oder beschäftigt. Ich weiß nicht, ist es ihre Aufnahmefreudigkeit oder ihr liebenswürdiges Wesen, bei ihr bringe ich die harmlosesten und dümmsten Geschichten noch so glanzvoll an, daß ich manchmal selbst glaube, sie wären bedeutend!

Sie ist übrigens eine sehr zurückhaltende, fast verschlossene Seele. So hat sie beispielsweise, einmal enttäuscht, nie wieder eine Mädchenfreundschaft geschlossen. Man entwickelt sich aber durch Freundschaften zweifellos anders als ohne solche Möglichkeiten der Geselligkeit und des Austausches. Nun hängt sie mir mit ihrer auch in der Freundschaft zurückhaltenden Liebe an. Unser Verhältnis zueinander ist ein sehr schönes, fast scheu zu nennendes. Keiner tritt dem andern zu nahe.

Sie hat jetzt auch *Vanadis* gelesen und behauptet nun, ich sei wie diese Vanadis. Sie begründet u.a. es damit, daß mir auch alle Herzen wie dieser zuflögen, und zwar männliche wie weibliche; außerdem würde ich malen und dichten wie sie etc. etc.

So fängt Frau Ertl an, mich heimlich zu vergöttern und besser zu machen als ich bin. – Ich aber frage mich allen Ernstes, woran das liegt. Fast habe ich den Verdacht, ich sei besonders geschickt darin, meine guten Seiten ins Licht zu rücken, daß sie aufglänzen wie Glasscherben in der Sonne …

Herzensmann, versprichst Du mir aufzupassen, wenn ich anfangen sollte, eitel zu werden? Vergiß aber nicht zu berücksichtigen, daß Frauen raffiniert sind und schneller eine Tarnkappe finden, als der gutgläubige Mann annimmt!

Heute abend war es mir manchmal, als wärest Du wieder trauriger und gedrückter Stimmung. Ob es wohl stimmte? Wenn ich jetzt nach innen horche, sieht es allerdings schon wieder besser aus! – Ich bin so froh über dieses «Barometer», dem ich ganz fest vertraue.

21.2.1945
Liebs Fraule,

heute komme ich ganz müde und sehnsüchtig zu Dir. Schon lange Zeit war ich nicht mehr so deprimiert wie heute. Hier wird allmählich eine solch straffe Kasernendisziplin eingeführt, daß ich es fast nicht mehr aushalte. Ich habe so genug von den Befehlen, von dem Stillstehen vor zwanzigjährigen Lausbuben, die sich als Herren aufspielen – Du kannst es kaum ermessen.
Aber wozu soll ich ein Klagelied anstimmen, Du hast es ja auch nicht besser! Wie lange noch – wie lange noch – mit diesem Satz schlafe ich ein, wache ich auf. Ich zähle die mühseligen Stunden des langsam dahinziehenden Tages. Mein einziger Halt bist Du, das Wiedersehen, das jede Minute vor meiner Seele steht.
Immer nur für andere leben, anderen zu dienen – o, habe ich es satt! – Ich verstehe eigentlich die Menschen nicht, ich habe gar keine Lust daran, anderen zu befehlen; im Gegenteil, es erscheint mir als ein höchst unnützes und lästiges Geschäft.
Eben las ich nochmal Deinen Brief mit der Plauderei aus der Werkstatt, sie ist mir wirklich interessant und bestätigt ganz meine Vermutung, daß Du nicht mit dem Kopf dichtest, während bei meinen Versuchen das immer rein der Kopf tun mußte. Ich habe nichts, das «in mir» denken und dichten könnte – das muß ich immer selbst tun unter großen Mühen.
Mein liebes Fraule, ich gehe heute zu Bett, ich glaube, ich habe wieder etwas Fieber; die Erkältung ist doch wohl nicht ganz weg. Vielleicht ist das aber auch nur die innere Erregung heute.

22.2.1943
Mein Liebster!

Wieder einmal sind wir noch in Marbach, weil unser Zug nicht fährt. Eben wurde wieder Hauptalarm gegeben. Wir konnten heute vielleicht im ganzen drei Stunden arbeiten, in der übrigen Zeit war

Alarm, den wir allerdings hier nicht im Keller (höchstens wenn es zu stark donnert), sondern oben im warmen Raum verbringen, lesend oder strickend. Als erstes habe ich heute ein Gedicht, das im «Morgengrauen» entstand, fertiggeschrieben.

Wie wir heute nach Hause kommen werden, ist einmal wieder die große Frage! Eines Tages wird es aber sicher so sein, daß wir zu Fuß bis Stuttgart marschieren müssen! So viel Alarm wie heute und gestern hatten wir bisher noch nie.

In der Frühe vor dem Aufstehen warst Du übrigens wieder einmal ganz leise durch meine Träume gehuscht. Erzählen kann ich nichts mehr daraus, aber Du warst da! – Wann aber wirst Du einmal wirklich bei mir sein? Wenn ich mein Gefühl frage, dann spricht es nicht so, als ob es bald wäre …

Draußen kommt schon leise der Frühling. Die Weidenkätzchen und die Haselbüsche blühen, und die Sonne strahlt schon warm in die Welt. Wie war unser letztjähriger Frühling doch schön, weißt Du noch?

23.2.1945

Du mein Liebster!

Der Zug fällt aus, darum bin ich wieder einmal bei strahlendem Sonnenschein um 16 Uhr noch in Marbach. Es ist ohne Unterbrechung seit heute morgen um 10 Uhr Hauptalarm. So geht es schon seit drei Tagen. Die Menschen in Stuttgart kommen nicht mehr dazu, sich auch nur tagsüber ein Essen zu kochen. Nur die Zeit etwa von der Dämmerstunde an bis 20 oder 21 Uhr ist alarmfrei, so daß ich wenigstens bisher in dieser Zeit verhältnismäßig ruhig, wenn auch verspätet, nach Hause kam. – Die Postbeförderung wird ja auch unter diesen Zuständen leiden, und es wird wohl wirklich bald der letzte Brief sein, den Du von mir in Händen hältst. «Und jene dunklen Tage werden kommen …»

Ich will durchhalten, Herzensmann, und wenn es nötig ist, mit den Teufeln um die Wette rennen – bis ich bei Dir bin! Was auch kommen mag, eine wirkliche Trennung kann es nie mehr für uns geben, das ist und bleibt unser seligstes Wissen.

24.2.1945

Du mein Herzensmann!

Jetzt komme ich zurück von einer halben Stunde Bunkersitzen; es geht erst auf 21 Uhr, und ich habe somit noch Zeit, mit Dir zu plaudern. Meine Verfassung ist heute eine recht merkwürdige. Das rührt wohl von den vielerlei Eindrücken her, die ich heute hatte. Zum Mittagessen war Herr Sch. da, den ich heute erst kennengelernt habe und der mich schon lange interessiert hat. Nur Mutter war anwesend, weil Vater leider nicht gekommen ist; die Bahnstrecke ist mehrfach unterbrochen. Das Tischgespräch verlief recht geistreich und war mir sehr interessant, da ich einen Einblick in seine Richtung erhielt. Sie ist unserer ja nicht allzu ferne, beide Anschauungen beruhen schließlich auf hellsichtigem Schauen, das letztlich zu den gleichen Ergebnissen kommen muß. Dennoch, so sympathisch mir im ganzen der Mann auch war, etwas fehlt mir an ihm. Genau kann ich es nicht einmal sagen, was es ist; vielleicht besitzt er zu wenig Wärme. Es geht bei ihm alles doch zu sehr nur durch das kühle, denkende Haupt. Mir schien, er habe doch viel verkappten Materialismus in sich. Doch ich kenne ihn zu wenig, um ihn schärfer beurteilen zu können. Jedenfalls ist er äußerst klug und sehr belesen und wohl auf keinem unbedingt falschen Weg. Er hat übrigens sämtliche Bücher von Dr. Steiners – wie er wenigstens behauptet; er sagt, er habe seine Vorträge in Hannover gehört und einmal in einem Hotel mit ihm gespeist. Bei ihm scheint aber das A und O vegetarische Kost zu sein. Er sagt, man müsse so weit kommen, daß man immer deutlicher die Stimme seines Herzens vernehme, durch welche der Gott in uns spreche. Deshalb müsse auch der Körper, das Blut gereinigt werden, das ja durch das Herz ströme. – Ich sagte ihm unter anderem, daß wir später auch gedächten, vegetarisch zu essen, worüber er sehr erfreut schien. Er meinte, das sei schon ein halb gewonnener Weg. Am meisten gewinne dann einmal unser Kind, das dann die guten geläuterten Erbanlagen mitbekäme …

Das anregende Gespräch hat mir sehr wohlgetan. Sonst haben wir ja fast nur Menschen um uns, von denen uns eine Welt, unsere eigentliche Welt, trennt, und wir müssen mit ihnen ihre Sprache sprechen, weil sie unsere nicht verstehen.

Mir war diese Begegnung die Fortsetzung beziehungsweise die Ergänzung meiner in den letzten Tagen gehabten Gedanken, angeregt durch Vanadis. Dieser Mann paßt irgendwie zu diesem Buch, denn ich glaube, daß Isolde Kurz, die Verfasserin desselben, einen guten Teil ihrer Weisheit aus verwandten Quellen schöpfte. Wieder ist mir das passiert, daß ich auf vorher gehabte Gedanken die entsprechenden Erlebnisse habe. Das ist natürlich nur ein ganz kleines Beispiel, aber ich gewinne daraus doch immer stärker den Eindruck, daß wir mit unseren Gedanken die Dinge anziehen, und zwar ziemlich unmittelbar. Vielleicht kommt es dabei auch auf die Intensität des Denkens an, und noch andere Dinge mögen mitspielen, aber jedenfalls begegnen mir oft die meinem Denken entsprechenden Erlebnisse und Menschen. Ich war z.B. lange vor Hochgols in jener «Hochgolser Stimmung», die ich dann dort oben in höchstem Maße fand. Es konnten mir erst zu diesem Zeitpunkt diese Menschen begegnen, weil sie vorher einfach nicht in mein Leben gepaßt hätten. Verstehst Du das wohl? Man sollte sich in Gedanken und Empfindungen ruhig von etwas – Gutem natürlich – anregen lassen, denn es muß wie eine Art Antwort von außen uns wieder entgegenkommen. So erkenne ich also wirklich an meinem mir begegnenden Schicksal mein Denken, Fühlen und Wollen unter Umständen ganz unmittelbar – was natürlich oft auch eine sehr bittere Erkenntnis sein kann!

Und dann war ich heute ja bei Gertrud. Es war ein alarmfreier Mittag (ein Wunder nach solchen Tagen!), und ich konnte in tiefen Zügen ihr Klavierspiel genießen. Nur ist eben die Zeit immer sehr kurz; wenn wir so richtig warm geworden sind, müssen wir uns schon wieder trennen. Aber ich kam erfrischt zurück.

Ach, dürften wir endlich dafür sorgen, daß unser Tagesrhythmus ein gesunder, blühender ist! Ich hätte so berückende Pläne! Inzwischen ist der Zeiger unerbittlich weitergerückt, und meine Augen fallen mir allmählich zu. Morgen ist Sonntag, wie froh bin ich, ausschlafen zu können – sofern kein Alarm kommt. Morgen werde ich versuchen, den ganzen Sonntag zu schreiben, denn meine Briefschulden häufen sich zu Bergen.

24.2.1945

Meine liebe herzensgute Frau,

eben ist die Sonne vom weiten blauen Himmel hinabgetaucht und hinter dem Horizont verschwunden. Wie erfreulich ist es zu beobachten, wie täglich die Tage länger werden, wie herrlich, draußen die Strahlen der hochstehenden Sonne zu spüren! Frühling will es werden, die Macht des Winters ist gebrochen. Und sie können nicht anders, die müden Herzen, sie fassen neuen Mut und streben dem Licht, der Sonne entgegen.

Wieder brachte mir die Post einen lieben Brief von Dir. Du sagst mir so liebe Worte – wie glücklich ich bin, ist nicht auszudrücken. Und das Gedicht, das Du beigelegt hast, werde ich immer bei mir tragen. Es soll und wird mir Trost spenden, wenn ich in schweren Tagen nichts von Dir hören werde. Wie selig, wie glücklich bin ich doch, trotz aller Sorgen!

25.2.1945

Du mein lieber Mann,

was meinst Du, von welchem Platz Deine Frau heute schreibt? Trotz Fliegeralarm von 9.30 bis 15 Uhr bin ich heute umgezogen in das vordere Zimmer. Nach großem Boden- und Fensterputzen wurden die Möbel arrangiert, und nun sieht es so hübsch und so gemütlich hier aus, wie Du Dir das gar nicht vorstellen kannst!

Wir müssen nun jemand in die Wohnung hereinnehmen, vermutlich ein Offiziers-Ehepaar. Natürlich wird das für mich einige Unannehmlichkeiten mit sich bringen, aber ich hoffe das Beste.

Das Schönste war heute der Sonnenuntergang vom Fenster aus; er war so feurig, daß Mutter samt Robert heraufgerannt kamen, um ihn zu sehen. Eine unbeschreibliche Farbensymphonie war es, vom leuchtendsten Purpurrot bis zum zartesten Türkisgrün und dunklem Blau. Davor standen zwei blätterlose Pappeln, die den herrlichen Anblick noch verfeinerten. Schon heute freue ich mich auf weitere Sonnenuntergänge, die ich vielleicht hier erleben darf. Vielleicht! Mein Schlafzimmer werde ich nun auch verlegen müssen, das ist mir weniger sympathisch, denn im neuen sind die Fenster zertrümmert und mit dicker Pappe vernagelt. Es ist nicht daran zu denken, noch Glasscheiben zu bekommen.

Gestern las ich drüben im Bett noch bis 24 Uhr die *Vanadis* zu Ende – und heulte, heulte. Alles, was ich seit Wochen an Sorge und Schmerz in mich verschlossen hatte, fand endlich etwas, wodurch sie sich lösen konnten, und so flossen viele, viele, milde Tränen. Man braucht ein solches Mittel wohl von Zeit zu Zeit, um innerlich nicht zu Stein zu werden.

Deine Frau ist heute nicht ganz in der rechten Verfassung zum Schreiben. Aber schuld daran ist auch, daß ich immer ein Ohr vor dem Fenster haben muß, denn allmählich brummen die Flieger ohne Alarm über einem, da muß man sehr wach sein. Auch das abendliche Heimfahren wird immer problematischer; selbst wenn wir eine Stunde später, als sonst der Zug fährt, einen Omnibus bekommen, taucht plötzlich die gelb-blaue Tafel vor uns auf: Halt! Tiefflieger! – Ich werde nun wohl doch den Antrag einreichen müssen, denn Sophie geht in den nächsten Tagen.

25.2.1945

Herzliebste mein,

wieder ist ein Sonntag gekommen, der mich immer besonders stark an Dich denken läßt. Heute nachmittag war es wenigstens etwas ruhiger. Wie schön ist es, auch nur einige Stunden allein zu sein! Obwohl der Himmel mit tiefen Wolken verhangen ist und der Sturm einem immer wieder den Regen ins Gesicht peitscht, war ich doch eine Stunde am Strand und im Wäldchen. Es tut doch gut, wenn man die frische Luft atmen und in die Ferne blicken kann. Der Wind kommt landeinwärts, daher lag das Meer ziemlich ruhig, nur weiter draußen zeigten die Wellen Schaumköpfe. Die Tannen sah ich, das Dünengras, die Muscheln, den Sand – ich ließ richtig die Natur auf mich wirken. Auf eine Bank setzte ich mich, die erhöht im Wäldchen steht, und blickte nachdenklich auf das grünblaue Meer, das Sinnbild der Freiheit. Nach Freiheit sehne ich mich wie ein Verdurstender. Es ist sehr leicht zu sagen, die Freiheit könne einem von niemand genommen werden, da der Geist alle Schranken überspringe. Aber es ist doch etwas anderes, ob ich im Zuchthaus sitze oder als relativ freier Mann mein Leben gestalte. Und – es ist kaum zu viel gesagt, daß ich seit fünfeinhalb Jahren so gut wie im Zuchthaus sitze. Es wird mir vorgeschrieben, was ich arbeiten muß, wie ich wohne und mit wem, welche Kleidung ich zu tragen habe. Höchstens zwei bis drei Stunden pro Tag stehen mir frei, da kann ich denken, was ich will; die übrige Zeit muß ich mich ja mit anderen Dingen beschäftigen. Und selbst in diesen kurzen Stunden werde ich dauernd von anderen Menschen gestört, von Menschen, die ich am liebsten gar nicht sehen möchte. – Aber das ist die alte Klage, Du kennst sie längst. Ich wollte nur sagen: Geistiges und körperliches Leben müssen sich entsprechen. Wirklich frei ist, der sich selbst befehlen kann aber ein freier Geist wird in einem gefangengehaltenen Körper zerbrechen, wie eine Blume ohne Licht verwelkt.

So wollen wir daran denken, uns später einmal stärker frei zu machen von Dingen und Einrichtungen der Zivilisation, die uns zuviel Zeit nehmen und uns – genau betrachtet – sehr wenig oder nichts geben. So waren meine Gedanken, als ich auf der Bank saß und auf das weite Meer blickte, das in der Ferne im Dunst verschwamm. An der weiten Wasserfläche läßt sich am besten der Eindruck der Kugelgestalt unseres Planeten gewinnen; durch Schiffe, deren Masten und Schornsteine zuerst sichtbar werden; durch weit entfernte Inseln, die bei klarem Wetter zu sehen sind, aber nur die Kirchtürme oder die Baumspitzen.

So saß ich und fühlte mich wirklich auf unserer Erd-Kugel, ein kleiner

Mensch auf der großen Kugel. – Dabei wurde mir auch das Geheimnis der Erdanziehung wieder bewußt. Eigenartige Kräfte bewirken, daß die Dinge nicht wegfliegen, sondern auf der Erde bleiben. Ein Baum war vor meinem Auge, der aufrecht dastand und das Geheimnis der Wachstumskräfte offenbarte. Wie ist es möglich, daß trotz der Schwerkraft ein Baum oder andere Pflanzen senkrecht emporwachsen können? Die toten Dinge liegen alle mehr oder weniger formlos am Boden, auch die Flüssigkeiten. Die Pflanzen dagegen streben senkrecht empor, sind aber noch mit dem Boden verwurzelt. Die Tiere bewegen sich auf der Erde, und der Mensch schließlich kann mit seinem Geist die Erdenschwere überwinden und erkennend in das Universum, den Kosmos eindringen. Es ist interessant, wie man hierbei die Wirkung der Wesensglieder erkennen kann.

26.2.1945

Du meine liebe Frau,

in Deinen letzten Briefen schreibst Du immer von der Sorge um mich. Ich verspreche es Dir, stets vorsichtig zu sein und immer, immer an Dich zu denken. Sei es Du aber auch, denn meine Sorge um Dich ist nicht geringer. Im Gegenteil, zunächst bist Du viel stärker gefährdet als ich. Welche Formen wird der Krieg noch annehmen? Von allen Seiten hört man von so viel Not und Elend, es ist kaum zu ertragen. Da ist einer in meiner Stube, der Anfang November zum letzten Mal von seiner Frau und seinem Kind hörte. Sie wohnten in Koblenz, und nach den schweren Angriffen kam keine Post mehr. Er selbst kam ins Lazarett, erhielt Genesungsurlaub und fuhr im Januar nach Hause. Alles ist vollständig zerstört, niemand weiß etwas von seiner Frau; manche meinen, sie sei nach Thüringen evakuiert worden. Vielleicht liegt sie noch unter den Trümmern des Hauses. Er selbst hat mehrere Male die Anschrift gewechselt, so daß sie ihm nicht schreiben kann, selbst wenn sie am Leben ist. Ist das nicht furchtbar?

Ein anderer hörte heute von zu Hause, daß seine Schwester, die in Fürstenberg/Oder wohnt und ein Kind erwartet, sehr schwer krank liegt. Das Kind hätte schon vor drei Wochen geboren werden sollen, wahrscheinlich ist es tot – und Ärzte gibt es keine. Die Russen stehen dicht davor, das Chaos herrscht.

26.2.1945

Mein liebster Mann,

allmählich wird es doch so kommen, daß ich meine Briefe an Dich jeweils in Marbach schreiben muß. Der Zug um 16 Uhr fällt jetzt ganz weg. Wenn wir mit dem Omnibus nicht fortkommen, was leicht geschehen kann, dann müssen wir bis 19 Uhr warten auf die nächste Fahrtmöglichkeit. Aber – es wird ja nicht mehr lange dauern!
Meinen Antrag auf Befreiung habe ich nun wenigstens auszufüllen begonnen. Vater nimmt wohl an, daß ich ihn bereits abgegeben habe. Zur Zeit haben wir hier wenig Arbeit; wir könnten alle eine ganze Reihe von Privatbriefen schreiben, wenn uns niemand störte; die Lücke wäre also nicht so spürbar, wenn ich ginge. Langsam erscheint mir dieser Schritt doch besser, trotz der häuslichen Verhältnisse. Außerdem haben wir täglich mit Zugbeschießungen zu rechnen. Aus diesem Grund wäre es mir jetzt auch nicht recht, wenn Du zu mir fahren müßtest; ich stünde noch mehr Ängste aus als so! Nun kommst Du erst zu mir, wenn keine Züge mehr beschossen werden, gelt, Liebster?
Eben höre ich, daß wir in Zukunft tatsächlich erst abends fahren können; hinzu kommen die Zugverspätungen – nun, ich könnte, wie meine Kollegen, vor Wut knirschen, wenn ich mir nicht immer wieder sagte, es hat ja keinen Sinn, sich zu ärgern ... Es dauert nicht mehr lange, dann ist es überstanden! Fast wie beim Zahnarzt, nicht wahr! Nur noch ein klein wenig aushalten, dann ist es geschafft! Ach Herzensmann, wie schön ist dieser Gedanke!

Marbach, 28.2.1945

Liebster mein!

Leider habe ich gestern abend, als ich kurz vor 20 Uhr nach Hause kam, keinen Brief von Dir vorgefunden. Wenn nun wirklich der letzte in meinem Besitz wäre … ? Wenn nur Du wenigstens Post von mir bekämest! Zwar – und das schmerzt mich – sind meine Briefe der letzten Zeit keine rechten Briefe mehr, vor allem, seit ich sie in Marbach schreiben muß. Bisher hatten wir von 16 bis 17 Uhr wenigstens Gelegenheit, zu tun was wir wollten, aber heute wurde eingeführt, daß wir bis 17 Uhr zu arbeiten haben.
Heute habe ich den Vorstoß beim Chef gewagt. Wie erwartet, hat er die Freistellung rundweg abgelehnt, es sei denn, ich würde einen Ersatz stellen. Aber er weiß natürlich so gut wie ich, daß niemand zu finden ist, der diese Dummheit beginge, jeden Tag nach Marbach zu fahren. – Morgen werde ich mit Vater sprechen, was er dazu meint. Ein Bein werde ich mir wegen dieser Sache nicht ausreißen – denn lange dauert es ja nicht mehr! (Der Trost für jede Unannehmlichkeit!)

Marbach, 1.3.1945

Mein lieber Herzensritter,

wieder einmal ist Vollalarm, also die beste Zeit, Dir zu schreiben. Es sind nur wenige noch im Büro, der eine Teil schläft, der andere ist noch beim Mittagessen – und Deine Frau so recht in der Stimmung, mit Dir zu plaudern.
Gestern erhielt ich Deinen Brief vom 10.2., der durch spätere schon überholt ist, leider! Wirklich neue Briefe habe ich von Dir nicht. Als Du ihn schriebst, warst Du noch krank. Hoffentlich hat es keinen Rückschlag gegeben, denn es ist mir ein ganz schrecklicher Gedanke, Dich krank zu wissen, ohne Dich pflegen zu können! Später, wenn wir einmal auf der Waldwiese wohnen, darfst Du ein wenig Bauchweh oder ähnliches schon einmal haben, damit ich Dich bemuttern

und auch ein wenig kommandieren kann, denn als Patient hat man ja gar nichts zu sagen und muß sich alles gefallen lassen!
Es war gestern eine so wundervolle Mondnacht. Wenn man nicht schon sehnsuchtskrank wäre, hätte man es da werden können. Der Mond – ich stand auf meinem Balkon – war fast rot aufgegangen und sprach ganz eigentümlich zu meinem Gemüt. Er war mir in dieser Farbe weitaus näher als sonst und doch um vieles geheimnisvoller. – Als ich schon im Bett lag, kam Mutter herauf und sagte, Vater sei gekommen. Ich bin sehr glücklich darüber. Gestern abend hatte ich ihm gerade noch Gutsle gebacken zum Geburtstag, weil ich ja sonst nichts auftreiben kann.
Heute abend werde ich nun, wenn es mit der Heimfahrt klappt und kein Alarm ist, mit dem Schlafzimmer umziehen bzw. den Boden putzen etc., damit ich das am Samstag nicht tun muß. Nachmittags habe ich ja Paula eingeladen, und am Sonntag kommt Elli. So fehlt es mir also nicht an Zerstreuung.
Mit Vater werde ich die Sache mit dem G.K. besprechen. Heute nacht fährt Sophie also endgültig. Ich bin ja wirklich gespannt auf die Dinge, die da kommen werden. Die neuen Mieter interessieren mich auch stark, hoffentlich sind sie erträglich. – Von Mutti bekam ich die Nachricht, daß es ihr und Tante Marie – wieder besser geht. Karl ist beim Kommiß, und zwar jetzt zur Ausbildung in Donaueschingen. Hoffentlich kommt er nicht so bald an die Front, das wäre mir wirklich sehr arg. Heute schrieb ich an Helmut nach Amerika. Es sind wieder zwei Briefe von ihm gekommen, einer vom Juni, der andere vom August.
Zur Zeit habe ich im Betrieb fast nichts zu arbeiten, aber gehen darf ich unter keinen Umständen! – Nun, so schreibe ich eben meine Privatbriefe während der Arbeitszeit. Mein Briefschuldenberg ist bereits am Abnehmen.
Ach, Theo, draußen ist der Himmel wieder so unergründlich blau, und die Sonne strahlt. Von Zeit zu Zeit schaue ich hinaus beziehungsweise horche ich hinaus, und wenn es zu laut «brummt», rennen meine Kollegen und ich in den Keller; aber meist bleiben wir da nur kurze Zeit.

Vor meinem Fenster ist gerade der Kirchturm von Marbach zu sehen, auf dessen Wetterfahne sitzen viele Stare, die schon zurück sind …
Der Frühling kommt mit Macht, Liebster!
Eben heißt es im Radio: Bomberverbände im Raum Stuttgart kreisend! Liebster, wenn der Umschlag dieses Briefes keinen Vermerk trägt, dann sind keine Bomben gefallen!

Marbach, 2.3.1945,

Herzliebster!

Mittag. Hauptalarm. Das wird nun in Zukunft wohl die Regel sein, daß ich Dir dann schreibe. Abends ist es meist unmöglich, noch zu schreiben, weil immer Alarm ist und es kaum zum Nachtessen reicht. Gestern war es ebenso, und wir mußten die guten Fastnachtsküchlein, die es zu Vaters Geburtstag gab, stehen lassen. In Gedanken saßest Du mit am Tisch! Immer plagt mich eben der Gedanke, daß Du jetzt gerade vielleicht Hunger hast! – Ein Brief ist gestern nicht gekommen.
Im übrigen ist Sophie gestern anscheinend weinend gegangen. Nun, sie war eben doch fünf Jahre da und war mit dem Haus verbunden. Vater entbehrt sie natürlich am allermeisten.
Gestern abend, als ich im Bett gerade warm und im Begriff war, ins Traumland zu wandern, kam Voralarm, In diesem Moment des Aufwachens waren wieder die «nächtlichen Gebilde» vorhanden, und zwar stand ich da schon mit beiden Beinen vor meinem Bett und betrachtete sie einen Moment lang trotz Alarm sehr aufmerksam, bis sie immer blasser wurden und das Zimmer dunkler. Diese Gebilde verharren nie in Ruhe, sondern sind schwebend in Bewegung.

2.3.1945

Herzliebste,

schön ist die Welt heute, die Sonne steht hoch und schickt ihre lebenspendenden Strahlen auf die Erde. Am Morgen zogen goldene

Wölkchen über den reinen blauen Himmel. Doch immer noch jagt der Sturm über das flache Land, so daß sich die Bäume unter seiner Wucht biegen und die Wogen des Meeres schaumgekrönt aufleuchten.

Nun ist es inzwischen tiefe Nacht geworden, und ich sitze neben einer Lampe, die nur spärlichen Schein gibt. Eine ganze Menge hatte ich wieder zu tun, aber ich tat es gerne, denn – ich fahre morgen auf Dienstreise zuerst nach Berlin und dann – vielleicht, vielleicht – zu Dir!* Ich kann es ja ruhig niederschreiben, denn wenn Du diesen Brief erhältst, war ich schon bei Dir, oder es ist nichts daraus geworden, ich konnte nicht kommen. Aber der Gedanke allein hat schon ganz und gar Besitz von mir ergriffen. Das müßtest Du jetzt spüren, und wahrscheinlich tust Du es auch, denn mein ganzes Wesen strahlt dieses Wissen um die mögliche Fahrt zu Dir aus. Nur kurz wäre mein Besuch, ein bis zwei Tage vielleicht, aber ich freue mich unbändig darauf! Zwar wird es sich erst in Berlin entscheiden, das ist einer der Haken an der Sache, aber ich hoffe, sie zu überwinden.

Mit dieser Hoffnung werde ich jetzt einschlafen und sie Dir in Traumwelten heimlich ins Ohr flüstern, und morgen, o Wunder, werde ich damit aufwachen!

Gut Nacht, liebs Fraule, auf baldiges Wiedersehen!

15.3.1945

Du meine liebe Frau,

immer noch sitze ich in meiner Ecke; der Zug fährt etwas schneller zur Abwechslung, das wird aber meine Schrift beeinträchtigen. Es ist 16.30 Uhr, und ich schätze, daß ich etwa in einer Stunde in Halle bin, wo ich diesen Brief einwerfen möchte. Es wäre schön, wenn ich in Halle Anschluß hätte; ich weiß, daß abends ein Zug nach Rostock fährt – hoffentlich ist er noch nicht weg.

---

* Wegen Autobeschafffung von Daimler-Benz.

Eben habe ich die letzten Krümel der Schokoladenschäumchen aus der Tüte geholt, ach, wie lecker waren sie doch! Dies war sozusagen der Schäumchen-Urlaub, denn es waren immer welche greifbar!
Du siehst, meine Stimmung hat sich schnell gebessert – ich empfinde schon wieder Freude – Freude auf unser Wiedersehen, das doch bald kommen muß.
Übrigens hatte der Streifen-Offizier schon das Rückreise-Datum beanstandet, als ich ihm aber den Schein von Daimler-Benz zeigte, war er zufrieden, ha, ha!

15.3.1945

Herzliebste Frau,

noch immer bummle ich im Zug durch die Landschaft, die Verkehrsverhältnisse sind furchtbar. Augenblicklich befinde ich mich auf der Strecke zwischen Magdeburg und Wittenberge. In Halle war gestern Abend Alarm, der Zug fuhr in Deckung. Die Leuna-Werke Merseburg hatten einen schweren Angriff, obwohl dort das meiste schon zerstört ist. – Die zweite Hälfte der Nacht verbrachte ich in Magdeburg, im zerstörten Bahnhof etwa sechs Stunden auf- und abgehend. Es ist ein Segen, daß es nicht kalt ist. Die Züge sind alle derart überfüllt, in einem D-Zug-Coupé halten sich etwa 13 bis 14 Leute auf. Ich habe bisher fast immer einen Platz erwischt. Alles ist voller Flüchtlinge und Soldaten, und jeder schleppt eine Menge Gepäck mit sich herum. Seit Halle fahre ich ja nur noch Personenzug, es fahren hier oben keine D-Züge mehr. Diesen Brief werde ich in Wittenberge aufgeben.
Bitte erinnere Mutter nochmals, nichts von Zingst und meiner Tätigkeit zu erzählen!
Ich werde froh sein, wenn ich diese Fahrt hinter mir habe! Und dann rüste ich mich zur Heimfahrt!

15.3.1945
Liebs Fraule,

diesen Brief schreibe ich stehend auf einem Ofen in der Betreuungsstelle Rostock. Um 5 Uhr früh geht die Fahrt weiter; so werde ich hoffentlich im Verlauf des Freitagmorgens am Ziel eintreffen. Bisher ist alles gut verlaufen. Ich bin gespannt, ob Du meine Briefe überhaupt noch bekommst.

Als ich in Rostock ankam, mußte ich leider feststellen, daß ich das Glas meiner Uhr zerbrochen habe. Zwar hält es noch, aber ich befürchte, daß es bald herausfällt. Nun muß ich sehen, daß ich die Uhr repariert bekomme, denn ich brauche sie.

Unterwegs auf einem Bahnsteig stand ein kleiner Haufen von Kriegsgefangenen aus Kanada, mit denen ich mich unterhielt. Es ging sehr gut, und sie waren ganz entzückt, daß ich so fließend sprechen konnte. Sie sind im allgemeinen guter Dinge, und sie hoffen, bald nach Hause fahren zu dürfen. Einer meinte, ich solle doch nach den USA oder Kanada kommen, das würde sicher gehen. Bei ernsthafter Überlegung dieser Frage fällt Dein tiefes Eindringen in die deutsche Sprache hemmend ins Gewicht. Du wirst Deutschland sicher nicht verlassen wollen, nicht wahr? Obwohl es auch für Dich interessant wäre, eine zweite Sprache zu erlernen und völlig zu beherrschen. Liebes, ich glaube, wir packen doch noch die Übersee-Koffer!

Bald bekommst Du wieder «zivilisierte» Briefe, denke ich. Kannst Du Dir meinen augenblicklichen Bart vorstellen?

Marbach, 19.3.1945
Liebster Herzensmann!

Der Mittag ist vorbei, wir haben einen strahlenden Frühlingstag. Aber seit dem Morgen ist Voralarm und Hauptalarm. Letzteren benütze ich gerade, um Dir zu schreiben. –

Nun waren wir doch alle im Keller gewesen! Solch ein Schauspiel wie heute hatten wir noch nie. Wenn es nicht so grausam wäre, könnte

man diese Bomber-Verbände direkt schön finden. – Die armen, armen Menschen, die wieder alles verlieren, und die vielen, die jetzt zu dieser Stunde ihr Leben – vielleicht unter schrecklichsten Qualen -verlieren. – Und wir sitzen hier herum und machen dumme Scherze! Haben wir denn überhaupt einen Frieden verdient? Aber andererseits, was nützt es der Welt, wenn wir uns ständig niederdrücken lassen?!
Augenblicklich bin ich froh, daß ich noch nach Marbach fahren kann, um mit Frau Ertl die langen Stunden des Tages zu kürzen, denn sie ist momentan der einzige Mensch, der mich aufheitern kann und über deren Lachen ich meine Sorgen etwas vergesse. Und gerade sie selbst hat an einem großen Kummer zu tragen, weiß sie doch gar nicht, ob ihr Mann auch wirklich noch lebt.
Denk, ich habe mir einen Roman ausgeliehen; ich möchte mich wirklich vergessen, damit die Zeit schneller vergeht! In den Schulferien konnte ich es kaum erwarten, nach Kesselfeld fahren zu dürfen. Da überlistete mich Mutti, indem sie sagte, wenn ich nachmittags schlafen würde, verginge die Zeit schneller. Ich tat es! – Ach, könnten wir auch jetzt schlafen, bis alles überstanden ist!
Du mein Liebster, was wird das Schicksal noch alles von uns fordern? Wird es uns in stiller Schaffensfreude weiterleben lassen, oder müssen wir unter noch größeren Schmerzen reifen wie die Perle in der Muschel?
Hoffentlich kommt heute der ersehnte erste Brief von unterwegs!

Marbach, 20.3.1945

Mein lieber Herzensmann,

heute bin ich leider nicht ganz ungestört und muß aufpassen, daß mir niemand aufs Blatt schaut.
Denk, gestern kam wirklich Dein Brief aus Halle, hab vielen herzlichen Dank dafür. Wie froh bin ich, daß meine Annahme richtig war, daß auch Deine Stimmung bald wieder eine heitere wurde! Ich spürte es wirklich, daß Du nicht allzu traurig sein kannst. Wie kam es wohl, daß wir diesmal leichter Abschied nahmen?

Ich gehe also nun wirklich am nächsten Samstag früh nach Kesselfeld, und zwar werde ich von Freitag auf Samstag im Büro in Marbach schlafen und dann um 5 Uhr nach Heilbronn fahren. So sind es dann genau 75 km. Ein Glücksfall!

Nun hoffe ich eben, daß ich nicht unter die Tieffliegerangriffe gerate, denn auf dieser Strecke sind sie jeden Tag ohne Ausnahme am Abend, seltener morgens. Doch ich weiß ja, Dein Panzer wird mich beschützen, wo immer ich mich auch in Gefahr befinde, gelt?

Und nun lebe wohl für heute, Du mein Herzensmann, bald sehen wir uns vielleicht doch wieder! Irgendwie ist es mir so, als dauerte es wirklich nicht mehr lange. Ganz von innen heraus kommt dieses Gefühl, es ist nicht etwa im Kopf ausgebrütet. Ob deshalb der Abschied ein wenig leichter war?

24.3.1945

Liebs Fraule,

immer noch bin ich auf Fahrt.[*] Den Harz habe ich inzwischen verlassen und befinde mich jetzt in einem kleinen Nest bei Magdeburg. Von hier wird mich die Reise über Braunschweig nach Holstein führen und dann wieder zurück nach Z. Hier hat mein Kommandeur seinen Bruder besucht, der uns Essen und Trinken vorsetzte. Meine heute etwas in Unordnung geratene Schrift mag auf den Steinhäger zurückzuführen sein. Zwar bin ich in keiner Weise betrunken, aber ich spüre ihn. Die Fahrt war ganz hübsch, nur macht der Holzgasbetrieb etwas mehr Arbeit. Der Tag war wolkenlos und warm, so konnten wir mit offenem Verdeck fahren. Fast war es wie eine Ferienreise. – Wann fahren wir einmal so zusammen in die lachende Welt hinaus? Ich stelle mir das zauberhaft vor!

Vom Harz habe ich nicht mehr viel gesehen, aber wie ich schon schrieb, gefällt er mir nicht sonderlich. Das Gebiet von Dessau und Magdeburg, in dem ich mich jetzt befinde, ist absolut trostlos;

---

[*] Hier fehlen einige Briefe. Theo hatte seinen Kommandeur in den Harz zu fahren. Es ist der letzte Brief aus dem Krieg.

man könnte meinen, in Rußland zu sein. Es ist flaches Land, kein Wald, und die Ansiedlungen der Menschen sind grau in grau, ohne Schmuck. Wie schön ist es dagegen in unserem Schwabenländle!
Nun ist es 23 Uhr, und morgen früh um 4.30 Uhr muß ich wieder raus aus den Federn. Deshalb gute Nacht, liebs Fraule, meine Gedanken begleiten Dich immer.

31.3.1943

Liebster Herzensmann,

wieder ist ein Frühlingstag im Verdämmern, ich erhasche gerade noch seine letzten Strahlen, während ich mich zu Dir setze. Vielleicht bekommst Du die Briefe doch noch, obwohl wir schon lange schreiben: dieser wird wohl der letzte sein!
Heute bin ich schon den ganzen Tag in übermütiger Stimmung. Ich necke Mutter ohne Unterlaß mit irgend etwas, so daß sie aus dem Lachen nicht herauskommt. Man spürt richtig, wie gut ihr das tut, einmal ganz unbeschwert einen halben Tag lang über närrische Dummheiten lachen zu können. Sie sagte heute auch, daß ihr so jemand – wie ich heute – immer gefehlt hätte.
Ich spiele also vorläufig nur Hausfrau und habe nichts als Nahrungsmittel und Putzlappen im Kopf. Anscheinend bekommt mir diese Tätigkeit doch weit besser als der G.K., denn meine Stimmung ist eine ausgezeichnete. Zwar ist immerzu Alarm beziehungsweise Kleinalarm, aber vorläufig stört uns das weniger.
Oder spüre ich vielleicht Deine Verfassung? Bist Du besonders gut gestimmt? Wenn ich in mich hineinhorche, ist das zwar nicht so toll, aber auch nicht allzu schlecht. Doch heute bin ich mir in dieser Hinsicht nicht so sicher. Manchmal leidet das Empfangsgerät unter Störungen.
Ach, Theo, was wird diesem blühenden, lachenden Frühling für ein Sommer folgen? Und wie werden des Herbstes Früchte sein?

26. Mai 1945,
Gefangenenlager Ludwigshafen

Meine liebe Erika,

gestern schon habe ich einen Brief an Dich auf die Reise geschickt; meine besten Wünsche begleiten ihn, daß er in Deine Hände gelangen möge. – Wenn ich nur wüßte, wo Du bist! Zwar nehme ich an, daß es Stuttgart ist, aber es könnte ja auch Kesselfeld sein. Bei der ersten Gelegenheit wird auch ein Brief dorthin abgehen.

Die Briefe kann ich immer nur im voraus schreiben und dann jemand mitgeben, der in unsere Gegend entlassen wird.

Jedenfalls, mir geht es gut. Ich bin im Gefangenenlager Ludwigshafen, habe ein Dach überm Kopf und genug zu essen. Ich bin als Dolmetscher und Schreiber tätig; dafür werde ich natürlich erst später nach Hause geschickt, ich rechne mit ca. 8 Wochen, wenn alles günstig verläuft. Ich kann es mir noch gar nicht richtig ausmalen, wie es sein wird.

Hoffentlich geht es Dir und allen Lieben gut! Wenn ich nur Nachricht hätte von Dir, alles wäre so leicht zu ertragen. So aber bleibt stets die Sorge bei mir. Hoffentlich werden Dich meine Briefe erreichen.

Ich habe ja in den vergangenen Wochen so wunderbares Glück gehabt – es ist fast unglaublich. Ich muß annehmen, Du vermutest mich noch in Z., derweil ich gar nicht so fern bin und sogar zwei Tage in Heilbronn war. Durch verschiedene Glücksfälle kam ich von Z. bis nach Bayern. Auf einer Dienstreise zum Harz wurde ich krank, das heißt, ich bekam eine Eiterbeule am Gesäß und konnte den Wagen nicht mehr nach Z. zurückfahren. So fuhr ich nach Bayern, machte eine Rundfahrt durch die Alpen während der schönsten Frühlingsstimmung und kam schließlich nach München, wo ich Gretel und ihre Eltern besuchte. Von dort fuhr ich auf eigene Faust nach Monheim, wo ich noch sechs Tage warten mußte, bis die Amerikaner da waren. Alles klappte vorzüglich, und nun fehlt nur noch eines: die Heimkehr. Aber wir wollen wegen der paar Tage nichts sagen, die es für mich eventuell länger dauern wird.

Übrigens war ich froh zu hören, daß in Stuttgart kaum gekämpft wurde; alles ging dort auch sehr schnell, so daß ich hoffen darf, daß auch Du den Krieg gut überstanden hast.

Von ganzem Herzen grüße ich Dich. Auf baldiges Wiedersehen Bitte grüße Vater, Mutter und alle Lieben.

1.6.1945

Liebs Fraule,

wieder habe ich jemand gefunden, der nach Stuttgart fährt, und schnell muß ich noch einen Brief schreiben. Wenn ich nur wüßte, wo Du bist! So schreibe ich immer ins Ungewisse. Neulich habe ich einem Mann auch einen Brief für Dich nach Kesselfeld mitgegeben, er wohnt zwei Kilometer von dort. Auch beauftragte ich einen, in Westheim Herrn Reuter aufzusuchen.

Nun, ich hoffe, daß Du inzwischen schon irgendwie Nachricht bekommen hast. Ich bin im amerikanischen Gefangenenlager Ludwigshafen in Lager 2. Ich bin da Dolmetscher und Maschinenschreiber und zur Zeit damit beschäftigt, Entlassungsformulare zu schreiben. Ich selbst muß aus mancherlei Gründen noch hier bleiben – ich schätze die Dauer auf mindestens 6 bis 8 Wochen.

Heute tauchte das Gerücht auf, daß in Stuttgart die Amerikaner mit den Franzosen kämpfen. Immer wieder neue Sorgen für mich. Es war mir immer unangenehm zu denken, daß die Franzosen in Stuttgart sind; ich hatte von jeher mehr Vertrauen zu den Amerikanern. Falls Du es noch nicht wissen solltest: Mir geht es gut. Ich bin gesund und bekomme ganz gut zu essen und mehr als in Zingst. In Monheim wartete ich die Amerikaner ab und wurde über Lager Heilbronn nach hier gebracht. Das war vom 28.4. bis 1.5. Und nun ist unser Hochzeitstag vorbei, immer noch denke ich daran, was vor einem Jahr war – da hatten wir schon unsere erste große Tour hinter uns ... Aber auch heute dürfen wir froh sein, haben wir doch den Krieg bisher gut überstanden – ich wenigstens, und ich hoffe es stark von Dir auch! Wenn ich nur von Dir auch Nachricht bekommen könnte, aber das ist ganz hoffnungslos! Es sei denn, daß Vater einmal nach Ludwigshafen kommt und er mich dann hier besuchen könnte.

Hoffentlich erwische ich den Stuttgarter noch, damit der Brief wegkommt.

2.6.1945

Meine liebe Erika,

wieder muß ich Dir schnell einige Zeilen schreiben, eben hat ein Sillenbucher meinen Pult passiert, der bei Dir diesen Brief abgeben wird. Nun weiß ich natürlich nie, ob Du wirklich dort bist – vielleicht schreibe ich all dies umsonst. Es wäre mir schrecklich, wenn all diese Zeilen nicht in Deine, sondern in fremde Hände kämen. Deshalb schreibe ich Dir immer nur das Notwendigste und – immer daßelbe. Einen Fellbacher habe ich heute auch beauftragt, Tante Helene aufzusuchen und Grüße von mir auszurichten.
Wenn ich nur wüßte, wie es Dir geht, wo Du bist und wie es allen andern geht: den Eltern, Deiner Mutti, den Kesselfeldern, Doris und Alfred, Irene und Robert. Wann werden wir alle einmal wieder beisammen sein?

10.6.1945

Meine liebe Erika,

wieder sind einige lange, lange Tage vergangen, und wieder will ich einen Gruß an Dich ins Ungewisse schicken, der ohne Antwort bleibt, Wo bist Du? Wie geht es Dir? Wie sieht es zu Hause aus? Wie geht es all den Lieben? Wie viel habe ich zu fragen, und keine Antwort kommt.
Nie weiß ich, ob meine Grüße Dich erreichen, deshalb schreibe ich nur das Notwendigste. Ich bin nach wie vor im Lager Ludwigshafen als Schreiber tätig. Es geht mir gut, ich bin gesund und bekomme mehr zu essen als beim deutschen Kommiß; ich wohne ganz ordentlich und geräumig im Zelt.
Wann ich einmal kommen werde, weiß ich noch nicht, aber es wird noch lange Wochen dauern. Wüßte ich nur, wie es Dir geht, alles wäre

leichter zu ertragen! Gestern habe ich so schön von Dir geträumt, wir waren zusammen in Ferien in den Bergen, es war herrlich. Und vor einem Jahr waren wir es wirklich! Sicher denkst Du auch oft daran. Ich hoffe auf ein baldiges Wiedersehen. Bitte grüße mir alle Lieben, besonders Mutter und Vater.

10.6.1945

Liebe Erika,

schon über ein Monat ist vergangen, und noch bin ich im Lager in Ludwigshafen, und noch geht es mir gut. Ich bin als Schreiber tätig und habe genügend zu essen und wohne ganz schön im Zelt. Wie lange ich noch hier sein muß, weiß ich nicht; sicherlich wird es noch Wochen oder Monate dauern.
Wenn ich nur wüßte, wie es Dir geht und wo Du bist! Das ist es, was mich immer wieder bedrückt. Man hört so vielerlei. Insbesondere weiß ich nicht, ob Du in der amerikanischen oder französischen Zone bist. Es bleibt mir nichts anderes übrig, als geduldig zu warten.
Ich habe eben einen Neuensteiner getroffen, dem ich diesen Gruß für Dich mitgebe. Es ist immer so ungewiß, wann und ob Dich der Brief überhaupt erreicht. Gleichzeitig schicke ich wieder einen Gruß für Dich nach Stuttgart, wo ich Dich eigentlich eher vermute. Aber – wer weiß?
Wo bist Du? Wie geht es Dir? Wie geht es den Lieben? Wie sieht es zu Hause aus??? Alles brennende Fragen, die unbeantwortet bleiben. Ich aber will geduldig an unser baldiges Wiedersehen glauben! Bitte grüße Deine Mutti und alle Lieben von mir.[*]

---

[*] Dieser Brief lag auf der Milchkanne vor dem Bauernhof.

30.6.1945

Liebs Fraule,

denk Dir, morgen fährt ein neuer Kamerad von mir nach Stuttgart und kommt wieder nach hierher zurück. Ich bitte ihn auf den Knien, Dich zu besuchen und mir Nachricht von Dir zu bringen. O, hoffentlich trifft er Dich an ...
Ich bin jetzt in Heilbronn, da das Lager Ludwigshafen wegen den Franzosen geräumt wurde. Nachdem ich hier etwa 14 Tage auf dem toten Geleise lag, werde ich jetzt wieder arbeiten. Ich hoffe, so etwa im Lauf des Monats August dort einzutreffen – wenn alles gut geht!
Mir geht es nach wie vor gut, und ich bin gesund. Wenn ich doch nur von Dir und den Eltern daßelbe hören würde, dann wäre ich meine drückendste Sorge los – wenngleich ich immer daran denken muß, daß es in Stuttgart besonders mit der Ernährung schlecht sein wird.
Fast nehme ich an, daß Du schon in Kesselfeld bist. Ich hatte mir schon vorgenommen, wenn ich je einst von hier aus wieder zur Freiheit gelangen sollte, ich über Kesselfeld nach Stuttgart pilgern würde. Ach, wenn es nur schon so weit wäre! Ich kann nichts anderes mehr denken als: Nachricht von Dir! Nachricht von Dir!
Fast krampfhaft habe ich in letzter Zeit versucht, nicht zuviel an Dich zu denken – weil dann immer riesengroß die Sorge vor mir stand. Und jetzt bricht wieder das große Heimweh über mich herein, und ich möchte nichts mehr, als bei Dir sein.
Ob ich es bis morgen erwarten kann, Deine Nachricht zu erhalten? Ob ich enttäuscht werde? Tausend Fragen stehen in diesem Brief, und ich zähle die tausend von Sekunden, bis ich Deine Antwort habe. Deine Antwort – noch kann ich es nicht fassen, halte alles für unwirklich.
Bitte ein paar Zeilen nur, wie es Dir geht, wie alles ging, was Du tust, was Du tun willst, wie es den Eltern und allen Lieben geht. Herzliebste, all meine Wünsche, meine zärtlichsten Grüße kommen zu Dir. Auf baldiges Wiedersehen
immer Dein Theo

Bitte grüße Vater, Mutter und alle Lieben, besonders auch Mutti in Kesselfeld, wenn Du dahin kommst.

10.7.1945,
Schönleinstr. bei Ott

Mein liebster Herzensmann!

Das ist nun der dritte Brief, den ich an Dich schreibe; vielleicht sind die beiden vorhergehenden doch in Deinen Besitz gelangt. – Nun, an meiner Schrift wirst Du bereits sehen, daß ich wieder nahezu gesund bin. Zwar schreibe ich noch vom Bett aus, aber das schlimmste ist überstanden.

Durch eine Gallenkolik, die ich ohne Zweifel auch zum großen Teil äußeren Umständen (Ärger) zu verdanken hatte, kam Gallensaft in die Bauchspeicheldrüse, die sich dadurch entzündete. Anfangs hatte ich mehrere Tage wahnsinnige Schmerzen auszustehen. Am letzten Freitag passierte ein Wunder, schlagartig war das vorher nicht weichenwollende Fieber weg – und am Sonntag verließen die Franzosen unser Haus, um von den Amerikanern in Besitz genommen zu werden! Bis Montag früh um 11 Uhr war das gesamte Haus zu räumen. Und ich lag zu Bett, unfähig, aufzustehen. Das war eine Aufregung und Geduldsprobe für mich! Sofort ging es ans Packen und Ausräumen, Vater lud seine Wagen voll, fuhr Möbel ins Geschäft und Vorräte nach Zuffenhausen. Wir alle konnten bei Otts unterkommen, wie schon einmal. Vater fuhr mich mit dem Wagen in die Schönleinstraße, und eine Schwester Julie, die seit meiner Krankheit jeden Morgen und Abend kam, bettete mich im Hause Ott zurecht. Ich bekam ein nettes kleines Zimmer, die andern eine kleine Wohnung unterm Dach.

Du siehst, ich setze beim Schreiben dieses Briefes voraus, daß Du meine vorhergehenden erhalten hast. Vielleicht muß ich aber doch kurz das Wichtigste wiederholen.

Wir haben alle die Besatzung im Bunker gut überstanden und hatten und haben genug zu essen. Gestohlen wurde uns wenig während der ersten amerikanischen Besatzung. Anschließend hatten wir französische Einquartierung in Fülle, kamen aber mit dieser, dank Vaters gutem Französisch, ganz ordentlich zurecht. Alfred ist ziemlich früh schon gekommen. Vater holte später Doris mit den Kindern, er hat ja noch alle Autos! Den Verwandten, auch den Kesselfeldern, ist es gut ergangen. Ich fuhr einmal mit Vater bis Westheim und ging dann zu Fuß nach Kesselfeld. Das war ein Fest!

Deine Sachen sind nun alle hier in Stuttgart. Hoffentlich bekommst Du meine Briefe und gehst nicht zuerst nach Kesselfeld! Ich warte ja so sehr auf Dich! Sechs Briefe habe ich wohl inzwischen von Dir erhalten. Was ich beim ersten empfand – er war von dem Eschelbacher und wurde mir von Mutti auf Umwegen geschickt –, kann ich in Worten nicht ausdrücken! Immerfort denke ich an Dich und bestehe nur noch aus Warten, nichts anderes hat mehr Raum.

Wenn man den ganzen Tag im Bett liegt und spürt, wie die Kräfte wieder wachsen und die Gesundheit langsam in einen einzieht, dann bewegen einen so viele Dinge! Wir werden uns, wenn Du wirklich einmal bei mir bist, viel, viel zu erzählen haben!

Ich hoffe nur, daß Du die nächste Zeit vollends gesund durchstehst und daß Du nicht hungern und nicht frieren mußt! Dem gilt meine ständige Sorge.

Was nachher wird, kann man jetzt noch sehr schlecht sagen. Wann wir wieder ins Haus kommen, ist noch ganz ungeklärt. Wenn wir bei Otts bleiben können, ginge das vorläufig sehr gut. Vaters Betrieb ist insofern angekurbelt, als er alle Mitarbeiter herbeiholt und aufräumt.

Und wir beide? Wo werden wir wohnen, wenn man nicht mehr ins Haus könnte? Nun, wir scheinen beide einen guten Stern zu haben, vertrauen wir auch weiter auf ihn! – Vorläufig wünsche ich mir allein, daß Du bald kommen wirst!

Karl von Kesselfeld war auch im Lager Heilbronn; er kam vollkommen ausgehungert nach Hause. Aber das kennst Du ja!

Ich würde Dich so gerne einmal in Heilbronn besuchen. Aber vorläufig kann ich aus gesundheitlichen Gründen ja noch nicht diese Tour unternehmen; es wäre auch insofern gefährlich, von hier fortzugehen, falls auch dieses Haus noch geräumt werden müßte. Diese Wahrscheinlichkeit ist zwar aus mancherlei Gründen gering.

Hoffentlich kommt bald wieder ein Brief von Dir, ich warte so sehnsüchtig darauf! Immer male ich mir aus, wie es sein wird, wenn Du selber kämest ... Das ist meine Hauptbeschäftigung, während ich untätig zu Bett liege! Morgen darf ich vielleicht aufstehen. Und dann werde ich mich vermutlich gesund-malen! Ich dürste nach Farben. Leb wohl, liebster Herzensmann! Bleib mir gesund und sorg Dich nun nicht mehr. Du siehst, wir haben immer wieder Glück. Auf baldiges, baldiges Wiedersehen! Tausend Grüße von Deinem Fraule und allen Lieben groß und klein.[*]

---

[*] Der letzte von Erika geschriebene Brief, an das Gefangenenlager adressiert. Er lag zum Absenden bereit, aber Theo nahm ihn überraschend persönlich in Empfang.

Epilog

Im August 1945 war Stuttgart in den Händen der amerikanischen Besatzungsmacht. Diese hatte in noch erhaltenen Häusern der Außenbezirke Quartier gemacht und täglich ab 19 Uhr für alle Deutschen eine Ausgangssperre verhängt.
Wir waren in einem Haus in der Nachbarschaft untergekommen. In der Dämmerung eines Augusttages pochte es plötzlich an meine Türe: Vor mir stand Theodor Beltle, mager und blaß, aber strahlend vor Glück, endlich zurückgekehrt und aus Krieg und Gefangenschaft entlassen zu sein. Unsere Freude am Wiedersehen in der Gewißheit, nun nicht mehr getrennt zu werden, war übermächtig.
Sehr bald begannen für den Heimgekehrten die Aufräumarbeiten im ausgebrannten Fabrikbetrieb. Noch fuhren wenige Straßenbahnen, alle stets überfüllt. Überall lagen Schuttberge von den zerstörten Häusern, und die Regale in den Geschäften waren leer. Nach wie vor galten Lebensmittelkarten und Bezugscheine.
Aber die Menschen fühlten sich von einer Last befreit. Trotz der allgemeinen Not erwachte in der Bevölkerung das starke Bedürfnis nach Kultur, nach Konzerten, nach Theater, Vorträgen und religiösen Feiern.
Im Herbst 1945 fanden wir wunderbarerweise eine kleine Dachwohnung, die mit geliehenen Möbeln und Luftschutzbetten so gemütlich als möglich eingerichtet wurde. Das lang ersehnte gemeinsame Leben begann und sehr bald auch der Besuch der wieder stattfindenden anthroposophischen Veranstaltungen.
Im Lauf der Jahre ergab es sich für uns beide, in diesen Zusammenhängen tätig zu werden und verantwortungsvolle Aufgaben zu übernehmen. Sie brachten Theodor Beltle neben der Arbeit als Geschäftsführer im väterlichen Fabrikbetrieb viele zusätzliche Sorgen und Mühen, aber auch große Befriedigung. Das galt besonders für die

gemeinsame Arbeit am Wiederaufbau des Eurythmeum und dessen Aufführungstätigkeit.

Die beiderseitige tiefe Verbundenheit blieb die Grundlage des Lebens.

Nach dem Tod von Theodor Beltle im Oktober 1989 fand sich in seiner Schreibmappe ein Vers, den er ein Jahr zuvor für mich geschrieben hatte. Er möge den Epilog beschließen.

> Muss ich einst gehen,
> bleibe ich doch bei Dir,
> in Deinem reinen Wesen,
> in Deiner strahlenden Klarheit,
> in Deinem starken Schaffen,
> in Deiner sorgenden Liebe,
> und wir bleiben verbunden
> im Suchen nach Wahrheit,
> in der Liebe zum Schönen,
> im Schaffen des Guten
> aus dem Quell des ewigen Geistes,
> dahin Du mich führtest,
> Du, die ich liebe.
>
> 15.7.1988

Nach vielen Jahren

5. 8.1963
Du meine Liebe,

heute muß ich Dir doch eine Liebeserklärung machen, – auch wenn es pathologisch* klingen sollte. Wie komme ich dazu, ein so lichtvolles, herzliebes Wesen wie Dich zum Lebensgefährten bekommen zu haben? Ich komme mir vor wie ein Wurm, der mühselig durch den Erdenstaub der Arbeit und der Begriffe kriecht, während Du, ein Schmetterling, in der Sonne der Weisheit, auf den Flügeln der Phantasie, im Reiche der Poesie dahin schwebst, oder vielmehr – schweben kannst, könntest, wenn ich Dich nicht zu sehr daran hinderte.
Dein neues Gedicht, ist es denn nicht in Wirklichkeit die Teilnahme an der Erschaffung einer neuen Welt, die notwendig ist, weil die alte zerfällt? Was sind alle wissenschaftlichen Bemühungen gegenüber dem Leben, das ein im Lichte der Weisheit erblühendes Gedicht, ein Schönheit-duftendes Gebilde des ewigen Wortes, des heilenden Geistes ausstrahlt?
Ich will mit meinen schwachen Kräften immer mehr versuchen, Dich zu lieben, mein Leben in allen Zukunftszeiten dem Deinen zu vereinen, mich verwandt zu machen Dir, Du leuchtendes Gestirn, die Du das Licht der Welt widerspiegelst.
Ich liebe Dich, ich liebe Dich, ich liebe Dich,
Dein Du

---

* Erika und Theodor Beltles familiäre Bezeichnung für «pathetisch».

Theodor Beltle

* 5.12.1913 in Waiblingen – † 11.10.1989 in Stuttgart

Das erste Jahrsiebt erlebte das Kind mitten in der Stadt Stuttgart. Die Wohnung war zwar groß – man konnte im Flur Roller fahren –, aber Theodor Beltle behielt sie als düster in Erinnerung. Das wurde anders, als die Familie ein Haus mit großem Garten in Waiblingen bezog. Diesen empfand er mit seinen Blumen, Beeren und Bäumen als wahres Paradies.

Die Schule gab ihm wenig. Im Realgymnasium war es allein der Mathematiklehrer Rebmann, den er wegen seiner Freundlichkeit und seiner unerwarteten philosophischen Fragestellungen liebte. Erst später erfuhr er, daß Rebmann der Anthroposophie und Dreigliederung nahestand.

Nach der Schulzeit kamen Lehrjahre, die ihn auf die Arbeit im väterlichen Süßwarenbetrieb (Robert Friedel und Frigeo-Brause) vorbereiten sollten. Der strenge, Disziplin fordernde Vater schickte den jungen Mann zur Weiterbildung dann zunächst nach England. Dort arbeitete er als Praktikant in einer Druckerei. Er fühlte sich wohl und schloß lang währende Freundschaften. Die nächste, ernüchternde Station war New York, wo er eine väterliche Geschäftsbeziehung, die nicht funktionierte, in Ordnung bringen sollte, was nicht gelang. Zurückgekehrt, arbeitete er sich in alle Abteilungen des Fabrikbetriebes ein, ohne sich noch dafür erwärmen zu können. Er fühlte sich beengt und nicht in seinem eigentlichen Wesen gefordert. Ein Ausgleich und Trost waren ihm von früher Jugend an das Tennisspiel und Skilaufen; in beiden Sportarten brachte er es zu herausragenden Leistungen.

Im Jahr 1939 machte ihn der Vater zum zweiten Geschäftsführer. Im gleichen Jahr begann der Zweite Weltkrieg, und Theodor Beltle wurde in den ersten Tagen eingezogen. Ein halbes Jahr später, im

Mai 1940, fand die für ihn entscheidenste Begegnung statt, wie er bis ins hohe Alter betonte. Er lernte seine spätere Frau, Erika Wagner, kennen und durch sie auch die Geisteswissenschaft Rudolf Steiners, die ihm später zur befreienden, tragenden Weltanschauung wurde, obwohl es zunächst heftige Auseinandersetzungen darüber gab.

Sogleich nach Kriegsende begannen beide, die ein Jahr zuvor die Ehe geschlossen hatten, das Studium der Anthroposophie in Arbeitsgruppen, durch Vorträge, Bücher, den Besuch von Hochschulwochen usw. Jetzt wollte Theodor Beltle nichts anderes, als sich in der Berufsarbeit und, wo es sonst irgend möglich war, für Anthroposophie einzusetzen.

Als zeichenhaftes Geschehen empfand er den Todesaugenblick seines Vaters im Jahr 1949. Er selbst wollte nach der Mittagspause das Fabrikgebäude betreten, als der Vater herauskam und auf der Schwelle tot in seine Arme sank. Theodor Beltle war gerade 35 Jahre alt geworden, als er, mitten im Aufbau des kriegszerstörten Betriebes, nun allein die Verantwortung übernehmen mußte.

Im Lauf der Jahre traten immer neue Aufgaben an ihn heran. 1959 übernahm er den Vorsitz der Landesgruppe Baden-Württemberg des Bundesverbandes der deutschen Süßwarenindustrie; 1963 wurde er in den Initiativkreis des Arbeitszentrums Stuttgart berufen; 1968 in den Gesamtvorstand der Anthroposophischen Gesellschaft in Deutschland und von 1973 bis 1987 war er Lektor der Ersten Klasse der Freien Hochschule für Geisteswissenschaft am Goetheanum. Er war Mitglied im «Heidenheimer Arbeitskreis» von anthroposophisch gesinnten Unternehmern und nahm an zahlreichen sozialwissenschaftlichen und volkswirtschaftlichen Tagungen der verschiedensten Richtungen teil. Intensiv beschäftigte er sich jahrzehntelang mit diesem Fragenkreis. Sie fanden in seinen folgenden Büchern Ausdruck: *Die Funktion der Wirtschaft in Theorie und Praxis*, *Theorie der assoziativen Wirtschaft*, *Die Krise* und *Die menschenwürdige Gesellschaft*. Letzteres wurde auch als Taschenbuch vom Fischer Taschenbuchverlag übernommen.

Eine besondere Aufgabe war es, die Else Klink – es war am 15.2.1958 – dem Ehepaar Beltle übertrug: den Neubau für die Eurythmieschule, die in Köngen a.N. noch in Baracken lebte, zu erstellen, was schließ-

lich nach sechsjährigem, oft auch sorgenvollem Einsatz verwirklicht werden konnte. Der Ausbau der Eurythmie mit Orchester-Aufführungen in der ganzen Welt war zu einem Herzensanliegen Theodor Beltles geworden, für das er sich zeitlich und finanziell unermüdlich einsetzte.

Er wollte bei allem, wofür er sich engagierte, selbstlos der Sache dienen. Else Klink schreibt in einem Nachruf: «Theodor Beltle war von der Überzeugung durchdrungen, daß es notwendig sei, das Schenken zu üben. So gab er dem Eurythmeum die Möglichkeit, große Eurythmieaufführungen in der ganzen Welt zu veranstalten. Im wahrsten Sinne schenkte er diese der Welt. Man konnte erleben, wie im Laufe der Jahrzehnte sein Wesen, seine Moralität in den Umkreis hinauswirkten. Wie im Bilde wurde bei der Bestattungsfeier durch die Ansprachen aus seinen verschiedenen Tätigkeitsbereichen noch einmal sichtbar, wie Theodor Beltle mit allen Kräften seiner Individualität versucht hatte, Wahrheit, Schönheit und Güte in seinem Leben zu verwirklichen.»

Mein Leben

Ich bin 1921 in Stuttgart geboren und durfte die ersten sechs Jahre auf dem elterlichen Bauernhof meiner Mutter in Kesselfeld/Hohenlohe verbringen. Er wurde von der Familie ihres Bruders bewirtschaftet, noch in einer Zeit, als es weder Kunstdünger noch Traktoren und Mähdrescher gab. Die Erntewagen wurden von Pferden oder Kühen in die Scheune gefahren. Und so erlebte ich die Jahreszeiten und die mit ihnen verbundenen Arbeiten in Haus und Feld in ihrer ursprünglichen überschaubaren Einfachheit.
Zum Schulbeginn in der Waldorfschule Uhlandshöhe holte mich meine Mutter, sie war Anthroposophin, zu sich nach Stuttgart – für mich ein schwerer Abschied und schwerer Neubeginn. Aber alle Schulferien durfte ich in den folgenden Jahren auf dem Bauernhof verbringen, mir eine immer wiederkehrende Freude.
Im Zusammenhang mit der Schule entstanden Kinderfreundschaften, und einige unserer Lehrer wurden sehr geliebt.
Als die Waldorfschule 1938 durch das NS-Regime geschlossen wurde, wollte ich auf die Chemieschule, diese war jedoch für ein Jahr besetzt. Zur Überbrückung, wie ich damals glaubte, besuchte ich eine private Handelsschule. 1939 aber brach der Zweite Weltkrieg aus, und so begann ich als Stenotypistin im Büro des Gerling-Konzerns, einer Versicherungsgesellschaft, zu arbeiten, die mich dann allerdings bis zum letzten Tag des Kriegs festhielt.
1944, im fünften Kriegsjahr, hatte ich die Ehe mit Theodor Beltle geschlossen. Er war die ganze Kriegszeit Soldat. Als er im August 1945 aus der Kriegsgefangenschaft zurückkehrte, begann unser eigentliches gemeinsames Leben. Alle Veranstaltungen, Konzerte usw. konnten wir nun gemeinsam besuchen. Dennoch hatte jeder seine speziellen Interessen. Ihn beschäftigten Fragen der Sozialwissenschaft, mich Ästhetik und Poesie. Früh hatte ich begonnen, Gedichte

zu schreiben, die in Zeitschriften und nach und nach in einzelnen Bändchen erschienen, ebenso Rätsel, einige Erzählungen, Kinderbücher und einen Roman. Geisteswissenschaftliche Aufsätze erschienen ebenfalls in Zeitschriften.

Im Jahr 1958 trat unerwartet Else Klink mit der Bitte an uns heran, uns der Eurythmie und der notwendigen Erstellung eines Schulbaus anzunehmen. Wir übernahmen die Aufgabe, und so folgte eine sechsjährige arbeitsintensive Zeit für uns beide, bis schließlich an Pfingsten 1964 das Eurythmeum in Stuttgart festlich eingeweiht werden konnte. In den folgenden Jahren widmete sich Theodor Beltle unermüdlich dem weiteren Ausbau der Aufführungstätigkeit des Eurythmie-Ensembles in aller Welt.

An mich erging nach einigen Jahren (1970) ein weiterer Auftrag: die Redaktion der *Mitteilungen aus der anthroposophischen Arbeit in Deutschland*, einer anspruchsvollen Vierteljahres-Zeitschrift, zu übernehmen. Ich tat es und erfüllte dann mit Freude und Engagement die umfangreiche Arbeit der Schriftleitung. Als fähigen, sehr guten Mitarbeiter holte ich mir Kurt Vierl. Mir kam nun meine einstige langjährige Bürotätigkeit zugute. Nach 18 reichen Jahren gab ich die Redaktion ab, nachdem es meinem Mann gesundheitlich nicht gut ging. Er selbst hatte seine Ämter schon seit einiger Zeit abgegeben.

In all den Jahren, wo jeder mit seinem eigenen Arbeitsgebiet beschäftigt war, blieben wir das eng verbundene Paar. Wir lasen zusammen, reisten zusammen, hatten gemeinsame Freunde und waren bei allen Veranstaltungen immer beide zu sehen. War einmal einer aus triftigen Gründen allein, wurde sofort nach dem anderen gefragt. Immer blieben wir in Wahrheit ein Herz und eine Seele.

Sein Tod 1989 – in den Tagen des Mauerfalls – brachte die überaus schmerzliche Entbehrung seiner Nähe, die lange währte.

Aber das Leben geht weiter und fordert von uns, daß wir nicht im Schmerz versinken, sondern nach und nach an ihm wachsen. Inzwischen sind 20 Jahre darüber gegangen.

Mag das Alter uns seine Einschränkungen bringen: Solange es uns geistig arbeiten läßt und den Gedankenaustausch mit guten Freunden gewährt, ist es reich und durchaus der Schönheit vergleichbar, die die Natur uns im goldfarbenen Herbst schenkt.

So sei dieser kurze Lebensabriß beschlossen mit einem Gedicht, das ich nach bereits vielen glücklichen Ehejahren meinem Mann gewidmet habe.

Stuttgart, im November 2008　　　　　　　　　　　*Erika Beltle*

Immerdar

Du meines Herzens Lieb,
in deiner Güte
darf immerwährend ich
geborgen sein.
Ich flog ihr zu,
ein Falter seiner Blüte –
und selig sog ich
ihren Nektar ein.

Du gabst mir Raum
von unbegrenzter Weite,
und flog ich auch
in blaue Lüfte aus:
Ich blieb bei dir,
du bliebst an meiner Seite,
eins in dem andern
immerdar zuhaus.